Mark K. Kaswinow

Rußlands
letzter Zar

Das Ende
der Romanows

Verlag der Nation
Berlin

Originaltitel: Dwadzatj tri stupeni wnis
Aus dem Russischen übersetzt von Klaus-Dieter Goll

Bildnachweis: Archiv des Verlages (19); Zentralbild (13);
Zentrales Haus der DSF (13)

ISBN 3-373-00086-6

1. Auflage 1988
Verlag der Nation Berlin
© Verlag Mysl, Moskau 1978
© der deutschen Übersetzung Verlag der Nation 1988
Lizenz-Nr. 400/82/88
LSV 7202
Lektor: Rüdiger Schroeder
Technische Redaktion: Ingrid Welzer/Marga Lippert
Einband: Gerhard Medoch
Satz und Druck:
(52) Nationales Druckhaus, Betrieb der VOB National
Buchbinderische Verarbeitung:
INTERDRUCK, Graphischer Großbetrieb, Leipzig IV
Best.-Nr. 696 740 1
01580

Prolog

Schrilles Klingeln sprengte die abendliche Stille der Villa. Es gellte durchs Vestibül, durch die Korridore und widerhallte in den dämmrigen Winkeln. Der Pförtner Tille stürzte zur Tür. Vor einer halben Stunde war Dr. Riezler von oben heruntergekommen und hatte angekündigt, zwei Herren würden eintreffen und seien unverzüglich einzulassen.

Der Schlüssel schnappte im Schloß, knarrend bewegte sich der Riegel. Draußen glänzte das regennasse Pflaster im Licht einer Straßenlaterne, klappernd fuhr eine Droschke vorbei. Zwei Männer lösten sich von der Wand und huschten zum Eingang; feuchte Regenmäntel, Schlapphüte.

Tille half ihnen im Zwielicht des Vestibüls beim Ablegen der Mäntel, sagte halblaut: «Bitte, meine Herrschaften. Seine Exzellenz erwartet Sie oben.»

In dem schwach erleuchteten Arbeitszimmer nahmen die beiden in Sesseln Platz, die vor dem Schreibtisch standen. Aus dem Schatten, den der Schirm der Tischlampe warf, sah der gewichtige Mirbach, in seinen Stuhl zurückgelehnt, mit kühler, ein wenig spöttischer Neugier auf die Besucher. Hinter dem Botschafter verharrte in ehrerbietiger Haltung der Erste Botschaftsrat, Riezler; unter dem Arm hielt er eine Mappe.

Der Botschafter war den Besuchern nicht entgegengekommen, man hatte sich über den Tisch die Hände gereicht.

Botschafter: Meine Herren, es freut mich, Sie zu sehen, wenngleich die Umstände, die zu dieser neuerlichen Begegnung führen, wohl kaum angenehm sind. (Die beiden schweigen mit gesenkten Köpfen.) Ist es nicht so, Baron Neidhardt? (Er fixiert den Angesprochenen durch das Monokel.) Ist es nicht so, Baron Budberg? (Wendung zum anderen.) Ich höre, meine Herren.

Neidhardt: Graf, wir haben um diese Begegnung nachgesucht, weil es in der Situation, die wir mit Ihnen bereits im Dezember erörterten, keine Veränderungen zum Besseren gibt. Scheint es Ihnen nicht, daß sich die Lage noch mehr zugespitzt hat? Daß sie bedrohlich geworden ist?

Botschafter: Schon möglich. Wahrscheinlich ist es sogar so. Seit der Imperator aus Tobolsk weggebracht wurde, ist die Situation offenbar komplizierter geworden.

Neidhardt: Würden Sie vielleicht so liebenswürdig sein, uns zu sagen, über welche Informationen zu der uns interessierenden Frage die Botschaft verfügt? Ein Vergleich der Nachrichten könnte für die Sache nützlich sein.

Botschafter: Bitte sehr, soweit wir unterrichtet sind. (Er blickt sich zu Riezler um. Der Botschaftsrat verbeugt sich, entnimmt der Mappe ein Papier und legt es dem Botschafter vor.) Also, nach den Berichten unserer Agenten, die in den östlichen Gebieten Rußlands tätig sind, wurde die kaiserliche Familie nach 268 Tagen der Gefangenschaft in Tobolsk in zwei getrennten Gruppen nach dem Ural gebracht. Die erste — der Herrscher, die Herrscherin und Prinzessin Maria ... (Der Botschafter beugt sich kurzsichtig über die Notiz.) Ja, die erste Gruppe traf am 30. April morgens in Jekaterinburg ein. Die zweite Gruppe — zu der der Thronfolger und drei Prinzessinnen gehörten — traf dort am 23. Mai um 6 Uhr morgens ein.

Neidhardt: Ein Intervall von drei Wochen.

Botschafter: Ja. Weiter. Nach der Ankunft in Jekaterinburg wurde jede der Gruppen ohne Bewachung vom Bahnhof in das Stadtzentrum gebracht, in ein Haus, das dem Ingenieur Ipatjew requiriert worden war und in dem sich jetzt alle zusammen befinden. Einige Diener wurden ihnen belassen. Die übrigen, einschließlich Gilliard und Gibbs, wurden fortgeschickt. Was noch? Der Umgang mit den Gefangenen bleibt korrekt.

Budberg: Glauben Sie das?

Botschafter: Ich glaube nicht — das sind die Berichte. (Pause.) Also, der Umgang und die Bewachung. Nach allen Angaben ist die Bewachung streng, aber einige Erleichterungen werden gewährt. Zum Beispiel wurde eine Ausnahme für den Arzt des Thronfolgers gemacht. Der Arzt kann das Haus Tag und Nacht betreten. Die Einstellung der Bevölkerung ist weniger günstig. Sie wird durch Feindseligkeit und eine dumpfe Spannung charakterisiert. Die Gefangenen spüren diese Atmosphäre anscheinend, deshalb ist ihre Ungeduld gewachsen. Über die Nachrichtenkanäle mit dem Haus treffen vom Herrscher immer hartnäckigere Bitten ein, die Befreiung zu beschleunigen.

Budberg (nervös im Sessel kauernd): Wir dürfen diese Hoffnungen nicht enttäuschen.

Botschaftsrat Riezler: Gestatten Sie die Frage, wer ist das, wir?

Budberg: Wir, das sind Sie und wir. Aber vor allem Sie ... Sie besitzen Einfluß und Macht ...

Neidhardt: Ihre Informationen, Graf, stimmen mit unseren überein. Man darf nicht zögern. Die Sache, die uns schon in Petrograd zu Ihnen führte und jetzt hierher nach Moskau, duldet keinen Aufschub.

Botschafter: Sie repräsentieren auch jetzt das monarchistische Zentrum?

Neidhardt: Ja, natürlich. Wie Ihnen bekannt ist, habe ich die Ehre, an der Spitze dieses Zentrums zu stehen. In seinem Namen erneuern wir die Bitte um Intervention. Seine Majestät der Kaiser kann und muß die Hand zur Rettung reichen.

Botschafter (richtet unter seinen geschwollenen Lidern hervor einen langen, trüben Blick auf Neidhardt): Mein teurer Baron, gestatten Sie, daran zu erinnern, einen wie tiefen Graben diese Jahre zwischen uns gezogen haben. Nachdem

Zar Nikolaus, der britischen Aufwiegelung folgend, zweiein-halb Jahre lang einen beispiellosen bewaffneten Kampf gegen das Reich geführt hat, ist ihm der Kaiser zu nichts verpflichtet und schuldet ihm nichts. Das ist im übrigen eine beiläufige Bemerkung. Sie steht in keiner Beziehung zu unserer gemeinsamen Sache im gegenwärtigen Moment und zu ihrem Wesen.

Neidhardt: Ich danke Ihnen für diese Erläuterung.

Botschafter: Bitte.

Neidhardt: Es freut mich bereits, daß Sie sich nicht in emotionale Abschweifungen zu einem Thema einzulassen gedenken, das seine Bedeutung verloren hat. Und dennoch — erlauben Sie mir eine flüchtige Replik. Die Version von dem Zwist, der die beiden Dynastien angeblich getrennt hat, ist in der Masse entstanden und für die Masse im Umlauf. Seit dem Jahre vierzehn kämpften nicht die Herrscher gegeneinander, sondern die Völker, die von den Weisungen der Herrscher bewegt wurden. Die Monarchen stehen über dem Tagesgeschehen. Sie stehen über dem Strom der vorübergehenden Ereignisse, sogar solcher, wie es ein Weltkrieg ist. Die Bande, die seit altersher den deutschen Kaiser und seinen russischen Cousin verbinden, sind unzerstörbar. Deshalb hoffe ich: der Kaiser wird jetzt den Zaren den Händen der russischen Massen entreißen, wie der Zar unter anderen Umständen den Kaiser den Händen der deutschen Massen entreißen würde.

Budberg: Und das um so mehr, als es um das Schicksal einer ebenso deutschen wie russischen Familie geht. Ich muß Sie wohl kaum daran erinnern, daß für Prinzessin Alice dieses Land vor ihrer Vermählung fremd war. Die Tochter des Großherzogs von Hessen kam hierher, nachdem sie mühsam den eigenen inneren Widerstand überwunden hatte. Sie gab damals nur dem Drängen des Kaisers nach. Er hat sie hierhergeschickt, er muß sie jetzt auch zurückholen.

Botschafter (wiegt nachdenklich den Kopf, seine Stimme wird hart): Herrschaften, sehen wir der Wahrheit ins Gesicht, wie sie ist. Es hat sich die alte Geschichte wiederholt:

Wehe dem Besiegten! Der Zar, der für den ungünstigen Ausgang des Krieges verantwortlich ist, bittet nun um Gnade. Er kann sie von seinem Land nicht erflehen und wendet sich deshalb an uns. Fürst Bismarck hat uns einst gelehrt: Man darf den Besiegten nur die Augen lassen, damit sie ihr Unglück beweinen können. Ihnen, meine Herren, sagen wir das nicht. Auf den vorliegenden Fall, ich räume es ein, trifft diese Formel nicht zu. Sie haben recht, Baron Budberg: Es geht um eine verwandte Familie. Deutschland wird sich nicht von ihr abwenden.

Neidhardt: Seit Dezember ist soviel Zeit verloren worden. Was haben Sie unternommen? Worauf kann man rechnen?

Botschafter: Die Moskauer Behörden haben, wie uns bekannt wurde, jetzt vor, den Zaren vor Gericht zu stellen, vielleicht auch die Zarin. Es gibt deswegen bereits einen Meinungsaustausch zwischen den Moskauer Instanzen und denen im Ural. Die Anklageschrift wird vorbereitet. Unsere Position ist, den Prozeß nicht zuzulassen, die Familie zu befreien und sie nach Deutschland hinauszubringen. Ich bin überzeugt, daß es die Bolschewiki nicht wagen werden, uns die Erfüllung dieser Wünsche zu versagen.

Neidhardt: Wünsche oder Forderungen?

Botschafter: Eher Forderungen.

Neidhardt: Werden sie offiziell erhoben?

Botschafter: Durchaus.

Budberg: Es gibt energische Forderungen, es gibt auch müde ...

Botschafter: Wie energisch sie erhoben werden, können Sie anhand der letzten Depesche ermessen, die aus Berlin eingegangen ist. (Wendet sich wieder zu Riezler um. Der Botschaftsrat entnimmt derselben Mappe ein weiteres Papier und überreicht es dem Botschafter. Der sieht den Text gelassen durch und liest ihn dann vor.) Erlauben Sie. «Moskau, Botschaft. Die Demarche, die Sie im Zusammenhang mit der der Zarenfamilie drohenden Gefahr unternommen haben, ist allerhöchst gebilligt worden. Seine Majestät wünscht, daß die Anstrengungen, die auf die Befreiung der Familie und ihre Ausreise ins Reich gerichtet sind, fortgesetzt werden. Unter keinen Umständen können eine deutsche Prinzessin und ihre Kinder, darunter der Thronfolger als von der Mutter untrennbar, der Willkür des Schicksals überlassen werden. Von Kühlmann.»

Neidhardt: Das ist erfreulich.

Botschafter: Also, meine Herren, Sie brauchen den Kopf nicht hängen zu lassen. Die Familie steht unter unserer Beobachtung und unserem Schutz. Welche Form die Bedrohung auch annehmen mag, wir werden uns dazu nicht gleichgültig verhalten, und folglich wird sie abgewendet werden. Auf meine letzte Demarche hat Tschitscherin mit Schweigen geantwortet, aber ich hoffe, daß er sich bald äußert. (Der Botschafter erhebt sich, auch seine Gesprächspartner stehen auf.) Es ist möglich (die Stimme des Botschafters senkt sich bis fast zu einem Flüstern), daß sich im Interesse der Befreiung der Familie am Ort, im Ural, auch ein Handeln Ihrer Organisationen als zweckmäßig erweisen wird ... Doch davon nicht jetzt. Über das Weitere werden Doktor Riezler und ich Sie in Kenntnis setzen (leichte Verbeugung des Botschaftsrats gegen die Besucher). Für heute, denke ich, ist genug gesagt.

Noch einmal eines Händedrucks gewürdigt und vom Botschafter sowie dem Botschaftsrat an die Schwelle geleitet, verbeugen sich die beiden Besucher. An der Tür legt Mirbach plötzlich Neidhardt die Hand auf die Schulter.

«Denken Sie noch an unsere gemeinsamen Pferderennen und Wetten vor dem Krieg auf der Münchener Rennbahn, Baron?»

Neidhardt winkt ab. «Ach, Graf, was sollen jetzt Pferderennen, Wetten und überhaupt Erinnerungen ...»

Der Botschafter gestattet sich für einen Augenblick einen familiären Ton: «Aber was denn, meine Herren. Nicht verzagen. Sie werden sehen, alles kommt in Ordnung. Es ist nicht ausgeschlossen, daß Sie in zwei, drei Wochen Ihren Herrscher irgendwo jenseits der Grenze wiedersehen.»

Unten im Vestibül schnappte der Schlüssel im Schloß, wieder wurde der Riegel knarrend zurückgeschoben. Vorsichtig öffnete Tille die Tür und spähte auf die Gasse. Die Hüte tief ins Gesicht gedrückt, schlüpften die beiden Männer in die regnerische Dunkelheit der Mainacht des Jahres achtzehn hinaus.

Kapitel I
Die Operation «Russischer Cousin»

Asche über der Isaaks-Kathedrale

Mirbachs Vorgänger als deutscher Botschafter in Rußland war Pourtalès.

Der siebenjährige Dienst auf diesem Posten endete für den Grafen Friedrich von Pourtalès in der achten Abendstunde des 19. Juli 1914 – des 1. August nach neuem Kalender. An diesem verhängnisvollen Tag stieg er, nachdem er seine Kutsche am Eingang Nr. 2 des Gebäudes des Hauptstabes verlassen hatte, gemessen in den zweiten Stock zum Minister für Auswärtige Angelegenheiten, Sasonow, der mehrere Tage sein Dienstzimmer nicht verlassen hatte, hinauf und fragte ihn, ob entsprechend der Forderung des deutschen Ultimatums die in Rußland verkündete Mobilmachung zurückgenommen werde. Sasonow verneinte. Darauf teilte der Graf nach kurzem Seitenblick auf den Engel der Alexandersäule, der vom Fenster aus gut sichtbar war, mit, daß sich von diesem Moment an Deutschland im Kriegszustand mit Rußland befinde.

Der Botschafter legte ein Schreiben mit dem Text der Kriegserklärung auf den Tisch und ging hinaus. Dabei bewies er eine phänomenale Zerstreutheit. Er hatte zwei Varianten der Note vorbereitet, eine für den Fall, daß das Ultimatum angenommen würde, eine zweite für den Fall der Ablehnung. Der Botschaftssekretär hatte beide Texte auf ein Blatt getippt. Um vier Uhr früh rief Pourtalès den Minister an und bat darum, jene Note, in der der Krieg erklärt wird, als gültig zu betrachten.

Am Morgen des folgenden Tages verwandelte sich die russische Hauptstadt in einen Hexenkessel. Tobend zogen die Banden der Schwarzhunderter durch die Straßen. Auf dem Newski Prospekt, in der Sadowaja und der Bolschaja Morskaja zerschlugen sie Schaufenster und verwüsteten die Geschäfte und Cafés, über denen deutsche Firmenschilder hingen. Auf dem Litejny-Prospekt wurde ein deutscher Offizier in Zivil, der zu Besuch in Petersburg gewesen war und sich gerade auf dem Weg zum Finnländischen Bahnhof befand, aus der Straßenbahn gezerrt und beinahe gelyncht.

Gegen Mittag desselben Sonntags strebte, mitten unter den Pogrombanden, das «feine» Publikum, die Damen aufgeputzt, zum Schloßplatz. Vor den Augen des Monarchenpaares, das auf den Balkon getreten war, demonstrierte man hysterisch Ergebenheit gegenüber dem Zaren und beschimpfte wüst den deutschen Kaiser. Beim Geläut der Glocken der Isaaks-Kathedrale und unter dem Donner der Kanonen der Peter-Pauls-Festung wurden Verwünschungen gegen den Berliner Verwandten Ihrer Majestäten ausgebracht. Das Herrscherpaar lächelte aufgeregt und angespannt ungefähr zehn Minuten lang der Menge, die vor ihm auf die Knie fiel, zu, dann zog es sich eilig in die dunkle Tiefe der Gemächer zurück.

Die randalierenden Schwarzhunderter tobten einige Tage lang durch die zentralen Bezirke der Hauptstadt, bis sie sich schließlich auf die Residenz des deutschen Botschafters Pourtalès konzentrierten. Hier wurde dann eine der effektvollsten «Heldentaten» jener Tage vollbracht.

Von unsichtbarer Hand gelenkt, versammelte sich gegen Abend des 4. August auf dem Isaaks-Platz eine große Menschenmenge. Viele hatten Brechstangen und Haken mitgebracht. Um neun Uhr setzten sie zum Sturm auf die zu diesem Zeitpunkt längst geräumte Botschaft an. Der Pförtner Adolf Katner, der als Aufsicht zurückgeblieben war, floh aufs Dach und wurde dort erschlagen. Gegen ein Uhr nachts brannte die Botschaft wie eine Fackel, und schon bald hing eine Wolke aus Rauch und Asche über der nahen Isaaks-Kathedrale. Als der Innenminister, N. A. Maklakow, gegen Morgen auf dem Platz erschien, meldete der Gendarmerieoberst Sisow, der neben dem Hotel Astoria hoch zu Roß posiert hatte: «Nun ja, Exzellenz, da sind die Deutschen doch ganz abgebrannt.»

Noch am gleichen Tag suchte der amerikanische Vertreter Wilson, dem Pourtalès vor der Abreise den Schutz der deutschen Interessen in Petersburg übertragen hatte, das Außenministerium auf und erhob im Namen der Regierung der USA Protest. In Anwesenheit des grinsenden Maklakow drückte Sasonow «sein Bedauern» aus.

Die Schwarzhunderter-Presse berichtete genüßlich über die Einzelheiten des Pogroms. Was den deutschen Kaiser anging, so geizten die militanten Journalisten nicht mit beleidigenden Epitheta.

Die Rauch- und Aschewolken, die damals den Isaaks-Platz einhüllten, mischten sich bereits mit dem Brandgeruch der Feuersbrunst, die mehr und mehr Europa und die Welt erfaßte. Sie sollte noch lange lodern. Der bewaffnete Kampf Rußlands mit dem österreichisch-deutschen Block dauerte, von jenen Tagen an gerechnet, rund drei Jahre und sieben Monate. In dieser Zeit verlor die russische Armee zwischen der Ostsee und dem Schwarzen Meer sieben Millionen Mann an Gefallenen, Verwundeten und Vermißten.

Das sind statistische Angaben aus den Nachkriegsjahren. Eine spätere offizielle Quelle gibt die Verluste Rußlands allein an Gefallenen mit etwa 2,5 Millionen an.

Die Bilanz des Todes war gewaltig und furchtbar. Den Anhängern Nikolaus' II. erschien dieser Blutzoll jedoch nicht zu hoch. Jedenfalls nicht so hoch, als daß sie sich im Augenblick der persönlichen Gefährdung gescheut hätten, eben jene verfluchten Feinde, die sie im August 1914 so lauthals geschmäht hatten, nun um Unterstützung und Mitgefühl zu bitten.

Im Jahre 1918, als die Explosionswellen der Revolution sie längst aus ihren Petrograder Nestern hinausgeworfen und in alle Richtungen verstreut hatten und sie ihren vergötterten Monarchen hinter den Jekaterinburger Palisaden wußten, da riefen diese Herrschaften eben jenen Kaiser Wilhelm, für dessen Sturz sie halb Europa mit russischem Blut getränkt hatten, um Hilfe und Rettung an.

Sie — das schließt auch den vergötterten Monarchen selbst ein. Ein halbes Jahr, bevor Nikolaus Romanow im Ipatjewschen Haus in Jekaterinburg interniert wurde, antwortete sein ehemaliger Kriegsminister, D. S. Schuwajew, in Petrograd, wo er sich vor der Außerordentlichen Untersuchungskommission der Provisorischen Regierung zu verantworten hatte, auf die Frage, ob der Zar von den ungeheuerlichen Verlusten der Armee gewußt und wieweit ihn das beunruhigt habe: «Er wußte es, aber es beunruhigte ihn wenig.» Der weitere Dialog:

Vorsitzender: Warum übernahm er dann den Oberbefehl?

Schuwajew: Ich betonte ihm gegenüber: «Eure Majestät», sagte ich, «Sie können nicht haftbar sein, Sie sind der Gott des russischen Landes. Ich kann mich nicht hinter Ihrem Namen verstecken, und keiner der Minister darf das tun. Wir können und müssen uns verantworten, aber Eure Majestät stehen darüber. Beim geringsten Anlaß heißt es: Das ist ein allerhöchster Befehl . . . Ist denn das gut?»

Vorsitzender: Sagen Sie, diese Unterredungen — betrafen die militärische oder politische Fragen?

Schuwajew: Alle möglichen . . . Ich sagte ihm geradeheraus: «Man darf nicht gegen die Strömung gehen . . . Man darf nicht den Ereignissen folgen, sondern man muß vorher handeln, ihnen zuvorkommen . . .» Ich betonte ihm gegenüber stets die Notwendigkeit, daß er diese Bürde von sich werfen müsse, die er faktisch nicht zu tragen vermochte.

Vorsitzender: Und er?

Schuwajew: Er dankte mir — und warf mich hinaus.

Vorsitzender: Was meinen Sie damit?

Schuwajew: Er ernannte an meiner Stelle General Beljajew.

Vorsitzender: Aus welchem Grunde?

Schuwajew: Ich begriff, daß er meine Ratschläge und Bemerkungen einfach satt hatte.

Sofort nach der Proklamation der Arbeiter-und-Bauern-Macht im Festsaal des Smolny wandte sich Sowjetrußland mit einem Aufruf an die kriegführenden Mächte, den Weltkrieg zu beenden. Die Entente schloß sich dieser Friedensinitiative nicht an. Daraufhin stellten am 26. November russische Parlamentäre erste Kontakte mit dem Gegner her, der sich zu Waffenstillstandsverhandlungen bereit erklärte.

Im Verlaufe dieser Gespräche traf im Dezember in Petrograd eine deutsche Mission ein, die von Graf Wilhelm von Mirbach, von 1915 bis 1917 Botschafter in Griechenland, danach einige Zeit Vertreter des Berliner Auswärtigen Amtes im besetzten Rumänien, geleitet wurde. Mit Genehmigung des Smolny bezog die Mission Quartier in erhalten gebliebenen Zimmern des zerstörten Botschaftsgebäudes am Isaaks-Platz. Bald darauf lernten die Diplomaten des Kaisers auch die ehemaligen Paten und Förderer der damaligen Randalierer kennen.

Durch dieselben Türen, die im August 1914 unter dem Ansturm der Schwarzhunderter geborsten waren, schlüpften nun heimlich Neidhardt, Trepow, Gurko und Benckendorff zu den deutschen Gästen. Mit tiefer Verbeugung erschienen sie vor Mirbach und dessen Mitarbeiter, Admiral Keyserling. Jetzt wurde nicht mehr herumgeschrien, keiner führte unflätige Reden oder fuchtelte gar mit Knüppeln, sondern alle wehklagten demütig über die Tücke des Schicksals. Erstens bereuten sie bitter, daß sie seinerzeit den Zusammenstoß mit dem Reich nicht vermieden hatten. Zweitens, die Sowjetmacht ging ihnen sehr gegen den Strich. Drittens, und das war jetzt das Wichtigste, was sie zu Seiner Exzellenz geführt hatte, sie baten und flehten Deutschland an, bei den Bolschewiki für den gestürzten, vertriebenen und nun in sibirischer Gefangenschaft schmachtenden Monarchen einzutreten.

Mirbach versprach, Berlin zu verständigen. Sein Bericht über einen Besuch der Gruppe Neidhardt — Benckendorff — Trepow war dann auch die erste offizielle Information über das Mißgeschick des «russischen Cousins», die Wilhelm II. von seinen eigenen Diensten erhielt. Nach dem Zeugnis seiner Umgebung bestand seine spontane Reaktion darin, daß er den Kanzler Bethmann Hollweg anwies, Maßnahmen zur eventuellen Hilfeleistung und Rettung auszuarbeiten.

Dabei spielten nicht nur verwandtschaftliche Gefühle eine Rolle, nicht nur die Solidarität mit dem autokratischen System, das in Rußland gescheitert war. Im Schicksal ihrer Petersburger Verwandten witterten die Hohenzollern mit heimlichem Entsetzen ein Vorzeichen ihres eigenen Endes.

Nach dem Abschluß des Friedensvertrages von Brest-Litowsk am 3. März 1918 und der Einrichtung einer deutschen Botschaft in Moskau im April des gleichen Jahres, an deren Spitze erneut Mirbach stand, verlagerten sich die Gespräche mit der Untergrundgruppe Neidhardt – Benckendorff – Trepow in das Haus Nr. 7 der Deneshny-Gasse (heutige Wesnin-Straße). Die Verschwörung wurde weiter vorangetrieben.

Viele Jahre leugneten die Apologeten des Kaiserreiches, daß es eine solche Verschwörung überhaupt gegeben habe. Selbst in unserer Zeit beteuert noch mancher, so beispielsweise 1969 das in Westberlin und Zürich erscheinende «Echo der Zeit», Mirbach habe keinerlei Beziehungen zum monarchistischen Untergrund in Rußland unterhalten und habe auch keinerlei Schritte zugunsten des gestürzten Zaren unternommen. Der Botschafter habe sich geweigert, die ehemaligen Zarenhöflinge zu empfangen, sei Gesprächen mit ihnen ausgewichen und habe Hilfe weder versprochen noch geleistet. Wenn es trotzdem manchmal gelungen sei, dem Botschafter einen Schriftsatz zu diesem Gegenstand zu überreichen, dann lehnte er es ab, ihn nach oben weiterzuleiten. Kurz gesagt, Deutschland nahm in dieser Angelegenheit eine Position der Zurückhaltung, Reserviertheit und völligen Nichteinmischung ein.

Wie diese «völlige Nichteinmischung» aussah, berichteten seinerzeit die Beteiligten selbst. Zum Beispiel Neidhardt. Nach seinen Erinnerungen wurde das eingangs in diesem Buch geschilderte Treffen im Mai 1918 frei gestaltet. Oder

Mirbach. Von seinen Botschaftsrapporten gelangten einige in die westliche Presse. Aufmerksamkeit verdienen darunter zwei Depeschen: eine, die am 13. Juni, zwei Wochen nach der bewußten Begegnung in der Deneshny-Gasse, nach Berlin abgesandt wurde; und eine andere vom 20. Juni, das heißt zwei Wochen vor der Ermordung des Botschafters aufgegeben. Kurz, aber eindrucksvoll informiert Mirbach seinen Chef Richard von Kühlmann über die zunehmende Aktivität des im Untergrund tätigen «Blockes aus Monarchisten, früheren liberal-demokratischen Politikern, Landbesitzern und Industriellen oder Geschäftsleuten» in Moskau und Petrograd. Ihn, den Botschafter, belagerten heimlich «viele bekannte Persönlichkeiten», «viele schwankende Gestalten», «Träger alter Namen oder früherer Würden, Inhaber großer Firmen oder Besitzer von Latifundien»; diese Leute, so formulierte der Botschafter, unterstrichen täglich und auf jede Weise «ihre deutschfreundliche Gesinnung» und wollten mit seiner Hilfe den Zaren befreien. Aber nicht nur das. Mirbach schreibt von ihnen, daß sie «bettelnd erscheinen, um Hilfe gegen die Bolschewiki zu erflehen ...».

Welche Haltung empfiehlt der Botschafter nun seinen Vorgesetzten? Jedenfalls keine Gleichgültigkeit. «Bei der Eigenart der gegenwärtigen Lage», meint er am 20. Juni, «erscheint es mir das höchste Gebot, eine Vereinigung der Gegner des in Agonie liegenden bolschewistischen Systems unter der Führung der Entente zu verhindern. Ein absolutes Nein, das aus der Ablehnung derartiger Gespräche erschlossen würde, wird daher solchen Anfragen gegenüber ... nicht ausgesprochen werden dürfen ...»

Nicht «nein» zu sagen, bedeutete im Grunde, «ja» zu sagen. Das können auch die heutigen westlichen Interpreten nicht bestreiten. Diese Herren übergehen die Fehleinschätzung der kaiserlichen Diplomatie hinsichtlich der «Agonie des Bolschewismus» mit bescheidenem Schweigen und erklären, die Idee habe in folgendem bestanden: Die Bolschewiki sollten gestürzt werden, das bürgerliche Rußland sollte wiederhergestellt werden, und zur Bedingung dieser Wiederherstellung wurde die Revision des Brester Vertrages im Sinne des Übergangs Rußlands auf einen Kurs der völligen Orientierung auf Deutschland gemacht.

Anders ausgedrückt, das Projekt der Befreiung des Zaren mit Hilfe des Kaisers war Teil eines umfassenderen Plans — der Liquidierung der Sowjetmacht durch deutsche Bajonette, der Wiederherstellung des alten, wenn möglich sogar zaristischen Rußlands, dessen Los ein Bündnis mit dem deutschen Imperialismus und die Unterordnung unter deutsche Kontrolle sein sollte. In einen solchen Plan konnten sowohl der Zar als auch der Thronfolger ohne besondere Mühe einbezogen werden, und sie waren damals ja noch am Leben, fast zum Greifen nahe, mit der kaiserlichen Familie verwandt und schon deshalb am ehesten akzeptabel. Man mußte sie nur aus der Verbannung holen und in das Winterpalais zurückbringen. Ebendeshalb setzte Wilhelm II. auch alle Hebel in Bewegung, um die Familie seines russischen Cousins zu retten.

Auch Dr. Kurt Riezler bekam eines Tages Gelegenheit, einige Einzelheiten seiner früheren Bemühungen in der Deneshny-Gasse mitzuteilen. Er verband im Kaiserreich die Funktion eines Diplomaten mit der Tätigkeit eines liberal-monarchistischen Publizisten und Philosophen und veröffentlichte unter dem Pseudonym I.-I. Ruedorffer einige Arbeiten zu Problemen der Weltpolitik.

Bevor er in Moskau erschien, war er von 1915 bis 1917 Berater des Reichskanzlers Bethmann Hollweg gewesen und hatte am Vorabend des Weltkriegs in Berlin das Buch «Grundzüge der Weltpolitik in der Gegenwart» publiziert, das W. I. Lenin kritisch untersuchte.

Begonnen hatte dieser Herr mit der Predigt des Kosmopolitismus, mit der These von der Göttlichkeit des Reiches, der Idee der Zusammenarbeit von Generälen und rechten Sozialdemokraten, und er endete mit dem erfolglosen Versuch, den Zaren vor dem Gericht der russischen Revolution zu retten.

Übrigens, das war noch nicht alles. In der Weimarer Republik betätigte Riezler sich im Auswärtigen Amt als führender Experte für osteuropäische Fragen. Im Sommer 1921 erschien der weißgardistische Emigrant N. A. Sokolow bei ihm und stellte sich als Hauptuntersuchungsführer zur Aufklärung der Hinrichtung des Zaren vor. Seine Vollmacht für dieses Amt hatte er 1919 vom «Obersten Regenten Rußlands», Koltschak, erhalten.

Der Weimarer Experte konnte dem Koltschakschen Ermittler mit geeigneten Informationen behilflich sein. Zum Beispiel sah er sich als jemand, «der das Drama unmittelbar in seinem Zentrum erlebt hatte», imstande, zu versichern, daß die Regierung Seiner Majestät des Kaisers 1918 über ihre Botschaft in Moskau bemüht gewesen sei, für die Gefangenen im Ural «alles Mögliche und sogar Unmögliche» zu tun. Zur Bestätigung zeigte Riezler Sokolow einen Packen Dokumente aus den Archiven des Auswärtigen Amtes, die Dokumente datierten vom Frühjahr und vom Sommer 1918. Im September 1921 sandte Riezler die Kopien einiger Depeschen aus dem Schriftwechsel zwischen der Botschaft und dem Auswärtigen Amt an Sokolow nach Paris. Darunter befanden sich folgende:

Botschaft in Moskau. An das Auswärige Amt. Juli 1918.

Soll die entschiedene Vorstellung betreffs eines sorgsamen Umgangs mit der Zarin als einer deutschen Prinzessin wiederholt werden? Meinen Sie nicht, daß es gefährlich wäre, die Vorstellungen auch auf den Zarewitsch zu erweitern, da den Bolschewiki wahrscheinlich bekannt ist, daß die Monarchisten geneigt sind, den Zarewitsch in den Vordergrund zu stellen? Das Mißtrauen der Bolschewiki gegenüber den deutschen Vorstellungen hat sich infolge der kürzlichen zu offenen Erklärungen des Generals Krasnow am Don noch weiter verstärkt.

Riezler[1]

Auswärtiges Amt. An den Bevollmächtigten in Moskau. Juli 1918.

Mit den Vorstellungen zugunsten der Zarenfamilie einverstanden.

Bussche

Diese und andere Dokumente veröffentlichte Sokolow später in seinem Buch, das in russischer Sprache in Deutschland erschien und aus dem hier rückübersetzt wurde. Im ganzen, so verallgemeinert Sokolow, läuft ihr Inhalt darauf hinaus, daß «1918 die russischen Monarchisten Gespräche mit den Deutschen über den Sturz der Macht der Bolschewiki führten». Und «in den Rahmen dieses Themas» gehörte auch die Frage einer Befreiung des Zaren, wofür sowohl das monarchistische Zentrum als auch die zaristischen Generäle, die sich im Süden Rußlands erhoben, «mit gewissen Diensten für die Berliner militärpolitischen Pläne zahlen sollten — sowohl im Zentrum des Landes als auch in dem entbrannten bewaffneten Kampf an der Peripherie, die von den deutschen Streitkräften okkupiert oder für eine Okkupation vorgesehen war».

Mirbach rechnete offenbar ganz ernsthaft auf Erfolg, wenn er der sowjetischen Regierung drohte und parallel einen Handel mit dem monarchistischen Untergrund begann.

R. Wilton, ein unmittelbarer Beobachter der Ereignisse in Rußland, Korrespondent der Londoner «Times», selbst unverbesserlicher Monarchist und Anhänger der Romanows, bezeugt, daß sich «auf Initiative und einen Aufruf Graf Mirbachs» hin im Frühsommer 1918 die Vertreter einer Reihe von extrem rechten antisowjetischen Gruppen streng geheim in Moskau versammelten. Die Bevollmächtigten Berlins stellten hier «deutsche Vorschläge über Wege zur Wiederherstellung der Monarchie in Rußland» zur Diskussion. Einer dieser Vorschläge lautete: Zuerst ist Zar Nikolaus II. wieder in seine «Rechte» einzusetzen; dann ist zum zweitenmal seine Abdankung zu proklamieren, um damit zu demonstrieren, daß die erste Abdankung vom 2. März 1917 als nicht wirksam gilt, weil sie durch die Revolution «erzwungen», «gewaltsam aufgedrängt» worden war; danach ist Alexej auf den Thron zu setzen. Während der Beratung entstand ein Streit zwischen den beiden Hauptgruppen der Teilnehmer, dem «Bund der Wiedergeburt» und dem «Nationalen Zentrum». Beide Gruppen wollten die Monarchie, jedoch mit folgendem Unterschied: die ersten waren bereit, sie aus deutschen Händen entgegenzunehmen, die zweiten lehnten jegliches «Geschenk» aus Berlin ab. Die Deutschen, schreibt Wilton, neigten dazu, den jungen Alexej auf den Thron zu bringen. Ihnen schien, auf ihn sei leichter Druck auszuüben. Die «Nationalisten» dagegen zogen den Bruder des Zaren, Michail Alexandrowitsch, vor, zumal der bereits einmal durch die Abdankung Nikolaus' II. in Pskow zum Zaren ausgerufen worden war. Zu einer endgültigen Entscheidung kamen die Diskussionsteilnehmer nicht, sie einigten sich, «noch ein wenig zu warten, bis sich die Türen des Ipatjewschen Hauses öffnen».

Während diese Form der «Nichteinmischung» in Moskau aktiviert wurde, trat sie auch in Berlin immer offensichtlicher und zynischer zutage. Viktor Alexandrow schreibt darüber in seinem Buch «Das Ende der Romanows», das 1966 in englisch veröffentlicht wurde.

In jenen Sommertagen des Jahres 1918, bald nach dem Aufflammen der Meuterei der «weißen Tschechen»[2], bat Kühlmann den sowjetischen Botschafter A. A. Joffe zu sich ins Auswärtige Amt und erklärte ihm, die deutsche Regierung befürchte, daß das aufständische Tschechoslowakische Korps sich der Romanows bemächtigen und sie zugunsten der militärpolitischen Ziele der Entente «mißbrauchen» werde. Der ehemalige Zar könne zum Oberkommandierenden der weißen Armeen ausgerufen werden und in dieser Rolle dabei helfen, im Osten eine antideutsche Front wiederherzustellen, und zwar ausgerechnet in dem Moment, in dem sich die kaiserliche Armee zum entscheidenden Schlag gegen die westlichen Alliierten in der Champagne vorbereitet. Die deutsche Regierung warne: Wenn die sowjetischen Behörden eine solche Wendung nicht vereitelten, werde sie ihre Streitkräfte auf Orscha und Pskow in Marsch setzen, mit dem Ziel, Moskau zu belagern und einzunehmen. Im nächstliegenden Stadium aber werde sie zu einer direkten Unterstützung des das Dongebiet kontrollierenden Atamans Krasnow übergehen und ihm den Weg zur Wolga, in die Tiefe des Landes öffnen.

Kühlmann schüchterte von Berlin her ein; aus der Deneshny-Gasse in Moskau tönte das gleiche Lied vom deutschen Militärattaché in Moskau. Er erschien im Volkskommissariat für Militär- und Marinefragen und warnte seinerseits, daß im Falle einer für Deutschland ungünstigen Wendung der Ereignisse um Jekaterinburg das Oberkommando der Okkupationstruppen in der Ukraine und im Raum Rostow am Don seine Kräfte in Richtung Zarizyn vorschieben werde, um sich an beiden Ufern des großen Flusses festzusetzen. Nicht ausgeschlossen sei im äußersten Falle, betonte der Attaché, auch die Annullierung des Brester Friedensvertrages und eine anschließende deutsche Offensive auf Moskau und Petrograd. Deshalb: die wichtigste Entscheidung wäre eine Übergabe Nikolaus' II. und seiner Familie an die deutschen Truppen, was Mißverständnisse und Diskussionen zu diesem Thema von Grund auf ausschließen würde.

Nachdem die sowjetische Seite diese Drohungen zurückgewiesen hatte, wurde ein neuer Schritt unternommen, sozusagen der nächste Akt der «Nichteinmischung». Der Bruder der ehemaligen Zarin Ernst Ludwig (Erni), Großherzog von Hessen, wandte sich von Darmstadt aus mit einem Vorschlag an die sowjetische Vertretung in Berlin: Er könne Rußland die guten Dienste eines Vermittlers im heranreifenden Konflikt mit Deutschland anbieten: Er sei bereit, eine deutsche Offensive in Rußland und die sich daraus seiner Meinung nach unvermeidlich ergebende Okkupation des ganze Landes abzuwenden. Außerdem wolle er bei der Reichsregierung eine Verminderung oder vielleicht sogar eine Annullierung der durch den Brester Vertrag Sowjetrußland auferlegten Kriegskontribution in Höhe von dreihundert Millionen Goldrubel erreichen. Der Preis dafür sei die Freilassung und Ausreise der Zarenfamilie nach Deutschland. Auf die telephonische Anfrage Ernis aus Darmstadt, ob die sowjetische Seite bereit sei, auf solche Erörterungen einzugehen, erhielt er einen negativen Bescheid.

Anfang Juli wurden die Berliner Bemühungen zugunsten der Romanows immer gröber und herausfordernder. Sogar ein Attentat auf Mirbach benutzte der Kaiser zu einem Manöver zugunsten der Zarenfamilie. Mit der Ermordung Mirbachs beabsichtigten die Sozialrevolutionäre, die zur Konterrevolution aufwiegelten, einen Krieg zwischen Deutschland und dem Sowjetstaat vom Zaune zu brechen. Nachdem Berlin am 6. Juli die provokatorische Forderung gestellt hatte, angeblich zum Schutz der Botschaft ein deutsches Bataillon nach Moskau entsenden zu dürfen, erklärte man sich im weiteren bereit, diese Forderung fallenzulassen, wenn der Zarenfamilie die Ausreise nach Deutschland gestattet würde.

Doch weder Riezler noch anderen deutschen Bevollmächtigten gelang es, der sowjetischen Regierung einen Handel um die Romanows aufzudrängen. Trotz der überaus gefährlichen Lage wies die junge Republik, die durch Feinde von allen Seiten bestürmt wurde, sowohl die Forderung nach der Entsendung eines deutschen Bataillons nach Moskau als auch die Einmischung zugunsten des Zaren zurück. Die Attacken auf die Souveränität Sowjetrußlands endeten für die deutsche Diplomatie erfolglos.

Die Romanows aber hofften weiter auf die rettende Hilfe des Berliner Cousins. Aus ihrer sibirischen Ferne und später aus dem Ural verfolgten sie gespannt die Bewegungen der von Deutschland inspirierten Kräfte, die ihnen, wie sie meinten, die Freiheit und vielleicht auch die Macht zurückgeben würden. Bis zur letzten Minute des Finales nährten sie die Hoffnung, doch noch, und sei es mit wenig angenehmer direkter deutscher Unterstützung, ins Winterpalais oder in den Kreml zu gelangen. Es war ja auch den Bourbonen gelungen, im Troß ausländischer Armeen wieder in die Tuilerien einzuziehen. Warum sollten nicht auch sie, die Romanows, mit Hilfe der Interventionsarmeen und weißen Armeen wieder ihre Schlösser erreichen? Diese Erwartung füllt ihre Briefe und Tagebuchaufzeichnungen jener Wochen und Monate, sowohl in Tobolsk als auch in Jekaterinburg. Die Überzeugung, daß «all das bald ein Ende hat» und es «früher oder später verfliegt», spielt eine große Rolle in diesen Papieren.

Die Romanows waren nach der Meinung Sokolows sicher, «Deutschland wolle dem Zaren und seinem Sohn die Möglichkeit geben, den russischen Thron wiederzugewinnen», unter der Bedingung freilich, daß sie zustimmen würden, «mit den Alliierten zu brechen und ein Bündnis mit Deutschland zu schließen». Immer häufiger ist man im Familienkreis zusammen mit den nächsten Begleitern — Gilliard, Tatistschew, Dolgorukow — der Meinung, daß man in eine Stadt an der Front geschickt und dort die Übergabe an die deutschen Truppen stattfinden wird. Bei diesen Beratungen werden auch die möglichen Routen der Evakuierung genannt: an den Don zu Krasnow, nach Kiew zu Skoropadski, ins Baltikum zu von der Goltz, nach Finnland zu Mannerheim. Dolgorukow äußerte eines Tages die Vermutung, die Übergabe werde in Riga stattfinden.

Deshalb interessierte es sie brennend, wo die Deutschen beziehungsweise die eigenen Leute standen. Sie wollten genau wissen, wo sich diejenigen «ihrer» Generäle befanden, die mit Unterstützung der deutschen Führung unter dem Banner einer monarchistischen Restauration zu einem Feldzug aufgebrochen waren und, von der kaiserlichen Militärclique verpflegt und finanziert, an deren Stafexpeditionen auf sowjetischem Territorium teilnahmen.

In einem Brief vom 20. März 1918 aus Tobolsk erkundigte sich die ehemalige Zarin Alexandra Fjodorowna bei ihrer früheren Hofdame A. A. Wyrubowa, die sich in einer Mansardenwohnung auf der Petrograder Seite versteckt hielt: «Was machen die Deutschen, sind sie schon in Petrograd oder nicht?»

«Denk einmal», frohlockt Alexandra Fjodorowna in einem Brief an dieselbe Adressatin, «die Zeitungen schreiben, daß sich Fürst Trubezkoi (Wolodja) mit Kaledin vereinigt hat. Was für ein Prachtkerl!» Etwas später schreibt sie, wiederum an die Wyrubowa: «Vom Don kommen gute Nachrichten über Kaledin und Krasnow . . . Gebe Gott ihnen Erfolg bei ihren heiligen Unternehmungen!»

Bei ihren «heiligen Unternehmungen» gingen die weißen Atamane offensichtlich nach dem Prinzip vor: je blutiger, desto heiliger.

Ihr Weg durch die von Interventen besetzten sowjetischen Gebiete wurde von Mord und Mißhandlungen begleitet. Diese weißen Atamane, von denen einige noch vor kurzem zur nahen Umgebung Nikolaus' II. gehört hatten, und die sich offen oder heimlich das Ziel gesetzt hatten, ihn (oder seinen Sohn) auf den Thron zu bringen, waren der Monarchie grenzenlos ergeben. Zu ihnen gehörten Kaledin und Krasnow, zwei proromanowsche Lantenacs, die die russische Revolution aus dem von weißen Kosaken beherrschten Dongebiet heraus vernichten wollten.

Zu derselben Zeit, als in Petrograd Neidhardt und seine Kumpane mit Mirbach Geheimgespräche führten, nahm im Süden Kaledin erste Verbindungen mit dem deutschen Oberkommando auf, um das Dongebiet als Brückenkopf der russischen Konterrevolution auszubauen. Nicht zufällig flohen die Generäle Kornilow, Denikin, Markow, Lukomski, Romanowski und andere Teilnehmer der konterrevolutionären Meuterei vom August 1917 aus Bychow, wo sich das Hauptquartier des Oberkommandos der russischen Armee befand, geradewegs an den Don.

Kaledin erschoß sich, P. N. Krasnow, ein früherer zaristischer Flügeladjutant, trat an seine Stelle. Es war derselbe Krasnow, der als Kommandeur des 3. Kavalleriekorps im Oktober 1917 im Kampf gegen die Rote Garde bei den Höhen von Pulkowo geschlagen wurde, der dem verkleideten Kerenski in Gattschina geholfen hatte zu fliehen, und den man dann zusammen mit seinem Stabschef Popow gefaßt und in den Smolny gebracht hatte. Er gab sein Ehrenwort, in Zukunft nicht mehr die Waffen gegen die Sowjetmacht zu erheben, und wurde daraufhin freigelassen. Doch sein «Ehrenwort» war nicht viel wert. Nachdem er am 11. Mai 1918 in Nowotscherkassk den Atamansstab erhalten hatte, wandte er sich mit einer unterwürfigen Botschaft an Wilhelm II., bat ihn, den von ihm, Krasnow, proklamierten «Unabhängigen Donstaat» unter deutsches Protektorat zu stellen, und verkündete nebenher als sein Ziel, Nikolaus II. und dessen Sohn «wieder in ihre Rechte einzusetzen».

«Ich bat Seine Kaiserliche Majestät», sagte P. N. Krasnow 1947 vor Gericht aus, «um Unterstützung beim Anschluß der Städte Taganrog, Kamyschin, Zarizyn und der Bahnstationen Liski und Poworino an den von mir geleiteten Staat . . . die Waffenhilfe für mich zu verstärken . . . und am Don eine Geschützfabrik und eine Patronenfabrik zu bauen . . ., wofür ich mich verpflichtete, Deutschland das Recht einzuräumen, beliebige landwirtschaftliche und andere Produkte aus dem Dongebiet auszuführen und Kapital in die Betriebe zu investieren . . .»

In den Chroniken des Jahres 1918 spielt auch der dem Zaren persönlich nahestehende General P. P. Skoropadski, einer der reichsten Grundbesitzer um Poltawa und Tschernigow, eine Rolle. Anfang des Jahrhunderts war er Kommandeur einer Leibgarde-Einheit in Zarskoje Selo, im Weltkrieg kommandierte er eine Division und ein Korps. Nach der Februarrevolution setzte sich Skoropadski für die Selbständigkeit der Ukraine ein. Dem Befehlshaber der deutschen Besatzungstruppen, Generalfeldmarschall Hermann von Eichhorn, gefiel Pawlo Petrowitsch so gut, daß er ihn am 29. April 1918 zum Hetman der Ukraine ausrufen ließ.

Kurz danach unterzeichneten Skoropadski und Eichhorn ein «Abkommen» über die Lieferung von sechzig Millionen Pud Getreide innerhalb von vier Monaten an Deutschland. Einige Tage später wurden auf seinen Befehl Feldgerichte, die Todesstrafe durch Erschießen und Erhängen sowie körperliche Züchtigungen mit Ruten, Peitschen und Ladestöcken eingeführt.

Ein Bacchanal von Strafaktionen begann. Das Land stöhnte unter dem Stiefel der deutschen Okkupanten und ihrer Helfershelfer.

Kaum hatte Skoropadski die dringlichsten Maßnahmen

zur Versorgung seiner Berliner Gönner mit ukrainischem Getreide und Speck getroffen, wandte er sich dem Ipatjewschen Haus in Jekaterinburg zu. Mit Erlaubnis Eichhorns fuhr er nach Berlin, um sich bei Wilhelm II. für den Zaren zu verwenden. Der Kaiser versicherte ihm, daß er alles Mögliche tue.

In jenen Tagen tauchten in Kiew drei Männer auf — der General Mossolow, der Fürst Kotschubej und der Prinz G. von Leuchtenberg. Während seiner Besuche beim Hetman und bei Eichhorn schlug das Trio vor, eine deutsch-haidamakische Diversions- und Rettungsexpedition auszurüsten und direkt nach Jekaterinburg zu schicken.

Eichhorn stimmte schweigend, nur mit einem Nicken, der Hetman stürmisch zu. Der Führer der drei bezeugte: Sie «zeigten sich sehr zuvorkommend. Sie verschafften uns Kredit und versprachen, uns Maschinengewehre, Gewehre und Automobile zur Verfügung zu stellen.»

Ein detaillierter Plan wurde entwickelt. Bewaffnete Dampfer sollten, wie General Mossolow später schrieb, die Wolga und die Kama hinauf geschickt werden, um «eine Basis ungefähr sechzig Werst von Jekaterinburg entfernt zu bilden», dann wollte man zur Stadt vordringen und mit einer bis an die Zähne bewaffneten Abteilung das Ipatjewsche Haus überfallen. Weiter heißt es wörtlich: «Wir schickten Kundschafter nach Jekaterinburg ... Sie nahmen Verbindung mit deutschen Emissären auf, die sich geheim in der Stadt aufhielten und deren Unterstützung man sich sichern mußte ...» Danach «schrieb ich Kaiser Wilhelm einen Brief, den ich Graf Alvensleben übergab, der zum Hetman abkommandiert war ... In diesem Brief bat ich den deutschen Kaiser, dem Herrscher zu versichern, daß ihm und seiner Familie freier Durchlaß gewährt und ein würdiger Empfang bereitet würde ... daß er jedenfalls nicht als Kriegsgefangener Deutschlands gelten würde ...»

Während man Waffen und Leute sammelte, während Alvensleben Kaiser Wilhelm II. konsultierte und selbst vom deutschen Vertreter beim Hetman, dem Grafen Mumm, konsultiert wurde, machten die Ereignisse die Aktion hinfällig: In

Kiew traf die Nachricht ein, das Haus Ipatjews sei leer, und die Posten um das Haus seien abgezogen worden.

Siebeneinhalb Monate hielt sich der Hetman, der seinen Traum, in Kiew ein Wiedersehen zwischen Wilhelm II. und Nikolaus II. zu organisieren, nicht hatte verwirklichen können. Als die Okkupanten aus der von einem Volksaufstand erfaßten Ukraine flohen, gab auch Skoropadski Fersengeld. Seinem Chef Eichhorn gelang es jedoch nicht, die Ukraine lebend zu verlassen. Am 30. Juli 1918 wurde er in Kiew getötet.

Aber nicht nur im Süden, auch im Norden waren die Generäle des Zaren aktiv. Einer von ihnen, Carl Gustaf Emil von Mannerheim, hatte schon zu Anfang des Bürgerkrieges, der in Finnland von der Gruppe Svinhufvud entfesselt worden war, seine überdurchschnittlichen Fähigkeiten als Henker unter Beweis gestellt. Mit der Unterstützung von Landetruppen des deutschen Generals Rüdiger von der Goltz³ organisierte Mannerheim einen umfassenden und grausamen Straffeldzug zur Unterdrückung der Arbeiterklasse und der Roten Garde. In wessen Namen er das tat, wurde erst einige Monate später klar, als Finnland zur Monarchie erklärt und als Prätendent auf die nicht vorhandene Krone Prinz Friedrich Karl von Hessen herausgestellt wurde, ein naher Verwandter der Alice von Hessen, der letzten russischen Zarin.

Hinter den finsteren Machenschaften in den von den deutschen Okkupanten kontrollierten Gebieten von Helsingfors bis Kiew und Nowotscherkassk stand ein Hauptverantwortlicher, der neunundvierzigjährige General Max Hoffmann. Er war 1904 in der Mandschurei Vertreter des deutschen Generalstabs bei den Japanern, später ein häufiger Gast in Rußland, ein guter Bekannter Mannerheims und Skoropadskis; während des Ersten Weltkriegs wirkte er als Chef der Operationsabteilung des Stabs der 8. Armee (die in Ostpreußen operierte) und wurde als Nachfolger Ludendorffs Stabschef der Ostfront. Der Kaiser benannte Hoffmann als Mitglied der Delegation, die nach Brest-Litowsk fuhr. Dort erwies er sich als einer der heftigsten Verfechter der Annexions- und Kontributionspolitik. Hoffmann hatte den in Brest verwirklichten

Plan ausgearbeitet, demzufolge die Ukraine, Belorußland, Lettland, Estland und Georgien — insgesamt eine Million Quadratkilometer mit einer Bevölkerung von sechsundvierzig Millionen Menschen — vom Sowjetstaat abgetrennt und in Protektorate des Deutschen Reiches verwandelt wurden. Hoffmann drängte darauf, Sowjetrußland das sogenannte Zusatzprotokoll vom 27. August 1918 aufzuzwingen, wonach an Deutschland in verschiedenen Formen eine Kontribution in Höhe von sechs Milliarden Mark (zweieinhalb Milliarden Rubel) zu zahlen war.

Doch auch General Hoffmann konnte nicht verhindern, daß die ehemaligen Generaladjutanten aus Zarskoje Selo, die sich von Süden und Osten mit Feuer und Knute den Weg zum früheren Monarchen bahnten, zur Rettung zu spät kamen. Aber nicht nur diese Aktivitäten scheiterten, auch die diplomatische Operation «Russischer Cousin», die der Cousin auf dem deutschen Thron unternommen hatte, mißlang. Sie mißglückte, weil sich die Sowjetmacht selbst unter jenen schwierigen Bedingungen nicht einschüchtern oder erpressen ließ.

Bald darauf, im Herbst 1918, geriet auch die deutsche Monarchie ins Wanken und brach innerhalb weniger Tage auseinander. Am 9. November wurde der Kaiser in Deutschland gestürzt.

Am 13. November 1918 erklärte das Gesamtrussische Zentrale Exekutivkomitee (WZIK) den Brester Vertrag insgesamt und in jedem Punkt für annulliert. Lenins Voraussicht hatte sich bewahrheitet: Bereits nach acht Monaten fiel das Brester Diktat unter den vereinten Schlägen der russischen und der deutschen Arbeiterklasse.

Der gestürzte deutsche Kaiser zögerte nicht mit der Flucht und befand sich schon am zweiten Tag an der Grenze. Er überlebte im holländischen Doorn Nikolaus II. um dreiundzwanzig Jahre.

Die heutigen geistigen Nachfolger des kaiserlichen Imperialismus vertreten verschiedene Auffassungen über das Ende des russischen Zaren. Einige behaupten, zur Zeit ihrer Verlegung in das Ipatjewsche Haus seien die Romanows politisch endgültig «entwertet» und damit völlig uninteressant gewesen. Deshalb war es für die deutsche Politik sinnlos, sich mit ihnen zu befassen. An die Zweckmäßigkeit ihrer Rückkehr zur Macht hätten nicht einmal die Monarchisten geglaubt, weder im Ausland noch in Rußland.

Nikolaus war selbst in den Augen einiger extrem Rechter eine anrüchige Figur. Er hatte sich, wie sie meinten, durch Mißerfolge befleckt und durch die Abdankung in Pskow erniedrigt. Daher lautet eine andere Variante deutscher Reaktionäre: Selbst wenn es ihnen nicht gelänge, Nikolaus zu retten, müßte man auf alle Fälle der Zarenfamilie habhaft werden, das heißt Alexandra Fjodorownas und Alexejs, früher oder später würde der Sohn dann zum Zaren proklamiert werden, und die Mutter würde für ihn die Regentschaft übernehmen — mit ihr waren ja schon vor 1917 Pläne in Petrograd ausgeheckt worden, nach denen sie die Macht an sich reißen und die Karriere Katharinas II. wiederholen sollte. Ebendeshalb wurden die Stimmungen Alexandra Fjodorownas in Tobolsk und Jekaterinburg von dem «leidenschaftlichen Traum», der «verzehrenden Hoffnung» beherrscht, den Sohn in irgendein gefahrloses Versteck zu schaffen, am besten ins deutsche Vaterland, und den Moment abzuwarten, in dem es möglich sein würde, Alexej zum Zaren auszurufen. Hinter seinem Rücken würde sie dann wieder an den Hebeln der Macht stehen.

Gerade diese Berechnung bestimmte in gewissem Grade zweifellos auch die Schritte, die Berlin im Frühjahr und Sommer 1918 zugunsten der Romanows unternahm. Mancher möchte das vertuschen. Diese Besonderheit bemerkte der bereits genannte Wilton schon damals. Er muß zugeben, daß sich Kühlmanns und Hoffmanns Sympathien für den Zarismus und die Romanows mühelos mit den Plänen einer Zerstückelung Rußlands in Einklang bringen ließen, ebenso wie der Zorn auf den Zaren wegen seiner Beteiligung am Kampf der Entente gegen Deutschland mit dem Wunsch, ihm das Leben zu retten. Bestreiten sie das? Nun ja, «ihre Argumente leiden unter einem Mangel — indem sie zu vieles beweisen wollen, beweisen sie nichts . . . Die Wahrheit ist offensichtlich: Hoffmann und Co. versuchen einfach, sich von dem mißlungenen Unternehmen loszusagen.»

Der Kaiser war nicht der einzige, der den Romanows aus der Patsche helfen wollte. Auch Rußlands Verbündete, die Regierungen der Ententemächte, bemühten sich um Nikolaus II.

Eine faktische Fortsetzung ihrer proromanowschen Ränke bildete die Beihilfe zu den Meutereien Kornilows und Dutows; später setzten sie ihre Hoffnung auf Alexejew, Denikin, Koltschak und Semjonow.

Nicht immer ist deutlich zu erkennen, auf welche der beiden ausländischen Kassen — die kaiserliche oder die der Entente — sich der jeweilige Zarenretter orientiert. Häufig auf beide zugleich. Der Orenburger Ataman Dutow beispielsweise brachte es fertig, aus gegeneinander kämpfenden Lagern umfangreiche Subsidien zu erhalten; in Wologda kassierte er vom französischen Botschafter Noulance anderthalb Millionen Franc, und in Kiew bat er den kaiserlichen Militäragenten Oberst Alvensleben zur Kasse.

Dennoch kann man sagen, im Süden orientierte man sich in jenen Monaten mehr auf die kaiserlichen Gaben, im Osten auf das Patronat der Entente und der Japaner.

Der Ausgangspunkt Koltschaks und Semjonows war derselbe — Charbin. Dort wurden sie ausgerüstet, und von dort setzten sie sich in Marsch für die Gelder der Entente und der Japaner. Francs und Dollars erhielten sie von dem Fernost-Agenten der «Sureté general» Henri Bourgeois (später übernahmen die Missionschefs beim «Obersten Regenten» Gannen und Knox die Übergabe der Gelder). Aus Tokio kamen Yen, und zwar vom Kriegsminister (dem späteren Ministerpräsidenten und Außenminister) Hiiti Tanaka, übergeben wurden sie von dem zu Semjonow abkommandierten Obersten Kurasawa und dem Major Kuroki. Wenig kleinlich war man nicht nur beim Geld, sondern auch in prinzipiell politischer Hinsicht. Semjonow trat für ein «einiges, unteilbares Rußland» auf, diente aber Tanaka, einem Anhänger der Idee,

Rußland zu zerstückeln und den russischen Fernen Osten zu annektieren. Semjonow trat für die Rettung der «russischen Staatlichkeit» auf, proklamierte die Wiederherstellung der Macht der Romanow-Dynastie als Ziel seines Lebens, wollte aber offensichtlich gern allein Selbstherrscher spielen — gerührt nahm er Tanakas Versprechen an, ihn, Semjonow, an die Spitze eines «Pufferstaates Fernost und Ostsibirien» zu stellen, sobald Japan diese russischen Gebiete abgetrennt hätte . . . Davon berichtet er selbst in seiner Autobiographie.

Am 28. Juni 1918 teilte Major Kuroki in Charbin vertraulich — «zur Weitergabe an die Verfechter der monarchistischen Idee in der Tiefe Rußlands» — mit, daß man in Tokio versichere, «wenn der russische Imperator genötigt sein sollte, durch japanisches oder von Japan kontrolliertes Territorium zu reisen, so werden ihm würdige Empfänge und Unterstützung erwiesen werden».

Freilich, die prozaristischen Unternehmen zahlten sich nicht aus. Die meuternden tschechischen Regimenter Gaidas und Tschetscheks und die gemeinsam mit ihnen handelnden Banden Dutows, Semjonows und Koltschaks rechtfertigten die Millionen nicht, die die Bankiers aus der Wallstreet und anderen internationalen Finanzzentren in sie investierten. Schon in jenen Tagen, so stellt der amerikanische Autor Sidney Harcave fest, «nährte kaum jemand die Illusion, daß es Nikolaus II. gelingen würde, neben seinen Vorgängern auf dem Thron einen Platz in der Gruft der Kathedrale der Peter-Pauls-Festung zu finden».

Und dennoch bleibt es Tatsache, daß sich beide der gegeneinander kämpfenden Blöcke bemühten, die Romanows zu retten — jeder in seinem Interesse. Die Natur ihrer Interessen war im vorliegenden Fall gleich; sowohl Wilhelm II. als auch die extrem rechten Ententekreise stellten sich eine wiedererrichtete Monarchie in Rußland als ein Werkzeug vor, das dazu dienen sollte, das Land weiter zu unterdrücken und zu knechten, es in Einflußsphären zu teilen und (in der kaiserlichen oder der japanischen Variante) territorial zu zerstückeln.

Kapitel II

Die heilige Allianz:
Mythen und Legenden

Björkö

Der russische Zar und der deutsche Kaiser waren zwar mit dem Hochadel vieler europäischer Länder, speziell Englands, verwandtschaftlich verbunden, besonders nah, ja zeitweise sogar eng aber waren ihre familiären und freundschaftlichen Kontakte untereinander. Sie vergnügten sich auf gemeinsamen Kutsch- und Autofahrten, ritten aus oder jagten in Spala, im Schwarzwald und in der Belowesher Heide. Auf einem privaten Foto Anfang des Jahrhunderts schauen sie, einander leicht stützend, jeder die Mütze des anderen auf, lachend ins Objektiv. Die Tatsache, daß sich ihre Staaten in einander feindlichen Koalitionen befanden, nach Möglichkeit übergehend, gaben sich Zar und Kaiser, wenn sie zu zweit, ohne Zeugen waren, wiederholt Wunschträumen von einer neuen Heiligen Allianz à la Metternich hin. Bei einem Glas Wein erstand vor dem geistigen Auge der beiden eine persönliche autokratische Allianz, die gegen die Wechselfälle der historischen Entwicklung immun war und jeglichen Aufruhr bändigen und sogar ersticken konnte.

Doch die Metternichsche Idee der monarchischen Solidarität war schon zu ihrer Zeit, Anfang des 19. Jahrhunderts, nicht besonders erfolgreich. Noch weniger vermochte sie fast ein Jahrhundert später Wirklichkeit zu werden.

Der Gang der Geschichte drängte die kaiserlichen Verwandten nach verschiedenen Seiten und trieb sie dann aus entgegengesetzten Richtungen auf den 1. August 1914 zu, an dem sie zum letztenmal telegraphische Botschaften austauschten, sich noch immer Niki und Willy nennend ... Zum letztenmal riefen sie einander auf, sich zu «besinnen» und zu «beruhigen».

Aber weder der eine noch der andere wollte sich beruhigen, weder ihre Generäle noch ihre Diplomaten wollten sich besinnen. Es kam zur Explosion. Sie hätte auch zu einer anderen Zeit und aus einem anderen Anlaß als dem von Sarajevo stattfinden können; die Kräfte, die zu dieser Explosion führten, waren weitestgehend unabhängig vom persönlichen Willen der beiden Verwandten.

Trotz der Explosion rissen die familiären Beziehungen der Romanows und der Hohenzollern selbst in der Periode heftiger zwischenstaatlicher Konflikte, die sich aus dem Gewirr der imperialistischen Widersprüche ergaben, nie ganz ab. Die prodeutsche Partei setzte ihre unermüdliche Arbeit am Hofe sogar dann noch fort, als das zaristische Rußland endgültig vor den Wagen der Entente gespannt worden war. Diese Partei war besonders einflußreich und zählebig, weil die Zarin sie stützte. Die ehemalige Prinzessin von Hessen hatte es fertiggebracht, in den dreiundzwanzig Jahren ihres Lebens in Rußland kaum etwas Russisches anzunehmen.

Es war also in gewissem Sinne so, daß die Romanows zwar gegen ihre deutschen Verwandten intrigierten, sich zugleich aber an sie klammerten; das Reich war für sie sowohl außenpolitischer Gegner als auch familiärer Rettungsanker. Die Romanows beteiligten sich an den Kampagnen der Entente gegen den Kaiser, waren indes bei den ersten Anzeichen persönlicher Gefährdung bereit, sich mit ihm über die Köpfe sowohl ihrer Partner als auch seiner Verbündeten hinweg zusammenzuschließen. Parallel zu den beiden imperialistischen Blöcken, die einander bewaffnet gegenüberstanden, wirkte ein heimlicher russisch-deutscher dynastischer Block, der auf dem Prinzip beruhte: Ist der eine ins Unglück geraten, hilft ihm der andere.

Abgott der russischen Schwarzhunderter war deshalb 1905 neben dem eigenen Monarchen Wilhelm II. Auf ihn richteten die Pogromhelden aus den Polizei- und Gendarmerieinstanzen und vom berüchtigten «Bund des russischen Volkes» in schweren Minuten ihre Blicke. Die Führung und die Filialen des Bundes (Kiew, Charkow, Tambow, Kischinjow, Jelisawetgrad) wandten sich in den Jahren 1905 bis 1907 mehrfach mit Bitten um Unterstützung und mit Grußbotschaften an den Kaiser. Den Rekord an Speichelleckerei stellte die Kiewer Organisation des Bundes auf, die Wilhelm ein Telegramm mit dem Ausdruck «grenzenloser Gefühle der Verehrung und Untertänigkeit» sandte.

Daß dieser heimliche dynastische Block existierte, wird auch von BRD-Publizisten, beispielsweise Sebastian Haffner, bestätigt. Haffner stellt fest, daß beide Dynastien selbst in Kriegszeiten eine gewisse Gemeinsamkeit der Sonderinteressen bewahrten, eine alles überdeckende Einheit der monarchischen Clans angesichts der Revolution, in der die Romanows wie die Hohenzollern ihren Todfeind sahen. Diese gemeinsame Haltung rief auch jenen auserlesenen internationalen zaristisch-kaiserlichen Klub ins Leben, dessen Mitglieder, selbst wenn sie gegeneinander Krieg führten, in ihrem Kreis immer Raum für eine gewisse Solidarität ließen.

Genaugenommen war dieser imaginäre Klub in Wirklichkeit bedeutend umfassender. Zu seinen heimlichen, verborgenen oder schweigenden Anhängern könnte man auch die österreichischen Habsburger, die rumänischen Hohenzollern, die bulgarischen Coburger, die serbischen Karadjordjevićs, die spanischen Bourbonen und einige andere autokratische Herrscher jener Zeit zählen. Das führende Paar im Klub aber waren, nach Haffner, die Souveräne von Zarskoje Selo und Berlin. Für sie war nach alter Tradition der Krieg ein interessantes Spiel, ohne persönliches Risiko. «Krieg gehörte sozusagen zu den Klubregeln, man machte von Zeit zu Zeit Krieg, um die Kräfte zu messen, und je nach dem Ausgang machte man dann wieder Frieden miteinander: So war es seit Jahrhunderten europäische Konvention. Auf den Gedanken, einen dieser Kriegs- und Friedenspartner gänzlich auszuschalten, war bisher niemand gekommen.» Die Beachtung der

Klubregeln war zwei Jahrhunderte lang eine der Tugenden in den Beziehungen zwischen den Romanows und ihren deutschen Verwandten. Und diese Solidarität galt «um wieviel mehr gegenüber den unmöglichen, unheimlichen Bolschewiki»!

Diese «Idee der Solidarität» veranlaßte denn auch Nikolaus immer wieder, Wilhelm um gewisse persönliche Gefälligkeiten zu bitten. So suchte er durch Vermittlung Wittes 1905 um eine Anleihe für die Ausgaben nach, die die Unterdrückung der Revolution gekostet hatte; gleichzeitig wurde dem Kaiser die Aufstellung eines deutschen Expeditionskorps nahegelegt, das an den «Befriedungsaktionen» in Rußland teilnehmen sollte. An einem Herbsttag des Jahres 1905 packte Nikolaus die Koffer und bereitete sich darauf vor, mit seiner Familie aus dem Land zu fliehen. Damals erschien im Finnischen Meerbusen der deutsche Zerstörer «110», den Wilhelm seinem Cousin zur Verfügung gestellt hatte; hinter dem Zerstörer, so teilte eine der hauptstädtischen Zeitungen delikat mit, «tummelte sich im Meerbusen eine ganze Flottille nichtrussischer Herkunft und nichtrussischen Dienstes», und sie befand sich in den russischen Gewässern, wie es die Zeitung «Wetscherni Petersburg» ausdrückte, «solange, bis ihre Notwendigkeit entfiel».

Höchst sachlich arbeiteten in jenen Jahren die Polizei und Geheimpolizei der beiden Länder zusammen; wie Weberschiffchen patrouillierten ihre Agenten ständig auf dem Newski-Prospekt und Unter den Linden.

Die zaristische Geheimpolizei schuf mit Hilfe der kaiserlichen Behörden in Berlin einen der wichtigsten Stützpunkte ihrer Diversions- und Spitzeltätigkeit auf dem europäischen Kontinent. Sie genoß, wie 1917 in der Zeitschrift «Byloje» zu lesen war, auch in anderen Ländern die Unterstützung der Polizeibehörden, aber das Verhältnis der deutschen Polizei ihr gegenüber war «besonders mitfühlend und freundschaftlich». Egal, womit sich die «russischen Kameraden» an die Berliner Polizei wandten, sie konnten immer sicher sein, daß «ihre Bitten erfüllt wurden», und wenn sich dabei irgendwelche «formalen Hindernisse» ergaben, so war der Polizeipräsident stets bereit, vertraulich, oft sogar privat, Hilfe zu leisten. Was für Hilfe das war, zeigt ein Brief des russischen Konsuls in Berlin, A. W. Kudrjawzew, an den Direktor des Polizei-Departements, P. N. Durnowo, worin mitgeteilt wird, daß der Chef der kaiserlichen Polizei, von Madan, volle Unterstützung «bei der Jagd der Ochrana-Abteilung auf russische Revolutionäre in Europa» gewähre.

Viele ähnliche Dokumente zeigen: die kaiserlichen Behörden versorgten Petersburg systematisch mit Informationen über den Druck russischer Literatur in den Leipziger und Münchener Druckereien; jeden Monat wurden nach Paris an L. A. Ratajew, den Chef der Auslandsagentur der zaristischen Geheimpolizei, Berichte über die Tätigkeit russischer revolutionärer Gruppen in Deutschland übermittelt. Zu den besonderen Diensten, die die Berliner Spitzel den Petersburgern erwiesen, gehörten in jenen Jahren die Verhaftung und Auslieferung vieler Revolutionäre.

Einige Monate, bevor der Zerstörer «110» im Finnischen Meerbusen auftauchte, hatte es bereits einen anderen, wenn auch etwas seltsamen Beweis für die enge Verbundenheit der beiden Dynastien gegeben. Der sogenannte Vorfall von Björkö trug sich im Sommer 1905 zu, als Wilhelm, der Nikolaus mit dem Versprechen lockte, seinen wackelnden Thron zu stützen, unter vier Augen vorschlug, sich über die Köpfe der Regierungen hinweg auf eine heilige Allianz zu verständigen.

Am 23. Juli liefen aus entgegengesetzten Richtungen zwei Jachten unter kaiserlichen Standern in die Bucht von Björkö bei Wyborg ein. Die Cousins trafen sich, um die Lage in Europa zu erörtern. Wilhelm stieg auf die Zarenjacht «Poljarnaja swesda» über.

Zwei Tage lang berieten die Herrscher. Dann bat der Zar den an Bord befindlichen Marineminister, Admiral A. A. Biriljow, zu dessen größten Erstaunen, einen soeben ausgehandelten Vertrag über ein russisch-deutsches Bündnis ungelesen gegenzuzeichnen. Der Admiral gehorchte.

Die Cousins hatten sich aber, wie sich schnell herausstellen sollte, umsonst gemüht, da der Vertrag völlig der bisherigen Bündnispolitik Rußlands widersprach.

Erstens verpflichtete sich Rußland in diesem Vertrag, Deutschland im Falle eines Krieges mit Frankreich zu verteidigen; nach dem zu jener Zeit gültigen Bündnisvertrag war Rußland jedoch verpflichtet, Frankreich im Falle eines Krieges mit Deutschland beizustehen.

Zweitens verpflichtete sich der Kaiser, das europäische Rußland gegen den Überfall «einer beliebigen europäischen Macht» zu verteidigen. Welche konnte da gemeint sein? Deutschland selbst entfiel ja. Vielleicht Frankreich? Aber mit ihm war Rußland verbündet. Österreich-Ungarn? Doch das war mit Deutschland verbündet und würde also nicht den Verbündeten seines Verbündeten überfallen. Italien? Es war ebenso wie Österreich Mitglied des von Deutschland dominierten Dreibundes. England? Es konnte keinen Landkrieg gegen Rußland führen.

Japan? Ja, das war ein Gefahrenherd. Zumal damals der Friedensvertrag von Portsmouth noch nicht ratifiziert war. Aber Wilhelm übernahm in Björkö nur Verpflichtungen im Falle des Angriffs durch eine europäische Macht, und Nikolaus mochte im Fernen Osten also allein Krieg führen, soviel er wollte.

Die Nachricht über das Abkommen von Björkö löste in den europäischen Hauptstädten Bestürzung aus, auch in Petersburg. Dort kam es nach der Rückkehr des Premierministers Witte aus Portsmouth zwischen ihm und dem Außenminister Lamsdorff zu einem Gespräch, das Witte aufgezeichnet hat.

Lamsdorff: Haben Sie das Abkommen gelesen, das in Björkö geschlossen wurde?

Witte: Nein, ich habe es nicht gelesen.

Lamsdorff: Haben weder Wilhelm noch der Herrscher es Ihnen gezeigt? (Auf der Rückreise aus den USA, die über Deutschland führte, hatte Witte den Kaiser besucht.)

Witte: Nein, sie haben es mir nicht gegeben. Und Sie selbst taten es auch nicht, als ich nach Petersburg kam und bei Ihnen war, bevor ich den Herrscher aufsuchte.

Lamsdorff: Ich wußte selbst nichts von seiner Existenz. — Jetzt sehen Sie einmal, um was für ein Prachtstück es sich handelt.

Witte (nachdem er das Dokument gelesen hat): Ich meine, dieser Vertrag stellt eine direkte Falle dar, ganz zu schweigen davon, daß er inäquivalent ist. Seine Festlegungen sind unehrenhaft gegenüber Frankreich. — Kennt der Herrscher denn unseren Vertrag mit Frankreich nicht?

Lamsdorff: Wie denn! Er ist ihm ausgezeichnet bekannt. Der Herrscher hat ihn vielleicht vergessen oder höchstwahrscheinlich in dem Nebel, den ihm Wilhelm vorgemacht hat, das Wesen der Sache nicht erkannt ...

Witte: Dieser Vertrag muß unbedingt beseitigt werden.

Den Premierminister interessierte die Rolle Biriljows. Er vertrat die Ansicht, das Abkommen sei schon deshalb ungültig, weil es nicht vom Außenminister gegengezeichnet worden war. Biriljow sei dafür nicht zuständig. Er ließ ihn rufen.

Witte: Admiral, Sie wissen, was Sie in Björkö unterzeichnet haben?

Biriljow: Nein, das weiß ich nicht.

Witte: Was heißt das?

Biriljow: Ich leugne nicht, daß ich ein Papier unterschrieben habe, ein höchst wichtiges.

Witte: Worum handelt es sich denn darin?

Biriljow: Eben, davon besitze ich nicht die geringste Vorstellung. Die Sache spielte sich so ab: Der Herrscher rief mich in die Arbeitszimmer-Kajüte und fragte: «Glauben Sie mir, Alexej Alexejewitsch?» Nach meiner Antwort fügte er hinzu: «Nun, in diesem Falle, unterzeichnen Sie dieses Papier. Sie sehen, es ist von mir und vom deutschen Kaiser unterschrieben. Er wünscht, daß es von einem meiner Minister gegengezeichnet wird.» Da unterschrieb ich.

Witte, der Diplomat Iswolski und der Großfürst Nikolai Nikolajewitsch begaben sich zum Zaren. Die nach dem musealen Metternichschen Modell der Heiligen Allianz kopierte diplomatische Konstruktion brach schon bei der kleinsten Belastungsprobe zusammen. Unter dem Druck seiner Berater schrieb Nikolaus an Wilhelm einen Brief, in dem er darum bat, das Dokument von Björkö solange als nicht wirksam anzusehen, bis Frankreich sich ihm anschließe.

Vergeblich wiegelte Wilhelm in seiner Antwortbotschaft Nikolaus gegen Frankreich auf. Der russische Zar reagierte jedoch nicht so, wie der deutsche Kaiser gehofft hatte, und damit war der Vertrag von Björkö bedeutungslos geworden.

Sag mir, wer dein Freund ist...

«Er (der König von Preußen und Kaiser von Deutschland – M. K.) ist imstande», verkündete Wilhelm II. einmal, an seine deutschen Zuhörer gerichtet, aber natürlich darauf rechnend, daß man ihn in Rußland und Frankreich hörte, «den Frieden aufrechtzuerhalten, und Ich habe das Gefühl, daß denjenigen, die den Frieden umzustoßen wagen sollten, eine Lehre nicht erspart bleiben wird, welche sie in hundert Jahren nicht vergessen werden.» In einer anderen Rede, an Frankreich adressiert, das den Verlust seiner östlichen Gebiete Elsaß und Lothringen nicht vergessen hatte, drohte er: «... daß darüber nur eine Stimme sein kann, daß wir lieber unsre gesamten 18 Armeekorps und 42 Millionen Einwohner auf der Walstatt liegen lassen, als daß wir einen einzigen Stein von dem, was Mein Vater und der Prinz Friedrich Karl errungen haben, abtreten.»

Und dann, offensichtlich Rußland ansprechend, betonte er, daß er nicht zögern werde, die zu zerschmettern, die ihn bei der Verwirklichung seiner internationalen Pläne stören würden. Botschafter Schuwalow, der in Berlin solche Reden bis zum Überdruß zu hören bekam, berichtete seinen Vorgesetzten nach Petersburg: «Der Kaiser unterstreicht bei jeder Gelegenheit seine Entschlossenheit, jeden Widerstand auf dem Wege zu brechen, auf dem er das deutsche Volk nach Gottes Willen zu führen gedenkt.»

Bei seinen Besuchen in Petersburg offenbarte seine Person jedoch absolut nichts Göttliches. Alle sahen lediglich einen affektierten, großsprecherischen preußischen Husaren, der keine Spur mehr geistiger Größe geschweige denn Erleuchtung besaß als sein russischer Cousin. Manchmal fragte man sich sogar, bei wem der Obskurantismus und die tyrannischen Neigungen ausgeprägter waren. Staub wirbelte seinerzeit eine Karikatur des Londoner «Punch» auf, die dem Berliner Cousin als Despot den ersten Platz einräumte.

Die beiden Cousins besuchten einander, nahmen an den wichtigsten Paraden teil, feierten Familienjubiläen und beschenkten sich reichlich. Bei ihren wechselseitigen Besuchen kitzelten sie kräftig die Eigenliebe des anderen mit Ergebenheitserklärungen und ausgesuchten Komplimenten. Und wenn sie sich dann verabschiedet hatten, lästerte einer über den anderen und bedachte ihn mit boshaften Spitznamen. Bisweilen wurde der kleinliche Zank zwischen den Imperatoren — inklusive ihrer Familien — so unerträglich und langwierig, daß die beunruhigten diplomatischen Dienste genötigt waren, sich einzumischen.

Aber es ging bei diesen Querelen durchaus nicht immer nur um kleinkarierte Dinge. So bemerkte man ungefähr seit 1906, daß Prinz Heinrich von Preußen, der Bruder des Kaisers, und seine, Frau Irene, die Schwester der russischen Zarin, sich übermäßig für geheime staatliche Informationen interessierten, wenn sie zu Gast in Rußland waren.

Auf Bällen und Empfängen suchten sie die Nähe von Militärs, Behördenchefs und Experten. Immer häufiger entstand der Eindruck, daß sie weniger Besucher als Emissäre und Späher waren.

Der im Innenministerium arbeitende S. S. Ongirski erinnerte sich: «Ich wurde einer dieser seltsamen Befragungen zum erstenmal im Winter 1909 bis 1910 unterzogen, als ich dieses hochgestellte Paar in Petersburg auf einem Ball der

Gräfin J. N. Kleinmichel kennenlernte . . . Später versuchten sie noch mehrfach, mir unbescheidene Fragen zu stellen — bei Begegnungen in Petersburger Adelshäusern 1913 und 1914, in Häusern des alten Moskauer Adels, bei Irenes Schwester, der Großfürstin Jelisaweta Fjodorowna, im Kleinen Kremlpalast . . . Sie ‹würdigten› mich ihrer Beachtung und ihres Interesses, trotz all ihrer Geziertheit, fragten mich hartnäckig über den Stand der Dinge in Rußland aus . . . Mag sein, daß sie ihr ganzes langes Leben der Vereinigung der beiden Dynastien, dem Dienst an den Interessen der einen wie der anderen gewidmet hatten. Aber, natürlich, in erster Linie der deutschen. Wovon ließen sie sich leiten, wenn sie sich beharrlich und kontinuierlich damit befaßten, im russischen Milieu Nachrichten zu sammeln? Nur von müßiger Neugier oder von Informationszwecken im Interesse des Deutschen Reiches und der deutschen Dynastie? Für mich gibt es keinen Zweifel, daß das zweite der Fall war.»

Der Bruder des Kaisers spionierte also gemeinsam mit der Schwester Alexandra Fjodorownas in Rußland. Sie sammelten für Berlin dort Nachrichten, wo einem gewöhnlichen Spion in der Regel die Türen verschlossen waren.

Durch die Ausfälle Wilhelms ständig kompliziert, waren die gegenseitigen Beziehungen der beiden Höfe im allgemeinen «eher freundlich als herzlich» und wurden in Perioden politischer Schwierigkeiten «eher kühl als freundlich».

Zuweilen verstand es der «liebe Willy», mit zwei grundverschiedenen Stimmen zum Zaren zu sprechen — in den üblichen honigsüßen Ton mischte sich dann und wann ein grob drohender, wie er einem außenpolitischen Partner Rußlands selten gestattet wurde. So nutzte Wilhelm beispielsweise die Situation, als die russische Flotte auf der Fahrt um Europa herum zum Einsatzgebiet im Russisch-Japanischen Krieg war, aus und präsentierte dem Zaren die Forderung, er solle sich verpflichten, Deutschland im Falle eines Krieges mit einer dritten Macht beizustehen. In deutscher Sprache[4] lautet der drohende Teil der Botschaft — zitiert nach Hellmuth von Gerlach — folgendermaßen:

Liebster Niki!

... Du wirst, dessen bin ich sicher, völlig auf die Tatsache achten, daß ich jetzt absolut positive Garantien von Dir haben muß, ob Du beabsichtigst, mich ohne Hilfe zu lassen oder nicht, für den Fall, daß England und Japan mir den Krieg erklären ...

Solltest Du nicht in der Lage sein, mir eine absolute Garantie zu gewähren, daß Du in einem solchen Kriege loyal Schulter an Schulter mit mir kämpfen willst, so bedaure ich die Notwendigkeit des unmittelbaren Verbots, daß deutsche Dampfer Deiner Flotte weiter Kohlen liefern sollen ... Herzliche Grüße an Alix

Dein immer wohlgesinnter Vetter und Freund

Willy

Früher als andere — schon am Ende des vorigen Jahrhunderts — erkannte L. N. Tolstoi das Wesen Wilhelms II. So sah der Dichter bereits 1899, als Fürst G. M. Wolkonski seine Broschüre über den Kaiser nach Jasnaja Poljana sandte, eine Schwäche dieser Arbeit in der unzureichenden Wiedergabe der «abstoßenden Züge einer der abscheulichsten, wenn nicht komischsten Figuren der modernen Geschichte». Tolstoi charakterisierte Wilhelm II. als einen «beschränkten, wenig gebildeten, ruhmsüchtigen Mann mit den Idealen eines preußischen Junkers», als «einen Schwätzer, der von der Gier nach überwältigenden Triumphen und glänzenden Märchenspielen verzehrt wird». In einer der Tolstoischen Legenden meldet sich auf die Frage des besorgten Beelzebubs: «Wer führt jetzt auf der Erde die Räuber an?» ein deutlich an Wilhelm II. gemahnender Teufel mit aufgezwirbeltem Schnurrbart und stellt sich als «Chef der Räuber» vor.

Das provokatorische Bild von der «Gelben Gefahr» hatte der Kaiser mit dem Aufruf versehen: «Völker Europas, schützt eure heiligsten Güter!» Tolstoi änderte das in: «Völker Europas, schützt eure Taschen vor Kaiser Wilhelm!»

Welches Hin und Her es in den Beziehungen zwischen den

beiden Höfen auch immer gab, welches Auf und Ab die Beziehungen der beiden Familien auch bestimmte, unter allen Umständen blieb der Kaiser für die Romanows der Cousin, der höchst liebe und lustige Willy, mochte er auch nichtsnutzig und zuweilen bedrohlich wirr erscheinen, er war einer der Ihren. Er war so sehr einer der Ihren, daß die Romanows die «intimste Korrespondenz» mit ihm — natürlich höchst geheim — nicht einmal in den Jahren des Ersten Weltkrieges unterbrachen.

Als Kaiser Wilhelm II. schon in Doorn lebte, richtete er folgenden, hier aus dem Russischen rückübersetzten Brief an den früheren russischen Kriegsminister, W. A. Suchomlinow:

Der Vertrag, der in Björkö zwischen mir und Nikolaus II. geschlossen worden war, legte die Grundlagen einer friedlichen und freundschaftlichen Übereinkunft Rußlands mit Deutschland, er trat jedoch nicht in Kraft infolge der Einmischung der russischen Diplomatie (Iswolski, Sasonow), der russischen Generäle, der Mitglieder der Duma und anderer Politiker. Der Weltkrieg, den sie anstrebten, rechtfertigte ihre Hoffnungen nicht, warf alle ihre Pläne über den Haufen, und der Zar, genau wie ich, verlor den Thron. Die furchtbaren Folgen, die für Rußland sein Überfall auf Deutschland mit sich brachte, und die ganzen folgenden Ereignisse zeigen, daß beide Staaten ihre Rettung in der Zukunft, wie vor hundert Jahren, erst in einer engen gegenseitigen Verbindung nach der Wiederherstellung der Monarchie in beiden Ländern finden werden.

Wilhelm II., Kaiser und König

Das imperialistische Deutschland hat also niemanden überfallen — es wurde überfallen. Es wollte den Zusammenstoß vom 1. August 1914 nicht, der wurde ihm aufgezwungen. Die anderen wollten den Weltkrieg und verbanden Hoffnungen damit. Wilhelm und seine Generäle hatten damit nichts zu tun. Der Ausgang des Krieges warf die Pläne der anderen über den Haufen, bei ihm, dem Kaiser, konnte das nicht geschehen — sein Generalstab besaß ja weder Pläne noch Berechnungen.

Gegen Nikolaus hat Wilhelm nichts: Den Cousin haben Sasonow, Iswolski und die Führer der Entente aus dem Konzept gebracht, und im Ergebnis verlor «der Zar, genau wie ich», den Thron. Freilich, seine Absetzung betrachtete der Eremit von Doorn als ungültig, er titulierte sich noch immer Kaiser und König. Dafür hatten Rußland «furchtbare Folgen» getroffen, womit die Revolution, das Verschwinden Nikolaus' und die Konstituierung der Sowjetmacht in den Grenzen des ehemaligen Reiches gemeint sind. In der Tat, für Wilhelm war es furchtbar: mit der Entstehung des neuen, des Rußlands der Sowjets, war die Hoffnung verblaßt, das Programm des «Dranges nach Osten» zu verwirklichen — sowohl in der kaiserlichen als auch in der späteren Hitlerschen Variante. Aber noch war nicht alles verloren, tröstete der ehemalige Kaiser den früheren Helfershelfer der deutschen Spionage Suchomlinow, der eine Zeitlang die Spionage mit den Pflichten eines russischen Kriegsministers verbunden hatte: Vielleicht gelang es doch noch, die Welt einschließlich Rußlands und Deutschlands um hundert Jahre zurückzuwerfen. Je weiter zurück in die Vergangenheit, desto besser. Der Kajütenvertrag von Björkö war nicht in Kraft getreten — macht nichts, gebe Gott, daß ein neuer Zar kommt, dann werden «in enger gegenseitiger Verbindung» auf der Grundlage einer erneuerten Familienallianz die Strategen neuer Feldzüge sowohl nach Osten als auch nach Westen «ihre Rettung in der Zukunft» finden . . .

Diesem Gedanken verschrieben sich die ehemaligen Zarenminister, Generaladjutanten, Gouverneure und geistlichen Würdenträger in der Emigration jahrzehntelang. 1917 und 1918 flehten sie Wilhelm und seine Generäle, in den Jahren 1919 und 1920 Clémenceau, Lloyd George und Wilson an. In den Jahren 1941 bis 1944 liebdienerten sie vor Hitler und seinen Generälen.

Kapitel III
Der Beginn der Herrschaft

Amtseintritt

Nikolaus Alexandrowitsch wurde 1894 im Alter von sechsundzwanzig Jahren der achtzehnte Zar aus der Dynastie Romanow und herrschte dreiundzwanzig Jahre. Die Ironie der Geschichte wollte es, daß es ihm zufiel, am 21. Februar 1913 das dreihundertjährige Bestehen der Dynastie am Vorabend ihres Zusammenbruchs zu feiern.

Entgegen der Meinung einiger seiner früheren hohen Beamten, die ihm Kränkungen nachtragen, war er weder die einzige noch die wichtigste Ursache dieses Zusammenbruchs. Wahr ist freilich auch, daß er nach Kräften zum Untergang seiner Dynastie beigetragen hat.

Nur einige der siebzehn Romanow-Zaren, die den Thron vor Nikolaus II. innehatten, sind eines mehr oder weniger natürlichen Todes gestorben. Sein Vater, Alexander III., starb relativ jung, mit neunundvierzig Jahren, entweder an den Verletzungen, die er bei einem Eisenbahnunglück in der Nähe von Charkow erlitten hatte, oder an einer Nierenentzündung — der Folge unmäßiger Zechgelage. Einige charakterliche Besonderheiten, die er vom Vater geerbt hatte, zum Beispiel Dünkelhaftigkeit, Eigenliebe und Phantasielosigkeit, verstärkten, wie 1917 in der Zeitschrift «Byloje» geschrieben wurde, «die in den Tiefen der Seele Nikolaus Alexandrowitschs verborgene Grausamkeit und Gleichgültigkeit gegenüber fremden Leiden, die für das Geschlecht der Romanows überhaupt so kennzeichnend waren». Das eine und andere hatte ihm auch seine Mutter, die dänische Prinzessin Dagmar, mitgegeben: den kleinen Wuchs, die undurchdringliche Verschlossenheit sowie die Fähigkeit, auf den Gegenstand des eigenen Hasses mit freundlichen, wohlwollenden, manchmal beinahe verliebten Augen zu blicken.

Mit neun Jahren begann der Thronfolger seine Ausbildung durch ein ganzes Hauslehrerkollegium. General Danilowitsch, früherer Chef der Infanterieschule, der auf diesem Posten Alexander III. bei einer Besichtigung gefallen hatte, war daraufhin zum «Leiter der Studien des Zarewitsch Nikolaus» ernannt worden (wobei K. P. Pobedonoszew allerdings die Gesamtleitung übertragen wurde).

Zwölf Jahre lang mühte sich dieses Kollegium um die Entwicklung des Intellekts und des Geschmacks des Zarewitsch, danach wurde ein zusätzliches dreizehntes Schuljahr angesetzt. Mittelpunkt aller Studien — von Pobedonoszew «unterrichtet» — war das Dogma von der göttlichen Herkunft der Selbstherrschaft, von der Unbegrenztheit und Unantastbarkeit der Zarenmacht. Dieses Hauptziel der Erziehung und Bildung seines Sohnes hatte Alexander III., ein schwerfälliger und ungebildeter Mann, festgelegt.

Die ersten acht Jahre wurde der Thronfolger nach dem normalen Gymnasialprogramm unterrichtet, sieht man einmal davon ab, daß die klassischen Sprachen Latein und Altgriechisch entfielen, dafür verstärkt Englisch, Französisch und Deutsch sowie sogenannte politische Geschichte auf dem Stundenplan standen. Die letzten fünf Jahre waren den «höheren Wissenschaften» gewidmet, wobei der Schwerpunkt auf militärischen Fächern lag: Strategie und Taktik, Topographie und Geodäsie. Leer las ihm Kriegsgeschichte, Beketow unterrichtete Chemie, Kjui Festungsbau, Stubendorf Topographie und Bunge Statistik und politische Ökonomie. Einen besonderen Platz in der Pobedonoszewschen Schule nahm Mister Hit oder, wie man ihn im Schloß nannte, Karl Ossipowitsch ein, der faktisch weniger Lehrer als Erzieher war und seinen Zögling von klein auf daran gewöhnte, englisch statt russisch zu sprechen. Nikolaus fiel es deshalb später leichter, sich auf englisch als auf russisch auszudrücken, und sein Russisch glich häufig einer Interlinearübersetzung aus dem Englischen.

Da es den Professoren verboten war, ihrem Schüler Fragen zu stellen, der selbst jedoch keine Lust zum Fragen hatte, blieb der Kenntnisstand des Zarewitsch bis zuletzt ein Rätsel. Zum Glück für den Schüler gab es außer den theoretischen Fächern noch den «praktischen» Unterricht, denn der gefiel dem Thronfolger besser. Er bestand bezeichnenderweise aus mehreren Feldlagern, die der junge Nikolaus bei den Truppen in der Nähe der Hauptstadt, meistens in der Nähe von Krasnoje Selo, verlebte: zwei Sommer im Preobrashenski-Regiment, zuerst als Subalternoffizier, dann als Kompaniechef, zwei weitere im Husarenregiment als Zugführer und Eskadronchef und schließlich noch einen Sommer in Artillerieeinheiten. Höhepunkt seiner militärischen Karriere war die Stellung eines Bataillonskommandeurs im Range eines Obersten.

Zur Vervollkommnung und quasi als Abschluß der Ausbildung stellte ihm der Vater einen Kreuzer der Baltischen Flotte zur Verfügung und befahl ihm, eine Reise in den Fernen Osten zu unternehmen. Nikolaus verbrachte viele Monate auf See, bis die Tour in Japan durch ein Attentat auf ihn beendet wurde.

Im Herbst 1894, als Alexander III. schwer erkrankte, richteten Rußland und die Welt den Blick auf seinen Nachfolger — einen stark anglisierten jungen Mann, nach außen hin bescheiden bis zur Schüchternheit, mit zurückhaltend höflichen Manieren, der flüssig englisch und etwas gekünstelt russisch sprach — dazu mit einem seltsamen, sogenannten Gardeakzent — und der in seiner Gesamtentwicklung auf dem Niveau eines mittleren Husarenoffiziers stand.

Die Meinungen derjenigen, die Nikolaus näher kannten, waren widersprüchlich. Die einen sagten: Das ist ein typischer Unteroffizier. Andere: Er ist ein Fähnrich. Die dritten: Eine neue Variante Pauls I. Und die vierten: Er ist ein wohlerzogener, aber durch seine Doppelgesichtigkeit und seinen Dünkel gefährlicher junger Mann.

Von Außenminister I. N. Durnowo nach dem jungen Zaren befragt, äußerte Witte, daß Nikolaus seiner Ansicht nach «ganz unerfahren, wenn auch nicht dumm» sei und den Eindruck eines «höchst wohlerzogenen jungen Mannes» mache. Durnowo erwiderte darauf: «Sie irren, Sergej Juljewitsch, Sie werden noch an mich denken — das wird so etwas wie eine Kopie Paul Petrowitschs, aber von wirklicher Gegenwärtigkeit . . .»

Natürlich war Nikolaus II. nicht ganz Paul I., stellt der Memoirenschreiber Witte fest, aber er zeigte viele seiner und Alexanders I. Charakterzüge: Mystizismus, List und Tücke . . . Im übrigen besaß er nicht die Bildung Alexanders I., der nach Witte «einer der gebildetsten russischen Menschen» gewesen war, während Nikolaus über «die Durchschnittsbildung eines Gardeobersten aus guter Familie» verfügte.

Alexander III. starb, in einem Sessel sitzend, auf der Terrasse des Schlosses von Liwadija. An demselben Tag, dem 20. Oktober 1894, druckte die Zeitung «Jalta» das letzte Bulletin über seinen Gesundheitszustand, das von fünf Ärzten unterschrieben war. Am frühen Morgen sagte er zu Maria Fjodorowna: «Ich fühle das Ende.» Zwei Stunden vor seinem Tode rief er seinen Nachfolger zu sich und befahl ihm, sofort, hier auf der Terrasse, das Manifest an die Bevölkerung des Imperiums über seine Thronbesteigung zu unterzeichnen. Der sagte: «Jawohl, Papa» und bestätigte das Antrittsdokument mit seiner Unterschrift.

«Von Gott dem Herrn ist Uns die Zarenmacht über Unser Volk übertragen worden», hieß es im Manifest, «vor seinem Thron werden Wir auch Rechenschaft über das Schicksal des Russischen Reichs ablegen.» Eine verschwommene Verpflichtung, aber bequem für Nikolaus. Irgendwann wird er Rechenschaft vor dem Allerhöchsten ablegen müssen, wenn es überhaupt für etwas Rechenschaft abzulegen geben wird, vorläufig aber ist er Alleinherrscher, braucht er seine Macht mit niemandem zu teilen und über ihren Gebrauch niemandem Rechenschaft zu geben. Ein Freibrief völliger und allumfassender Freiheit von Verantwortlichkeit — ideal in seiner Einfachheit und Bequemlichkeit. Nikolaus begriff den Vorteil der Situation vollauf und wußte ihn zu schätzen.

Das Manifest enthielt auch zwei Bekanntmachungen, die traditionell darin zu stehen hatten, und zwar, wer die Frau des Zaren war beziehungsweise sein würde und wer sein Nachfolger werden sollte. Beide Punkte wurden mit einem Satz beantwortet: «... gebieten Wir allen Unseren Untertanen den Treueeid zu leisten Uns und Unserem Nachfolger, dem Großfürsten Georgi Alexandrowitsch, der solange Zarewitsch sein und geheißen werden soll, bis es Gott gefallen wird, Unsere bevorstehende Ehe mit der Prinzessin Alice von Hessen-Darmstadt mit der Geburt eines Sohnes zu segnen.»

Nach dem Tode Georgis im Jahre 1899 wurde Michail, der andere Bruder des Zaren, Thronfolger. Er blieb es bis 1904, als Alexej geboren wurde.

Der junge Imperator war in der ungewohnten Stellung zunächst etwas mutlos und verwirrt. Doch auf das Drängen seiner Mutter und seiner Braut nahm er sich schnell zusammen; die beiden erinnerten ihn daran, daß seine Macht nicht nur unbeschränkt war, sondern daß er sie auch gebrauchen müßte, um die ihm vom Schöpfer vorbestimmten Aufgaben zu lösen.

Das war in etwa dasselbe, was Pobedonoszew ihm dreizehn Jahre lang verkündet und seine Mutter einmal so kommentiert hatte: «Dein Großvater», warnte sie den Sohn, «kam auf die Idee, den Liberalen zu spielen, und prompt wurde er von einer Bombe zerrissen. Dein Vater aber ließ keine liberalen Mätzchen zu und ist, Gott sei Dank, als guter Christ gestorben.»[5]

Zehn Tage nach dem Tod des Vaters trat der neue Zar erstmals im Großen Kremlpalast, im Georgssaal, vor die Vertreter der Stände. Notiz im Tagebuch: «An diesem Morgen erwachte ich mit schrecklichen Emotionen.» Er hatte die Versammelten daran zu erinnern, daß seine Macht von Gott und darum unumstößlich war; aber dem Redner war übel vor Furcht. Im Tagebuch wird erleichtert festgestellt: «All das ging, Gott sei Dank, gut vorbei.»

Nicht ganz so gut verlief die nächste Zeremonie, die am 17. Januar 1895 im Anitschkowpalais in Petersburg stattfand. Im Großen Saal waren die Deputationen des Adels, der Landstände und der Städte versammelt. Pobedonoszew hatte für Nikolaus eine Rede vorbereitet, die als Abfuhr an eine Gruppe liberal gesinnter Semstwo-Deputierter aus Twer, die von gewissen bürgerlichen Freiheiten träumten, gedacht war. Der Zettel mit dem groß geschriebenen Text lag in der Lammfellmütze des Redners. «Ich sah deutlich», erzählte später der Semstwo-Politiker Saweljew, «wie er nach jedem Satz hinunter in die Mütze blickte, so, wie wir es öfter in der Schule getan hatten, wenn wir die Hausaufgaben nicht richtig gelernt hatten.»

In die Mütze schielend, drohte der Zar: «Mir ist bekannt, daß in der letzten Zeit in einigen Semstwo-Versammlungen Stimmen von Leuten laut geworden sind, die sich für sinnlose Träume von der Beteiligung der Vertreter der Landstände an Dingen der inneren Regierung begeistern.» Auf dem Spickzettel stand zwar «unbegründete», Nikolaus aber sagte «sinnlose», und das ließ diese Rede «historisch» werden. Da er mit erhobener Stimme sprach, fragte seine Frau, die zu der Zeit noch wenig Russisch verstand, beunruhigt eine neben ihr stehende Hofdame: «Ist etwas passiert? Warum schreit er?» Worauf die Hofdame deutlich und so laut, daß man es in den Deputationen hören konnte, auf französisch antwortete: «Er macht ihnen klar, daß sie Dummköpfe sind.» (So zumindest wird diese Szene in den «Enthüllungen über Nikolaus II.», die 1912 anonym in Berlin erschienen und die hier aus dem Russischen rückübersetzt zitiert werden, geschildert.)

Der junge Imperator trat auch vor die Mitglieder des Staatsrates, die ebenfalls im Anitschkowpalais zusammengerufen worden waren. Mit großer Verwunderung, so schrieb ein ausländischer Beobachter, sahen sie «die infantile Leichtgewichtigkeit, den schlurfenden Gang, die finsteren Blicke unter den Brauen hervor und die spastischen Gesten ... Der junge Mann drängte sich seitwärts ins Zimmer, wo ihn diese ergrauten Würdenträger erwarteten, und preßte mit niedergeschlagenen Augen einen einzigen Satz hervor: ‹Meine Herren, im Namen meines verschiedenen Vaters danke ich Ihnen für Ihren Dienst.› Er trat auf der Stelle, als wolle er noch etwas sagen, konnte sich aber nicht entscheiden, drehte sich um und ging hinaus.» Die Anwesenden blickten sich gegenseitig an, «die einen mit Verwunderung, die anderen mit Bitterkeit, und viele sandten im stillen ein Stoßgebet für das Schicksal der Nation zum Himmel». Der neue Herrscher «war gekommen und gegangen wie ein Windstoß in der Sandwüste, und sie konnten sich vor Verwunderung und Verblüffung nur die Augen reiben».

Außergewöhnliche Gewöhnlichkeit

Nikolaus sitzt im Winterpalais im Arbeitszimmer des Vaters. Der Schreibtisch ist überladen mit ungelesenen Papieren. Der Zar fühlt sich hier fremd, gehemmt, anscheinend sogar ein bißchen ängstlich. Er schrickt im Sessel zusammen, wenn die Onkel, wackere, zügellose Kerle, ins Arbeitszimmer hereinpoltern und sich lärmend niederlassen.[6] Solange der diensthabende Offizier neben dem Tisch steht, kann Nikolaus den Onkeln noch etwas Gewichtiges sagen, und das Gesagte wird auch mit der gebotenen Ehrerbietung aufgenommen. Sobald sich jedoch die Tür hinter dem Fremden geschlossen hat, donnert die schwere Faust Wladimirs oder Sergejs auf den Tisch, und der junge Selbstherrscher drückt sich in die Tiefe seines Sessels. Einige Zeit vergeht, dann fängt sich der Zar, später werden auch die Onkel ruhiger, damit er ihnen, das fehlte gerade noch, nicht die Tür weist.

Physisch ist er kräftig und gewandt — gestärkt durch Segelregatten, Radrennen, Ausritte, Märsche und Schießwettbewerbe. So marschierte er bei Krasnoje Selo und im Raum Liwadija mit voller Ausrüstung zehn bis fünfzehn Werst (Werst = 1066 m — d. Ü.). Tschechow urteilte als Arzt über ihn: «Man sagt von ihm fälschlicherweise, er sei krank, dumm und böse. Er ist einfach ein gewöhnlicher Gardeoffizier. Ich habe ihn auf der Krim gesehen, er hat ein gesundes Aussehen, ist nur ein wenig blaß.»

Als ein Mann ohne Horizont und Vorstellungskraft, mit kleinlichen, zum größten Teil zutiefst persönlichen Beweggründen, übernahm er die Regierung des Imperiums wie ein Beamter seinen Bürodienst. Um neun Uhr dreißig erschien er zum Dienst. Um zwei Uhr nachmittags beendete er die Arbeit. Er gab Audienzen, rief Minister zu sich, hörte Berichte und präsidierte manchmal auf Beratungen.

Rodsjanko, Vorsitzender der Staatsduma, klagte sehr viel später seinen Mitarbeitern, der Zar sei bei Unterredungen «wortkarg», hülle sich meistens in Schweigen und gebe auf Fragen keine Antwort; Begegnungen mit ihm seien eine Art Folter, weil sie mit der Notwendigkeit verbunden seien, «ohne jedes Echo zu sprechen». Um ihn zu ermuntern, versuche er, Rodsjanko, ihn während des Gesprächs mit dem Blick zu durchbohren, seine Aufmerksamkeit auf sich zu fixieren; er jedoch sehe trotzdem gleichmütig zur Seite, und an seinem Gesichtsausdruck sei «nichts zu erkennen». Und dennoch war dieses Schweigen nach den Beobachtungen Rodsjankos keine Gleichgültigkeit. Sobald im Verlauf der Unterredung «etwas eine empfindliche Stelle bei ihm berührte», etwas zur Sprache kam, das ihn persönlich und unmittelbar betraf, «funkelten seine Augen, er sprang auf und begann, im Zimmer auf und ab zu gehen». In solchen Fällen lief Rodsjanko neben ihm her und bemühte sich im Gehen, «ihm zu beweisen, was er vor einigen Minuten überhört hatte».

Nikolaus II. hatte nie einen Sekretär, weder einen persönlichen noch einen staatlichen, und auch sonst keinerlei Kanzleigehilfen. Er stützte sich bei den laufenden Amtsgeschäften lediglich auf den diensthabenden Offizier oder Flügeladjutanten.

Der Zar las eine Vielzahl von Papieren, selbst an den Abenden, sorgfältig und bis zur Erschöpfung. Diese Pflicht betrachtete er als die langweiligste von allen, sie bedrückte ihn von Anfang an. Sein Tagebuch widerspiegelt dieses mühsame, trostlose Duell mit den Dokumenten. «Las bis zum Mittagessen, bewältigte den Bericht des Staatsrates . . .»; «Mußte viel lesen; nur gut, daß die Sitzungen des Ministerrates zu Ende sind . . .»; «Abends beendete ich die Lektüre des Berichts des Kriegsministeriums — es war, als ob ich einen Elefanten getötet hätte . . .»; nachdem er an einem Tage die Berichte dreier Minister angehört hatte, notierte er: «Ich ging halbverblödet hinaus, um spazierenzugehen.»

Die Akten zu lesen genügte nicht. Es mußte auch zu sehen sein, daß er sie gelesen hatte. Und obwohl er niemandem unterstellt war und niemanden fürchtete, war es ihm unangenehm, die Untergebenen darüber im unklaren zu lassen, was er über die Akte dachte. Deshalb übersäte er die Dokumente mit Bemerkungen und Anordnungen. Man brachte ihm viele Berichte, und woher sollte er originelle Gedanken und Worte für alles finden? Er rettete sich in Gemeinplätze. Aber dann und wann versuchte er sogar, witzig oder sarkastisch zu sein.

Auf einen Bericht über Vergehen der Semstwo-Chefs schreibt er: «In jeder Familie gibt es ein schwarzes Schaf.»

Über Mißstände im Hafen von Kertsch: «Viele Köche verderben den Brei.»

Auf die Mitteilung, daß die Staatskasse durch den Wodkaverkauf acht Millionen Rubel eingenommen hatte: «Aber!»

Auf einen Bericht über den Streik der Eisenbahner der Strecke Peterhof—Petersburg: «Soll ich etwa dorthin schwimmen!»

Auf die Mitteilung über einen Streik in Odessa: «Schöne Zeiten.»

Humor war ihm jedoch im Grunde fremd. Das zeigte der Fragebogen, den er zur Allrussischen Volkszählung von 1897 ausfüllte. Auf die Frage nach dem Titel antwortete der Zar: «Erster Adliger.» In die Spalte «Art der Tätigkeit» trug er ein: «Herr des russischen Landes.»

So banal seine Bemerkungen auf offiziellen Dokumenten sind, so grau und ohne jegliche Besonderheit sind auch seine persönlichen Tagebücher. Die pedantische Schrift mit ihren sorgfältig ausgemalten ornamentalen Windungen und Schnörkeln zeigt schon, daß zumindest hier weder Originalität des Denkens noch Individualität des Ausdrucks zu erwarten sind. So gleichförmig und monoton die Zeilen sind, so gleichförmig und monoton ist ihr Inhalt. Von den ersten Tagen seiner Herrschaft an, die überreich an Erschütterungen war, findet sich fast keine Reaktion auf gesellschaftliche Entwicklungen oder Ereignisse. Keine einzige Erwähnung bedeutender Namen der Epoche, seien es Schriftsteller, Denker, gesellschaftliche oder politische Führer. Nichts über den Inhalt oder den Sinn der eigenen Arbeit. Nur rein Persönliches und Kleinlich-Alltägliches wird festgehalten: das Mittagessen, das Teetrinken, der Spaziergang (und wie viele Krähen dabei geschossen wurden), die Abendgesellschaft, die Farbe neuer Tapeten oder Diwane, die Ankunft von Gästen oder eigene Besuche. Mit seltener Sorgfalt wird von Tag zu Tag das Wetter registriert: Regen, Schnee, Wind, Sonnenhitze, Schwüle, wird der Stand des Barometers festgestellt.

Gewöhnlich trägt der Zar Offiziersuniform, aber gelegentlich überrascht er seine Besucher auch durch bunte Tracht. Zu den Ministern tritt er mal im Tscherkessenrock mit Patronentaschen und Dolch, mal im himbeerfarbenen Russenhemd mit Gürtel und mit weiten, in die Stiefel gestopften Hosen.

Vor Deputationen und auf Banketten hält er Reden, meistens kurze; zusammengenommen hinterlassen sie einen ungünstigen Eindruck. Wie ungünstig, wird erst richtig klar, als der Verlag «Drug naroda» die «Vollständige Sammlung der Reden des Imperators Nikolaus II.» aus den Jahren 1894 bis 1906 herausgibt, und zwar nach den Veröffentlichungen des offiziellen «Regierungsanzeigers». Postwendend wird diese Ausgabe von der Polizei konfisziert. Begründung: die Behörden müssen die Würde des Zaren schützen.

Nikolaus hält sich für einen intelligenten Menschen, aber er erträgt das Wort «Intellektueller» nicht. Als während einer Reise durch die westlichen Gouvernements auf einem Bankett zu seinen Ehren jemand bei Tische das Wort «Intellektueller» ausspricht, blickt er sich zu dem Sprecher um und stößt hervor: «Wie mir dieses Wort zuwider ist!» Ungnädig fügt er hinzu, daß er der Akademie der Wissenschaften befehlen werde, das Wort aus der russischen Sprache auszumerzen. Diese Episode ist durch den Fürsten Swjatopolk-Mirski, damals Generalgouverneur und später Innenminister, der den Zaren während der Reise begleitete, bezeugt worden.

Um sich von den Mühen des Tages und den Staatsgeschäften zu erholen, klebte er gern Fotos in Alben, spielte Domino oder sägte Holz. Spaß machte es ihm auch, von einem Schloß in ein anderes umzuziehen: aus dem Winterpalais in den Großen Palast von Peterhof, von Peterhof nach Pawlowsk, von Pawlowsk dann nach Zarskoje Selo, von dort nach Liwadija, aus Liwadija ins Anitschkowpalais; in solchen Fällen packte er selbst die Koffer und stellte Inventarlisten auf, damit ja nichts verlorenging. Am neuen Ort packte er die Koffer wieder aus, hing Bilder und Ikonen auf und stellte die Sessel und Liegen nach seinem Geschmack um.

Nikolaus hielt sich für einen Berufsoffizier, war allerdings mit seinem Rang unzufrieden und beklagte sich bei seiner Frau einmal darüber, daß er über den Rang eines Obersten nicht hinausgekommen sei, da nach der Thronbesteigung eine Beförderung gesetzlich nicht mehr möglich war. Er liebte Truppenbesichtigungen und Paraden, und manchmal besuchte er Regimentsfeste. Eines der ersten Staatsprobleme nach seiner Thronbesteigung bildete die Armeeuniform, insbesondere deren Knöpfe. Wie sollten die Mäntel und Feldblusen geschlossen werden, mit Knöpfen oder mit Haken? Durch die Vermittlung der Zarin wird der Berliner Cousin in die Konsultation über die Haken einbezogen. Der schickt am 16. August 1897 ein Telegramm: «Niki, willst Du tatsächlich zu Knöpfen übergehen? Überleg es Dir gut. Wäge richtig ab.» Ja, antwortet der Neuerer, alles ist bedacht, die Frage zugunsten der Knöpfe entschieden worden. Aber wie sollen die Knöpfe aussehen, dunkel oder hell? Nach reiflicher Überlegung wurde auch dieses schwierige Problem gelöst: Die Knöpfe sollen hell, blitzend sein.

Die Tapeten mußten bunt, die Bücher lustig; die Knöpfe blitzend sein. Und das Denkmal für den Vater? Es sollte gleichzeitig Ehrfurcht vor der unantastbaren höchsten Macht und ganz gewöhnliche Furcht wie vor dem Gendarmen einflößen. Nikolaus selbst verkörperte sozusagen diese Unerreichbarkeit und Gewöhnlichkeit. Er war, wie es ein Zeitgenosse formulierte, ganz und gar die außergewöhnliche Gewöhnlichkeit.

Nach seinem Geschmack wurde denn auch auf dem Snamenski-Platz in Petersburg ein Monument für Alexander III. errichtet, ein in seiner Art seltenes Beispiel einer Denkmalskarikatur. Es war ein Standbild sowohl des staatspolitischen Niveaus des Vaters als auch des geistigen und ästhetischen Niveaus des Sohnes.

1897 sprach Nikolaus zum erstenmal mit seinen Ministern über die Absicht, dem Vater ein Denkmal zu setzen. Sechs Jahre später wurde ein Wettbewerb ausgeschrieben. Die Autoren reichten ihre Entwürfe anonym, unter Kennworten, ein. In einer nichtöffentlichen Ausstellung im Winterpalais konnten die Modelle besichtigt werden. Dazu waren die Mitglieder der Zarenfamilie sowie einige Würdenträger zugelassen. Nikolaus traf seine Wahl, erklärte eines der Projekte für das beste und wurde dabei von seiner Mutter unterstützt. Man öffnete den Umschlag und las den Namen: Paolo Trubezkoi.

Der Künstler wurde zu Witte gerufen und danach dem Zaren vorgestellt. Er war in Italien geboren, fünfundzwanzig Jahre alt, erst vor einiger Zeit nach Rußland gekommen und unterrichtete an einer Kunstschule in Moskau. Es handelte sich um den illegitimen Sohn eines in Rußland verarmten Fürsten Trubezkoi und einer Italienerin. Auf Einladung Pjotr Nikolajewitsch Trubezkois, des Vorstehers der Moskauer Adelsversammlung, wohnte er als Verwandter in dessen Haus. Witte fand den Bildhauer «ungebildet und schlecht erzogen, aber mit einem großen künstlerischen Talent». Nikolaus und Maria Fjodorowna «gefiel er sehr».

Der Entwurf Paolo Trubezkois wurde bestätigt. Die Leitung der Arbeiten übernahm eine Kommission, deren Vorsitz Fürst B. B. Golizyn führte und der neben anderen Personen der Maler A. N. Benois und Graf I. I. Tolstoi (eine Zeitlang Minister für Volksbildung) angehörten.

In einem Pavillon, der am Newski-Prospekt für ihn errichtet worden war, wirkte Trubezkoi zielbewußt, angespannt und mit großer Begeisterung; er stellte hohe Ansprüche, arbeitete das bereits Geschaffene mehrmals um. Die Kommission ignorierte er, Golizyn gegenüber zeigte er sich widerspenstig, Anweisungen befolgte er nicht.

Das Wesen des entstehenden Werkes verstanden offensichtlich weder Nikolaus, der einigemal den Pavillon besuchte, noch Maria Fjodorowna, noch die Höflinge. Nur Großfürst Wladimir Alexandrowitsch argwöhnte verschwommen, daß «eine Karikatur auf seinen verblichenen Bruder vorbereitet würde», aber Nikolaus wollte nicht auf ihn hören.

Für den Guß der Statue holte man Meister aus Italien; Golizyn fuhr hin und suchte sie aus. Ein Jahr vor Beginn der Gußarbeiten wollte Witte überprüfen, wie die Komposition auf dem Platz aussehen würde. In einer Nacht wurde das Modell auf einem Holzgerüst aufgestellt. Witte erinnerte sich: «. . . um vier Uhr früh, bei Sonnenaufgang, fuhr ich dorthin. Vom Publikum war noch niemand da . . . wir enthüllten es . . . auf mich machte dieses Denkmal einen niederschmetternden Eindruck, so mißgestaltet war es.» Das Standbild kostete die Staatskasse eine Million Rubel; es wurde 1909 enthüllt.

Manchmal führte der junge Zar den Vorsitz im Staatsrat. Nach und nach arbeitete er sich auch hier ein. Er saß meist ruhig da und hörte aufmerksam zu. Selbst äußerte er wenig, sagte also nichts Überflüssiges oder Falsches, wenn er jedoch etwas sagte, so brachte dies in der Regel auch keine Erleuchtungen für die Beratung.

Er war ein Beamtenzar. Die Sprache — die eines Beamten. Der Gedankengang — beamtenhaft. Und dennoch ist das nur eine seiner Rollen. Die Züge seines Porträts jener frühen Regierungsjahre, wie sie von Zeitgenossen — Augenzeugen und nahestehenden Personen — gezeichnet wurden, sind widersprüchlich und überlagern sich: äußere Bescheidenheit, ja Schüchternheit und Anfälle von Starrsinn und Willkür; äußere Ausgeglichenheit und eine heimliche neurotische Angst in den Augen; kinderlieb in der eigenen Familie und gleichgültig gegenüber fremdem Leben; bei sonst relativ gesunder Lebensführung plötzlich Stubenhockerei und das Verlangen nach Zechgelagen; Umgänglichkeit, Liebenswürdigkeit, ja Charme und hinterrücks äußerste Schärfe der Bemerkungen und Urteile; Mißtrauen gegenüber der ganzen Umgebung und die Bereitschaft, einem Gauner oder Scharlatan zu vertrauen; Verehrung des orthodoxen Glaubens, äußerste Genauigkeit bei der Befolgung der kirchlichen Zeremonien und spiritistisches Tischerücken, heidnischer Fetischismus.

Im Denken und Handeln dominieren eindeutig egoistische Motive. Die Menschen, einschließlich der Minister und die seiner näheren Umgebung, teilen sich für ihn in zwei deutlich unterschiedene Kategorien: in schlechte und gute. Die ersten sind die, von deren Nützlichkeit und Ergebenheit er nicht überzeugt ist. Die zweiten dagegen diejenigen, die ihm persönlich nützlich und treu sind und zudem zu unterhalten und zu belustigen verstehen.

Aus den Erinnerungen Wittes kann man erfahren, wer Nikolaus zu fesseln verstand und wodurch ihm dies gelang: der Marineminister, Admiral Biriljow — «ein Spaßvogel, der dem Kaiser und der Kaiserin mit seinen Scherzen und Anekdoten stets sehr gefiel»; der Justizminister, Murawjow — «ein sehr vergnüglicher Witzbold und Anekdotenerzähler»; der Kriegsminister, General Kuropatkin — «ein Geschichtenerzähler und Komödiant»; der Schloßkommandant, Generaladjutant Tscherewin — «ein großer Spaßvogel»; der Fürst Lobanow-Rostowski — «immer sehr lustig»; Fürst Obolenski — «ein Spaßvogel und Possenreißer»; der Kriegsminister, Suchomlinow — «ein höchst vergnüglicher Possenreißer». Übrigens, als Nikolaus den letzteren sehr viel später dem Präsidenten Poincaré vorstellte, da umging er vorsorglich dessen Qualitäten als Possenreißer und sagte nur: «Er nimmt, wie Sie sehen, nicht durch sein Äußeres ein, dafür ist er mir ein vorzüglicher Minister geworden, und er genießt mein volles Vertrauen.» (Kommentar des Präsidenten: «Das war derselbe Suchomlinow, den die schwerste Verantwortung für die Unord-

nung und Demoralisierung der militärischen Führung in Rußland trifft. Es war ein Glück, daß er den Posten des Kriegsministers aufgab, auf dem er soviel Schaden angerichtet hatte.»)

Außer sich selbst und einige Familienangehörige liebte er
niemanden, er mochte nur wenige, und Kriecherei vor ihm
strafte er mit Verachtung. Wen er in diesem Moment ver-
wöhnte, den konnte er eine Stunde später entlassen.

Zeigte er einem Minister durch einen besonderen Auftrag
sein Vertrauen, so übertrug er — aus Mißtrauen — denselben
Auftrag noch einem anderen, was bei seinen besten Helfern
oft stille Raserei auslöste. So berief der Zar zur Erörterung
des Verfassungsentwurfs zwei Beratungen ein, die eine (Vortragender Witte) geheim vor der anderen (Vortragender Goremykin). Als Witte davon erfuhr, notierte er, wütend über
diese «byzantinischen Winkelzüge» des Zaren: «. . . er ist unfähig, eine Sache offen und ehrlich abzuwickeln, und versucht
stets, irgendwelche Umwege zu gehen . . .» Da Majestät indes
weder die Fähigkeit eines Metternich noch die eines Talley-
rand besaß, führten seine Winkelzüge gewöhnlich dazu, daß
man in der Patsche saß, in der Pfütze, wie man im Russischen
sagt. In einer Pfütze «im besten Falle aus Spülicht», wie Witte
schreibt, im schlimmsten Falle in einer Pfütze, die von Blut ge-
rötet war.

Mit leichtem Herzen ernannte Nikolaus Minister und
setzte sie ab, wobei ihm seine Intrigen oft beinahe närrisches
Vergnügen bereiteten. Der Posten des Innenministers war va-
kant. Goremykin, der Stellvertreter des Ministers, führte vorläufig das Amt. Er drückte sich jedoch vor jeder wichtigen
Entscheidung und erledigte nur die laufenden Geschäfte
mehr schlecht als recht, weil jeden Tag ein neuer Minister ernannt werden konnte. Während einer Audienz beim Zaren
klagte Premierminister Witte, daß es ohne Minister nicht wei-
tergehe, da sich im Ministerium die Akten türmten.

Darauf antwortete der Zar: «Ich habe mit Ihnen, Sergej
Juljewitsch, schon einmal über die Kandidaturen von Plehwe
und Sipjagin gesprochen. Ich habe diesbezüglich auch die
Meinung von Konstantin Petrowitsch (Pobedonoszew —

M. K.) eingeholt. Er hat mir seine Meinung gesagt. Aber ich habe mich noch nicht entschlossen, jemanden zu ernennen, ich habe auf Ihre Ankunft gewartet (Witte war damals zur Heilbehandlung nach Biarritz gefahren — M. K.).»

Der Premier fragte: «Wie ist denn die Meinung Konstantin Petrowitschs, wenn Eure Majestät mir das bitte mitteilen würden?»

«Ja, er meinte sehr einfach: Plehwe ist ein Schuft und Sipjagin ein Dummkopf.»

. «Wie denn, empfiehlt er selbst jemanden?»

Der Zar erwiderte lächelnd: «Ja, er hat mir jemanden empfohlen . . . Er hat übrigens auch von Ihnen gesprochen.»

«Eure Majestät», bemerkte der Premier, «ich errate fast sicher, was er Ihnen über mich gesagt hat.»

«Und was?»

«Ja, wahrscheinlich hat er zu Ihnen gesagt: Witte paßt, aber auch der . . . Und dann hat er etwas geäußert in der Art des bekannten Satzes von Sobakewitsch in den ‹Toten Seelen›: ‹Nur einer ist da ein ordentlicher Mensch — der Staatsanwalt, aber auch der ist, um bei der Wahrheit zu bleiben, ein Schwein.›»

Der Zar lachte.

«Und was meinen Sie dazu, wenn ich Goremykin ernennen würde?»

Witte erwiderte, über ihn könne er sich nicht äußern, fügte aber hinzu, aller Wahrscheinlichkeit nach empfehle K. P. Goremykin, weil Goremykin Rechtsgelehrter sei und K. P. ebenfalls, und es sei ja bekannt, daß sich die Rechtsgelehrten ebenso wie die Lyzeumsschüler gegenseitig unterstützen.

Schließlich entschied sich der Zar: «Nun ja, ich werde Goremykin ernennen.»

Bei alledem war die Rede gerade von einem jener Ministerien, für das der Zar eine besondere Sympathie, um nicht zu sagen — Liebe aufbrachte. Es gewährleistete nicht nur die polizeiliche Ordnung im Reich, sondern auch die Sicherheit seiner, des Zaren, heiligen Person. Freilich fragte sich, wie Witte berichtet, mancher seiner Helfer: «Na, wer kann sich schon an einem solchen Herrscher wie Nikolaus II. vergreifen?» Es sah tatsächlich so aus, als interessierten sich die Bombenwerfer nicht sonderlich für ihn. Weder damals noch später gab es Hinweise auf geplante Attentate. Das war bei seinem Großvater und seinem Vater anders gewesen. Solche Ereignisse wie der Kanonenschuß aus der Peter-Pauls-Festung oder die Havarie der Jacht «Standart» in den finnischen Schären sahen eher nach einem Mißverständnis aus.[7] Bei dem Attentat Bogrows im Kiewer Operntheater saßen der Zar und Stolypin nebeneinander; der Zar wurde von dem terroristischen Provokateur anscheinend gar nicht beachtet, der Schuß aus kürzester Distanz galt dem verhaßten Minister. Dennoch war Nikolaus durchaus nicht beruhigt, er wollte das Schicksal nicht versuchen. Und um die Sicherheit seiner Person sorgte er sich vielleicht mehr als um irgend etwas anderes.

Anfang der zwanziger Jahre unseres Jahrhunderts kam ein französischer Gast nach Petrograd, ein Herr Maurizier, Bürgermeister von Boulogne, der das Gebäude des ehemaligen Senats am Platz der Dekabristen besuchte, weil er sich für das dort gelagerte Archiv der Ochrana, der zaristischen Geheimpolizei, interessierte. In einer später veröffentlichten Arbeit berichtete er, daß ihn dort am meisten die Akten erschüttert hätten, die das System der persönlichen Information des Zaren über die Arbeit des Geheimdienstes dokumentierten. Die Berichte der Ochrana gelangten regelmäßig einmal in der Woche auf den Schreibtisch Nikolaus' II. Grundlage dieser Berichte waren die im sogenannten Zimmer der Provokateure gesammelten Angaben über die Aktivitäten der Zarengegner, die sechzig Karteikästen füllten.

«Welche ausgezeichnete Ordnung, was für ein glänzendes System!» staunte Maurizier. «Ich sehe hier die ganze Geschichte der Verfolgung der russischen revolutionären Bewegung ... Die Ochrana registrierte sie ehrfurchtsvoll Tag für Tag ... Jeder Fall besitzt sein anschauliches Schema. Jede Karteikarte eines Verfolgten enthält alle Angaben über sein Leben, über jedes Wort und jede Bewegung im Verlaufe vieler Jahre ...» Und was war der Endzweck dieses ameisenhaften

Fleißes der Spitzel? Daß der Herrscher und Imperator alles wußte und daß man mit seinem Wissen verhaftete, verurteilte und verbannte oder tötete . . . «Da ist das wöchentliche Journal, da sind die Kopien der Berichte, die die Ochrana dem Zaren vorlegte . . . Alles in Reih und Glied, in wunderschönen Einbänden. In jedem, willkürlich herausgegriffenen Band kann man die von Zarenhand gemachten Anmerkungen sehen. Gibt es keine solche Anmerkung auf dem Rand, so findet sich ein mit Rotstift ausgeführter Strich — ein traditionelles Zeichen, das immer zeigt, wieviel ständige Aufmerksamkeit der kaiserliche Chef dem Studium der Polizeiberichte widmete.» Es folgt eine Art lyrisch-philosophisches Resümee: «Wieviel Zeit und Mühe ist da aufgewendet worden, und wofür? Alexander II., der dieser Arbeit sechsundzwanzig Jahre opferte, fiel dennoch unter den Schlägen derer, die er verfolgte . . . Plehwe, Großfürst Sergej . . . Und wieviel mehr davon gab es noch? Haben sie mit ihren Strafen etwa irgend etwas verhindert?»

Sie haben nichts verhindert. Aber Nikolaus versuchte es von Anfang an. Schon in den ersten Regierungsjahren verdoppelte er seine Leibwache. Er schuf in ihr sein eigenes «schwarzes Kabinett». Er stattete den Schloßkommandanten mit beispiellos umfassenden Vollmachten aus. Diesen Posten bekleideten unter ihm: der ständig betrunkene Tscherewin, den er noch vom Vater übernommen hatte; der fatale Trepow; der bleiern schwerfällige Fürst Jengalytschew; der eifrige und kleinkarierte Hesse; der aalglatte Dedjulin. Gestützt auf sie, auf die Ochrana und auf das Polizei-Departement, bemühte sich der «Herrscher von Gottes Gnaden», sich seine treuen Untertanen möglichst weit vom Leibe zu halten. Solange er sich im Schloß aufhielt, war das nicht allzu schwierig. Anders sah es aus, wenn er sich nach Liwadija begeben oder sein Imperium bereisen wollte.

Ein Imperator ist schließlich eine heilige Person, er kann nicht das Risiko eingehen, mit dem von ihm geliebten Volk in Berührung zu kommen. Entsprechend wurden denn auch seine Reisen vorbereitet.

An den Tausende von Werst langen Eisenbahnlinien und Straßen wurde der Kriegszustand («Zustand Drei») ausgerufen. Man verlegte in Kampfbereitschaft versetzte Regimenter und Divisionen dorthin. Die Soldaten erhielten scharfe Munition und Marschverpflegung. Gendarmen, Spitzel und monarchistische Freiwillige überschwemmten die Stationen. Jeder andere Verkehr wurde angehalten.

War er dann von einer solchen Reise zurückgekehrt, führte das junge Paar, beruhigt darüber, daß nun alles wieder seinen normalen Verlauf nahm, das gewohnte Leben im Winterpalais fort. Die angenehmsten Seiten des Alltags waren für die Majestäten die zahlreichen Empfänge und Hofbälle. Da wurde die eigene Abreise und Ankunft gefeiert oder auch die der Verwandten, außerdem Geburtstage und Eheschließungen, dynastische Jubiläen, manchmal auch staatliche. Es boten sich viele Gelegenheiten zum Feiern, aber so unterschiedlich die Gründe auch waren, die geladenen Gäste waren im Prinzip immer dieselben, mehr oder weniger hochgeborene Damen und Herren des Erbadels. Zu Anfang seiner Herrschaft, anläßlich der Krönung, bewirtete Nikolaus jedoch auch einmal das Volk. Doch das sollte seinen Gästen sehr schlecht bekommen.

Die Bewirtung auf dem Chodynka-Feld

Die Krönung fand in der alten Hauptstadt Moskau statt.

Das Programm der für Mai 1896 angesetzten Zeremonie war sorgfältig ausgearbeitet worden. Aufgestellt hatten es der Hofminister I. I. Woronzow-Daschkow, sein Stellvertreter W. B. Frederiks und der Oberzeremonienmeister K. I. von der Palen. Die Kommission war einem Onkel des jungen Zaren unterstellt, dem Großfürsten Sergej Alexandrowitsch, der unter dem Spitznamen «Mentor der Gelage» bekannt und zu der Zeit Generalgouverneur von Moskau war.

Frucht ihrer Anstrengungen waren drei grundlegende Dokumente, die den Verlauf der drei Wochen dauernden Feierlichkeiten festlegten: «Die Krönungszeremonie», die «Anordnung über die Verpflegungsausgabe an militärische Dienstgrade bei der Abkommandierung nach Moskau aus Anlaß der Krönung S. K. M.» sowie der «Plan für die Zeit vom 6. bis 26. Mai 1896», den die Krönungskanzlei veröffentlichte.

Was war auf diesen Dutzenden von Seiten nicht alles festgehalten. Wichtiges und Unwichtiges war bis in die Einzelheiten geplant, nichts war vergessen. Bis auf eine Kleinigkeit: wie das für den 18. Mai auf dem Chodynka-Feld angesetzte Volksfest, bei dem der Zar Geschenke ausgeben wollte, ablaufen sollte. Darüber findet sich kein Wort in den genannten Dokumenten. Es heißt nur, daß sich zu zwei Uhr nachmittags im kaiserlichen Pavillon auf dem Felde alle in Moskau zu Besuch weilenden Allerhöchsten Personen sowie das diplomatische Korps einfinden werden und um zwei Uhr zehn das Zarenpaar dort eintreffen wird. Den musikalischen Hintergrund des Festes auf dem Chodynka-Feld sollte ein großes Sinfonieorchester unter der Leitung von Safonow schaffen; eine vom Dirigenten für diese Feier komponierte Kantate war für die Eröffnung vorgesehen.

Zwischen der Entscheidung über das Fest auf dem Chodynka-Feld am 8. März 1895 und dem Tag der Krönung war mehr als genug Zeit. Doch fast nichts geschah in diesen vierzehn Monaten — es wurden lediglich Büfettbuden am Rande des Feldes errichtet, aber wie das Feld selbst aussah, darum kümmerten sich die Behörden nicht. Dabei stellte es für das Volk geradezu eine Falle dar.

Chodynka nannte man damals eine große Brachfläche, die den Truppen der Moskauer Garnison als Übungsgelände diente. Sie war von langen Gräben durchfurcht, von Brustwehren durchzogen und mit tiefen Gruben und alten, aufgegebenen Brunnen übersät. Inmitten dieser Fallgruben wollten der Großfürst Sergej, der Hofminister Woronzow-Daschkow und der Oberzeremonienmeister von der Palen im Namen des Zaren die Moskauer erfreuen. Jedem Besucher sollte ein Gastgeschenk überreicht werden, und zwar eine Papiertüte, in der sich eine Semmel, ein Stück Wurst, ein Lebkuchen, zehn Bonbons und fünf Nüsse befanden. Dazu kam als Andenken ein emaillierter «Krönungskrug» mit den Initialen des neuen Zaren. Insgesamt wurden vierhunderttausend Tüten und Krüge bereitgestellt.

Schon vom Vorabend an und die ganze Nacht hindurch strömten die Besucher zum Chodynka-Feld. Die Wege waren schwarz vor Menschen. Es kamen nicht nur die Moskauer einschließlich der Bewohner der Industrievorstädte, sondern auch die Dörfler aus der Umgebung; sie alle trieb die Neugier und auch die Hoffnung, sich zu erholen, sich zu zerstreuen, abgelenkt zu werden vom zermürbenden Stumpfsinn der täglichen erzwungenen Arbeit . . . Nicht nur die einfachen Leute erschienen. Da und dort konnte man in den sich vorwärts schiebenden Massen Kaufleute sehen, ja sogar Aristokraten, wie die dreiundzwanzigjährige Fürstentochter Rina Golizyna — auch sie hatte die Neugier auf das Chodynka-Feld gelockt.

L. N. Tolstoi hat diesen verhängnisvollen Tag beschrieben. Seinen Worten zufolge kamen die Menschen größtenteils «fröhlich und gut angezogen». Der Arbeiter Jemeljan Jagodkow machte sich ebenfalls auf den Weg, nachdem er seine «beste Kleidung angezogen», die Stiefel geputzt und «einige Gebete hergesagt hatte, deren Bedeutung er nicht verstand und wofür er sich auch nie interessiert hatte». Rina Golizyna, die ihren Cousin mitgenommen hatte, begab sich gleichfalls dorthin, «froh, strahlend von dem Gedanken, daß sie . . . mit dem Volk, inmitten des Volkes die Thronbesteigung des vom Volk vergötterten Zaren feierte».

Bei Sonnenaufgang am 18. Mai war auf dem Chodynka-Feld bereits mehr als eine halbe Million Menschen versammelt. Das ist die minimale Schätzung. Irgendwelche genauen Angaben gibt es natürlich nicht. Einige Quellen nennen eine andere Zahl — eine Million oder gar anderthalb Millionen.

Die dichte Menschenmasse ballte sich hauptsächlich auf einer großen rechteckigen Fläche von einer Quadratwerst zusammen, deren Seiten die Chaussee, die Moskwa, das Militärlager und die Festzelte bildeten. Da man nicht daran gedacht hatte, einen Ordnungsdienst zu organisieren, herrschte ein heilloses Durcheinander, das von Minute zu Minute bedrohlicher wurde.

Diejenigen, die schon am Vorabend und in der Nacht gekommen waren, suchten sich bequemere, höhere Plätze auf den Brustwehren. Um fünf Uhr früh, heißt es in dem nicht zur Veröffentlichung bestimmten offiziellen Bericht des Justizministers, N. W. Murawjow, «hing über der Volksmasse dichter Dampfnebel, der es unmöglich machte, aus nahem Abstand einzelne Gesichter zu unterscheiden. Sogar die in den ersten Reihen Stehenden waren schweißbedeckt und sahen gequält aus.» Die zuerst Eingetroffenen befanden sich gewissermaßen in einer Falle. Für den einzelnen war es unmöglich geworden, aus der Mitte herauszukommen. Immer öfter war das Stöhnen von Erschöpften und Schwachen zu hören; selbst unter freiem Himmel «war die Atmosphäre so von Ausdünstungen gesättigt, daß die Menschen keuchten, weil sie nicht genügend Luft bekamen».

Die Spannung verstärkte sich mehr und mehr, der Druck wurde quälend. Die ersten fielen in Ohnmacht. Nach Tolstois Beschreibung drückte die Menge die Ohnmächtigen unwillig nach oben; «sie rollten über die Köpfe in Richtung auf die Linie der Büfetts, wo sie von Soldaten in Empfang genommen wurden» (zu dieser Zeit — zu spät — waren an den Rändern des Feldes Truppenabteilungen aufgetaucht). So gelangten auch viele Kinder «über die Köpfe der Menge bis zum freien Raum». Tolstoi schreibt weiter:

«‹Reich ihn her›, rief der Kutscher, der zusammen mit Jemeljan gekommen war, ergriff den Jungen und hob ihn über die Menge.

‹Lauf über das Volk.›

Und Jemeljan, der sich umblickte, sah, wie der Junge, mal im Volk untertauchend, dann sich wieder darüber erhebend, über die Schultern und Köpfe der Menschen sich weiter und weiter entfernte.»

Später wurde gesagt, daß der Ausbruch einer Panik die Ursache für den Tod der vielen Menschen gewesen sei. Das stimmt, ist aber noch nicht einmal die halbe Wahrheit.

Aus dem zitierten Bericht Murawjows und aus den Materialien, die L. N. Tolstoi bei der Niederschrift seiner Erzählung benutzte, geht hervor, daß es schon die ersten Opfer auf dem Feld gab, bevor die Panik ausbrach — das waren «Entkräftete und Bewußtlose, die zu Tode gedrückt wurden . . .», meldete Murawjow. «Einige der auf diese Weise verstorbenen Menschen wurden von der Menge über die Köpfe hinweg weitergereicht, aber viele Leichen standen infolge der Enge weiter in der Menge, da es zunächst nicht gelang, sie herauszuziehen . . . Entsetzt bemühte sich das Volk, von den Verstorbenen abzurücken, doch das war unmöglich und verstärkte den Druck nur.»

Gegen sechs Uhr früh entstand wie auf irgendeinen verhängnisvollen Wink hin an verschiedenen Enden des Feldes Bewegung, die Massen wurden unruhig und begannen zu schieben. Die ersten Stürze in die Gräben und Erdgruben und die verzweifelten Schreie Niedergetretener lösten eine allgemeine Panik aus. «Die Toten, die in die Menge eingepreßt waren, bewegten sich zusammen mit ihr», heißt es bei Murawjow. Das Gedränge verstärkte sich zusehends. In den Gruben, den Gräben und zwischen den Wällen starben alte Leute, Frauen und Kinder, immer mehr wurden niedergetreten und zerquetscht. Die Brunnen wurden zu Gräbern, aus denen das Wimmern der noch Lebenden, die zwischen den Toten lagen, drang. Wie durch ein Wunder Davongekommene «sprangen mit zerrissenen Kleidern, naß, mit wilden Augen aus den Durchlässen . . . Viele von ihnen stürzten sofort stöhnend nieder . . . Einer der Überlebenden lag auf Leichen, auch über ihm lagen noch Körper.»

Die Menge wälzte sich über die Haufen der zu Boden Gerissenen hinweg, über das Feld tönte ein Geheul von Schreien und Stöhnen. «Ein Ozean menschlicher Köpfe rollte vorwärts, auf die Verkaufsstände zu», wird in den bereits erwähnten «Enthüllungen über Nikolaus II.» berichtet. Dort liest man weiter: «Und diese lebenden Wellen fühlender, leidender Wesen brachen sich, zerdrückten diejenigen, die unglücklicherweise in eine Grube gefallen waren, diejenigen, die schwach wurden, die erschöpft waren und fielen. Wie die Opfer eines Schiffsuntergangs wurden die Leichen mal hier, mal dort an die Oberfläche dieses Meeres von verzerrten Gesichtern, hilflos greifenden Händen und geballten Fäusten gespült, inmitten des Stöhnens, der Flüche und der Schreie der Sterbenden ... Und oben strahlte die frühe gleichmütige Sonne, und der Dunst über dieser dampfenden Menge stieg zum blauen Himmel wie Weihrauch für den Moloch der Selbstherrschaft ...»

Rina Golizyna, die Fürstentochter, hatte noch wenige Stunden zuvor zu ihrem Vater gesagt, sie wolle «nicht das Volk ansehen, sondern mit ihm sein», «seine Einstellung zum jungen Zaren sehen». Und nun lag neben ihr eine Frau «in einem gestreiften, zerrissenen Kleid, mit zerzausten braunen Haaren ... Sie lag auf dem Rücken ... Das Gesicht war nicht bläß, sondern bläulich weiß, wie es nur bei Toten ist.» Diese Frau war auch nur gekommen, um ihre «Einstellung zum jungen Zaren» zu zeigen. Aber sie wurde «als erste zu Tode gedrückt und war hierher geworfen worden, hinter die Einfriedung, vor dem Zarenpavillon». Und Rina selbst, als sie von der Menge irgendwohin fortgetragen wurde und Entsetzen über sie kam, «schrie, bat um Gnade. Aber es gab keine Gnade ... Ihre Kräfte ließen nach, und ihr wurde übel. Sie fiel, und weiter konnte sie sich an nichts erinnern.»

Gorkis Klim Samgin war ebenfalls auf dem Chodynka-Feld dabei — noch lange danach fühlte er eine instinktive und unüberwindliche Furcht vor jeder Menschenansammlung, immer stand ihm der Tod im Gedränge vor Augen.

In die Menge geraten war auch der Moskauer Krösus Morosow. Als es ihn zusammen mit allen anderen auf die Gräben und Gruben zutrieb, schrie er, daß er dem, der ihn rette, achtzehntausend Rubel zahlen werde ... «Warum gerade achtzehntausend?» wunderte sich später Tolstoi. «Aber die Hauptsache, dieser Wechsel: Zuerst sind alle froher, festlicher Stimmung, und dann — diese Tragödie, diese zermalmten Körper ... Furchtbar!»

Die Behörden hatten es eilig, die Leichen wegzuräumen. Je schneller aufgeräumt wurde, je schneller die Spuren verwischt wurden, desto weniger würden die Empfänge und Gelage verdüstert, desto heiterer würde die Stimmung der Monarchen und Prinzen sein, die aus aller Welt eingeladen worden waren. Schnell, schnell! Die Toten und die Verwundeten durcheinander auf dieselben Wagen ... Da wollte ein Arzt einen Verletzten verbinden. Aber man riß ihm den Verletzten aus den Händen und warf ihn, schaukelnd Schwung nehmend, auf die Fuhre. Der Arzt protestierte. Er wandte sich — nach der Darstellung in den «Enthüllungen» — an einen daneben stehenden Minister: «Eure Exzellenz! Diesen Verletzten kann man noch retten! Und andere auch! ... Befehlen Sie, bitte, die Verletzten von den Toten zu trennen ...»

«Das ist nicht Ihre Sache!» schnauzte der Minister. «Ich spreche Ihnen eine Rüge aus!»

Umgekommen waren, nach offiziellen Angaben, 1389 Personen. Die Zahl ist offensichtlich zu niedrig angesetzt. Wahrscheinlicher ist, wie damals in der Presse festgestellt wurde, daß viertausend bis viertausendachthundert Personen den Tod gefunden hatten. Außerdem gab es dreitausend Schwerverletzte sowie Zehntausende, die dem Gedränge mit Verletzungen und Prellungen entkommen waren.

Noch an demselben Morgen verbreitete sich die Kunde von dem Unglück wie ein Lauffeuer in Moskau, am Abend war ganz Rußland davon erschüttert. Nur wenige Menschen bewahrten Ruhe — Großfürst Sergej, Woronzow-Daschkow, von der Palen mit den Kollegen der Kommission und außerdem der junge Zar. Er notierte in seinem Tagebuch: «Die Menge, die in Erwartung der Ausgabe des Mittagessens und der Krüge (die Tüte mit der Semmel und dem Stück Wurst sah er als Mittagessen an — M. K.) auf dem Chodynka-Feld übernachtet hatte, drückte auf die Bauten, und da kam es zu einem Gedränge, bei dem, es ist schrecklich hinzuzufügen, ungefähr tausenddreihundert Menschen niedergetrampelt wurden. Ich erfuhr davon um halb elf Uhr . . . Die Nachricht hinterließ bei mir einen scheußlichen Eindruck.»

Es blieb ein «scheußlicher» Eindruck zurück — und was weiter? Das vor Entsetzen versteinerte Moskau erwartete, der Zar würde erstens die Feiern absagen, zweitens die Schuldigen verhaften lassen und eine gerichtliche Untersuchung und Aburteilung verfügen, drittens mit seiner Familie und dem Hofstaat die Stadt verlassen, wo Tausende Familien die Toten beweinten, die auf seinem Fest umgekommen waren. Nichts von alledem geschah.

R. Massie, einer der amerikanischen Autoren, die sich fünfzig Jahre nach der Oktoberrevolution um die Reinwaschung des Zaren bemühten, beteuerte, Nikolaus sei am Tag von Chodynka vor Kummer «wie vom Schlag gerührt» gewesen, «ein unbezwingbarer Wunsch, sich irgendwohin zu einem stillen Gebet zurückzuziehen», habe ihn ergriffen. Er habe sich geweigert, an dem Ball teilzunehmen, der am Abend dieses Tages zu Ehren der Krönung gegeben wurde, aber seine Umgebung habe ihn beinahe mit Gewalt dennoch hingeschleppt; «schweren Herzens gab er nach und begab sich mit ihnen dorthin, schaudernd voraussehend, daß er dort mindestens eine Quadrille würde tanzen müssen . . .»

Anders sieht Nikolaus an jenem Tag in der Darstellung des Premierministers Witte aus. Für den Abend des 18. Mai war ein Ball beim französischen Botschafter Marquis de Montebello geplant. Der Zar und die Zarin sollten daran teilnehmen. Den ganzen Tag über war ungewiß, ob der Ball wegen der Katastrophe abgesagt werden würde. Schließlich wurde bekannt, daß viele dem Monarchen rieten, den Botschafter um die Absetzung des Balles zu bitten oder zumindest nicht selbst daran teilzunehmen. Der Herrscher war mit dieser Meinung jedoch absolut nicht einverstanden; seiner Ansicht nach durfte man die Katastrophe nicht beachten. Und wirklich, die Feste fanden statt, und alles ging seinen Gang, als hätte es gar kein Massensterben gegeben . . .

Alle geplanten Empfänge, Schauspiele, Konzerte, Bankette und, natürlich, der Ball bei Montebello bleiben auf dem Programm. Hunderttausend frische Rosen, für diesen Abend aus der Provence herbeigeschafft, schmücken duftend die Tische. Das Essen wird auf einem Silberservice kredenzt, das für diesen Anlaß aus Versailles angefordert worden ist. Siebentausend geladene Gäste vergnügen sich, lassen es sich wohl ergehen und tanzen unter strahlenden Kronleuchtern. Zu derselben Stunde, in der Feuerwehrleute und Soldaten bei Laternenlicht auf dem Chodynka-Feld noch immer Leichen bergen, tritt auf dem Ball das Zarenpaar zur Quadrille in den Kreis. In der Beschreibung des französischen Journalisten d'Alheim sieht das so aus:

«Die Lüster werfen Tausende von Lichtern auf die Blumengirlanden und Spritzer der Fontäne. Alle sind froh . . . Überall ertönt glückliches Lachen . . . Und den ganzen Tag haben diese Aristokraten Leichen gesehen, ganze Haufen von Leichen, auf die die Sonne brannte . . . Es bilden sich Gruppen auf dem Ball, in der Mitte drängt man sich; dort tanzt der Kaiser mit der Kaiserin die Quadrille . . .» Dann ist wieder Morgen, und die «Fürsten, die Herren aus den Botschaften und die Militärattachés erhalten eine Einladung zum Taubenschießen». Der Schießplatz liegt hundert Schritte von den Friedhöfen entfernt, wo man gerade die Toten begraben hat. Und in der Zeit, in der das Volk weint, bewegt sich durch die Moskauer Straßen die prächtige Wagenkolonne des alten Europas, des parfümierten, zerfallenden, absterbenden . . . «General Boidevre (Chef des französischen Generalstabs — M. K.) befand sich nicht im Wagenzug. Er hatte die Einladung zum Taubenschießen abgelehnt. Er wollte nicht Zeuge sein, wie die Fürsten auf die Geier zielten, die durch den Aasgeruch angelockt worden waren.»

Gegen Woronzow-Daschkow, von der Palen und die anderen verantwortlichen Höflinge wurde wegen der Vorfälle von Chodynka nichts unternommen. Der Hauptschuldige an der Katastrophe, der Onkel Seiner Majestät, wurde sogar belohnt: durch Allerhöchsten Erlaß, gegeben am Orte, in Mos-

kau, wurde Sergej Alexandrowitsch der Dank «für die vor-
bildliche Vorbereitung und Durchführung der Feierlichkeiten» ausgesprochen. Dieser Erlaß klang wie eine Verhöhnung
des Volks. Alle kannten die Wahrheit über die Rolle des
Großfürsten Sergej bei den Ereignissen. Seitdem riefen ihm
die Moskauer, wo immer er sich zeigte — auf der Straße, im
Theater oder an anderen belebten Orten —, nach: «Fürst von
Chodynka!»

Gegenüber den Behörden indes, die dem Onkel unterstan-
den, verhielt sich Seine Majestät anscheinend etwas strenger.
Er schickte dem regierenden Senat eine Weisung, in der er —
nachdem er den Chodynka-Vorfall «ein schweres Unglück»
genannt hatte, also gewissermaßen ein elementares und plötz-
liches Mißgeschick, das nicht vom Willen der Menschen ab-
hängt, etwas wie ein Erdbeben oder eine Überschwemmung
— gebot, die Rolle der Obrigkeit bei den Vorkommnissen zu
untersuchen; denn wenn auch das Unglück elementar gewesen war, so hatten sie doch offenbar «nicht rechtzeitig erforderliche Maßnahmen für die Lenkung der Volksmasse ergriffen». Die Klärung wurde dem Untersuchungsrichter für besonders wichtige Fälle, Kaiser, übertragen, und damit sie
nicht voreingenommen ausfiel, wurde Kaiser dem Oberzeremonienmeister von der Palen unterstellt!

Wie zu erwarten war, fand der Oberzeremonienmeister, als
er sich selbst verhörte, nichts Verurteilenswertes an seinem
Verhalten. Im Rapport an den Zaren betonte er, daß die aus
Petersburg angereisten Vertreter des Hofministeriums einschließlich des Verfassers des Rapports nur verpflichtet gewesen seien, «die Vergnügungen und die Ausgabe der Geschenke zu sichern». Um die Ordnung an Ort und Stelle hätte
sich die Moskauer Polizei kümmern sollen.

Der Moskauer Polizeichef, Oberst Wlassowski, schrieb einen Gegenrapport. Auf dem Feld, so berichtete er, schaltete
und waltete das Hofministerium, es bereitete alles vor, sowohl
die Jahrmarktsbuden als auch die Tüten mit Fruchtbonbons,
«die Polizei dagegen hatte mit all diesen Vorbereitungen
nichts zu tun»; die Polizei betraf nur das, «was neben dem

Feld und bis zum Feld war, und dort sind keinerlei Geschichten passiert, dort war alles in Ordnung».

Das Ende war einfach. Die zwei Bände Untersuchungsprotokolle «Über die Unordnung von Chodynka», die Kaiser vollgeschrieben hatte, wurden in den Aktenschränken der Kanzlei des Moskauer Generalgouvernements begraben. Einen Prozeß gab es nicht. Obwohl Kaiser, seinen Posten riskierend, sich erkühnte — höchst vorsichtig —, einige Schuldige zu nennen, wurde offiziell Wlassowski zum einzig Schuldigen erklärt. Man bestrafte ihn wahrhaft schrecklich: Er verlor seinen Posten bei Gewährung einer lebenslangen Pension von jährlich dreitausend Rubel.

Maria Fjodorowna, die Mutter des Zaren, sandte den Moskauer Krankenhäusern tausend Flaschen Portwein und Madeira für die Schwerverletzten — aus den Resten der Kremlvorräte nach drei Wochen Krönungsbällen und Banketts.

Ihr Sohn, der Mutter folgend, gab einem Drang zur Mildtätigkeit nach und ordnete an, jeder verwaisten Familie eine Unterstützung in Höhe von tausend Rubel zu zahlen. Später nahm er diese spontane Geste stillschweigend zurück und verringerte durch verschiedene Bedingungen den auszuzahlenden Betrag für die einen auf fünfzig bis hundert Rubel, andere erhielten gar keine Unterstützung. Insgesamt bewilligte der Zar ganze neunzigtausend Rubel, von denen die Moskauer Stadtverwaltung noch zwölftausend abzweigte — als Ausgleich für die Beisetzungskosten der Opfer.

Die Krönungsfeierlichkeiten selbst kosteten hundert Millionen Rubel, dreimal mehr, als in demselben Jahr für die Volksbildung ausgegeben wurde. Natürlich kamen diese Unsummen nicht aus der Privatschatulle der Zarenfamilie, sondern aus dem Staatsschatz, das heißt aus dem Budget des Staates. Anders ausgedrückt, «man lud das Volk zur Feier, verkrüppelte es, statt es zu bewirten, und zwang dann dasselbe Volk, die Verkrüppelung, die man ihm angetan hatte, auch noch selbst zu bezahlen», wie es treffend in einem zeitgenössischen Bericht hieß.

Ein einziger Hohn gegenüber den zaristischen Untertanen war die Krönung sowieso. In den von Mißernten betroffenen Gouvernements hatten Millionen vor Hunger aufgeschwollene Bäuche. Noch litt der Süden Rußlands unter den Folgen einer kurz zuvor aufgetretenen verheerenden Choleraepidemie. Und diese unglücklichen, von Hunger erschöpften und von Krankheit und Armut zermürbten Menschen ließ der junge Zar hundert Millionen für sein Fest bezahlen.

Außer dem französischen Journalisten, der voller Entsetzen das Bild von Chodynka betrachtet hatte, legte auch ein erschütterter amerikanischer Schriftsteller Zeugnis ab. «Angesichts der barbarischen Pracht dieser Krönungsprozessionen, Paraden und Gelage», vermerkt Robert Ingersoll, der in den «Enthüllungen» zitiert wird, «mußte ich an den armen Mushik denken, an die erschöpften, halb verhungerten Arbeiter, an die ungebildeten Massen, die dem Zaren mit Leib und Seele gehörten.» Voller Schmerz denke er in diesen Augenblicken in Moskau «an die von der Knute zerfetzten Rücken, an die in den Gefängnissen schmachtenden Gefangenen, an die Scharen von Menschen . . ., die man wie Vieh die Straßen entlang treibt, die in die sibirische Hölle führen».

Der Schriftsteller ist sich sicher, daß «weder mit Glockengeläut noch mit Fanfarenklängen . . . das Stöhnen des Volkes zu übertönen ist . . .»

Dieses Stöhnen war jedoch auch eine Warnung, in ihm lag eine verborgene Drohung. Und die Höflinge waren nicht so abgestumpft, als daß nicht einige von ihnen manchmal die Angst packte, das Volk von Moskau könne versuchen, die ihm widerfahrene Mißhandlung heimzuzahlen.

Der Zar jedoch war von keinen Zweifeln angekränkelt, im Gegenteil: Am 28. Mai, zwei Tage nach der Beendigung der Feierlichkeiten, erhielt Großfürst Sergej durch Nikolaus eine weitere demonstrative Auszeichnung — er wurde zum Befehlshaber der Truppen des Moskauer Militärbezirks ernannt. Als erstes zog der neue Befehlshaber einen großen Teil der Truppen des Militärbezirks im Kreml zusammen und ließ sie ins Stadtzentrum einrücken. Und die Regimenter standen,

wie in den «Enthüllungen» geschrieben wird, «als undurchdringlicher Kordon rings um den Großen Kremlpalast, wo
der Zar residiert und es sich mit seiner Familie und seiner
nächsten Umgebung weiter wohlergehen läßt».

Nach dem so glanzvollen Aufenthalt in Moskau begab sich
Nikolaus Mitte Juli 1896 gemeinsam mit seiner Frau für meh-
rere Monate auf eine Vergnügungsfahrt durch Rußland und
Westeuropa.

Am 17. Juli traf das Zarenpaar in Nishni Nowgorod ein,
um die Allrussische Messe feierlich zu eröffnen und inmitten
des Adels sowie der Kaufmannschaft zu schmausen. Am
13. August fuhr Nikolaus nach Wien, um Kaiser Franz Joseph
zu besuchen, am 22. August zu Wilhelm II. nach Berlin. Begleitet von Wilhelm, besichtigte er am 24. August in Breslau
deutsche Truppen und reiste dann über Kiel nach Kopenhagen zum dänischen König, Christian IX., seinem Großvater
mütterlicherseits. Am 3. September begab er sich von Kopenhagen aus nach London, um Queen Viktoria zu besuchen,
und am 23. September traf er, aus London kommend, in
Cherbourg ein, wo ihn der französische Präsident empfing. In
Frankreich vergnügte er sich drei Wochen, bevor er Mitte
Oktober von Paris aus nach Darmstadt zu Ernst von Hessen-
Darmstadt, dem Bruder der Zarin, fuhr.

Am 19. Oktober erschien das Zarenpaar wieder am Jordan-
tor des Winterpalais. Die den Zaren empfingen, fanden ihn
sonnengebräunt und frisch vor, als einen, «der alles vergessen
hat».

Zweieinhalb Monate später, am Vorabend des neuen Jahres, notierte der Zar in seinem Tagebuch: «Gebe Gott, daß
das nächste Jahr, daß 1897 ebenso glücklich verläuft wie dieses.»

Kapitel IV
Der, den es nicht gab?

Der Hungerzar

Fast in jeder Amtsbezirksverwaltung, schrieb der junge Lenin zu Beginn des Jahrhunderts, hänge das gleiche Bild: Alexander III. spricht vor den Amtsbezirksvorstehern, die zu seiner Krönung zusammengerufen worden sind. Das Wichtigste, was er ihnen aus diesem Anlaß verkündet: Hört auf eure Adelsmarschälle!

Nikolaus II. sagte dem russischen Volk dasselbe wie sein Vater.

Die Zaren redeten dem Volk immer wieder ein, sie könnten den Staat nicht anders als mit Hilfe der Adligen und durch die Vermittlung der Adligen regieren. Ihnen diente, ihre Interessen verteidigte, ihre Herrschaft verkörperte in Rußland der Zar mit seiner Person.

Es hieß, der Zar stehe über allen, über den Armen wie über den Reichen. Der Zar sei gegen jedermann gleichermaßen gerecht, gegen die Armen ebenso wie gegen die Reichen. Aber wer das sagte, heuchelte. In Rußland und in der ganzen Welt, so Lenin, sei wohlbekannt, von welcher Art die Gerechtigkeit des zaristischen Regimes, von welcher Art die Gutherzigkeit und die Menschlichkeit des Zaren sind.

In der Tat. Es genügt zu wissen, wer hinter ihm stand, wessen Interessen er verteidigte und was er selbst besaß.

Von den einhundertundneun Millionen Deßjatinen Land, die Privateigentümern gehörten, befanden sich sieben Millionen in der Hand der zaristischen Vermögensverwaltung, waren also Privateigentum der kaiserlichen Familie. Das heißt, der Zar war der größte Gutsbesitzer Rußlands. Er allein besaß mehr Land als eine halbe Million Bauernfamilien.

In seiner Hand lag die unbeschränkte Macht. Selbstherrlich, unkontrolliert und absolut unanfechtbar verfügte er über alle Angelegenheiten im Staat. Er erließ Gesetze. Er ernannte Minister, Generäle und Beamte, die ausschließlich nach seinen persönlichen Anweisungen handelten.

Und wie lebten unter dem Regiment von Väterchen Zar jene Millionen von Menschen, die er in seinen Manifesten und Erlassen gewöhnlich als seine treuen Untertanen bezeichnete?

Zu Anfang des Jahrhunderts, am 1. Januar 1904, lebten einhundertvierundvierzig Millionen Menschen im Russischen Reich. Davon wohnten achtzehneinhalb Millionen in den Städten.

Es gab im Reich etwas mehr als achtunddreißigtausend Industriebetriebe, in denen ungefähr zweieinhalb Millionen Arbeiter täglich zermürbende Arbeit leisteten. Zweihundert metallurgische Betriebe mit dreihunderttausend Arbeitern erzeugten 1904 einhundertachtzigtausend Pud Gußeisen und fast ebensoviel Eisen und Stahl.

Rußland war ein Land chronischer Not, fast überall fehlte es an Brot für das Volk. Das war eine Not, die regelmäßig sowohl den Süden als auch den Norden des Landes betraf. Hunger in den Arbeiterbezirken, Hunger in den Dörfern. Eine satirische Zeitschrift jener Zeit veröffentlichte eine Variante bekannter Zeilen von Nekrassow:

> Geh zur Wolga! Wessen Stöhnen tönt von dort
> wie Zeichen künft'ger Not?
> Aufruhr nennt man den Jammer bei uns,
> wenn die Hungernden bitten um Brot.

In den Jahren, in denen es Mißernten gab, erfaßte der Hunger ganze Gouvernements und Regionen. Millionen unglücklicher und verelendeter Menschen litten Not, viele starben.

Von einer Reise zu seinen Besitzungen in die Hauptstadt zurückgekehrt, notierte Lamsdorff: «Kein Durchkommen vor um Brot Bettelnden. Überall wird man von der Menge umringt. Ein herzzerreißendes Bild. Als Folge des Hungers Typhus und Skorbut.»

Ist Väterchen Zar niedergedrückt? Vielleicht kann er nachts nicht schlafen? Ist er beschämt und schmerzerfüllt? Im Gegenteil! Ein Minister, der ihn aus nächster Nähe beobachten kann, ist «entsetzt darüber, wie sich der Herrscher und der interne Kreis der kaiserlichen Familie zu der Not verhält». Seine Majestät glaubt nicht, daß es Hunger gibt. Beim Frühstück im engen Kreis «spricht er fast lachend über den Hunger». Er findet, daß die ausgegebenen Unterstützungen das Volk nur demoralisieren, und verspottet diejenigen, die in die Gouvernements fahren, um die Hilfe zu organisieren . . . Und diese Einstellung zur Not «teilt anscheinend die ganze Familie . . .».

Das «Entsetzen» über den Eindruck, den er im Zarenpalast gewonnen hat, schreibt Lamsdorff seinem damaligen Chef, dem Außenminister Giers, zu. Auf den ersten Blick mag es so aussehen, als «entsetze» sich mit Giers auch dessen Stellvertreter Lamsdorff. In Wirklichkeit stieß der letztere in das gleiche Horn wie der Zar, und Giers tat das ebenfalls, beide waren wie der Zar der Ansicht, daß die Rettung der vor Hunger Sterbenden die Sterbenden «demoralisiere». Lamsdorff notierte: sie, das heißt «die überwältigende Mehrheit der Bauern und der Arbeiter», jagten der Unterstützung nach und erhielten sie umsonst, «anstatt zu arbeiten und die Unterstützung zu verdienen». Eine solche Unordnung war nach Meinung des Schreibers schlimmer als der Hunger selbst: «Eine Wohltätigkeit solcher Art kann im Endeffekt zu noch größeren Nöten führen, als es die Folgen der Mißernte selbst sind, unter denen ein großer Teil Rußlands zu leiden hat.»

Der Zar schwankt zwischen Wohltätigkeit und staatlichen Subsidien. Die erstere gefällt ihm nicht, und für die zweite Entscheidung ist seiner Meinung nach zuwenig Geld vorhanden.

Inzwischen treffen in Petersburg aus allen Gegenden des Landes Bitten und Forderungen ein, in irgendeiner Form eine organisierte, systematische Hilfe für die Hungernden einzurichten. Da sowohl der Zar als auch die Regierung sich auf den Geldmangel in der Staatskasse berufen, wird ein besonderes Projekt geboren. Für sechzig Millionen Rubel sollen die Rechte aus der Kriegskontribution der Türkei an ausländische Banken abgetreten werden, und für diese Mittel soll dann Getreide gekauft werden. Keine einzige Bank ließ sich jedoch auf diesen Handel ein. Daraufhin schlug jemand vor, Deutschland um eine Anleihe zu bitten. Aber auch daraus wurde nichts, denn Kaiser Wilhelm II. lehnte es ab, eine solche Anleihe zu unterstützen.

Nun beschloß man, quasi als letzten Ausweg und um das Gesicht zu wahren, eine Wohltätigkeitskampagne in großem Umfang mit Lotterien und Spenden zu starten. Der «Regierungsanzeiger» rief zu Spenden auf, aber nicht einmal die Würdenträger selbst, darunter auch Lamsdorff, waren davon überzeugt, daß etwas in dieser Art die Lage wesentlich erleichtern könne. Lamsdorff nennt die Gerüchte, «daß der Herrscher zugunsten der Hungernden Millionen Rubel aus den persönlichen Einkünften gespendet habe», «unwahr». Außerdem, so fragt er, was kann schon eine Wohltätigkeitslotterie ändern, mit deren Hilfe man hofft, «die armselige Summe von fünf Millionen Rubel zu erlangen»? Wie und wem kann dieses Spiel «mit Kupons zu einem Rubel» Rettung bringen? Obendrein, so konstatiert er, gebe es über die gesammelten kläglichen Mittel «keine Kontrolle, und an verschiedenen Orten sind bereits Veruntreuungen vorgekommen».

Und dennoch unternahm die Öffentlichkeit, ungeachtet aller Hemmnisse und Schwierigkeiten und trotz der Skepsis des Zaren, alles nur irgend Mögliche und scheute dabei keine Anstrengungen. Freiwillige aus dem Volk sammelten im Lande Geld, kauften Getreide auf, schickten es in die notleidenden Regionen oder richteten Volksküchen ein. Zu den aktivsten Helfern gehörte L. N. Tolstoi.

Doch nicht nur der Zar betrachtete das Geschehen mißtrauisch. Die gleichen Beamten, die zugunsten der Hungernden selbst nichts tun wollten, warfen denen, die helfen wollten, Knüppel zwischen die Beine. Besonders tat sich dabei ein gewisser Oberst A. A. von Wendrich hervor, der dem Zaren nahestand und zu jener Zeit Inspektor des Ministeriums für Verkehr (später Stellvertreter des Ministers) war. Als Sonderbevollmächtigter in die notleidenden Gebiete entsandt, desorganisierte er, um die Preise hoch zu halten, den Frachtverkehr auf den Hauptstrecken der Eisenbahn und ließ elftausend Waggons mit Getreide auf Abstellgleise schieben; sechseinhalb Millionen Pud Roggen und Weizen wurden auf den verstopften Strecken feucht und gingen in Fäulnis über. Als man dem Zaren das Verhalten von Wendrichs meldete, widersprach er ärgerlich: «Reden Sie keinen Unsinn über ihn, das ist ein ehrenwerter Offizier. Alle möglichen Bettler gibt es immer viel, aber so treue Leute wie Wendrich kann man an den Fingern abzählen.»

Die einen, wie Wendrich, ließen das Getreide verfaulen. Andere, wie Alabin, unterschoben den Hungernden verdorbene Lebensmittel und kassierten aus der Staatskasse riesige Summen. Während von Wendrich, der sich der persönlichen Sympathie des Zaren erfreute, ohne Anklage davonkam, erlangte der Fall Alabin große Publizität und erschütterte ganz Rußland.

In einem der Mißerntejahre Ende des Jahrhunderts hatte sich die Regierung zu einer ungewöhnlichen Freigebigkeit durchgerungen. In zwei Etappen hatte sie zum Ankauf von Getreide für die Hungernden Kredite bereitgestellt — 1,5 und 4,7 Millionen Rubel. Für das besonders in Mitleidenschaft gezogene Gouvernement Samara sollte Alabin, der Vorsitzende der Landesverwaltung des Gouvernements, den Ankauf sichern. Er schloß Verträge mit zwei Getreidehandelsfirmen ab, mit Schichabadow und Dreyfuß. Die erste lieferte Mehl, das offiziell «Sorte 5», in Wirklichkeit aber — und dies war bekannt — verdorben und für den Verbrauch ungeeignet war; die zweite lieferte Getreide, das mit giftigem Samen der

Kornrade und anderer Unkräuter verunreinigt und ebenfalls für den Verzehr ungeeignet war. Zum Hungertod kamen nun in den Gebieten, in denen das Mehl und das Getreide ausgegeben wurden, massenhaft Erkrankungen und Todesfälle durch Vergiftung hinzu.

Alabin wurde in Moskau vor Gericht gestellt. Er rechtfertigte sich mit «mangelnder Sachkenntnis». A. F. Koni, der Ankläger, lehnte dieses Argument ab und verwies darauf, daß der Angeklagte achtundvierzig Jahre im Staatsdienst stand, daß er solche Stellungen bekleidet hatte wie die des Leiters der staatlichen Vermögenskammer, daß er Botschafter in Bulgarien, Stadtoberhaupt in Samara und so weiter gewesen war. Der Ankläger warnte das Gericht vor einem milden Urteil, denn «ein solcher Präzedenzfall wäre gefährlich», würde die Möglichkeit eröffnen, «sich leichtfertig, nachlässig, hochmütig oder herzlos gegenüber der gesellschaftlichen Not zu verhalten . . . der strafenden Hand des Gesetzes zu entgehen und sich in den bequemen und ungefährlichen Mantel mangelnder Sachkenntnis zu hüllen». Doch gerade mit dem Hinweis auf «mangelnde Sachkenntnis» sprach das Gericht Alabin frei.

Etwas später gab es wieder eine Mißernte, wieder einen der Regierung mit Mühe abgerungenen Kredit und wieder Ärger um diese Gelder — diesmal bereits in ministeriellem, landesweitem Maßstab. Der Stellvertreter des Innenministers, W. I. Gurko, ein Favorit des Zaren, wurde beauftragt, für acht Millionen Rubel eine Getreidereserve zu schaffen. Unter Verletzung des Gesetzes trat Gurko seine Vollmachten für den Getreideankauf mit entsprechendem Gewinn an den Ausländer Lidwal ab. Dieser hielt den Kontrakt nicht ein. Senator W. N. Warwarin führte eine Untersuchung durch. Auf seine Forderung hin wurde Gurko vor das Senatsgericht gestellt und zur Ausstoßung aus dem Staatsdienst verurteilt. Der Untersuchungsführer hatte allerdings, wie Witte berichtet, die Sympathien des Zaren für Gurko unterschätzt. Als der Justizminister I. G. Stscheglowitow einige Zeit später Nikolaus die Namen der Senatoren vorlegte, die zu Mitgliedern des Staatsrates ernannt werden sollten, lehnte Majestät die Ernennung

Warwarins mit der Bemerkung ab, er werde nicht vergessen, daß dieser Gurko dem Gericht überantwortet habe.

Die Hungersnöte und die Skandalaffären begleiteten die Herrschaft Nikolaus' II. von Anfang an. Der Zar Hunger gönnte Rußland all diese dreiundzwanzig Jahre lang keine Ruhe, ja nicht einmal eine Erholungspause.

Mitte der fünfziger Jahre erschien in New York ein Buch des weißen Emigranten A. N. Naumow, der in den Jahren 1915/16 russischer Landwirtschaftsminister gewesen war. Er hatte schon Ende des vorigen Jahrhunderts am Kampf gegen den «Hunger von Samara» teilgenommen, als die «beispiellosen Mißernten der Jahre 1897 und 1898 einen fast überall anzutreffenden Nahrungsmangel zur Folge hatten und in einer Reihe von Gegenden wirklichen Hunger mit seinen Folgen — Skorbut und Typhus». Fast zwei Jahrzehnte später leitete Naumow eine besondere Beratung über die Lebensmittelversorgung, die sich mit demselben Problem beschäftigte. Sein Fazit: «Rußland kommt faktisch nicht aus dem Hungerzustand einmal in diesem, einmal in jenem Gouvernement heraus, sowohl vor dem Krieg als auch während des Krieges.» Nach wie vor litten beispielsweise die Gouvernements Saratow, Simbirsk, Kasan und Ufa unter der «Qual des Hungers». Immer noch blühten die Spekulation mit Getreide, Unterschlagung und Bestechlichkeit; «die Kommissionäre, die das Getreide liefern, verdienen Vermögen, ohne sich vom Telefon zu entfernen». Geblieben waren auch «die mangelnde Vorbereitung der Verwaltungsspitzen, ihre Unfähigkeit, die Versorgung zu sichern, die vorhandenen Vorräte zu erfassen und im Lande zu verteilen».

Und vor dem Hintergrund der absoluten Armut der einen — der wahnwitzige Luxus der anderen. Zwei Schritte vom Elend des Hungertodes entfernt Orgien der Übersättigung. Um die Gutshöfe der Mächtigen herum sterben die Dörfer aus; sie selbst sind inzwischen damit beschäftigt, bei Petersburg und Moskau, auf ihren Erbgütern und an der Schwarzmeerküste neue Villen und Paläste zu errichten.

Derselbe Naumow erinnert sich, daß man sich kaum etwas

Reicheres und Schöneres vorstellen könne, als Foros auf der Krim mit seinem wundervollen Park, den kleinen Wiesen, Rosarien, bizarren tropischen Gewächsen, den gewaltigen Beeten duftender Blumen, den versteckten Teichen, den verschlungenen künstlichen Wasserläufen und den zierlichen kleinen Brücken darüber. Dieses zauberhafte Stück Erde hatte sich der Porzellanfabrikant A. G. Kusnezow schaffen lassen, in dessen Betrieben ein Arbeiter an einem Arbeitstag von vierzehn Stunden durchschnittlich zweiundvierzig Kopeken verdiente. Als «einmal ein Besucher in Foros A. G. Kusnezow fragte, wie teuer ihm der hier geschaffene paradiesische Park zu stehen gekommen sei, antwortete er: ‹So viel, wie die Summe aller bunten Hundertrubelscheine ausmacht, wenn man damit die ganze Fläche dieses Parks bedeckt.›»

Das einzige, was die zaristische Regierung zu ersinnen und zu tun vermochte, um die Bauernfrage und damit auch das Hungerproblem zu entschärfen, war die sogenannte Stolypinsche Agrarreform.

Aus Furcht, alles zu verlieren, kamen die führenden Gutsbesitzer auf den Gedanken, einen Teil zu opfern. In den ersten Jahren des neuen Jahrhunderts wurde die Idee geboren, einen gewissen Teil der den Gutsbesitzern gehörenden und der staatlichen Ländereien gegen eine Abfindung unter die Bauern zu verteilen.

Einen entsprechenden Gesetzentwurf arbeitete der höchste zuständige Beamte für Landwirtschaft und Flurbereinigung, Kutler, aus, Mitautoren waren der Ökonomieprofessor Kaufmann und der Direktor des Departements der Staatsbesitzungen, Rittich. Sie schlugen vor, den Bauern fünfundzwanzig Millionen Deßjatinen Ackerland aus Guts- und Staatsbesitz zu übergeben. Dabei gingen sie nicht von den Interessen der Bauernschaft aus, sondern von dem Bestreben, bedeutende Großgrundbesitzer, die mehr und mehr die kapitalistische Produktionsweise in der Landwirtschaft übernahmen, ökonomisch zu stärken. Das war ein durchaus wohlgemeintes, in seinem Ansatz und seiner Größenordnung aber so ungewöhnliches Manöver, daß es dem Zaren allein aus diesem Grund verdächtig schien. Obwohl Kutler und seine Kollegen planten, von der Bauernschaft eine gewaltige Kaufsumme zu erheben, die im ganzen sogar die Zahlungen übertraf, die dem «Mushik» nach der Reform von 1861 auferlegt worden waren, und obwohl für die Übergabe an die Bauern vorwiegend «Ländereien, die brach liegen, sowie Ländereien, die von den Besitzern gewöhnlich verpachtet werden», vorgesehen waren, lehnte Nikolaus den Entwurf ab.

Auf den Bericht des Regierungschefs Witte über die Ergebnisse der Erörterung der Agrarfrage im Ministerrat («Es erscheint für den Gutsbesitzer günstiger, auf einen Teil des Bodens zu verzichten und sich den Besitz des übrigen Bodens zu sichern, als alles zu verlieren . . .») schreibt Nikolaus die Entscheidung: «Das Privateigentum muß unangetastet bleiben.» Anschließend erscheint (auf einem anderen Dokument) seine Entscheidung: «Kutler ist als Hauptverantwortlicher abzusetzen.»

Die Furcht vor der Revolution blieb, es mußte etwas getan werden. Da die «ins Rollen gekommene Fuhre» (ein Ausdruck L. N. Tolstois) immer weiter «rollte», wurde schließlich doch noch eine gewisse Reform verwirklicht. Ihr Haupt-«held» war P. A. Stolypin. Im Verlauf der Reform wurden an manchen Orten bis zu fünfundzwanzig Prozent der Bauernwirtschaften mit eigenem Land versehen und aus der Dorfgemeinschaft ausgegliedert. Im europäischen Teil Rußlands wurden bis zum 1. Januar 1916 zweieinhalb Millionen bäuerliche Betriebe aus den Dorfgemeinschaften ausgegliedert und erhielten insgesamt 16,9 Millionen Deßjatinen Boden als persönliches Eigentum, was etwa zwölf Prozent des Gemeinschaftsbesitzes an Boden des Jahres 1905 ausmachte.

Das Ergebnis dieser Reform bestätigte, was die progressiven Kräfte Rußlands vorhergesagt hatten: Die Hälfte des Bodens, der den Bauern übergeben worden war, geriet so oder so in die Hände der Kulaken. Der Anteil der Besitz- und Landlosen an der Dorfbevölkerung stieg weiter an.

Den gutsherrlichen Landbesitz hatte die Reform im Grunde unberührt gelassen, dafür vertiefte sie die Spaltung der Bauernschaft, «befriedete» das Dorf nicht etwa, sondern verschärfte den Klassenkampf auf dem Lande. Es wurde also weder die Eigentümerbasis auf dem Lande verbreitert, noch wurden die Bauernmassen vom revolutionären Kampf abgelenkt. Allein von 1908 bis 1913, das heißt auf dem erhofften Höhepunkt des «Befriedungseffekts» der Reform, wurden im Lande etwa zweiundzwanzigtausend größere und kleinere Bauernerhebungen registriert.

Ein Brief aus Gaspra

Der Zar konnte also nicht über mangelnde Deutlichkeit der Signale, die die Revolution ankündigten, klagen. Man bemühte sich zusätzlich, ihn auf die bedrohliche Lage aufmerksam zu machen. Man erklärte ihm die Bedeutung dieser Vorzeichen. Man redete ihm zu, sie ernst zu nehmen. Man riet ihm, sich nicht darüber hinwegzusetzen, warnte vor den Folgen. Zu den Warnern gehörte beispielsweise Lew Nikolajewitsch Tolstoi. Im Jahre 1902 sandte er Nikolaus II. einen Brief, in dem er sich — zum wievielten Male! — bemühte, den Zaren entsprechend seiner «Sozialpädagogik» zu Vernunft und Einsicht zu bekehren.[8]

Schon früher waren Schriftsteller bestrebt, «bessernd» auf Zaren einzuwirken, man braucht nur an A. I. Herzen zu erinnern. Tolstois Botschaft an den letzten Selbstherrscher steht in einer Reihe mit Herzens anklagenden Appellen an den «Befreier-Zaren». So illusorisch das angestrebte Ziel, die Denk- und Handlungsweise des Imperators umzukehren, zu verändern, auch erscheinen mag, Naivität war kaum in diesen Appellen, sie wurden ausschließlich von tiefem Mitgefühl für das gepeinigte Volk diktiert. Von schmerzlichem Mitleid bewegt, waren die Autoren dieser Appelle sogar bereit, durch Bitten an den Zaren zu versuchen, das Schicksal des Volkes zu erleichtern. Im Grunde waren sowohl Herzens als auch Tolstois Briefe Akte der Verzweiflung. Herzen wie Tolstoi wollten gern glauben, daß der Imperator, wenn man ihn überzeugte, nicht nur in der Lage sein, sondern auch wünschen würde, etwas für die einfachen Menschen zu tun.

Sein letztes Sendschreiben an Nikolaus II., das er 1902 in Gaspra auf der Krim verfaßte, schrieb Tolstoi unter großen Mühen. Der Schriftsteller war schwer krank und fühlte sich dem Tode nahe. A. B. Goldenweiser, der zu seiner nahen Umgebung gehörte, notierte damals: «Er arbeitet zuviel in diesen Tagen an einer Arbeit, die ihn sehr erregt (ein Brief an den Zaren), und hat sich überanstrengt. Sein Puls ging ungleichmäßig, und gestern stand er nicht aus dem Bett auf.» Auch Tolstois Sohn Sergej erinnerte sich: «Ungeachtet seiner Leiden und seiner Schwäche, diktierte . . . Vater sogar. Ende Dezember verfaßte er einen Brief an Nikolaus II. mit dem Aufruf, das Joch aufzuheben, das das Volk daran hindert, seine Wünsche und Bedürfnisse auszusprechen . . ., sowie das Grundeigentum aufzuheben . . . Am 16. Januar wurde die letzte Fassung dieses Briefes vollendet und über den Großfürsten Nikolai Michailowitsch abgesandt. Am 28. Januar telegraphierte Nikolai Michailowitsch, daß der Brief dem Zaren überreicht worden sei.»

Sicherlich setzten den Adressaten bereits die ersten beiden Worte, mit denen der Brief begann, in äußerstes Erstaunen. «Lieber Bruder!» Die Erläuterung kam sofort: «Diese Anrede hielt ich deshalb für die am meisten angebrachte, weil ich mich in diesem Brief an Sie weniger an den Zaren als vielmehr an den Menschenbruder wende . . . Ich möchte nicht sterben, ohne Ihnen gesagt zu haben, was ich über Ihre jetzige Tätigkeit und darüber denke, wieviel Böses sie den Menschen und Ihnen bringen kann, wenn sie weiter in der Richtung erfolgt, in der sie sich jetzt bewegt.»

Tolstoi schrieb Nikolaus vom Archaismus der tyrannischen Alleinherrschaft überhaupt und von der Unsinnigkeit und Ungerechtigkeit der zaristischen Selbstherrschaft im besonderen. Er schilderte die tiefe Ungerechtigkeit der Privilegien und der Willkür der parasitären Klassen, die die Selbstherrschaft unterstützten und hinter dem Zaren standen.

Er riet dem Zaren, auf die Alleinherrschaft zu verzichten,

die Lage der Arbeiter entschieden zu verbessern und den Gutsbesitzern das Land zu nehmen und es den Bauern zu übergeben. «Die Selbstherrschaft», belehrt Lew Nikolajewitsch den Zaren, «ist eine überlebte Form.» Ihr zugrunde liege die Idee «eines so unausführbaren Vorhabens wie das, die ewige Entwicklung der Menschheit anzuhalten». Diejenigen Beschützer der zaristischen Ordnung, die zu ihrer Rechtfertigung beteuern, daß sie, «indem sie jede Bewegung des Lebens im Volke zum Stillstand bringen, die Wohlfahrt dieses Volkes sichern», lügen, schreibt er. Was für eine Wohlfahrt das sei, könnten «jene hundert Millionen, auf die sich die Macht Rußlands gründet», bezeugen, die aber «mit jedem Jahr verarmen» und inzwischen so weit sind, daß «der Hunger zu einer normalen Erscheinung geworden ist». Hüten Sie sich vor einer Explosion, warnt Tolstoi den Zaren, denken Sie auch an Ihre persönliche Sicherheit; warten Sie nicht, bis Sie von der «ins Rollen gekommenen Fuhre» erfaßt werden. Geben Sie sich auch nicht der Illusion der Vergötterung hin, mit der die Massen der treuen Untertanen anscheinend den Selbstherrscher umgeben — das wäre Selbstbetrug. Diese Leute, die der Zar für Menschen hält, die die Liebe des Volkes für ihn ausdrücken, sind in Wirklichkeit nichts anderes als eine von der Polizei gesammelte und aufgebaute Menge, die das dem Zaren ergebene Volk darzustellen hat, wie das zum Beispiel «mit Ihrem Großvater in Charkow war, als die Kathedrale voll von Volk war, aber das ganze Volk aus verkleideten Stadtpolizisten bestand».

Lew dem Großen zu antworten, hielt Nikolaus der Kleine offenbar für unter seiner Würde. Tolstois Appelle schienen an einen Taubstummen gerichtet worden zu sein. Später, als sich der Schriftsteller endgültig von der Ergebnislosigkeit seiner Schreiben an den Zaren und seine Helfer überzeugt hatte, sagte er im häuslichen Kreis: «Jedenfalls habe ich alles getan, um zu erfahren, daß es nutzlos ist, sich an sie zu wenden.»

Später dann empfing Nikolaus II. den Sohn des Schriftstellers, Lew Lwowitsch, zu einem Gespräch. Vergeblich bemühte sich dieser, einen Dialog über die Themen in Gang zu bringen, die in dem Brief aus Gaspra berührt worden waren. Nikolaus ließ sich darauf nicht ein. Finster, fast gereizt berief er sich auf das Versprechen, das er in Liwadija seinem sterbenden Vater gegeben hatte, sowie auf seinen Eid in der Uspenski-Kathedrale am Krönungstag. Lew Tolstoi junior blieb nichts weiter übrig, als den Rest der Audienz dafür zu benutzen, andere Appelle seines Vaters zu popularisieren: nicht zu rauchen, keinen Alkohol zu trinken und keine Tiere zu töten. Diesen Erläuterungen lauschte der Zar ruhiger, mit Interesse und sogar nicht ohne sichtliche Zufriedenheit, obwohl er anschließend weder zu trinken noch zu rauchen aufhörte und auch weiter auf Vögel und andere Tiere schoß.

Nicht mehr Achtung gegenüber L. N. Tolstoi zeigten damals auch einige Berater des Zaren, an die sich der Schriftsteller ebenfalls mehrfach gewandt hatte, darunter Witte und Stolypin.

Was die Mitglieder der Zarenfamilie angeht, einschließlich der Cousins des, wie es scheint, gefälligen Nikolai Michailowitsch, so machten sie aus ihrer Respektlosigkeit kein Hehl, ja, manchmal ging diese einfach in Grobheit über.

Gorki verdanken wir die Schilderung einer aufschlußreichen Szene: Im Raum Liwadija versperrte eine Gruppe von Großfürsten den Weg, den Tolstoi entlanggeritten kam. Außerdem blockierte eine einspännige Droschke den Durchgang. Auf den fordernden Blick Tolstois zuckelte das Pferd mit dem Wagen beiseite, die Großfürsten aber blieben demonstrativ stehen und wandten ihm den Rücken zu.

Tolstoi ritt schweigend um sie herum und brummte dann: «Sie haben mich erkannt, die Dummköpfe.»

Und ein paar Meter weiter: «Sogar das Pferd hat begriffen, daß man Tolstoi den Weg freigeben muß.»

Tolstois Bemühungen, «die Räuber zu erleuchten», endeten, wie sie enden mußten — ergebnislos. Nachdem er sich darüber klargeworden war, erfüllte ihn trotz all seiner Äußerungen über Vergebung und selbstlose Liebe Zorn und Verachtung. Denjenigen, den er seinen «lieben Bruder» genannt hatte, brandmarkte er künftig in Gesprächen und Briefen als «beschränkten Husarenoffizier» und zum Schluß gar als «heimlichen Henker» und «Mörder». Es bereitete ihm Vergnügen, vor seinen Freunden die schärfsten Urteile über den Zaren wiederzugeben, die ihm aus dem Volk zugetragen worden waren. Seine Frau, Sofia Andrejewna, berichtete er, traf eines Tages einen Landstreicher und unterhielt sich mit ihm. Der sagte zu ihr: «Wir hatten mal eine Zaren Nikolaus Knüppel, jetzt haben wir Nikolaus Strick. Na, wir werden schon an ihn rankommen.»

Der Zar wußte durch die Ochrana, die sogar unter der Dienerschaft in Jasnaja Poljana ihre Agenten hatte, von diesen Stimmungen Tolstois. Als der Schriftsteller einmal am Familientisch sagte: «Die Zeiten der Zaren gehen zu Ende», da erfuhr Nikolaus II. durch die Geheimpolizei als erster außerhalb Jasnaja Poljanas davon.

Am 20. November 1910 teilte P. A. Stolypin dem Zaren offiziell den Tod Tolstois mit:

Am heutigen Tage um 6 Uhr 5 morgens ist Graf Lew Nikolajewitsch Tolstoi im 83. Lebensjahr auf der Station Astapowo der Strecke Rjasan—Ural verstorben. Was Euer Kaiserlichen Majestät untertänigst zu vermelden ich für meine Pflicht halte.

Staatssekretär Stolypin

Unter diese Meldung schrieb der Zar: «Möge der Herrgott ihm ein gnädiger Richter sein. Nikolaus.»

Falsch ist die Behauptung, der Familie Tolstoi sei sofort eine Pension von zehntausend Rubel jährlich ausgesetzt worden. Die Pension wurde weder im November 1910 noch im Verlaufe des Jahres 1911 gewährt.

Nach dem Tode des Schriftstellers bat die Witwe Tolstois den Zaren zweimal, Jasnaja Poljana für fünfhunderttausend Rubel anzukaufen, weil sie fürchtete, daß das Gut zerstückelt und in die Hände von Privatpersonen gelangen würde. Sie schrieb dem Zaren: «Seine Wiege und sein Grab unter den Schutz des Staates zu stellen, ist unser heißer Wunsch.» Und später, wiederum an den Zaren: «Ich flehe S. K. M. an, lassen Sie nicht zu, Jasnaja Poljana unwiderruflich zu verderben ... helfen Sie zugleich auch meiner Familie ... Mit ganzem Herzen glaube ich an Ihre Güte, Barmherzigkeit und höchste Gerechtigkeit ...»

Die Schwarzhunderter erhoben jedoch Geschrei. Der Oberprokuror des Synod, W. Sabler, erklärte öffentlich, der Ankauf Jasnaja Poljanas würde eine postume Prämierung Tolstois für seine Auftritte gegen die Regierung bedeuten.

Am 20. Mai 1911 überwies Nikolaus II. die Bitte Sofia Andrejewna Tolstois dem Ministerrat zur Behandlung. Auf ihrer Sitzung am 26. Mai legte die Regierung fest, der Vorschlag der Witwe sei im Prinzip anzunehmen, der Finanzminister solle die Mittel bereitstellen. Doch am 20. Dezember 1911 setzte der Zar seine Entscheidung unter die Akte: «Ich halte den Kauf des Gutes des Grafen Tolstoi durch die Regierung für unzulässig. Der Ministerrat hat nur die Höhe der Pension zu beraten, die der Witwe ausgesetzt werden kann.»

Nationales Eigentum wurde Jasnaja Poljana erst nach der Oktoberrevolution.

Die Beratung in Peterhof

Das Volk zu versklaven genügt nicht; man muß ihm einreden, daß diese Sklaverei vom Allerhöchsten geheiligt und darum ewig ist. Dem Volk die Rechte zu nehmen reicht nicht aus; man muß es davon überzeugen, daß diese Rechtlosigkeit natürlich und deshalb für immer unverrückbar ist.

Für hundertvierzig Millionen Untertanen ein Regime gnadenloser Ausbeutung zu errichten und sie in hoffnungslose Armut sowie in Hunger zu stürzen, das ist nur die eine Seite der Sache. Die andere Seite der Angelegenheit, der die zaristische Regierung ihren Einfallsreichtum und ihre organisatorisch-politischen Fähigkeiten widmete, bestand darin, diese Millionen durch nationalistische Hetze aufzuspalten, die einen zu schrecken und die anderen zu «streicheln», allen gleichermaßen Furcht und Unterwürfigkeit einzuflößen, sie das

Zittern vor der Größe und Allmacht der zaristischen Herrschaft zu lehren.

Die Hauptvoraussetzung aber für eine solche Herrschaft über die Untertanen war, daß diese in Unwissenheit und Rückständigkeit gehalten wurden. Solange der Untertan nicht lesen und schreiben kann und abergläubisch ist, rechneten die Diener des Throns, bleibt er ein treuer Untertan. Solange er sich auf Grund seiner Rückständigkeit nicht über die Ursachen seiner Nöte klar wird, sagten sich seine Ausbeuter, wird er ihnen, selbst wenn er vor Hunger stirbt, ergeben zu Füßen fallen. Überhaupt, so meinten sie, sei es dem einfachen russischen Menschen historisch eigen, daß er die Grundlagen des Konservatismus und der überkommenen monarchischen Ordnung unterstütze, und so werde er bleiben, wenn man ihn von Schule und Bildung fernhalte und ihm keine gewöhnliche Fibel in die Hand gebe.

Wie man diesen traditionellen Kurs auch in Zukunft fortsetzen könne, darüber sprachen der Zar und ihm nahestehende Männer auf einer Beratung zu Beginn des Jahrhunderts. Diese Zusammenkunft, die der Schaffung einer Staatsduma (einer Art Parlament — d. Ü.) galt, fand vom 19. bis zum 26. Juli 1905 in Neu-Peterhof statt. Kern der Erörterung: der wachsenden revolutionären Bewegung durch ein Ventil in Form einer «Volksvertretung» die Gefährlichkeit zu nehmen. Während dieses Treffens wurden auch andere Probleme berührt, die nicht weniger anschaulich, ja vielleicht sogar noch anschaulicher jene Sackgasse widerspiegelten, in die der Zarismus geführt hatte.

Im Saal im ersten Stockwerk des Schlosses, dessen Fenster zu den Fontänen und zum Strand hin weit geöffnet waren, hatten in Sesselreihen neunundvierzig Männer Platz genommen; sie waren aus Petersburg und aus Moskau hierher gerufen worden, und zwar nach einer Liste, die der Imperator persönlich aufgestellt hatte. Seine nächsten Berater und Konsultanten saßen in der ersten Reihe direkt vor ihm. Das waren K. P. Pobedonoszew, Oberprokuror des Synod, A. G. Bulygin, Innenminister, A. A. Budberg, Chef der kaiserlichen

Kanzlei, W. W. Frisch, Ältester des Staatsrates und Staatssekretär, W. N. Lamsdorff, Außenminister, A. F. Rediger, Kriegsminister, die Brüder D. F. und A. F. Trepow, Fürst A. A. Schirinski-Schachmatow, Graf A. A. Bobrinski, Graf A. P. Ignatjew und A. S. Tanejew (der Vater der Hofdame A. A. Wyrubowa).

Etwas hinter ihnen Baron J. A. Üxküll von Hildenbrandt, Staatssekretär, Baron W. B. Frederiks, Hofminister, A. A. Naryschkin, Adelsmarschall, O. B. Richter, Mitglied des Staatsrates, P. Ch. Schwanebach, Oberverwalter für Landwirtschaft und Flurbereinigung, Baron E. J. Nolde, Geschäftsführer des Ministerkomitees, A. G. Timrot, Staatssekretär, N. N. Gerard, Vorsitzender des Departements des Staatsrates, die Würdenträger W. N. Kokowzow, A. S. Stischinski, N. M. Pawlow, W. W. Werchowski, N. M. Tschichatschow und einige andere, darunter auch der Historiker Professor W. O. Kljutschewski. Fünf der Gäste waren Großfürsten.

Den Vorsitz führte Nikolaus II., der die erste Sitzung eröffnete und betonte, wie notwendig die «absolute und strenge Geheimhaltung» der Beratung sei. Er fragte, ob es angesichts der außerordentlichen Vertraulichkeit angebracht sei, Protokoll zu führen. Die Meinungen gingen auseinander. A. G. Bulygin sprach sich entschieden dagegen aus. Nikolaus gab Üxküll von Hildenbrandt schließlich die Anweisung, dafür zu sorgen, daß Aufzeichnungen in zwei Exemplaren geführt würden. (Zwei Monate nach der Beratung wurde der volle Text des Stenogramms in Deutschland veröffentlicht.)

Den Vorsitzenden interessiert: Wird die geplante Duma die Möglichkeit haben, einen Anschlag auf seine persönliche Herrschaft zu unternehmen? Schwanebach bittet ums Wort. Er argumentiert theologisch: «Eure Majestät, der Herrgott selbst beugt sich den Gesetzen, mit denen seine eigene Weisheit das All lenkt ... Ihr Gesetz ist es, und Sie werden es auslegen. Wir werden es nicht zulassen, daß die Duma sie einschränkt.» Der Zar konstatiert: «Gut, meine Selbstherrschaft bleibt, wie von altersher.»

Nächste Frage: Wo soll der Satz von der Unantastbarkeit

der Selbstherrschaft eingefügt werden — in das Manifest, mitdem der Zar dem Land die Einrichtung der Duma verkünden wird, oder in das Verfassungsgesetz, auf dessen Grundlage sie geschaffen werden soll? Die Redner meinen, das sei im Prinzip ganz gleich, allerdings werde das Manifest gelesen und vergessen werden, das Gesetz über die Duma jedoch wird ständig gelten. Also weist der Zar an: Die entsprechende Formel wird nicht ins Manifest, sondern ins Gesetz aufgenommen.

Dann möchte er wissen, ob seine Person auch in der Eidesformel der Dumaabgeordneten erwähnt wird. «Lesen Sie mir den Entwurf für den Eidestext der Abgeordneten vor.» Er wird vorgelesen. Der Entwurf lautet: «Wir versprechen vor Gott dem Allmächtigen, als treue Untertanen unseres unumschränkten Herrschers die uns auferlegten Pflichten zu erfüllen.» Genügt das? Damit alle Zweifel zerstreut werden, möchte er den geplanten Eid der Dumaabgeordneten mit dem gültigen Eid der Mitglieder des Staatsrates vergleichen. Auch diese Eidesformel wird verlesen. Eine Minute des Nachdenkens, dann entscheidet er: «Diese Formel (die erste — M. K.) gefällt mir besser. Sie ist kürzer und weitaus klarer.» Er weist an: «Der erste Text gilt als angenommen.»

Nun, da das Wichtigste, das heißt das, was seine göttliche Persönlichkeit betrifft, geklärt worden ist, kann man zum eigentlichen Kern der Sache kommen. Zur Erörterung steht die Frage: Wer soll die Duma wählen dürfen und wer dafür gewählt werden können? A. S. Stischinski erinnert die Teilnehmer der Beratung daran, daß Artikel 54 des Gesetzentwurfs Personen, «die nicht Russisch schreiben und lesen können», den Eintritt in die Duma verwehrt. Da die erdrückende Mehrheit der Einwohner des Imperiums nicht schreiben kann und sich gerade unter den Bauern nur wenige Schriftkundige finden, muß überlegt werden, wie, nach welchen Normen und unter welchen Bedingungen ihnen das aktive und das passive Wahlrecht gewährt werden soll. Es entwickelt sich eine Diskussion, in deren Mittelpunkt das Problem der Volksbildung überhaupt steht.

Stischinski: Der Begriff der Schriftkundigkeit ist zu konventionell und läßt höchst widersprüchliche Auslegungen zu. Unter den alten Leuten in den Dörfern gibt es sehr wenige, die lesen und schreiben können, und gerade sie, die am meisten geachteten und erfahrensten Leute, würden keine Möglichkeit haben, in der Duma als Vertreter ihres Standes in Erscheinung zu treten. (Schwanebach, Naryschkin, Pawlow und Budberg unterstützen Stischinski.)

Bulygin: Man darf in die Duma nicht solche Mitglieder aufnehmen, die nicht in der Lage sind, die gedruckten Materialien der Duma zu lesen.

Werchowski: Die Mitglieder der Duma müssen doch ihren Eid unterschreiben. Also müssen sie mindestens ihren Namen schreiben können.

Naryschkin: Das macht nichts. Es stört die Bauern nicht, daß sie nicht lesen und schreiben können. Sie werden drei Kreuze machen, oder andere Mitglieder werden für sie den Eid unterschreiben. Dorfälteste, die nicht lesen und schreiben können, werden mit ihrem schwierigen Amt weitaus besser fertig als solche, die es können.

Seine Kaiserliche Majestät: Ich stimme dem zu, daß solche Bauern mit unversehrter Weltanschauung mehr gesunden Menschenverstand und Lebenserfahrung in die Sache einbringen werden.

Pawlow: Die Schriftkundigen, ja sogar diejenigen, die ein wenig lesen und schreiben können, muß man als sittlich verdorben und vom wahren Weg Abgewichene betrachten ... Das ist Unkraut.

Seine Kaiserliche Majestät: Vielleicht ist es tatsächlich besser, den Absatz 9 des Artikels 54 mindestens für die erste Zeit wegzulassen. Gehen wir weiter.

Die Frage, wie man mit den Fremdstämmigen verfahren soll, kommt auf. Soll man ihnen das Wahlrecht gewähren oder nicht?

Schwanebach und Naryschkin nehmen das Wort. Beide sind dagegen.

Zar Nikolaus II. und Zarin Alexandra Fjodorowna

Nikolaus II.

Alexandra Fjodorowna, geb. Prinzessin von Hessen

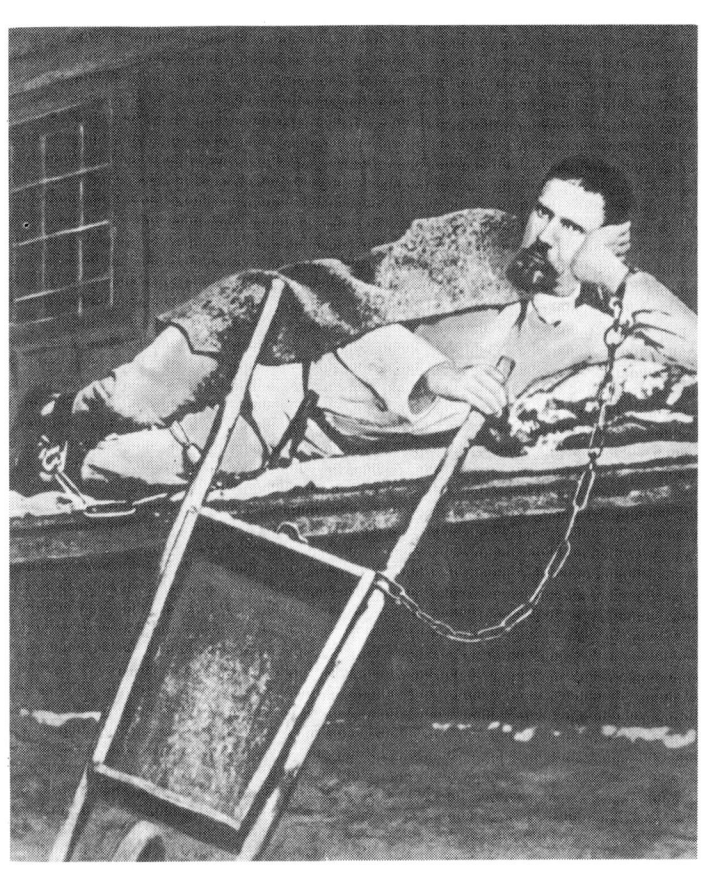

An seine Schubkarre geschmiedeter Zwangsarbeiter

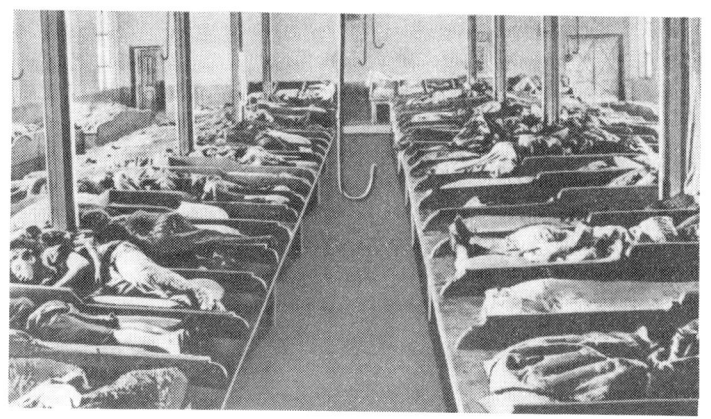

Schlafsaal in der Prochorowsker Manufaktur

Frauen als Zugtiere

Zwangsarbeiter erhalten in der Schmiede das «goldene Armband»

Altaibewohner

Markttag in Moskau

Was hört man Neues?

Naryschkin: Den Fremdstämmigen sollte meiner Meinung nach dieses Recht nicht gewährt werden. Das ist ein absolut unzuverlässiges und darum für die zukünftige Duma schädliches Element.

Kokowzow: Ich meine, es wäre eine kaum zu billigende Ungerechtigkeit, den Fremdstämmigen die Wahlrechte zu entziehen.

Naryschkin: Ich halte es nicht für möglich, den Vorstellungen des Ministerrates zuzustimmen. Das Hauptmotiv — Unruhe unter den Fremdstämmigen — kann in der vorliegenden Frage keine entscheidende Bedeutung haben ...

Seine Kaiserliche Majestät: Der Entwurf ist unverändert zu lassen.

Naryschkin (gibt im Namen einer Gruppe von Mitgliedern des Staatsrates eine Erklärung ab): Der Vorsitzende des Ministerkomitees hat sich dafür ausgesprochen, der ziemlich zahlreichen Klasse der Fabrikarbeiter die Wahlrechte zu erteilen. Als Motiv werden Anzeichen einer ernsten Gärung unter den Arbeitern genannt ... Ich muß darauf hinweisen, daß es noch eine weitere nicht bodenständige Schicht der Bevölkerung, vorwiegend der städtischen, gibt, die jedoch nach dem Gesetzentwurf mit den erwähnte Rechten ausgestattet wird. Das ist die Intelligenz, die keinem Vermögenszensus unterliegt und nur Steuer zahlt, Gewerbesteuer und Wohnungssteuer ... Ich erhebe Einwand gegen die Zulassung dieser Personen zu den Wahlen, weil ich befürchte, daß auf diese Weise höchst unerwünschte Elemente in die Duma eindringen werden.

Der Zar entscheidet im Sinne dieser Gruppe.

Das Wahlgesetz, das der Zar am 6. August 1905 — bald nach den Diskussionen von Peterhof — bestätigte, teilte die Bevölkerung des Reiches in drei ungleiche Wählergruppen ein: die landbesitzende, die städtische und die bäuerliche. Der letzteren wurden in der Duma gnädig 51 von 412 Abgeordnetensitzen eingeräumt. Arbeiter, Tagelöhner und Handwerker erhielten kein Wahlrecht. Nicht zu den Wahlen zugelassen wurden alle Frauen, Männer unter fünfundzwanzig Jahren, Studierende, Militärangehörige und «herumschweifende Fremdstämmige».

Unter dem Druck der revolutionären Ereignisse mußten eilig Veränderungen vorgenommen werden. Am 11. Dezember desselben Jahres bestätigte Nikolaus ein neues, von Witte ausgearbeitetes Wahlgesetz, das alle Grundsätze des alten bewahrte, aber einige Neuheiten enthielt. Eine vierte Wählergruppe, die der Arbeiter, wurde eingeführt, und zwar mit indirektem Wahlmodus und unter der Bedingung, daß der Arbeiter mindestens sechs Monate am Ort wohnte. Nach diesem Gesetz entfiel ein Wahlmann auf 50 000 Arbeiter, 30 000 Bauern, 6000 Bourgeois und 2000 Gutsbesitzer, oder, anders gerechnet, die Stimme eines Gutsbesitzers galt ebensoviel wie 3 Bourgeoisstimmen, 15 Bauernstimmen oder 25 Arbeiterstimmen.

Doch selbst dieses Verhältnis schien Nikolaus nicht annehmbar. Die auf dieser Grundlage gewählte I. Duma war ihm zu links, die II. noch linker als die erste. Er machte nicht viel Umstände — er löste die eine wie die andere auf.

Die patriarchalischen Einzelbauern erfreuten ihn weder durch ihre epische Redeweise noch durch ihre drei Kreuze in den Listen für die zwölf Rubel monatliche Abgeordneten-Entschädigung. Auch die Gleichung 1 Gutsbesitzer = 25 Arbeiter befriedigte ihn nicht.

Nachdem er die II. Duma auseinandergejagt hatte, sorgte er durch ein neues Wahlgesetz für eine noch originellere Wertigkeit der Wählerstimmen untereinander. Jetzt war eine Gutsbesitzerstimme gleich 4 Bourgeoisstimmen oder 260 Bauernstimmen oder 550 Arbeiterstimmen. Die Wahlen, die auf der Grundlage dieses Gesetzes durchgeführt wurden, gaben zwei Drittel der Sitze in der Duma den Gutsbesitzern und der Großbourgeoisie, die im europäischen Teil des Landes weniger als ein Prozent der Bevölkerung stellten.

Nachdem der Kollegienrat A. N. Radistschew 1790 seine neueste Arbeit in einer Auflage von sechshundertfünfzig Exemplaren hatte drucken lassen, sandte er sie dem Buchhändler Sotow. Bevor dieser verkaufte, legte er ein Exemplar auf den Jaspis-Intarsientisch im Arbeitszimmer der Kaiserin. Katherina II. genügte die Lektüre von dreißig der vierhundertfünfzig Seiten, um das Wesen des Werkes zu erfassen. Das Schicksal des Autors war entschieden: In die Peter-Pauls-Festung geworfen, war Radistschew ein Todeskandidat. Den Befehl zur Verhaftung gab sie selbst durch einen Brief an den General en Chef, Brjus, den «Oberkommandierenden in Sankt Petersburg».

Sie, die «Philosophin auf dem Thron», würde es den Unruhestiftern ein für allemal abgewöhnen, die Selbstherrschaft als ein «tückisches, wildes, gewaltiges, hundertrachiges und zähnefletschendes Ungeheuer» zu schmähen. Die Untersuchung führte der in der Hauptstadt berüchtigte «Knutenschwinger» Scheschkowski. Der stellte alles präzise fest: wann der Verfasser mit der verbrecherischen Niederschrift dieser «Reise von Petersburg nach Moskau» begann (1785), wer das Buch setzte (der Zollaufseher Bogomolow), wer es zur Zensur brachte (Meißner, ein Freund des Autors) und wer bei der Zensur die Veröffentlichung gestattete (der Polizeimeister Nikita Rylejew, der aus Faulheit «das Werk nicht bloß nicht las, sondern nicht einmal einen Blick hinein tat»).

Das Wichtigste indes, was der Knutenschwinger feststellte und was die Kaiserin umgehend erfuhr, war, daß der Autor die umstürzlerischen Gedanken der «Reise» schon seit langem verkündete. Bereits vor siebzehn Jahren (1773) hatte er in den Anmerkungen zu seiner Übersetzung des Buches von Mably, «Gedanken über die griechische Geschichte», schwarz auf weiß die empörende Behauptung niedergeschrieben: «Die Selbstherrschaft ist ein der menschlichen Natur in allerhöchstem Maße widersprechender Zustand.»

Und außerdem: «Die Gesetzwidrigkeit des Herrschers gibt

dem Volk, seinem Richter, dasselbe und noch mehr Recht über ihn, als es ihm das Gesetz gegen Verbrecher gibt.»

Katharina ordnete eine abschreckende Strafe an. Zur Ode «Freiheit», die in der «Reise» vorkommt, erklärte sie: «Sie ist absolut aufrührerisch, den Zaren wird mit dem Schafott gedroht. Das Beispiel Cromwells wird lobend erwähnt.»

Der Vorbote revolutionärer Stürme, der der Selbstherrschaft das Schafott prophezeit hatte, konnte nicht auf Gnade hoffen, dieser Verfasser der Ode «Freiheit», der, die Verbrechen des absolutistischen Monarchen Karl Stuart verurteilend, ausgerufen hatte: «Ein Tod dafür ist zuwenig ... stirb, stirb du hundertmal.»

Ein Jahrhundert nach der Zeit, in der der «begnadigte» Radistschew nach der Einnahme von Gift qualvoll gestorben war, verfolgte der Zarismus weiter die besten Menschen des Landes, marterte sie und brachte sie um. Nach über hundert Jahren hatte sich die «Widernatürlichkeit» der Selbstherrschaft keineswegs verringert — sie war noch offensichtlicher geworden ...

Langsam, aber unaufhaltsam wurden die gutsherrlich-adligen Grundlagen der Selbstherrschaft durch die Entwicklung der kapitalistischen Verhältnisse in Rußland ausgehöhlt. Im Schoße der Gesellschaft reiften und erstarkten neue Kräfte, die gegen die verknöcherte feudal-autokratische Hülle des Regimes drückten. Noch war das Ungeheuer zwar tückisch, wild, gewaltig und hundertrachig, aber seine historische Überlebtheit hatten schon seit Radistschews Zeiten viele Menschen sowohl in Rußland als auch außerhalb erkannt; nur die auf dem Thron saßen und sich um ihn scharten, wollten das nicht sehen und anerkennen. Das feudal-kaiserliche System wankte spürbar, seine Ideologen und Administratoren aber beherrschte lediglich eine Idee: «Weiterschleppen und nicht loslassen», wie es der Bahnwärter Mymrezow einmal lakonisch formulierte.

Auch ein Herrscher, intellektuell und charakterlich stärker als Nikolaus II., hätte den Zusammenbruch des Zarismus nicht abwenden können. Er war unabwendbar, unabhängig davon, welcher Selbstherrscher mit welchen individuellen Eigenschaften auch immer diese durch und durch verrottete, volksfeindliche sozialökonomische Ordnung verkörperte.

Das bedeutet jedoch nicht, daß, wie einige Sowjetologen, insbesondere H. M. Heuer von der «Bunten Illustrierten», behaupten, die Rolle Nikolaus' II. in der Geschichte der vorrevolutionären Jahrzehnte infolge einer «gewissen Alltäglichkeit», «Passivität» und «Nichtambitioniertheit» zu unbedeutend gewesen wäre, als daß man ihm irgend etwas vorwerfen könnte. Nach Heuers Meinung wurde Nikolaus ein Opfer seiner Umgebung. Sie, einschließlich der Zarin und Rasputins, habe Druck auf ihn ausgeübt, seine Nachgiebigkeit und Gefügigkeit mißbraucht; dem Zaren seien verhängnisvolle Entscheidungen aufgedrängt worden, die ihm selbst unangenehm gewesen seien. Willensschwäche und die unüberwindliche Neigung, auf schlechte Ratschläge seiner Helfer zu hören, das bestimmte angeblich die Mißerfolge des letzten Romanow, seinen Sturz und das Finale in Jekaterinburg.

Die Absicht Heuers ist ziemlich durchsichtig. Er möchte die Rolle, die Nikolaus II. während der Jahre 1894 bis 1917 spielte, möglichst unbedeutend erscheinen lassen, damit er das Urteil von 1918 als unbegründet hinstellen kann. Allerdings muß erwähnt werden, daß man auf manche ähnlichen Vorstellungen über den letzten Zaren seinerzeit auch bei Menschen traf, die dem Monarchen keineswegs einen Dienst erweisen wollten. Der Mythos, Nikolaus II. sei passiv, überhaupt nicht bösartig, ein «Waschlappen» gewesen, sei durch seine kaum ins Gewicht fallende Beteiligung an den Dingen so gänzlich unbelastet, daß man ihm im Grunde nichts vorwerfen könne, ist alt und wird bis heute von interessierter Seite ausgenutzt.

L. N. Tolstoi neigte trotz der hier schon zitierten Verdammung des Zaren zu dieser Auffassung. Witte schrieb seinem Chef bisweilen mangelndes Rückgrat und Schwäche zu. Nikolaus II., meinte er ironisch, «besitzt einen weibischen Charakter». Nur durch eine Laune der Natur kurz vor seiner Geburt sei er «mit den Attributen ausgestattet worden, die einen Mann von einer Frau unterscheiden».

Auch in der russischen bürgerlich-liberalen Publizistik erscheint Nikolaus II. als Weichling, als ein Selbstherrscher, der sich nicht durchzusetzen vermochte, auch als Pechvogel, der einfach kein Glück hatte, und dann und wann sogar als Kretin. Selbst in den besten Werken der frühen sowjetischen Publizistik wird er als eine nichtige, beinahe verschwindende Größe dargestellt, als habe es ihn in der Geschichte Rußlands gar nicht gegeben. Der literarische Glanz des Feuilletons, das Michail Kolzow 1927 unter dem Titel «Nikolaus» verfaßte, kann nicht die Übertreibungen des Autors vergessen machen, mit denen er faktisch die Verantwortung der Romanows für ihre Taten aufhebt.

Gestützt auf den sowjetischen Historiker M. N. Pokrowski, der den Namen Romanow in Anführungszeichen setzte, äußerte Kolzow: «Anführungszeichen. In den Anführungszeichen nichts. Leere Anführungszeichen. Wie ein Pelz ohne einen Menschen. Wie die leeren, dahinschreitenden Filzstiefel, von denen Maxim Gorki träumte.» Kolzow schrieb, daß es zur Zeit der Februarrevolution die Romanows nicht gegeben habe. Genauer: «Es gab keinen Zaren. Nikolaus den Zweiten gab es nicht. Das ist es: der, den es nicht gab.» Kann man wenigstens sagen, daß es das Zarenregime gab? Ja, das Regime gab es. Und außer dem Regime? Nichts. «Absolut nichts. Null. Wie bei Gogols ‹Nase› — eine leere, glatte Stelle.» Diesen seinen Gedanken unterstrich der Autor noch dadurch, daß er den letzten Romanow mit der «Pharaonenschlange» verglich. Dieses Spielzeug ist ein kleiner Kegel, aus dem, wenn man ihn ansteckt, eine kleine graue Schlange aus Asche hervorkriecht. Sie liegt da, ganz wie eine Schlange. Bis man sie mit dem Finger berührt. Dann zerfällt sie augenblicklich. Die Macht Nikolaus' war nach Kolzows Ansicht solch eine Schlange aus Asche. Es sei nicht verwunderlich, daß die werktätigen Massen Rußlands, nachdem sie das Zarenregime gestürzt hatten, es «nach der Februarrevolution sofort vergaßen», wie ein Mann, der «schlaftrunken einen Stiefel nach einer Ratte geworfen hat, dann den Stiefel aufhebt, um sich an seine wirklichen täglichen Arbeiten zu machen».

«Der, den es nicht gab», existierte in Wirklichkeit. Und er stand an den Hebeln der Macht, bediente sie dreiundzwanzig Jahre lang. Natürlich ergaben sich nicht selten zugespitzte, gefährliche Situationen — dann geriet der Selbstherrscher in Verlegenheit, war unentschlossen und wankelmütig, pendelte zwischen Erregung und Apathie. Es stimmt, daß ihn seine Frau und Rasputin wiederholt anspornen mußten, es ist wahr, daß die Würdenträger und die Höflinge ihn häufig zu Entscheidungen drängen mußten.

Und dennoch war er weit davon entfernt, die Rolle einer Marionette zu spielen. Er wußte, was er tat, und er wollte, was er tat. Unter dem Deckmantel von Gleichgültigkeit und Passivität verbarg sich durchaus das Verständnis seiner ganz bestimmten Rolle. Auf dem Wege zum Ziel vermochte er Energie und Erfindungsreichtum aufzubringen. Diese Energie verliehen ihm der tief in ihm sitzende Obskurantismus und die ihm eigene unversöhnliche Feindseligkeit gegenüber allem, was historisch neu war, nach Fortschritt und Freiheitsdenken aussah.

Er glaubte an die höhere Vorbestimmung des Systems der Selbstherrschaft, klammerte sich verzweifelt an seine absolute Macht und bemühte sich mit äußerster Hartnäckigkeit, das dem sterbenden Vater gegebene Versprechen zu erfüllen, nämlich kompromißlos die autokratischen Grundlagen zu bewahren. «Dem allrussischen Imperator gehört die oberste selbstherrliche Macht. Gott selbst gebietet, dieser Macht nicht nur aus Furcht, sondern auch aus Gewissensgründen zu gehorchen.» Vier Monate vor der Bestätigung des eben zitierten, zum Gesetz erhobenen Textes sagte der Zar, als er eine Delegation des «Bundes des russischen Volkes» empfing: «Die mir im Moskauer Kreml auferlegte Bürde der Macht werde ich selbst tragen ... In dieser Macht werde ich Rechenschaft vor Gott ablegen.»

Er glaubte nicht nur an die göttliche Herkunft seiner Macht, sondern er war selbst bis in den Kern seiner Persönlichkeit von tief reaktionärer Gesinnung erfüllt. Jede Bewegung der Kräfte, die die Idee der Freiheit und Menschlichkeit verkörperten, war für ihn identisch mit einer Bedrohung seiner persönlichen Sicherheit und des Wohlergehens seiner Familie. Sein erstes Ideal waren Stillstand und Unbeweglichkeit; er wollte alles, was in sein Blickfeld geriet, zum Erstarren bringen. Er war ein rückhaltloser Anhänger der Weisheiten des Barons M. A. Korff, dem die Geschichte die Niederschrift der folgenden Unterhaltung mit einem Zeitgenossen verdankt: «Das ist ja eben unser Unglück», sagte der Gesprächspartner zu Korff, «einen Teil anzurühren hält man für unmöglich, ohne das Ganze zu erschüttern. Und das Ganze anzurühren lehnt man ab, weil es gefährlich ist, die Millionenmassen des Volkes zu beunruhigen. Wie aber kommt man da heraus?» — «Sehr einfach», erwiderte der Baron. «Weder einen Teil noch das Ganze anrühren ... So leben wir vielleicht länger.»

Sobald sich in ihm die Vorstellung festgesetzt hatte, daß irgend etwas für die Selbstherrschaft nützlich oder schädlich war, konnte er mit einer Entschlossenheit handeln, die in Erbitterung überging. Angesichts von Aufsässigkeit oder Liberalismus, in denen er vor allem eine Bedrohung seiner Selbstherrschaft und folglich seiner persönlichen Sicherheit sah, kannte er kein Schwanken und keine Nachsicht. Seine Sentimentalität verflog spurlos, und auf einen Schlag verschwand seine äußerliche Wohlerzogenheit, die sein ehemaliger Premierminister ungeachtet aller im Dienste des Zaren erlittenen Kränkungen ansonsten so pries. Sergej Juljewitsch Witte, der jahrelang das Vergnügen auszukosten hatte, mit seinem kaiserlichen Herrn zusammenzuarbeiten, wußte nur zu gut, was es bedeutete, den Starrsinn Nikolaus' zu brechen, seinen Widerstand zu überwinden.

Bis ans Ende seines Lebens erinnerte sich Witte daran, wie er im Herbst 1905 — gemeinsam mit einigen der Großfürsten — darum gerungen hatte, daß der Zar seine Zustimmung zu dem Manöver gab, konstitutionelle Freiheiten zu verkünden. In einem kleinen Haus am Meer fanden an einem Oktobertag stürmische Debatten statt. Zuerst war die kaiserliche Familie unter sich. Die Onkel bedrängten Nikolaus und beschimpften sich gegenseitig. Man stritt darüber, ob in Rußland Revolution sei. Sie einigten sich darauf, daß man, ob sie nun schon da sei oder erst heraufziehe, manövrieren, Zeit gewinnen, seine Kräfte sammeln müsse. Nikolai Nikolajewitsch, genannt der Lange, und Wladimir Alexandrowitsch, in Petersburg als Feinschmecker und Zecher bekannt, ereiferten sich. Sie drängten den Zaren zum Schreibtisch, wo ein Manifest zur Unterschrift bereitlag.

Doch Nikolaus sträubte sich. Er werde seine Unterschrift nicht unter so ein Dokument setzen. Alle Bitten und Überredungsversuche seien umsonst. Verlorene Zeit.

Wieder, zum wievielten Mal schon, tritt der Lange vor und beugt sich über den Neffen. Wladimir Alexandrowitsch läuft indessen im Zimmer auf und ab und schimpft dabei in wenig feiner Weise. Das sei doch ein Zugeständnis für kurze Zeit, wiederholen die beiden. Noch nicht einmal ein Zugeständnis, sondern nur eine Finte. Es heiße, schlau zu sein und aus der Klemme zu kommen, sonst gehe alles verloren.

Er lehnt ab. Ob für lange oder nicht, das sei egal. Er sei nicht dazu bereit.

Gegen Mittag erlahmen die Großfürsten. Aber aus Petersburg kommt Verstärkung: Witte, der Regierungschef und gleichzeitig einer der Autoren des Textentwurfs. Er springt aus der Kutsche, noch ehe sie hält, und läuft über das Herbstlaub durch den Park hinunter ans Ufer.

Wieder beginnen im Landhaus die Überredungsversuche. Gegen den Lärm der Brandung und das Geheul des Sturmes heben sich die abgewogenen Worte Sergej Juljewitsch Wittes wohltuend ab.

«Ich rate Ihnen davon ab», sagt er zu Nikolaus, «mit einem unsicheren Schiff über den Ozean zu fahren. Warten Sie das Gewitter im Hafen ab. Diese Pause des Abwartens verschafft Ihnen das Manifest über die Freiheiten. Wenn Sie das Unwetter im ruhigen Hafen abgewartet haben, können Sie wieder den früheren Kurs steuern. Sie werden wieder freie Hand haben.»

Doch die Reaktion bleibt die gleiche: Nein! In keinem

Falle. Sein Wunsch sieht anders aus — dem Aufruhr nicht nachgeben, sondern sich mit dreifacher, zehnfacher Macht auf ihn stürzen. Mit Feuer und Schwert dagegen angehen. Mit der Unterschrift wird es nichts. Es wird keine Privilegien und keine Duldung geben. So einer ist er nicht. Man hält ihn wohl für jemand anderen.

Jetzt, so scheint es, ermattet auch Sergej Juljewitsch. Aber er besitzt eine Karte, die er noch nicht ausgespielt hat — die letzten Nachrichten, die er am Morgen in der Regierungskanzlei erhalten hat. Er betrachtet es als seine Pflicht, Seiner Majestät zur Kenntnis zu geben, daß die Gesamtzahl der Streikenden im Reich auf über eine Million gestiegen ist, die der in den Dörfern Revoltierenden auf über drei Millionen; die Anzahl der von den Bauern zerstörten Gutshäuser zweitausend erreicht hat; unter den Truppen, die aus dem Fernen Osten zurückkehren, Meutereien ausgebrochen sind. Weiterhin halte er, Witte, es für unerläßlich, darauf hinzuweisen, daß, wenn die Aktionen der Arbeiter, der Bauern und der Soldaten zusammenfließen sollten und das Manöver mit dem Manifest nicht zustande komme, es Seiner Majestät passieren könne, mit der Familie aus Rußland emigrieren zu müssen. In diesem Zusammenhang sei eine Anfrage aus Berlin eingetroffen: Ob Majestät wünsche, daß für den Fall einer notwendigen Ausreise ein deutscher Zerstörer nach Peterhof entsandt und Majestät zur Verfügung gestellt werden solle?

Eine Pause tritt ein. Schweigen. Fünf Minuten. Zehn. Es scheint, er hat verstanden. Er hat wohl begriffen, welch Wahl er hat: das Manifest oder den deutschen Zerstör. Dann lieber das Manifest. Mit dem Zerstörer warten wir n ein bißchen.

«Er setzte sich an den Tisch, nachdem er vorher aufgest den war, um sich zu bekreuzigen, und unterschrieb . . .», b richtet Witte erleichtert.

Weil Nikolaus den Schrecken und die Erniedrigung einer Flucht in Gedanken durchleben mußte, rächte er sich dafür an den Revolutionären und Demokraten härter als je zuvor. Über die Freiheiten, die der Zar «geschenkt» hatte, wurde in

den zu jener Zeit populären Zeilen eines sozialdemokrati-
schen Flugblattes gespottet:

> Der Zar erschrak und schrieb ein Manifest:
> Den Toten Freiheit, den Lebenden Arrest.
> Rußland, Rußland, du tust mir leid!
> Bitter, bitter ist dein Los.

Aber hinter seiner rächenden Hartnäckigkeit stand nie ein
umfassender strategisch-taktischer Plan; seine Reaktion auf
die Gefahr war simpel und einschichtig; seinen Vorstellungen
vom Gegner fehlte der Überblick. Nach Ansicht eines zeitgenössischen Publizisten ähnelte Nikolaus II. als Akteur an den
Schalthebeln der Macht einem Mann, der es unternommen hat,
eine Aufgabe der Integralrechnung zu lösen, obwohl er nur die
Grundrechenarten beherrscht. Beinahe alleinige Haupttrieb-
kraft seiner Handlungen war die Furcht um die eigene Sicherheit und die des Thrones; die Hauptrealität, mit der er rechnet:
Anwendung physischer Gewalt; die bevorzugten Mittel der In-
nenpolitik — Exekutionen, Verfolgung und Einschüchterung.
An die neuen Bedingungen der historischen Lage wollte und
konnte er sich nicht anpassen. Er war nicht imstande, sich an die
Staatsduma zu gewöhnen, die er selbst «gewährt» hatte, ja er
vermochte nicht einmal deren bürgerlich-nationalistische
Mehrheit zu ertragen, die ihm so viel untertänige Verehrung
bekundete. Sein Haß gegen alles, was nicht vom «russisch-
orthodoxen» Gott beziehungsweise von der Polizeibehörde
kam, wurde durch persönliche Angst genährt.
Die Emotionen vom 1. März 1881, den er als Dreizehnjäh-
riger erlebt hatte, saßen tief: Siebenunddreißig Jahre nach der
Explosion am Jekaterina-Kanal, als er in der Tobolsker Gefangenschaft saß, gedachte er anläßlich des Jahrestages immer noch des «Märtyrertodes» Alexanders II. In der Kindheit
durch die Ermordung des Großvaters, in der Jugend durch
den Despotismus des Vaters, in den ersten Monaten der Herrschaft durch die Dreistigkeiten der großtuerischen Onkel erschreckt, hatte sich der letzte Selbstherrscher vorgenommen,
seinerseits Rußland in Furcht zu versetzen.

Versuchen wir, ihn uns vorzustellen, ohne ihn zu karikieren. Die in verschiedenen Quellen zu findenden Einzelstriche ergeben zusammengenommen etwa folgende Porträtminiatur ...

Er war mittelgroß, von kräftigem Körperbau, mit einem ein wenig stark entwickelten Oberkörper. Dies wurde von dem vollen Hals, der seinem Aussehen eine gewisse Schwerfälligkeit verlieh, unterstrichen. Beim Gehen, so berichten viele Zeitgenossen, beugte er die rechte Schulter etwas vor. Charakteristisch für ihn war ein nur angedeutetes «geheimnisvolles» Lächeln, das in dem dichten Schnurrbart und einem kleinen, ovalen, rötlich-blonden Bart verschwand.

Er hatte große, ruhige, graugrüne (manchmal blau erscheinende) Augen, deren gewöhnlich undurchdringlicher Ausdruck eine gewisse Distanz zum Gesprächspartner schuf. Vielleicht entstand dieser Eindruck auch dadurch, daß er seinem Gegenüber niemals in die Augen sah. Der Blick Nikolaus' II. richtete sich entweder über die Schulter seines Visavis hinweg in die Ferne oder glitt langsam, aber ruhelos über dessen Gestalt.

Besucher empfing er meistens liebenswürdig, zuweilen sogar freundlich, aber immer zurückhaltend. Seine Gesten und Bewegungen waren gemessen und ruhig. Er sprach ohne Eile, mit halblauter, tiefer Stimme, überlegte jeden Satz, wodurch lange Pausen entstanden, die die Gesprächspartner verwirrten; es konnte der Eindruck entstehen, das Thema sei für ihn erschöpft oder unangenehm und er wünsche es nicht fortzusetzen. Nie hörte man ihn schnell sprechen. Wenn ihn etwas stark erheiterte, lachte er unterdrückt. Während der Unterhaltung erweckte er gelegentlich den Eindruck eines Mannes, der seiner selbst nicht ganz sicher ist, sich aber bemüht, seine Unsicherheit zu verbergen. So zuckte er mit den Schultern oder hüstelte gekünstelt, wobei er sich unwillkürlich den Bart und den Schnurrbart strich.

Die Einschätzung seines Äußeren ist widersprüchlich. General J. N. Danilow fand ihn schön. Der bekannte Jurist und Schriftsteller A. F. Koni, der den Zaren besucht hatte, schrieb, dieser sei «un charmeur», ein Mann «mit dem liebenswürdigen und zärtlichen Blick einer Gazelle». Witte teilte diese Ansicht. M. K. Lemke dagegen notierte in seinem Stabstagebuch am 15. Oktober 1915: «Heute konnte ich ihn nahe sehen ... und lange beobachten ... Der Zar ist häßlich, die Farbe des Bartes und Schnurrbartes ist tabakgelb, bäuerlich, die Nase dick, die Augen sind steinern ...» Mstislawski erinnerte er einen Monat nach der Abdankung in Gesichtsausdruck und Blick an einen gehetzten Wolf.

Seine Sprache war klar und deutlich. Er gebrauchte fast keine Fremdwörter, sprach aber, wie bereits vermerkt, mit dem sogenannten Gardeakzent. Der Skandalgeschichte um den Sammelband seiner Reden (als die Polizei die Auflage als den Zaren diskreditierend beschlagnahmte) mißt Koni keine Bedeutung bei; diese Texte, meint er, seien tendenziös zusammengestellt und bearbeitet worden. «Diese Broschüre voller banaler Worte und Resolutionen ist kein Beweis. Ich hatte oft und bei verschiedenen Anlässen Gelegenheit, ihn sprechen zu hören ... Ich erinnere mich zum Beispiel daran, wie er zur Thronbesteigung eine Grußrede an den Senat hielt, eine kluge und inhaltsreiche Rede ...» Später «erkannte ich seine Reden nur mit Mühe wieder, so farblos und gekürzt waren sie, wenn sie eine eigenartige Zensur durchlaufen hatten».

Er war ein literarisch nicht ungebildeter Mensch, dennoch unterliefen ihm mitunter elementare grammatische Fehler (oder verschrieb er sich?). Er beherrschte flüssig Englisch, Französisch und Dänisch und sprach ein wenig Deutsch.

Neben seinem Arbeitszimmer befand sich seine persönliche Bibliothek, die die wichtigsten russischen und ausländischen Neuerscheinungen enthielt. Wenn er umzog, wurde die Bibliothek mitgenommen. Ihr Leiter, S. A. Stscheglow, gab ihm monatlich bis zu zwanzig Bücher zum Lesen heraus. Was und wie er las, darüber sind die Nachrichten dürftig und widerspruchsvoll. A. F. Koni hielt ihn für verhältnismäßig belesen: «Ich persönlich sah bei ihm auf dem Schreibtisch den ‹Westnik Jewropy», in dem das Papiermesser zum Aufschneiden steckte, und in der Unterhaltung zeigte er ein solches Interesse an Literatur, Kunst und sogar Wissenschaft und an der Bekanntschaft mit ihren hervorragenden Erscheinungen, daß Begegnungen mit ihm als einem Oberst Romanow im Alltagsleben durchaus interessant gewesen sein würden.»

Anderen Angaben zufolge war seine Belesenheit jedoch sehr lückenhaft. In seinem Tagebuch bezeugte er zum Beispiel selbst, daß er erst in Tobolsk, also als fast Fünfzigjähriger, den 4. Teil von Tolstois «Krieg und Frieden» in die Hand nahm; in die gleiche Zeit fällt seine Bekanntschaft mit den Hauptwerken von Saltykow-Stschedrin, Turgenjew und Leskow. Von den Zeitungen las er bevorzugt «Nowoje wremja», «Grashdanin», «Russkije wedomosti», «Kijewljanin» und manchmal die liberale Moskauer «Russkoje slowo».

Er war pünktlich. Er beeilte sich nicht, verspätete sich aber auch nicht. Sein Leben lang hielt er sich an dieselbe Tageseinteilung, ohne Abweichungen. Am Tage schlief er niemals, ruhte sich aber nach dem Mittagessen aus. Er war etwas kurzsichtig, doch hat ihn niemand (außer vielleicht den Familienangehörigen) je mit Brille gesehen. Sein Gehör war scharf, er konnte Menschen von weitem an ihren Schritten erkennen, außerdem besaß er ein gutes visuelles Gedächtnis, jemanden, den er einmal gesehen hatte, erkannte er noch nach Jahren wieder.

Entgegen einer verbreiteten Ansicht trank Nikolaus im allgemeinen wenig. Bei Tisch nahm er fast keine alkoholischen Getränke zu sich (es kam vor, daß er zum Mittagessen ein, zwei Gläschen Sliwowitz oder Wodka trank, im Hauptquartier trank er abends ein Glas französischen Weißwein). Zeitweise rauchte er ziemlich viel. Wenn er rauchte, lud er auch die Anwesenden ein zu rauchen, Zigarren waren in seiner Gegenwart verpönt, er ertrug ihren Geruch nicht. Seinen eigenen Tabak und seine Papirossy bot er anderen nicht an.

Besucher empfing er vor seinem Schreibtisch stehend. Wenn er sich setzte, bot er dem Besucher einen Sessel an und zog dabei eine Tafel aus dem Tisch, worauf mitgebrachte Papiere gelegt werden konnten. Während der Audienz rauchte er meistens. Mitunter ging er, wenn jemand Bericht erstattete, im Zimmer auf und ab. Wenn ihn etwas besonders interessierte oder überraschte, blieb er plötzlich stehen.

In der Unterhaltung war er aufmerksam und hörte zu, ohne den Sprechenden zu unterbrechen; wenn er Einwände erhob, so sprach er ohne nennenswerten Nachdruck und ohne die Stimme zu heben. Niemals wurde er gegen einen Minister oder General laut. Das war trügerisch, führte zu Mißverständnissen und kostete viele seiner Mitarbeiter die Karriere. Nikolaus vermied es in der Regel, sich in Streitgespräche einzulassen. Aber wenn er in Stimmung dazu war, dann diskutierte er mitunter heftig und ausdauernd. Mossolow erzählt: Im Jahre 1909, als der Zar die Gegend um Poltawa bereiste, mischte er sich in eine Unterhaltung auf dem Dorfplatz ein und bewies dort über zwei Stunden lang in der Diskussion mit den Bauern außergewöhnliche polemische Beharrlichkeit. Awdejew erwähnt in seinen Aufzeichnungen die langen politischen Unterredungen Nikolaus' mit dem Sonderbevollmächtigten des Zentralexekutivkomitees, Jakowlew, während der Reise von Tobolsk nach Tjumen im April 1918. Dabei setzte der ehemalige Zar, wie der Kutscher Sewastjanow behauptete, Jakowlew hart zu, «legte ihn direkt aufs Kreuz».

Selten widersprach er oder korrigierte er einen Gesprächspartner. Seine Position und Meinung blieben während der Unterhaltung unbestimmt; nach außen hin blieb er gewöhnlich leidenschaftslos. Er verteidigte seine Auffassung nicht und bemühte sich auch nicht, sein Visavis zu überzeugen. Der konnte den Eindruck gewinnen, daß seine Meinung triumphiert habe. Ermuntert dadurch, daß der Zar ohne Einwände zuhörte, erläuterte er seine Position ausführlich und verließ, da er keine negative Reaktion bemerkt hatte, den Zaren befriedigt. In Wirklichkeit wollte Nikolaus nur wissen, welche Ansichten der Mitarbeiter hatte. Sobald er sich davon überzeugt hatte, daß sie nicht den eigenen entsprachen, war das Schicksal dieses Mannes entschieden, es war nur eine Frage der Zeit, wann er entlassen wurde.

Mossolow erklärt diesen Charakterzug Nikolaus' mit «mangelnder Zivilcourage», die «ihn daran hinderte, endgültige Entscheidungen in Gegenwart der interessierten Person zu treffen».

Zurückhaltung und Verschlossenheit hatte ihn einst General Danilowitsch gelehrt, es aber unterlassen, ihm ein Minimum an Mut und Direktheit im Umgang wenigstens mit den engsten Mitarbeitern anzuerziehen. Da er seine Meinung oder Entscheidung niemals offen und geradeheraus sagte, schickte er seinen Gesprächspartnern die Unannehmlichkeiten sozusagen hinterher. So erhielt Premierminister Goremykin zwei Tage nach dem «wohlwollend aufgenommenen Vortrag» des Oberprokurors des Synod, Samarin, vom Zaren folgende Notiz: «Ich habe gestern vergessen, Samarin zu sagen, daß er entlassen ist. Geben Sie sich Mühe, ihm das zu sagen.» Viele andere entließ er auf dieselbe Weise. Außer der ihm fest anerzogenen Doppelgesichtigkeit gab es übrigens noch andere Gründe, daß er sich so verhielt. Da war erstens seine krankhaft entwickelte Eigenliebe, zweitens die Befürchtung, man könne ihm beweisen, daß er unrecht hatte, und drittens, «er sah auf seine Minister wie auf einfache Gutsverwalter». Er hielt es für eine überflüssige Bemühung, einen Minister zu überzeugen, ihn auf seine Seite zu ziehen und sich so seine Mitarbeit zu sichern. Einfacher war es, meinte der Zar, einen solchen Mitarbeiter gehen zu lassen, wie groß auch immer seine Verdienste sein mochten, und einen anderen an seine Stelle zu setzen. Ein zu aktiver und initiativreicher Mann war verdächtig. Als er Kokowzow zum Premierminister ernannte, sagte er zu ihm: «Ich hoffe, Sie werden mich nicht so in den Schatten drängen, wie das Stolypin getan hat?»

Wenn es passierte, daß sich das Gespräch zu einem Streit entwickelte, gab Nikolaus äußerlich gelassen zu verstehen, daß er es nicht erlaube, Druck auf ihn auszuüben. Erkühnten sich seine Minister trotzdem dazu, «beugte er sich manchmal, aber nur, um unverzüglich danach zu streben, sich wieder aufzurichten». Hatte er sich erst einmal eine bestimmte Ansicht zu eigen gemacht, so rückte er gewöhnlich nicht mehr davon ab. Koni, der des öfteren bei Nikolaus weilte, schrieb, daß er «niemals einen zufriedenstellenden Eindruck aus dem Arbeitszimmer des Zaren mitbrachte». Die Meinungen anderer, und wenn sie noch so offensichtlich vernünftig und begründet waren, ignorierte der Zar. Sein erster Reflex auf Gedanken, die jemand äußerte, war Ablehnung. Jedesmal, wenn Koni bei ihm das ·Gespräch auf die «Mißstände des inneren Lebens» brachte, um «seine Gedanken in diese Richtung zu lenken», «schauten die Gazellenaugen ... zärtlich, die Hand, die mit einem Federstrich Glück und Unglück von Millionen entscheiden konnte, strich und zupfte mechanisch das Bärtchen, und es trat ein betretenes Schweigen ein, das schließlich durch irgendeine neue Frage beendet wurde». Es war paradox: So groß seine innere Unsicherheit gewöhnlich war, «der Blick auf sich als auf den von der Vorsehung bestimmten Gesalbten des Herrn rief in ihm zuweilen Aufwallungen eines solchen Selbstbewußtseins hervor, daß er alle Ratschläge und Warnungen der wenigen ehrlichen Menschen in den Wind schlug, die sich noch in seiner Umgebung befanden».

Er hörte die Minister liebenswürdig an und trennte sich leicht von ihnen. Niemals nahm er einen von ihnen in Schutz, nicht einmal die, die er am meisten schätzte. Im Falle von Klatschereien, Gerüchten oder Denunziationen bemühte er sich fast niemals, zu klären, wer schuld war, was Wahrheit und was Erfindung war — ohne sich um Motive oder Begründungen zu kümmern, neigte er dazu, denjenigen, über den geredet wurde, abzuschreiben.

Bei den Audienzen ließ er sich mit undurchdringlichem Gesicht berichten, doch auf Wichtiges reagierte er augenblicklich. Den wesentlichen Inhalt eines Vortrags erfaßte er schnell. Hellhörig achtete er auf die Feinheiten der Formulierungen. Auch den Sinn dessen, was bewußt nicht ausgesprochen wurde, begriff er ausgezeichnet, häufig bei der ersten Andeutung. Vortragende, die es verstanden, Probleme klar und kurz darzustellen, ohne den Gesprächston zu verlassen, fesselten seine Aufmerksamkeit für lange Zeit, manchmal für zwei bis drei Stunden. Das gelang Suchomlinow, Witte gelang es sogar glänzend, Rodsjanko schlecht. Wenn er vom Tisch aufstand, ans Fenster trat und anfing, von nebensächlichen Dingen zu reden, hieß das, die Audienz war beendet. Begann Nikolaus mit Fingern auf den Tisch oder gegen die Fensterscheiben zu trommeln, so bedeutete das eine für den Gesprächspartner gefährliche Unzufriedenheit oder Verärgerung.

Koni bestreitet zwei grundlegende «herrschende Meinungen» über ihn – daß er, einerseits, «ein zutiefst willenloser Mensch» und, andererseits, «ein tückischer und verlogener Byzantiner, mit engem Horizont, dumm und ungebildet» sei. Beide Definitionen, meint Koni, seien falsch. «Meine persönlichen Unterhaltungen mit dem Zaren überzeugen mich davon, daß dies zweifellos ein kluger Mann ist», mit einer Einschränkung freilich, «wenn man als höchste Entwicklung des Verstandes nicht die Fähigkeit versteht, die Gesamtheit der Erscheinungen und Bedingungen zu erfassen».

Andere Beobachter hielten Nikolaus ebenfalls für einen klugen oder jedenfalls nicht dummen Mann. Er besaß, stellten sie fest, sowohl ein klares Urteil als auch einen gewissen Scharfsinn. Zum Beispiel verlachte er einmal im Gespräch mit Sasonow dessen halbliberale Vorstellungen von Rußland. «Glauben Sie mir», sagte der Zar dem Außenminister, «wenn Sie und Ihresgleichen eines Tages dem russischen Volk von Angesicht zu Angesicht gegenüberstehen sollten, dann würde in zwei Wochen nichts mehr von Ihnen übrigbleiben.» Gleichzeitig fehlte es dem Zaren jedoch an Weitsicht. Eine Handlung im voraus, perspektivisch zu planen, vermochte er nicht. Sein Blick auf die Dinge war äußerst oberflächlich, seine Einschätzung der Umstände primitiv. Vielleicht war er wirklich ein Mann von Verstand, aber nicht von Staatsverstand. Um einen Vergleich aus dem Schachspiel zu gebrauchen – er war unfähig, mehr als einen Zug vorauszudenken. Für die Voraussicht der weiteren Züge mangelte es ihm an der Kenntnis des strategischen Wesens des Spiels, an der Fähigkeit zur Analyse, zum eigenen Durchdenken der Aufgabe.

Auch die Logik, die man ihn seinerzeit in der häuslichen

Universität gelehrt hatte, war bei ihm von gleicher Art — beschränkt, verkürzt, nur auf einen Zug im voraus sich erstreckend. Koni erzählt, wie er eines Tages mit Nikolaus über die Aussichten auf eine «Beruhigung» im Lande sprach, wenn die im Manifest vom 17. Oktober versprochenen Freiheiten verwirklicht sein würden. «‹Ja›, sagte Nikolaus, sich gleichsam tröstend, ‹das ist schon überall so gewesen. Das haben alle Staaten durchgemacht: sowohl England als auch Frankreich . . .› Ich konnte mich nur mit Mühe enthalten zu sagen: ‹Aber dort hätte man Eurer Majestät den Kopf abgeschlagen.›»

Nikolaus besaß zwar eine Logik des Statischen, der Unbeweglichkeit, ihm mangelte es aber an einer Logik der Bewegung, der Entwicklung. Wenn er eine These akzeptierte, bemerkte er nicht, daß sich daraus eine folgende, nächste ergeben mußte.

Nach Konis Meinung war der Zar im herkömmlichen Sinne weder «beschränkt» noch «ungebildet». Die Erklärung für vieles, was «zum Unglück und zur Schande Rußlands beitrug», sei nicht darin zu suchen, «daß es Nikolaus II. an geistigen Fähigkeiten mangelte, sondern darin, daß er sich in einer ganzen Reihe seiner Handlungen als herzlos zeigte. Es genügt, an seinen Besuch des Balles in der französischen Botschaft am Schreckenstag von Chodynka . . . zu erinnern oder an die gleichmütige Duldung der Pogrome zu Plehwes Zeiten oder an sein grausames Verhalten gegenüber den nach Sibirien verbannten Duchoboren, die als Vegetarier im Norden zum Hungertod verurteilt waren.»

«Feigheit und Verrat», stellt Koni fest, «zogen sich wie ein roter Faden durch sein gesamtes Leben, durch sein ganzes Herrschen, und darin, und nicht im Mangel an Verstand und Willen, sind einige der Gründe dafür zu suchen, womit für ihn das eine wie das andere endeten.»

Nikolaus war abergläubisch. Er hielt sich für einen Mann mit gesundem Menschenverstand, aber bei wichtigen Entscheidungen verließ er sich offen auf Irrationales — auf die Intuition, die Vorbestimmung, den Instinkt. Sein Aberglaube verband sich mit Fatalismus («dem Schicksal kann man nicht entgehen»). Daraus ergab sich eine besondere Schattierung jener Leidenschaftslosigkeit, hinter der er sich oft versteckte. Wenn er eine Entscheidung lange überdacht hatte, machte er sie im letzten Moment doch davon abhängig, was ihm sein Instinkt oder ein zufälliges Omen eingaben. Der Vortrag eines Ministers konnte noch so sorgfältig ausgearbeitet sein, er konnte die überzeugendsten Argumente enthalten, der Zar vertiefte sich nach der Anhörung in eine mystische Selbstbetrachtung, wog Vorzeichen und Anzeichen ab und fällte dann letztlich doch den Entschluß, den ihm seine «innere Stimme» soufflierte. Es ging das Gerücht um, er fälle Entscheidungen mit Hilfe einer geworfenen Kupfermünze (Zahl oder Wappen).

Völlige Einsamkeit mochte er nicht. Das Mittagessen und das Abendessen in einem großen Kreise von Eingeladenen (besonders während des Krieges im Hauptquartier) waren für ihn eine Art Erholung. Seine Zähne waren gepflegt, aber schlecht, teilweise durch künstliche ersetzt, deshalb hielt er sich, wenn er lachte, manchmal die Hand vor den Mund. Er liebte Witze, erzählte selbst aber keine. Schlüpfrige Witze mochte er nicht.

In der Freizeit fuhr er am liebsten Auto, segelte oder fuhr mit einem Motorboot. Er sägte und spaltete gern Holz, arbeitete überhaupt viel im Freien, liebte lange Fußmärsche, bei denen ihm nicht einmal seine ausdauerndsten jungen Flügeladjutanten zu folgen vermochten. Wenn er auf der Krim residierte, fuhr er oft mit dem Auto in die Berge. Doch die Freude an der Aussicht von den Bergen auf das Meer und auf die Täler war ihm fremd. Für Landschaften interessierte er sich wenig, sie ließen ihn fast unberührt.

Er kleidete sich, wie bereits vermerkt, oft und extravagant um, wobei er nicht immer Geschmack bewies und deshalb mitunter einfach lächerlich aussah (insbesondere in den sogenannten Galauniformen). Er liebte es, seine Umgebung durch die Kontraste seiner Kostümierung zu überraschen. Die Galauniformen waren mit Federn, Pelzschwänzen und allerlei Klimperzeug besetzt; plötzlich wechselte er sie gegen einfache Russenhemden, die mit einer Schnur umgürtet waren. Im Ausland trug er einen zweireihigen Anzug, aber elegant sah er nicht darin aus — die Jacke hing wie ein Sack, und auch sein Mantel wirkte unförmig. Er trug glatte Krawatten in gedämpften Farben, die Alexandra Fjodorowna für ihn aussuchte. Die Hände hielt er stets frei, steckte sie nie in die Hosentaschen.

Seine gewöhnliche Alltagskleidung aber bestand aus einer feldgrauen Soldatenbluse mit den Schulterstücken eines Obersten, dazu einem breiten Lederkoppel sowie gleichfarbenen weiten Hosen, die in Stiefeln aus Chagrinleder mit Harmonikaschäften steckten.

Geld trug er nicht bei sich. Seine Vorstellung vom Wert eines Rubels war vage. In Skiernewicy (Polen) gingen 1912 die Pferde der Zarenequipage durch. Der Mut eines Konvoikosaken wendete eine Katastrophe ab: Er packte blitzschnell den Zaum des Mittelpferdes, ließ sich von ihm mitschleifen und brachte die Kutsche zum Stehen. Der Kosak wäre beinahe umgekommen. Der Zar befahl Mossolow: «Geben Sie ihm fünfundzwanzig Rubel oder eine goldene Uhr, nach seiner Wahl.»

Mossolow gab dem Kosaken eine goldene Uhr und wies den Zaren beim nächsten Empfang darauf hin, daß die Geldsumme und der Wert der Uhr in keinem Verhältnis zueinander stünden.

«Ja», bemerkte Nikolaus lachend, «das ist eine Bildungslücke bei mir. Ich weiß nicht, was wieviel kostet.»

Danilow zog aus seinen Beobachtungen die Schlußfolgerung: «Ich bin sicher, wenn das erbarmungslose Schicksal Zar Nikolaus nicht an die Spitze eines gewaltigen und schwierigen Staates gestellt und ihm nicht die irrige Überzeugung eingeflößt hätte, daß die Wohlfahrt dieses Staates auf der Bewahrung des Prinzips der Selbstherrschaft beruhe, so würde man seiner als eines sympathischen, treuherzigen und im Umgang angenehmen Menschen gedenken . . .»

Wenn . . .

Der Imperator ließ keine Gelegenheit aus, um seine Helfer anzuspornen. Aber in welcher Richtung?

Der Gouverneur von Tomsk schreibt in seinem Jahresbericht, daß «es notwendig ist, mehr Gotteshäuser zu bauen», und zwar nicht nur in den Städten, sondern «in ländlichen Gegenden».

Randbemerkung des Zaren: «Diese Frage liegt mehr sehr am Herzen.»

General Suchomlinow vom Kiewer Militärbezirk klagt über die Unmöglichkeit, «die Truppen mit kirchlichen Erbauungsschriften in genügender Menge zu versorgen». Grund: das Finanzministerium geizt mit Mitteln. Entscheidung: «Das Kriegsministerium muß entschlossener Kredite für die Befriedigung dieses äußerst wichtigen Bedürfnisses in den Truppen fordern . . . Die Meinung anderer hat hier wenig zu bedeuten, da ich es wünsche.»

Der Militärgouverneur des Gebietes Semiretschje, Generalleutnant Ionow, schreibt von der «dringenden Notwendigkeit», «bei den kirgisischen Nomaden weiter eine möglichst große Menge Boden zu beschlagnahmen», um ihn anschließend «für die Errichtung neuer Kosakensiedlungen» zur Verfügung zu stellen. Nikolaus dazu: «Man muß die Kolonisierung dieses Gebietes nachdrücklich voranbringen.»

Der Militärgouverneur des Turgai-Gebietes, Generalleutnant Lomatschewski, äußert die Überzeugung, daß «Lehranstalten für Kirgisen unnütz sind». Darunter der Zar: «Einverstanden. Dem Ministerium für Volksbildung zur Beachtung.»

Generalleutnant Hasenkampf teilt aus Astrachan mit, das städtische Gymnasium sei «überfüllt». Die Eröffnung eines weiteren Gymnasiums in der Stadt «stellt ein seit langem herangereiftes und jetzt sogar krasses Bedürfnis dar». Seiner Majestät gefällt es, mit eigener Hand zu schreiben: «In keinem Falle ein Gymnasium, höchstens eine technische Lehranstalt.»

Der Gouverneur von Olonezk meldet, daß durch die Bemühungen der Landstände in den ihm unterstellten Kreisen «noch hundertundsiebzehn Volksschulen eröffnet wurden». Entscheidung: «Überflüssige Eile in dieser Richtung ist ganz unerwünscht.»

Lodyshenski, der Gouverneur von Wologda, berichtet, daß die Landstände versuchen, die Ausgaben für die kirchlichen Gemeindeschulen zu kürzen, um die Mittel zugunsten der Volksschulen umzuverteilen. Anmerkung: «Das gefällt mir gar nicht.»

Der Gouverneur von Poltawa betont, daß er, obwohl es einen Unterschied zwischen den Programmen der kirchlichen Gemeindeschulen und der Landschulen gibt, strengstens darauf achte, daß der Unterricht hier wie dort «auf der gemeinsamen Grundlage der Rechtgläubigkeit und der Ergebenheit für den Zaren» erteilt wird. Nikolaus notiert auf dem Rand: «Auf die Bewahrung dieser Grundlagen, die jedem russischen Herzen teuer sind, gründet sich das Unterpfand einer wirklichen Entwicklung der Volksmassen bei uns.»

Aus Saratow meldet Gouverneur Stolypin, der spätere Premierminister, daß, wie festgestellt wurde, die Hörer der landwirtschaftlichen Marienschule illegale Proklamationen und Broschüren abdrucken und unter den Bauern verbreiten. Allerhöchste Bemerkung unter diesen Zeilen: «Unerhört! Welche Strafe ist der Leitung der Schule auferlegt worden?»

Der schon zitierte Wologdaer Gouverneur Lodyshenski klagt über «schädliche Erscheinungen im Verhalten der Studierenden der mittleren Lehranstalten für Männer» und wirft die Frage nach der «Rolle der Kreisschulverwaltung» auf. Anordnung Nikolaus' II.: «Die Rechte der Gouverneure bei der Aufsicht über die Lehranstalten aller Ministerien dürfen nicht eingeschränkt, sondern müssen erweitert werden.»

Der ebenfalls bereits erwähnte Saratower Gouverneur Stolypin stellt fest, daß der Grund für die Neigung der Volksschullehrer zu «ungebührlicher Propaganda» ihre Unzufriedenheit mit den Lebensbedingungen, mit der materiellen Ungesichertheit und mit der Verstreutheit auf kleine Orte ist. Der Zar schreibt darunter: «Um so wünschenswerter ist es, das männliche Lehrpersonal durch weibliches zu ersetzen.»

Das Generalgouvernement des Steppengebiets berichtet über eine wachsende Aktivität der Verbannten in der Region, «die offiziell oder heimlich unter Polizeiaufsicht stehen». Sie organisieren sich in Bildungszirkeln, beteiligen sich an der Arbeit der statistischen Organe und der Geographischen Gesellschaft und haben ihre Vertreter in die Stadtverwaltung gebracht. Bemerkung Seiner Majestät: «Das darf nicht geduldet werden.»

Der Gouverneur von Jekaterinoslaw fragt an, ob die Annahme begründet ist, daß den örtlichen Verwaltungsorganen die Gerichtsbefugnisse entzogen werden sollen. Anmerkung Nikolaus': «Davon kann keine Rede sein.»

Fürst Golizyn, der oberste Zivilgouverneur im Kaukasus, bittet um die Erlaubnis, die Polizei zu verstärken und das Gehalt der Polizisten zu erhöhen. Entscheidung des Imperators: «Gerechtfertigt.»

Der Stadthauptmann der Stadt Nikolajew, Konteradmiral Enquist, verweist auf «die unaufschiebbare Notwendigkeit, die Polizei der Stadt Nikolajew um achtzehn Revieraufseher zu vergrößern». Anmerkung des Zaren: «Ist auszuführen.»

Belgard, der Gouverneur von Estland, führt an: Durch seine Bemühungen ist im Gouvernement ein Netz von erkennungsdienstlichen Büros mit einem Zentrum in Reval geschaffen worden. Dadurch ist die politische Fahndung «stark vorangekommen». Nikolaus schreibt darunter: «Sehr wichtig auch für die anderen Gouvernements.»

Der gerade genannte Konteradmiral Enquist konstatiert, daß Nikolajew «dringend eines Gefängnisses für Überführungsgefangene und Untersuchungshäftlinge der verschiedenen Kategorien» bedarf. Kommentar: «Wann wird man endlich beginnen, hier ein Gefängnis zu bauen?»

Der anfangs erwähnte Gouverneur von Semiretschje, Generalleutnant Ionow, bemängelt, daß es an Gefängnissen fehlt. Nur in den Städten Werny und Dsharkent gibt es speziell dafür errichtete Häuser. Alle übrigen sind «nicht geeignet und eng». In Lepsinsk zum Beispiel wurden zwei gewöhnliche Häuser als Gefängnisse requiriert, die außerdem noch an entgegengesetzten Enden der Stadt liegen. Reaktion: «Eine unmögliche Lage. Es ist sofort mit dem Bau eines Gefängnisses zu beginnen.»

Gouverneur Bulatow informiert darüber, daß das einzige und dazu hölzerne Gefängnis in der Stadt Jakutsk umgebaut werden muß; er bittet um die Genehmigung und die Mittel für den Bau eines neuen Gefängnisses «für mindestens hundertfünfzig Gefangene». Entscheidung: «Ist zu beschleunigen.»

Das Militärgouvernement Kronstadt teilt mit, daß das örtliche Gefängnis in «vorbildlicher Ordnung» gehalten wird und daß dies das Verdienst «vor allem seines Chefs» ist. Kommentar des Zaren: «Ein ehrenwerter Mitarbeiter.»

Stolypin gibt in einem Bericht Erfahrungen weiter: Als wirksam hat sich erwiesen, zur Befriedung aufrührerischer Bauern kleinere Reiterabteilungen einzusetzen, die durch Anwerbung von «freien Kosaken des Astrachaner Kosakenheeres» verstärkt wurden. Diese Abteilungen haben sich dem Einsatz von Infanterie überlegen erwiesen — sie sind beweglicher «und treiben die Menge von Anfang an sehr erfolgreich mit Nagaikas auseinander». Bemerkung Seiner Majestät: «Ich teile diese Ansicht vollauf.»

Derselbe Stolypin fügt hinzu, daß einige Fälle von Brandstiftungen auf großen Gütern festgestellt, die Schuldigen ermittelt und dem Gericht übergeben wurden. Am Rand steht die Frage: «Was wurde entschieden?»

Weniger Schulen, mehr Gefängnisse und Kirchen; keine Lehrer, aber Polizeiaufseher; nicht Hilfe für die Hungernden, aber Schutz der Gutsbesitzer vor ihnen — das war der Weg des Imperators von ganz Rußland zu «jedem russischen Herzen».

Im ganzen eine beschränkte Persönlichkeit, zeigte er im Kampf gegen die eigenen Untertanen sowohl Unermüdlichkeit als auch Temperament. Unter der äußeren Hülle von wohlerzogener Feinfühligkeit und Nachgiebigkeit zeigen sich Bösartigkeit und Grausamkeit.

Kapitel V
Das «Todesroulett»

Salven unter den Fenstern des Palastes

Dreizehn Jahre vor dem Finale in Jekaterinburg erlaubte der Zar seinen von Großfürst Wladimir geführten Generälen, ein Gemetzel in den Straßen der Haupstadt und auf dem Platz vor dem Winterpalais anzurichten. Zu diesem Zweck wurden vierzigtausend Soldaten und Gendarmen in die Stadt kommandiert, darunter zwei Bataillone des Preobrashenski-Regiments, bei dem der Zar seinerzeit sein Offizierspraktikum absolviert hatte. Die Truppen und die Gendarmerie überfielen eine friedliche sonntägliche Prozession von Arbeitern, Frauen und Kindern, insgesamt an die hundertvierzigtausend Personen, die der Pope Georgi Gapon aufgerufen hatte, sich um Hilfe und Unterstützung an «Väterchen Zar» zu wenden.

Die ersten Schüsse fielen um zwölf Uhr am Narva-Tor. Gegen vierzehn Uhr eröffneten die Truppen der Preobrashenski- und Semjonowski-Regimenter das Feuer am Winterpalais, wohin die Hauptkolonne, eine gewaltige Menge unbewaffneter, regierungstreuer, frommer Menschen mit Kirchenfahnen und Zarenbildern, gezogen war. Soldaten und Polizisten schossen in die Menge, berittene Gendarmen hieben mit Säbeln auf Frauen und Kinder ein, ritten sie über den Haufen und töteten Verwundete mit gezielten Schüssen. Der Schloßplatz und die angrenzenden Straßen waren übersät mit Toten und Verletzten. Die Gendarmen feuerten sogar in die Bäume des Alexandergartens, in denen Jungens saßen, um die Demonstration besser sehen zu können; die erschossenen

Kinder fielen auf die verschneiten Blumenbeete herab ... Danach wütete die Soldateska auf dem Newski-Prospekt, bei der Kasaner Kathedrale, auf der Morskaja und der Gorochowaja, beim Narva-Tor, beim Newa-Tor und auf der Wyborger Seite. Am Abend dieses blutigen Sonntags wurden Tausende von Toten und Verwundeten gezählt. Der Zar notierte am Abend: «Ein schwerer Tag. In Petersburg ereigneten sich ernsthafte Unruhen infolge des Wunsches der Arbeiter, zum Winterpalais zu kommen. Die Truppen mußten in verschiedenen Stadtteilen schießen; es gab viele Tote und Verwundete. Mein Gott, wie schmerzlich und schwer.»

Warum mußte es «infolge des Wunsches der Arbeiter, zum Winterpalais zu kommen», «viele Tote und Verwundete» geben? Warum mußten die Truppen unbedingt schießen? Wer erlaubte, wer befahl zu schießen? Die Tagebuchnotiz läßt diese Fragen unbeantwortet. Der Seufzer «wie schmerzlich und schwer» klingt zwar bitter, aber interessant ist, daß Tolstoi, als jemand in seiner Gegenwart erzählte, der Zar sei durch die Ereignisse des 9. Januar bedrückt, spöttisch entgegnete: «Ich glaube nicht daran, weil er ein Lügner ist.»

Und wirklich. Nach der zitierten Notiz schreibt Nikolaus II. einige Zeilen weiter: «Mama kam zu uns aus der Stadt direkt zur Messe. Habe mit allen gefrühstückt. Mit Mischa spazierengegangen.» Das heißt, allzu schmerzlich war die Stimmung doch nicht, der Appetit war nicht ganz verdorben. Und am folgenden Tag: «Frühstückte mit Onkel Alexej. Empfing eine Abordnung der Uralkosaken, die mit Kaviar gekommen waren. Spazierengegangen. Haben bei Mama Tee getrunken.»

Die Stimmung hatte sich inzwischen sichtlich gebessert. Er war sogar bereit, denen, auf die «die Truppen in verschiedenen Stadtteilen schießen mußten», seine monarchische Vergebung zu erklären. Dieser «Vergebungsakt» hatte es in sich. Zehn Tage nach dem Blutsonntag brachte die Ochrana eine «Arbeiterdelegation» in Stärke von vierunddreißig Personen auf die Beine, um sie dem Zaren vorzuführen. Die Zusammenstellung der Gruppe geschah etwa folgendermaßen:

Ein Fabrikangestellter sitzt in seiner Wohnung und trinkt Tee. Plötzlich wird heftig an die Tür geklopft. Der Hausherr öffnet und erschrickt: ein Polizeihauptmann, ein Gendarmerieoffizier, Polizisten, der Hausmeister.

«Sind Sie X?»

«Ja.»

«Anziehen und mitkommen!»

«Warum?»

«Beeilen Sie sich!»

Der Angestellte wird in eine Kutsche gesetzt und zum Kommandanteneingang des Winterpalais gebracht. Der Gendarm treibt die ganze Zeit über an: «Schneller! Schneller!» Man kommt in einen Saal, in der Mitte steht der Stadthauptmann, General Trepow. «Durchsuchen!» befiehlt er. Es wird durchsucht. «Ausziehen!» Man entkleidet den Angestellten bis auf die Wäsche. «Ziehen Sie ihm das da an. Man streift ihm etwas über, in dem er, so glaubt man, wie ein Arbeiter aussieht. Dann bringt man ihn zum Bahnhof, von dem die Züge nach Zarskoje Selo fahren, und setzt ihn in einen Wagen, in dem, von Geheimpolizisten bewacht, schon andere «Arbeiterdeputierte» sitzen, die auf dieselbe Weise aufgegriffen worden sind. Es ist verboten, miteinander zu sprechen.

Zarskoje Selo. Der Saal des Großen Katharinenpalastes. Zu den schreckensbleichen und hohlwangigen Angestellten, die in die Trepowschen Kostüme gehüllt sind, tritt Nikolaus. Eine kurze Rede. Es stellt sich heraus, dem Zaren ist bekannt, daß «das Leben der Fabrikarbeiter nicht leicht ist», vieles muß wirklich «verbessert und in Ordnung gebracht weden». Doch im nächsten Moment warnt er drohend, daß «es verbrecherisch ist, mir seine Nöte als eine aufrührerische Menge zu erklären». Abschließend ruft er aus: «Ich glaube an die ehrlichen Gefühle der arbeitenden Menschen und an ihre unerschütterliche Ergebenheit für mich, und deshalb verzeihe ich ihnen ihre Schuld.»

In jenen Januartagen hatte Maxim Gorki eine aufschlußreiche Unterhaltung mit Sawwa Morosow, einem diese Zeit kenntnisreich und kritisch beobachtenden Unternehmer.

«Der Zar ist ein Hornochse», urteilt Morosow grob und verächtlich. «Er hat vergessen, daß die Leute, die man heute mit seiner Zustimmung erschießt, vor anderthalb Jahren vor seinem Palast auf den Knien lagen und ‹Gott schütze den Zaren!› sangen . . . Jetzt ist die Revolution gesichert . . . Jahrelange Propaganda hätte nicht erreicht, was Seine Majestät selbst an einem Tag zustande gebracht hat.»

Stimmen aus der erschütterten Außenwelt dringen nach Rußland, Stimmen des Erstaunens («Ist denn so etwas möglich?»), Stimmen der Empörung («Wie konnte der Zar es wagen?») und Stimmen, die dem Zarismus erbarmungslos und endgültig das Urteil sprachen. Zu den letzten gehörte die Stimme von Jean Jaurès, der sich damals in der «Humanité» zu Wort meldete. Bis jetzt, schrieb er, konnten Rußland und die Menschheit noch denken, daß Nikolaus II. «der erste Gefangene des Absolutismus» sei, daß die Bürokratie ohne ihn und an ihm vorbei das Volk unterdrücke und ruiniere. Bis jetzt konnten manche noch annehmen, daß er weder für die Ereignisse von Kischinjow, die von der Polizei schändlich vorbereitet worden waren, noch für den verhängnisvollen Japanischen Krieg noch für andere Mißstände verantwortlich war . . . Aber «dieses Mal wandte sich das Volk an ihn selbst». Von nun an lagen Ströme von Blut zwischen dem Zaren und «seinem» Volk. Indem er den Arbeitern Schläge versetzte, «verwundete der Zarismus sich selbst tödlich». Und jetzt, so schloß Jaurès, sehen alle, daß «der Zar unzweifelhaft ein Mörder ist».

Der Zar aber, nachdem er denen, auf die am 9. Januar geschossen worden war, streng und drohend «verziehen» hatte, wandte sich mit einem rührenden Wort des Dankes an einige von denen, die mit seinem Wissen geschossen hatten: «Danke, meine teuren Semjonower! Von ganzem Herzen danke ich euch für euren Dienst. Dank eurer Tapferkeit, Standhaftigkeit und Treue wurde der Aufruhr zerschlagen.» Und noch einmal: «Ich liebe und achte die mir teuren Semjonower, ich hinterlasse meinem Nachfolger das Vermächtnis, euch ebenso zu lieben. Ich spreche eurem Regiment tiefe Dankbarkeit für den kleinen und den großen Säbel aus, die ihr dem Thronfolger geschenkt habt. Den kleinen trägt er jetzt, und den großen wird er, gebe es Gott, im Dienst tragen.»

Er verkündete, daß den Semjonowern ein ungewöhnliches Privileg gewährt wird — jeder von ihnen, der seine Frist abgedient hat, besitzt das Recht, sich unmittelbar an ihn persönlich zu wenden: «Ihr, die ihr in die Reserve entlassen werdet, werdet bald nach Hause zurückkehren. Wenn euch jemand beleidigt oder sich gegen euch nicht so verhält, wie man sich gegen einen echten Semjonower zu verhalten hat, dann gebe ich euch das Recht, euch direkt an mich zu wenden. Gott schütze euch.»

Zwei Befehle

Folgende interessante Szene finden wir in einem der zahlreichen Sammelbände über die Revolution von 1905 bis 1907 beschrieben: Eine Mutter darf ihren Sohn im Saratower Gefängnis sprechen. In Gegenwart eines Gendarmen schildert sie ihren Besuch beim Untersuchungsricher Albizki:

«Ich fragte ihn, ob unsere Kinder bald aus dem Gefängnis herauskommen werden.»

«Und was antwortete er dir?»

«Er sagte: ‹Bei uns kommt man aus dem Gefängnis nicht heraus, sondern wird hinausgetragen.›»

«Und du?»

«Ich sagte zu ihm: ‹Na hören Sie mal! Wieso denn das? Sie sind schließlich keine Mörder!›»

«Und er?»

«‹Schlimmer›, sagte mir der Untersuchungsrichter Albizki. ‹Mörder›, sagte er, ‹was ist das schon. Mörder sind eine Kleinigkeit. Es wäre besser, wenn eure Leute Mörder wären. Aber so, man stelle sich vor, wie furchtbar: Sie haben sich gegen den Zaren erhoben.›»

Derselben Meinung wie der Untersuchungsrichter Albizki war auch der Zar selbst — es gab und konnte auf der Welt kein Verbrechen geben, das in seiner Schwere so «furchtbar» war wie der Versuch, sich gegen ihn, den «Gesalbten des Herrn», zu stellen.

In einem Archiv wurde eine Akte gefunden, auf der in kalligraphischer Schrift zu lesen ist: «Über die Festlegung der Regeln für die Kriegsgerichte». Etwas darunter: «1906». Das erste, was unwillkürlich ins Auge fällt, wenn man die Mappe öffnet, ist ein Schreiben des Kriegsgerichtshauptamtes an das Kriegsministerium vom 8. Juli desselben Jahres. Darauf findet sich eine eigenhändige Notiz des Zaren: «Ich erinnere das Kriegsgerichtshauptamt an meine Meinung hinsichtlich der Todesurteile. Ich erkenne sie als richtig an, wenn sie innerhalb von 48 Stunden nach Begehen des Verbrechens vollstreckt werden — sonst sind sie Akte der Rache und kalter Grausamkeit. Nikolaus.»

Das sieht doch irgendwie nach Barmherzigkeit aus, nicht wahr? Er ist gegen Racheakte. Kalte Grausamkeit ist ihm zuwider. Noch 1967 behauptete der Autor G. Katkow, der sich über einige persönliche Eigenschaften des letzten Zaren verbreitete, durch die Güte und Weichherzigkeit des Nikolaus Alexandrowitsch leuchte gewissermaßen die göttliche Heiligkeit seiner Natur hindurch; in ihren Grundzügen sei diese Natur solchen Gestalten Dostojewskis wie Aljoscha Karamasow oder Fürst Myschkin verwandt. Einen anderen Vergleich zog der bereits erwähnte Viktor Alexandrow heran. Er hält Nikolaus II. in manchem für ein Duplikat Hamlets, des Dänenprinzen.

Lassen wir jedoch zunächst Aljoscha Karamasow und Hamlet beiseite, und wenden wir uns wieder der erwähnten Mappe zu. Dort kann man außer der Notiz vom 8. Juli eine Allerhöchste Entscheidung vom 20. August desselben Jahres finden — sie betrifft die Einrichtung von Feldgerichten. Diese Entscheidung wurde gleich nach ihrer Verkündung als Gesetz in einem Flugblatt des Petersburger Komitees der SDAPR («An alle Arbeiter der Stadt Petersburg») als Akt einer grenzenlosen und beispiellosen Willkür verurteilt.

Beide kaiserlichen Erlasse bilden den Eckstein der sogenannten Schnellfeuerjustiz, die im letzten Jahrzehnt des Zarismus praktiziert wurde. Wie die Notiz vom 8. Juli zeigt, wünschte der Zar, daß die Hinrichtungen «innerhalb von 48 Stunden nach Begehung des Verbrechens» erfolgten. Da er die strikte Einhaltung dieser Anordnung ausdrücklich forderte, warnte der Kriegsminister am 20. Juli alle, die es anging — in erster Linie die Kommandierenden der Militärbezirke, die Generalgouverneure und die Militärstaatsanwälte und Kriegsrichter —, sie zu umgehen, weil sie sonst «von Seiner Majestät persönlich zur Verantwortung» gezogen würden.

Nun, umgehen wollte sie ja auch keiner von ihnen. Doch die Einhaltung der vorgeschriebenen achtundvierzig Stunden war praktisch unmöglich. Eine solche Frist hatte es nie und nirgends, in keinem Staat, auch nicht in Rußland, gegeben . . .

Das Problem war, daß selbst eine äußerst vereinfachte Gerichtsprozedur unmöglich innerhalb von achtundvierzig Stunden abgeschlossen werden konnte. Da es sich um Todesurteile handelte, bedeutete das einen Prozeß, bedeutete das eine (wenn auch formale) Ermittlung, Voruntersuchung, Beweisaufnahme, die Ladung von Zeugen, Maßnahmen der Staatsanwaltschaft, den Prozeß selbst und so weiter und so fort — wie sollte man das in achtundvierzig Stunden schaffen?

An Seine Majestät ergeht die alleruntertänigste Bitte, diese Schwierigkeit wohlwollend in Betracht zu ziehen. Der Oberste Militärstaatsanwalt, General Pawlow, gewiß ein grimmiger Mann, der später wegen seiner Grausamkeit von den Revolutionären hingerichtet wurde, selbst er gibt über den Kriegsminister eine kritische Anmerkung nach ganz oben: In dem gewaltigen Raum des Reiches sind zwölf Militärbezirksgerichte tätig; um schnell einen Prozeß an irgendeinem Punkte dieses Raumes durchzuführen, muß entweder das ganze Gericht zum Beschuldigten in Marsch gesetzt werden, oder der Beschuldigte muß in das zuständige Zentrum gebracht werden. Im einen wie im anderen Falle braucht man für die Prozedur wegen der Entfernungen nicht achtundvierzig Stunden, sondern mindestens sieben bis acht Tage, gewöhnlich erfordert das Wochen oder sogar Monate.

Dem Obersten Militärstaatsanwalt, Pawlow, schließt sich

der Justizminister, Stscheglowitow, an. Andere tun das ebenfalls, die einen schüchtern, andere mutiger.

Die Einwände werden zurückgewiesen.

Was ist nun mit diesen achtundvierzig Stunden? Ein Fehler des Imperators? Hat er sich verrechnet, nicht richtig nachgedacht? Oder wird durch die Weisung lediglich der faktische Befehl maskiert, die Menschen ohne Gerichtsverfahren umzubringen?

Genau das ist es. Also kein Fehler, kein Mißverständnis. Seine Majestät ist sich völlig darüber klar, was er sagt und tut. Mit der Anweisung über die achtundvierzig Stunden erweitert er einfach die Praxis der Hinrichtungen ohne Gerichtsverfahren. Jene Praxis der Abrechnung ohne jegliche Untersuchung und Gerichtsverhandlung, die von den Leitern der Strafexpeditionen in verschiedenen Gebieten des Reiches auf Grund der ihnen von ihm, dem Herrscher, übertragenen unbeschränkten Vollmachten bereits geübt wird. Jene Praxis, die Dubassow und Min in der Moskauer Presnja, Rennenkampf und Meller in Tschita und Orlow bei Riga schon demonstriert haben. Jetzt werden die Militärbezirksgerichte durch die Achtundvierzig-Stunden-Vorschrift quasi auf die gleiche Bahn gebracht.

Nikolaus selbst bestätigte das dem Kriegsminister, A. F. Rediger, der am 29. Juli 1906 dem Premierminister, Stolypin, schriftlich darüber berichtete, daß der Zar «seine Weisung über die Hinrichtung spätestens nach 48 Stunden bestätigte» und ihm gegenüber erläuternd hinzugefügt habe: «Eine so schnelle Ausführung wird mehr abschrecken.» In der Weisung vom 8. Juli schweigt er über die Abschreckung und setzt an ihre Stelle die angebliche Abneigung gegen «Rache» und «Grausamkeit», obwohl es offensichtlich ist, daß die «Abschreckung» in der zaristischen Praxis sowohl «Rache» als auch «Grausamkeit» einschließt. Sie waren es auch, die seine Hand führten, als er jenen Erlaß niederschrieb. Durch einen Beschluß des Ministerrates vom 20. August 1906 wurde diese Anordnung zum Staatsgesetz erhoben.

Die Methoden und Mittel konnten unterschiedlich sein;

der Zar akzeptierte gerichtliche und außergerichtliche — Hauptsache, das «Todesroulett», wie sich Witte damals ausdrückte, drehte sich ununterbrochen.

Die beiden Träger der Schnellfeuerjustiz — die Militärbezirksgerichte (Gerichtsverhandlung und Exekution in achtundvierzig Stunden) und die Feldgerichte (Verhandlung und Exekution unverzüglich, am Ort) — stellten gleichzeitig Rekorde auf.

1906 gab es in vierundneunzig Städten des Reiches — Gouvernementsstädten, Gebietshauptstädten und Kreisstädten — Hinrichtungen. Von den hundertvierundfünfzig Tagen zwischen dem 31. August 1906 und dem 31. Januar 1907 vergingen in Rußland nur einunddreißig Tage ohne Hinrichtungen, das heißt, an vier von fünf Tagen wurden Todesurteile vollstreckt. Die Opfer zählten nach Tausenden.

Je schneller sich das Todesroulett dreht, desto häufiger kommt es zwischen den Behörden zu Streitigkeiten, wer sich mit den Hinrichtungen zu befassen hat. Jede Behörde bemüht sich, die «Last» von sich wegzuschieben. Zwar ist die Ehre groß, dem Thron diese Dienste zu leisten, aber noch besser, leichter und vor allem ungefährlicher ist es, sie auf jemand anders abzuwälzen.

Seit Anfang 1906 streiten sich deswegen: das Justizministerium und das Innenministerium; die Hauptverwaltung der Gefängnisse und die Hauptverwaltung der Gendarmerie; die Militär- und Zivilgerichte und Staatsanwaltschaften; die Generalgouverneure und die Befehlshaber der Militärbezirke. Gewöhnlich beweist eine Seite der anderen, daß diese für die Hinrichtungen besser ausgerüstet und ausgebildet sei und vor allem, daß eine solche Aufgabe der anderen Seite auf Grund ihres Profils und ihres Faches näher stehe. So klagt der Kriegsminister, Rediger, daß seine Gerichte (die Feldgerichte und die Militärbezirksgerichte) unter der Last der Fülle von Todesurteilen stöhnten; den Richtern, sagt er, sterben die Hände ab vom Unterschreiben der Urteile. Durnowo, der Innenminister, und Stscheglowitow, der Justizminister, sollen damit aufhören, Zivilpersonen den Militärgerichen zu übergeben, sie sollen sie selbst verurteilen und in ihren eigenen Gefängnissen hinrichten. Aber Stscheglowitow will nicht. Und er antwortet Rediger sinngemäß: Da, wie aus der Festlegung des Imperators klar hervorgeht, das Wesen der Schnellfeuerjustiz die Abschreckung ist, kann keine Strenge eines Zivilgerichts den psychologischen Effekt erbringen, den die Härte des Militärgerichts erzielt, darum mögen sich die Militärs auch weiter mit der Verhängung und Vollstreckung der Todesurteile befassen.

Die Zeit bleibt nicht stehen

Trotz dieser Rangeleien gilt natürlich prinzipiell die Regel: keinerlei Eigenmächtigkeit. Die Administration braucht Planmäßigeit, gleichmäßigen Rhythmus, Subordination.

Und das Wichtigste: niemandem und niemals nachgeben. Alles hart und streng tun, wie es die Vorgesetzten befohlen haben. Und Härte und Strenge sind befohlen, von ganz oben bis ganz unten.

Am 12. Februar 1906 verschickt der Innenminister, P. N. Durnowo, folgendes Rundschreiben an alle Gouverneure:

Besonders zu beachten ist aufrührerische Propaganda unter der Bevölkerung, auch unter den Bauern.

Aus den Dörfern sind alle Studenten, Semstwo-Angestellten und sich ohne Notwendigkeit herumtreibende Juden zu entfernen. Sie sind in Gefängnisse einzuliefern.

Den Semstwo-Oberhäuptern ist keinerlei Ungehorsam gegen die Behörden zu gestatten.

Wegen der Überfüllung der Gefängnisse ist die Schuld der Verhafteten zu überprüfen. Die weniger Gefährlichen sind freizulassen, um die Möglichkeit zu schaffen, neue Revolutionäre einzusperren.

Schon etwas früher, am 14. Oktober 1905, erließ der Generalgouverneur der Hauptstadt, Trepow, einen Befehl, der in die

Geschichte des Zarismus einging: «Salven mit Platzpatronen sind nicht abzugeben, an Patronen ist nicht zu sparen.»

Am 15. Dezember 1905 empfahl Baron Medem dem Moskauer Generalgouverneur, Dubassow, «den Truppen kategorisch einzuschärfen», daß revolutionäre Kämpfer «ohne Festnahme dem Tode zu überantworten» seien.

Die Erstürmung der Fachschule Fidler bei Tschistye prudy in Moskau, in der sich hundert revolutionäre Kämpfer der Arbeitertrupps verteidigten, leitete der Rittmeister Rachmaninow. Er ging mit Artillerie und Bajonetten vor. Später wurde er vor Gericht gefragt, wie der ihm erteilte Befehl gelautet habe. Er antwortete: «Jeden, der sich nicht ergeben will, erstechen oder erschießen.» Antwort auf eine andere Frage: «Ich wiederhole, ich erhielt die kategorische Weisung, in das Gebäude einzudringen und alle niederzuhauen und niederzustechen.»

Ähnliches forderte General Scheidemann am 19. Dezember desselben Jahres: «Presnja durchqueren, alle vernichten, keinen festnehmen.»

Der Oberst Min seinerseits, der sich weisungsgemäß mit Feuer und Schwert den Weg durch Presnja bahnte, erließ einen Regimentsbefehl, der in einem Satz zusammenzufassen ist: Keine Gefangenen machen, keinen Pardon geben.

Als Min einige Tage darauf nach Ljuberzy kam, ließ er die Bauern der Umgebung zusammentreiben und forderte von ihnen: «Wenn die Redner zurückkehren, schlagt sie tot. Schlagt sie tot, egal womit, mit dem Beil oder mit dem Knüppel. Es wird euch niemand zur Verantwortung ziehen. Wenn ihr selbst damit nicht fertig werdet, gebt den Semjonowern Bescheid. Dann kommen wir wieder her.»

Wie General von Rauch, der Stabschef des Petersburger Militärbezirks, in seinem Tagebuch bezeugte, sagte Großfürst Nikolai Nikolajewitsch im Jahre 1906 zu General Orlow, dem «Befrieder des Baltikums»: «Voll drauflos, und sei dir darüber klar, daß man dich wegen Strenge an höchster Stelle nicht verurteilen wird, aber wegen Mangel daran bekommst du sicher etwas ab.»

Der Kosakenrittmeister Grabbe befahl seinen Untergebenen im Verlaufe einer Strafaktion im Baltikum: «Im Wald angetroffene Personen sind zu erschießen. Die Häuser sind abzubrennen.»

Der Befehl des Statthalters im Kaukasus, des Grafen Woronzow-Daschkow, über die Ernennung General Alichanow-Awarski zum Generalgouverneur von Kutaissi enthielt den Punkt: «Die Abteilungen der örtlichen Miliz, die von der Bevölkerung geschaffen worden sind, müssen in den Grenzen des Gouvernements mit solcher Gründlichkeit vernichtet werden, daß niemandem auch nur der Gedanke kommen kann, sie wieder aufzubauen.»

Der Kommandeur des Straffeldzuges durch das Gouvernement Tschernigow, Oberst Jablonski, gab der Abteilung nach der Ankunft auf der Station Sarny den Befehl: «Kugel und Bajonett müssen voll eingesetzt werden. Vor den Folgen braucht sich niemand zu fürchten. Wenn die Arbeiter keine Lokomotiven aus dem Depot herauslassen — Gewehr- und Maschinengewehrfeuer auf die Arbeiter eröffnen.»

Man sieht, in der Hitze des «Kampfes» hatten die Diener des Zaren keinerlei Hemmungen. In Eifer geraten, schwankten sie keinen Augenblick bei der Wahl der Strafen. Und dennoch bekam der eine oder andere von ihnen in manchen Minuten das Zittern. Der Gedanke an die möglichen Folgen ihrer Handlungen war nicht allen gleichermaßen fremd.

Die Uhren standen nicht still. Die Welt bewegte sich vorwärts. Auch mit Rußland ging etwas vor. Es drängte heraus aus der eisernen Umklammerung der Mächtigen.

Wer weiß, ob man es ewig in dem «unterkühlten» Zustand würde halten können, den seinerzeit der Obskurant Leontjew empfahl. Sogar den höchsten der Zarendiener, die die Taktik und die Strategie des Kampfes gegen den Aufruhr festlegten, war mitunter nicht ganz wohl.

Schon damals, in den Jahren der ersten Revolution, gab es auch in der unmittelbaren Umgebung des Zaren Menschen, die sich Gedanken darüber machten, ob die Grausamkeiten nicht vielleicht eines Tages gesühnt würden. Die wenigen nüchternen und weitblickenden Männer machten sich Sorgen, daß für die Weisung «Gefangene sind nicht zu machen», den Befehl «mit Patronen nicht sparen», das Kommando «Salven mit Platzpatronen sind nicht abzugeben» und für die Devise «so war es, so wird es sein» die Rechnung präsentiert werden würde. Die Versuchung kam auf, vom «Todesroulett» abzurücken, sich von den Henkern abzugrenzen und sich für alle Fälle wenigstens den Anschein eines Alibis zu verschaffen.

In solchen Momenten übte sich Witte im stillen Kämmerlein darin, Nikolaus Vorwürfe zu machen, diesem «herzlosen Regenten», dessen Herrschaft gekennzeichnet sei durch das ununterbrochene Vergießen «mehr oder weniger unschuldigen Blutes»; er klagte über Stolypin, der «die Todesstrafe beseitigt und diese Art der Bestrafung in simples Töten verwandelt hat, ein oft ganz sinnloses, auf Mißverständnissen beruhendes Töten»; an die Stelle der, wenngleich nur formalen, Rechtsprechung sei ein «Durcheinander von regierungsamtlichen Tötungen» getreten. Sarkastisch fragte Witte: «Es wäre interessant zu wissen, wie sich die Anarchisten jetzt gegen Stolypin verhalten würden, jetzt, nachdem er Zehntausende von Menschen erschossen und gehenkt hat, und viele völlig sinnlos, wenn er nicht durch ein Armee von Spitzeln und Polizisten geschützt würde, wofür jährlich Zehntausende Rubel ausgegeben werden.»

Es versteht sich sozusagen von selbst, daß der Autor dieser Vorwürfe in keiner Beziehung zu diesem «Durcheinander» steht; er betrachtet es gewissermaßen von außen, tadelt es als Unbeteiligter; er selbst braucht sich von niemand und nichts zu distanzieren — er hat niemandem etwas Böses getan. Freilich, man hat versucht, ihn in die verwerfliche Praxis der Verfolgung und Abschreckung hineinzuziehen. Aber er hat dem widerstanden: «Was ich mir als besonderes Verdienst anrechne, das ist, daß in dem halben Jahr meiner Amtszeit als Premierminister direkt während der Revolution in Petersburg nur einige Dutzend Menschen getötet worden sind und niemand hingerichtet wurde. In ganz Rußland sind in jener Zeit weniger Menschen hingerichtet worden, als Stolypin jetzt in einigen Tagen hinrichtet . . .»

Gewisse Kleinigkeiten gab es also — «einige Dutzend Menschen», aber daß es bei solchen Kleinigkeiten blieb, war das Ergebnis seiner Standhaftigkeit und Ausdauer, denn in höchsten Kreisen machte man ihm ernste Vorhaltungen. «Einer der Hauptvorwürfe, die mir bis heute gemacht werden, lautet, daß ich als Vorsitzender des Ministerrates nach dem 17. Oktober zu wenig geschossen hätte und andere daran gehindert hätte, das zu tun.» Es hieß, «Witte war verwirrt, sogar verängstigt, hat zuwenig geschossen und gehenkt; wer kein Blut zu vergießen imstande ist, darf nicht so hohe Posten einnehmen».

Selbst wenn man berücksichtigt, daß manches Lamentieren Wittes durch seinen Ärger auf Nikolaus bestimmt ist, der ihm den Sessel des Premierministers weggenommen hatte, und durch seinen Haß auf Stolypin, der diesen Sessel erhalten hatte, bleibt offensichtlich, daß der Graf seine «Abneigung» gegen den Terror tüchtig übertrieben hat. Es war nicht seine Art, «verwirrt» oder «verängstigt» zu sein, sondern er war durchaus fähig, sich am «Todesroulett» zu beteiligen.

Er macht (im nachhinein) Front gegen seine Rivalen in der Umgebung des Zaren und hüllt sich in die Toga eines Liberalen. Er möchte als Anhänger einer gewissen Erneuerung erscheinen, als Gegner der Reaktion, als Antipode Stolypins und Trepows. Doch er vermag nicht zu überzeugen. Und in der Tat: Witte wie die eng mit dem Zarismus verbundene russische Bourgeoisie hat niemals ein wahrhaft demokratisches, progressives Programm hervorgebracht und konnte das auch nicht. Er schlug ein Programm der bürgerlichen Entwicklung Rußlands nur in dem Maße vor, wie es durch Reformen mit Billigung des Adels und unter der Ägide Nikolaus' II. verwirklicht werden konnte. Dem letzteren dienten gleichermaßen eifrig, wenn auch in verschiedenen Rollen, sowohl Witte als auch Stolypin und Trepow und die Führer der monarchistischen Schwarzhunderter. Lenin verwies darauf: «Der Zar braucht sowohl Witte als auch Trepow: Witte, um die einen zu ködern, Trepow, um die anderen in Schach zu halten. Witte für die Versprechungen, Trepow für die Taten; Witte für die Bourgeoisie, Trepow für das Proletariat ... Witte schwimmt in einem Strom von Worten. Trepow schwimmt in einem Strom von Blut.»

Witte war einer der Initiatoren der Strafaktion Rennenkampfs und Mellers in Sibirien; seine These «Kein Blutvergießen» wird durch die führende Rolle illustriert, die er bei der Organisation des Feldzuges von Min und Dubassow gegen Moskau, von Richter gegen Riga, der Aktionen Riemanns in der Umgebung von Moskau sowie der Blutorgien von Kaulbars, Neidhardt und Tolmatschow in den baltischen Regionen und am Schwarzen Meer spielte; und nicht nur dadurch. Im Jahre 1905 erließ die Regierung eine Serie von Rundschreiben und Anordnungen, die die zivilen und militärischen Behörden anwiesen, im Kampf gegen die Befreiungsbewegung die äußersten Mittel anzuwenden, einschließlich der Hinrichtung ohne Prozeß und Untersuchung.

Dem Ataman des Donheeres telegraphierte der Vorsitzende des Ministerrates im Auftrage des Zaren persönlich: «Der Aufstand in Rostow am Don ist rücksichtslos zu erstikken.» Auf der Grundlage eines Ministerratsbeschlusses, der auf einer Sitzung am 15. Dezember 1905 unter dem Vorsitz Wittes gefaßt wurde, sandte der Kriegsminister den Kommandierenden der Militärbezirke ein geheimes Rundschreiben mit der Forderung, «zur Beendigung der Unruhen ohne jedes Schwanken Waffengewalt anzuwenden». Auf der Grundlage desselben Beschlusses übermittelte der Innenminister den örtlichen Behörden eine Direktive, in der unterstrichen wird, daß «im gegenwärtigen Augenblick die Willkür ein für allemal ausgerottet werden muß». Da, wie die Direktive lautete, «Verhaftungen jetzt das Ziel nicht erreichen und man Hunderte und Tausende von Menschen nicht vor Gericht stellen kann, wird den Behörden zur Pflicht gemacht: die Aufrührer unverzüglich mit Waffengewalt zu vernichten und im Falle von Widerstand ihre Wohnstätten zu zerstören oder abzubrennen».

Einerseits spielte der aufgeklärte Graf den Milden und Barmherzigen, andererseits hörte man von ihm das Kommando zu töten und abzubrennen.

Das Ergebnis des Feldzuges von Rennenkampf und Meller gefiel Nikolaus. Kaum waren die beiden Chefs des Strafkommandos, die der Zar eingeladen hatte, von dessen Tisch aufgestanden, da machte sich Witte Gedanken darüber, wie man ihre Praktiken in anderen Gegenden fortsetzen könnte. Er beschäftigte sich mit der Frage, neue «Exekutionszüge» zusammenzustellen. Davon zeugt ein Brief, den er am 11. März 1906 an den Innenminister Durnowo sandte:

Geehrter Herr Pjotr Nikolajewitsch!

Zur größeren Abschreckung von Personen, die danach trachteten, Unruhe zu stiften, hat es der Ministerrat als nützlich erachtet, jetzt schon auf den wichtigsten Eisenbahnknotenpunkten besondere Exekutionszüge mit Militärabteilungen aufzustellen, die erforderlichenfalls rechtzeitig zur Wiederherstellung der Ordnung auf die Strecke geschickt werden können.

Dies Eurer Exzellenz mitzuteilen habe ich die Ehre.

gez. Graf Witte

Kapitel VI
Wenn alle Mittel recht sind

Die Partei der wilden und feigen Verzweiflung

Ein mittelgroßer, rotbärtiger Mann im Hermelinpelz — Nikolaus II. (?) — beugt sich aus einem Dachfenster und ruft zu zwei zerlumpten Gestalten, die sich am Schornstein des Nachbarhauses zu schaffen machen: «He, was trödelt ihr! Es hieß: reinstecken und sprengen!»

Mit dieser Karikatur reagierte der Münchner Zeichner Rauchwerger in den Berliner «Lustigen Blättern» auf ein Ereignis, das sich in der Nacht zum 29. Januar 1906 in Petersburg zugetragen hatte.

Ort der Handlung: die Villa S. J. Wittes, des damaligen Regierungschefs. Über den Hof und den Dachboden des Nachbarhauses kommend, waren ein gewisser Kasanzew und ein gewisser Fjodorow, die am Vortag mit zwei «Höllenmaschinen» im Koffer mit dem Frühzug aus Moskau eingetroffen waren, auf das Dach der Villa geklettert. Im Schutze der Dunkelheit ließen sie ihre Last in die Schornsteine der Residenz des Premiers hinab, kehrten auf demselben Wege auf die Straße zurück und beobachteten vom verschneiten Alexandergarten aus das Haus.

Die Explosion sollte um neun Uhr morgens erfolgen, jedoch nichts passierte. Die Bomben hatten offensichtlich versagt.

Noch an demselben Tag erfuhr die ganze Stadt von dem Vorfall. Es wurde auch bekannt, um wessen Werk es sich handelte. Das Attentat hatte eines der organisatorischen Zentren der Schwarzhunderter, der «Bund des russischen Volkes» («Sojus russkowo naroda») organisiert, weil sich Witte mit den Liberalen auf ein Spiel um Kompromisse und Zugeständnisse eingelassen hatte.

Der Beschluß, Witte zu ermorden, wurde am 16. Dezember 1905 bei einem Treffen der Führer der Moskauer und der Petersburger Filialen des «Bundes» gefaßt. Die Ausführung wurde aus konspirativen Gründen der Moskauer Organisation übertragen. Sie entsandte denn auch Kasanzew und Fjodorow nach Petersburg.

Am 27. Januar schaffte Buxhoevden, ein Beamter für Sonderaufgaben beim Moskauer Generalgouverneur, die beiden nach Petersburg und besorgte ihnen möblierte Zimmer am Staronewski-Prospekt. Als Buxhoevden am Morgen des 29. Januar von dem Mißerfolg erfuhr, befahl er den Terroristen, in der folgenden Nacht noch einmal aufs Dach zu klettern, um die Bomben, die im Schornstein steckengeblieben waren, hinunterzustoßen. Inzwischen aber hatte eine Hausangestellte Wittes die seltsamen Gegenstände im Schornstein entdeckt, und die Villa war von der Polizei abgeriegelt worden.[9]

Wer, so fragten sich die Petersburger, stand hinter dieser Operation, zu der sich die «Bündler», die ebenso frech wie feige waren, schwerlich allein entschlossen hätten? Und da die Hauptstädter zwar unter der Hand, aber doch recht offen davon sprachen, daß diese «Heldentat» der Schwarzhunderter im Zarenschloß abgesegnet worden sei, war es nur natürlich, daß manche auch darüber spekulierten, ob der «Gesalbte des Herrn» sich so weit vergessen könne, daß er sich an einem Attentat auf den eigenen Premierminister beteiligte?!

Nicht direkt, natürlich. Er persönlich hat, so Witte, sich an diesen blutigen Dingen nicht beteiligt. Aber «alle diese Morde und Attentate waren ihm, wenn nicht angenehm, so . . . doch spaßig». Die Täter wußten, daß ihre Verbrechen Seiner Majestät zumindest gleichgültig waren und daß er, wenn nötig, versuchen würde, alles zu vertuschen, um sie zu schonen.

In den Annalen der Zarenherrschaft hat sich auch die Beschreibung derjenigen erhalten, die der Dienst für die Ideale des «Bundes des russischen Volkes» in der Nacht zum 29. Januar zu den Schornsteinen der Residenz Wittes geführt hatte:

Filimon Kasanzew. Arbeitete bis 1901 als Fäkalienfahrer, dann als Badewärter. Wegen Diebstahls im Umkleideraum wurde er mit Wannen und Kübeln verprügelt und aus den Bädern verjagt. Auf der Suche nach einer Unterkunft kam er zufällig auf den Hof der Villa Buxhoevdens in der Nähe der Taganka. Der Verwalter stellte ihn dem Grafen vor, dem er auf den ersten Blick gefiel; er wurde als Hausmeister eingestellt und dann in ein Gasthaus am Taganka-Platz gebracht, wo sich zu jener Zeit an den Sonn- und Feiertagen die Anhänger der Schwarzhunderter versammelten. Hier fand sich Kasanzew schnell zurecht und schloß sich dem Kreis rauflustiger Kerle an. Bald gab es weder im Zentrum noch am Stadtrand eine Prügelei der «Bündler», bei der Kasanzew nicht an der Spitze der betrunkenen Meute zu finden war. Mit Wissen und Unterstützung der Obrigkeit ging er allmählich zu «heißen» Dingen über, tat, was andere ablehnten. Er war an einer Serie von politischen Morden beteiligt. Für die Ermordung des liberalen Professors G. B. Jollos, eines Duma-Abgeordneten und Redakteurs der «Russkije wedomosti», erhielt er, genau wie Fjodorow, von Buxhoevden achtzig Rubel; für seinen Anteil an der Tötung des Professors M. J. Herzenstein, ebenfalls eines Duma-Abgeordneten, fünfundsiebzig Rubel; für die Aktivitäten bei der Ermordung N. E. Baumanns, eines Führers des Moskauer Proletariats, neunzig Rubel; für den Aufstieg auf das Dach des Premierministers — hundert Rubel.

Afanassi Fjodorow. War sechs Jahre lang Lastfuhrmann in Marjina roschtscha. Dann wurde er Droschkenkutscher, hatte seinen Standplatz bei der Börse an der Iljinka. 1900 stand er im Verdacht, einen Fahrgast ermordet und beraubt zu haben, daraufhin gab er das Kutschieren auf und wurde Rausschmeißer im Restaurant Jar. Hier erregte er die Aufmerksamkeit Gringmuts, des Leiters der Moskauer Organisation des «Bundes des russischen Volkes», dem sein Wuchs, seine schallende Stimme und sein wilder Gesichtsausdruck gefielen. Er wurde in die Taganka-Gruppe des «Bundes» aufgenommen und war von nun an neben Kasanzew bei den Überfällen und Fememorden dabei. Außer dem Mord an Jollos verübte er eine Reihe anderer terroristischer Akte (später «bereute» er und rechtfertigte sich damit, daß ihn Kasanzew und die anderen Schwarzhunderter «betrogen» und seine Gutgläubigkeit mißbraucht hätten). Für das bei Buxhoevden verdiente Geld machte er sich selbständig und führte eine eigene Teestube. Hier schlugen ihn in einem Hinterhof seine eigenen Kumpane für den Dolchstoß gegen Kasanzew halbtot. Vor ihrer Rache floh Fjodorow ins Ausland. Zu Beginn des Ersten Weltkrieges verdingte er sich in der französischen Fremdenlegion. In den «Literarischen Erinnerungen» Viktor Finks, der ebenfalls in dieser Legion diente, findet sich eine Skizze über Fjodorow.

Aus solchen Leuten wie Kasanzew und Fjodorow rekrutierte sich die Schwarze Hundertschaft an der Basis. Die beiden konnten gewissermaßen als Prototypen ihrer geistigen und physischen Verfasssung gelten, verkörperten sie doch überzeugend Pracht und Schlagkraft dieser Organisation. Für solche Individuen also hegte der letzte Selbstherrscher dauerhafte und unerschütterliche Sympathien.

Die feine Erziehung und die theologische Philosophie, die ihn Pobedonoszew gelehrt hatte, seine aristokratischen Manieren und seine gewählte englische Redeweise hinderten den Zaren nicht daran, gemeinsame Sache mit Rausschmeißern und kriminellen Fuhrleuten zu machen, da solche wie sie nach seiner Auffassung «die wirklichen, echten, nicht durch Schriftkundigkeit und Zweifel verdorbenen russischen Menschen» waren und sich zudem «in dem meinem Herzen nahen Bund des russischen Volkes zusammengeschlossen hatten», wie sich Nikolaus II. in einer Rede an eine Deputation monarchistischer Organisationen äußerte.

Seine Sympathie zu diesem Bund war fast sentimental. Und dafür gab es Gründe.

Die sich im Lande entwickelnden Ereignisse stellten die

Existenz der Romanowschen Monarchie, ja der Monarchie überhaupt in Frage. Es wurde immer offensichtlicher, daß weder die verknöcherte Bürokratie noch die durch militärische Mißerfolge geschwächte Generalität über ausreichende Kräfte verfügten, um die Selbstherrschaft zu retten. Da wurde im Ministerium W. K. von Plehwes, des ehemaligen Direktors des Polizei-Departements und späteren Innenministers und Chefs der Gendarmerie, die Idee geboren, aus der Tiefe der Kleinbürger- und Kulakenschichten zusätzliche promonarchische Kräfte ans Tageslicht zu rufen.

«Die Monarchie konnte nicht anders, als sich gegen die Revolution verteidigen», schrieb Lenin, «und die halbasiatische, fronherrliche, *russische* Monarchie der Romanow konnte sich mit keinen anderen als schmutzigsten, abscheulichsten, niederträchtig brutalen Mitteln verteidigen . . .» Eines der schmutzigsten und abscheulichsten dieser Mittel, das besonders umfassend von Plehwe eingesetzt und dann von Stolypin vervollkommnet wurde, waren die Schwarzhunderter. Die wütendste und in ihren Methoden am wenigsten wählerische Gruppe der Schwarzhunderter wiederum war zweifellos der sattsam bekannte «Bund des russischen Volkes».

Vom Oktober 1905 an trat dieser Bund offen als monarchistische, rassistisch-chauvinistische, terroristische, Pogrome anzettelnde Organisation in Erscheinung.

Im Jahre 1906 war der «Bund» Kristallisationspunkt für andere monarchistische Organisationen, insbesondere für die sogenannte Russische Versammlung. Nachdem der «Bund» eine Reihe derartiger Gruppen aufgesogen hatte, spaltete er sich 1907 in zwei sich einander befehdende Vereine — in Dubrowins «Bund des russischen Volkes» und Purischkewitschs «Bund des Erzengels Michael», die sich hauptsächlich in ihrer Einstellung zur Staatsduma unterschieden. Ihre wichtigsten Zeitungen waren «Russkoje snamja» (erschien von Oktober 1905 bis Februar 1917), «Objedinenije» und «Grosa», die sich, Witte zufolge, «auf Beschimpfungen im Jargon öffentlicher Häuser» spezialisierten. Auf dem Höhepunkt der ersten russischen Revolution besaß der Bund Filialen in fast allen großen Städten Rußlands und sogar auf dem Lande; die verzweigtesten und aktivsten Abteilungen wirkten in Petersburg, Moskau, Kiew und Odessa. Sie wurden faktisch von der Regierung ausgehalten und von der Ochrana, der Polizei und der Gendarmerie bevormundet und benutzt. So war nach dem 17. Oktober 1905 eine bedeutende und recht gefährliche Kraft auf der politischen Bühne des Reiches erschienen, die über Geld, Propagandazentren und eigene Druckereien verfügte.

Gegründet wurde der «Bund des russischen Volkes» von einer Gruppe von Großgrundbesitzern, Unternehmern und Hausbesitzern. Die sozialen Schichten, aus denen die Aktivisten und die einfachen Mitglieder kamen, waren das Kleinbürgertum, die Kaufmannschaft, das Kulakentum, die Beamtenschaft, die Priesterschaft und schließlich der «Bodensatz» der Städte, deklassierte Elemente. Angeworben wurden vorwiegend Hausmeister, Kutscher, Handlungsgehilfen, Kellner und Rausschmeißer, kleine Ladenbesitzer und Geldverleiher, pensionierte Feldwebel und Unteroffiziere, Spelunkenbesitzer, die Bewohner der städtischen Elendsviertel, Nachtasyle und Märkte, entlassene Diebe, Einbrecher und Zuhälter. Dieses Heer führten, so Witte, zum Sturm gegen den Aufruhr, zur Rettung der Zarenmacht «Führer, die politische Hochstapler waren, Leute mit schmutzigen Gedanken und Gefühlen, die keine einzige lebensfähige und ehrliche politische Idee besaßen und alle ihre Anstrengungen auf die Entfachung der niedrigsten Leidenschaften einer wilden, rückständigen Menge richteten». Ihre Organisation, stellt Witte weiter fest, war nur dazu fähig, «entsetzliche Pogrome und soziale Katastrophen zu verursachen», «aber sie kann nichts, außer Negativem, schaffen. Sie stellt den wilden, nihilistischen Patriotismus dar, der von Lüge, Verleumdung und Betrug genährt wird . . . Sie ist die Partei der wilden und feigen Verzweiflung.» Die Handlungen dieser Leute, betont der ehemalige Chef der zaristischen Regierung, sind «erzverlogen, erzgewissenlos und erzblutrünstig. Lüge, Heimtücke und Mord sind ihr Element.»

W. I. Lenin, der diese Bande monarchistischer Mietlinge an den Pranger stellte, schrieb: «Überall, wo nur irgend möglich, mobilisiert und organisiert die Polizei den Abschaum der kapitalistischen Gesellschaft zu Raub und Gewalttat ... Man schießt mit Mitrailleusen (Odessa), sticht Augen aus (Kiew), wirft Menschen vom fünften Stockwerk auf die Straße, stürmt ganze Häuser und liefert sie der Plünderung aus, legt Feuer an und erlaubt nicht, die Brände zu löschen, schießt alle nieder, die es wagen, sich der Schwarzen Hundertschaft zu widersetzen. Von Polen bis Sibirien, vom Finnischen Meerbusen bis zum Schwarzen Meer — überall ein und dasselbe Bild.» In dem gewaltigen Raum des Imperiums tobte sich die Konterrevolution aus.

Es gab in dem Krieg, den der Zar gegen seine Untertanen führte, einen Bereich, in dem das Heer seiner Strolche mit besonderem Eifer focht — die Judenpogrome. Das Pogromhandwerk wurde zu einem Stützpfeiler der zaristischen Administration. Am 6. und 7. April 1903 wurden in Kischinjow an die fünfhundert Menschen ermordet. Sogar im Bericht der örtlichen Behörden an das Zentrum wurde das Gemetzel «außergewöhnlich grausam» genannt.

Danach gab es im September des gleichen Jahres ein ähnliches Verbrechen in Gomel. Die Serie der Pogrome setzte sich bis in die Jahre 1904 und 1905 fort. Im Oktober erreichte die Pogromwelle ihren Höhepunkt. Am 17. Oktober wurde das Manifest über die Freiheiten durch Nikolaus II. verkündet, und schon am nächsten Tag verdüsterte eine in der Geschichte Rußlands beispiellose Wolke von Asche und Schmutz das Reich. Von einem Ende des Landes zum anderen wüteten Brände und Krawalle. Von diesen Herbsttagen an wurden die Pogrome von einer neuen Kraft, der Stoßkraft der Schwarzen Hundertschaft, vorangetrieben. Kaum entstanden, wurde der «Bund» zum Lieferanten sowohl von «Kadern» als auch von ‹Ideen› für die Krawalle. Die Führer der Schwarzhunderter wie Neidhardt, Buxhoevden, von der Launitz und von Rauch, Markow der Zweite und Samyslowski, Kamenski und Purischkewitsch, die sich als «echt russische

Menschen» ausgaben, entfachten geradezu eine Kampagne der Verfolgungen und Mißhandlungen. Als Rechtfertigung der Pogrome beriefen sich diese Politikaster stereotyp auf den angeblich zum Durchbruch gekommenen «Zorn der unteren Volksschichten». Der einfache russische Mensch, bewegt von der Liebe zu Väterchen Zar, gehe eben spontan auf die Straße, um mit den ihm verhaßten «Rotfähnlern» abzurechnen. Doch jedem unvoreingenommenen Beobachter war klar, daß als «untere Volksschichten» der von der Führung des «Bundes» angeworbene kleinbürgerliche und kriminelle Abschaum ausgegeben wurde, der weniger von «echt russischen Menschen» als vielmehr von polizeilichen Provokateuren angefeuert und aus den Geheimfonds der Ochrana bezahlt wurde.

Der Zarismus rächte sich für die Ängste und Erniedrigungen des Jahres 1905 durch blutige Händel und Plünderungen: an den Juden — unter anderem in Odessa, Kiew, Jekaterinoslaw, Jelisawetgrad, Berditschew; an den Armeniern — in Tiflis, Baku und anderen Städten Transkaukasiens; an den Polen — in Białystok, Shitomir und weiteren westlichen Gebieten des riesigen Reiches; an der Intelligenz jüdischen Glaubens, in Städten des Nordostens, wie Tomsk, Nowosibirsk, und mit Pogromen, die sich gegen die Arbeiterorganisationen und die Intelligenz richteten, in Petrograd, Moskau und Iwanowo-Wosnessensk. Vorwiegend gegen die Intelligenz wüteten auch die Pogrome am 17. Oktober in Twer, am 18. Oktober in Wladimir und in Kursk sowie am 19. Oktober in Kasan.

Daß die Pogromhelden des «Bundes des russischen Volkes» von Bevollmächtigten des Zaren gelenkt wurden, daran bestand schon damals bei kaum jemandem ein Zweifel. Auch nicht daran, daß diese Bevollmächtigten selbst die Pogrome auslösten.

Odessa. Oktober 1905. Stadthauptmann ist Neidhardt. Derselbe, der in jungen Jahren in einem Regiment mit dem damaligen Thronfolger Nikolaus gedient hatte. Das Präludium zum Pogrom war hier Neidhardts Aufruf an die Bevölkerung, der mit folgenden Sätzen endete:

«Gestern wurden vom Morgen an auf Befehl der Streikenden die Apotheken in unserer Stadt geschlossen, und an einigen von ihnen vorher bestimmten Punkten zukünftiger Barrikaden wurden Verbandstellen eröffnet. Wer hat das alles organisiert, vorausgesehen und vorbereitet? Ihr wißt es. Was ihr zu tun habt, entscheidet jetzt selbst, regierungstreue Menschen!»

Das Signal wurde verstanden. Die Erlaubnis war gegeben. Die Schwarzhunderter zogen mit Fahnen und Zarenporträts zum Haus des Stadthauptmanns. Neidhardt erschien auf dem Balkon und rief ihnen zu: «Danke, Brüder!» Unten stimmte man die Hymne «Gott schütze den Zaren» an. Dann teilte sich die Menge und strömte in die benachbarten Straßen. Dort wurden Passanten überfallen, Schaufenster zerschlagen, Geschäfte und Wohnhäuser in Brand gesetzt und geplündert, und zwar wahllos — sowohl jüdische als auch orthodox-christliche. Die Wildheit war bestialisch: Unschuldige Menschen wurden erschlagen, Bäuche aufgeschlitzt, Schädel zertrümmert, Kinder mit den Köpfen gegen Mauern geschleudert und aus den Fenstern geworfen. Da und dort bemühten sich eilig geschaffene Arbeiterwehren, dem Schlachten Einhalt zu gebieten, aber vergebens: Polizei und Militär nahmen die Pogromhelden in Schutz; immer wieder fielen die Verteidiger unter den Kugeln der Staatsdiener.

Fünf Tage lang, vom 18. bis zum 22. Oktober, währte das Gemetzel. Fünfhundert Menschen wurden ermordet, Tausende verwundet, über eineinhalbtausend Wohnungen geplündert und zerstört. Als wieder Ruhe eingetreten war, defilierte Neidhardt in einer Equipage unter Geleitschutz durch die geplünderten und ausgebrannten Straßen. Einer Abordnung der Bevölkerung, die an diesem Tage bei der Stadtverwaltung erschien, sagte er: «Ich kann und will nichts für Sie tun. Sie wollen Freiheit. Da haben Sie Ihre Freiheit.»

Die Schwarzhunderter und die sie deckende Polizei und Gendarmerie verübten allein vom 18. bis zum 29. Oktober 1905 in nicht weniger als sechshundertundsechzig Städten und Ortschaften Judenpogrome, in manchen sogar zwei-, ja dreimal hintereinander. Die Opfer: Zehntausende Ermordete, in Bränden und unter Trümmern Umgekommene, Verkrüppelte, Witwen, Halbwaisen und Waisen. In nur hundert Städten wurden in diesen Tagen annähernd viertausend Ermordete und annähernd zehntausend Verstümmelte gezählt.

Der Preis der Furcht

N. J. Markow der Zweite, einer der Führer des «Bundes des russischen Volkes», rief am 24. Juli 1912 von der Tribüne des überfüllten Taurischen Palais, dem Tagungsort der Duma, den Abgeordneten und Zuschauern triumphierend zu: «Sie nennen uns die Schwarze Hundertschaft. Aber was für eine Hundertschaft sind wir? Nein, nicht eine Hundertschaft sind wir. Wir sind Millionen. Mit uns ist das russische Volk.»

Auf den Tag genau fünf Jahre später, als er von der Außerordentlichen Untersuchungskommission verhört wurde, erklärte er, eine genaue Registrierung der Mitglieder des «Bundes des russischen Volkes» habe es nicht gegeben.

In der Duma-Rede von 1912 bestritt Markow in seiner üblichen dreisten Manier «jegliche Fütterung» seiner Organisation durch die Behörden überhaupt und insbesondere Geldzuwendungen. Beim Verhör fünf Jahre darauf gab es dagegen folgendes Gespräch:

Vorsitzender (S. Murawjow): Sagen Sie, wie verhielten Sie sich zu Subsidien aus Regierungsmitteln?

Markow: Wir erhielten sie und sahen darin nichts Verwerfliches.

Vorsitzender: Das heißt, zu den Ideen der Partei gehörte nicht die Idee der Selbständigkeit gegenüber der Regierung?

Markow: Diese Idee gab es, aber von Ideen ohne Geld kann man nicht leben. Die Organisationen forderten Geld.

Vorsitzender: Warum haben Sie das in der Duma dann geleugnet?

Markow: Um nicht in eine anstößige Situation zu kommen.

Vorsitzender: Warum versuchten Sie denn nicht, die Position zu verteidigen, daß das nicht anstößig sei?

Markow: Es war nichts Schlechtes daran, daß eine Partei, die die Monarchie unterstützte, Geld von der Regierung ihres Monarchen erhielt.

Nachdem die Untersuchungsführer höchst überzeugend festgestellt hatten, daß «gefüttert» wurde, interessierte sie, wer von den Verteidigern des Thrones denn auf diese Weise «gefüttert» wurde. Es zeigte sich sofort: vor allem und mehr als alle der Anführer der Verteidigerkohorte selbst.

Vorsitzender: Wenn Sie von der Regierung des Monarchen Geld erhielten, gaben Sie es dann an die Organisationen weiter, oder gaben Sie es selbst aus?

Markow: Zum Teil gab ich es weiter, zum Teil verbrauchte ich es selbst.

Vorsitzender: Legten Sie irgend jemand Rechenschaft ab?

Markow: Nein, ich war dazu auch nicht verpflichtet.

Vorsitzender: Wieviel erhielten Sie denn persönlich von der Regierung?

Markow: Gewöhnlich erhielt ich hundertvierundvierzigtausend Rubel auf einmal.

So erhielt er — wie oft? — fast hundertfünfzigtausend Rubel, steckte sie sich in die Tasche, und darüber abzurechnen war er «nicht verpflichtet». Und was geschah mit dem Geld, das nicht in seiner Tasche hängenblieb?

Vorsitzender: Erhoben Sie Beiträge von den Mitgliedern des «Bundes des russischen Volkes»?

Markow: Ja, fünfzig Kopeken im Jahr.

Vorsitzender: Gab es Fälle, in denen nicht das Mitglied an den Bund, sondern der Bund an das Mitglied zahlte?

Markow: Das heißt, Sie wollen sagen, ob wir die Mitglieder kauften?

Vorsitzender: Ja, um sie anzulocken ... unterstützten Sie sie finanziell?

Markow: Zweifellos, wir unterstützten sie finanziell.

Vorsitzender: Die einzelnen Mitglieder?

Markow: Ja, natürlich ...

Sokolow (Mitglied der Untersuchungskommission): Und zu welchen Aktionen riefen Sie diese für Geld gekauften Mitglieder auf?

Markow: Wir schärften ihnen ein, daß eine feste Zarenmacht nützlich sei.

Die Ergebenheit der «Bündler» für den vergötterten Monarchen war leidenschaftlich, aber nur, wenn sie durch einen belebenden Goldregen ermuntert wurde. Ein Pogrom war eine treffliche Sache, doch nähren mußte man ihn mit Bargeld — vor allem mit staatlichem. Die von der Monarchie zur eigenen Rettung geschaffene Verdummungs- und Provokationsmaschinerie funktionierte nur, wenn sie auf allen Ebenen durch Subsidien und Gaben gut geschmiert wurde.

Nach der Revolution stellte sich heraus, daß die Zahlungen an die Führung des «Bundes» aus einem Sonderfonds erfolgten, der «auf Allerhöchste Weisung» geschaffen worden war. Diesen Fonds verwaltete zunächst D. F. Trepow, später verfügten darüber die Innenminister auf Anforderungen der Chefs des Polizeidepartements. Wie perfektioniert und effektiv der Einsatz dieser Mittel war, beweisen die Worte eines der führenden Agenten, des Gendarmerie-Rittmeisters Komissarow, der in jenen Tagen einem potentiellen Auftraggeber versichern konnte: «Alles hängt davon ab, wieviel Geld Sie herausrücken. Dann kann ich einen Pogrom organisieren, wie Sie es wünschen: wenn Sie wollen — mit zehn Leuten, wenn Sie wollen — mit zehntausend.» Nach Berechnungen von Plehwes konnte ein «Pogromanstifter mittleren Formats» den Polizeifonds ungefähr sechs- bis zehntausend Rubel kosten.

Lange Zeit wußte man nicht, wer die Proklamationen der Schwarzhunderter, die vom Herbst 1905 an das Land überschwemmten, schrieb, wo sie gedruckt und wie sie verbreitet wurden. Sie waren ein Konzentrat hemmungsloser Menschenfeindlichkeit; ihr Auftauchen kündete gewöhnlich Pogrome an; ohne sie hätte es nicht jene vergiftete Atmosphäre gegeben, die es erst möglich machte, daß ein Teil der Bevölkerung durch einen anderen mißhandelt wurde. Die Flugblätter riefen nicht nur zu Pogromen auf. Eins vom Februar 1906 schloß zum Beispiel mit einer ganz konkreten Anweisung:

«Also, wahrhaft russische Menschen, die ihr für den Zaren und den rechten Glauben seid, versammelt euch mit Waffen, Sensen und Heugabeln auf dem Stadtplatz, tretet unter die dreifarbigen Banner der von uns aufgestellten Alexandrowsker Kampfgruppen, und sobald das Signal gegeben wird, stürzen wir uns mit den Porträts des Zaren und der heiligen Ikone auf unsere Feinde, die Rotfähnler.»

Schritt für Schritt wurde trotz aller Geheimhaltung bekannt, woher diese und ähnliche Flugblätter kamen. Die Proklamationen wurden von Petersburg und Moskau aus durch den Apparat des «Bundes des russischen Volkes» verbreitet. Gedruckt wurden sie in Millionenauflagen, zum geringeren Teil in Potschajew beziehungsweise in kleineren Kreis- und Gouvernementsdruckereien, die Hauptmasse jedoch, so ungeheuerlich das auch klingen mag, in einer geheimen Druckerei, die speziell für diesen Zweck direkt im Innenministerium eingerichtet worden war.

Aufgebaut hatten diese Fabrik geistiger Vergiftung Baron von der Lippe, Senator Baron von Tiesenhausen und General von Rauch; ihre Mitarbeiter waren der Chef des Geheimdienstes, Ratschkowski, und der Gendarmerie-Rittmeister Komissarow, für die technische Seite zeichneten Wuitsch und Klimowitsch verantwortlich; die Texte der Proklamationen schließlich kamen zum Teil sogar aus dem Winterpalais. Die gröbsten dieser unheilvollen Elaborate verfaßte, wie die Presse feststellte, Trepow; andere schrieb von Kramer, der häufig in den Gemächern der Zarin weilte. Buxhoevden, Neidhardt und General Bogdanowitsch übten sich ebenfalls in jener Art literarischen Schaffens. Einige Flugblätter aber entstammten der Feder eines gewissen «hochstehenden Autors», der es vorzog, seinen Namen zu verschweigen. Die Petrograder Presse stellte in diesem Zusammenhang nach der Februarrevolution fest, daß Nikolaus II. in Hofkreisen als ein «nicht übel schreibender Mann» galt; sein «geschmeidiger Stil», sein «Stilgefühl» wurden gelobt, und er selbst schrieb sich diese Qualitäten offenbar auch zu, denn er hielt es neben seiner Patenschaft über die Allrussische historische Gesellschaft für nicht allzu belastend, gleichzeitig noch Mitglied der Russischen Gesellschaft der Liebhaber der schönen Literatur zu sein.

Bei einem Diner äußerte die Gattin des Premierministers Witte: «Und Ratschkowski hat man für seine widerliche Druckerei siebzigtausend Rubel Belohnung gegeben.» Daraufhin wurde ihr wegen «Verbreitung schändlichen Unsinns» für die Zukunft der Zutritt zum Haus des Gastgebers verwehrt. Aus den Dokumenten der zaristischen Regierung geht indes hervor, daß Trepow Ende 1906 Nikolaus II. tatsächlich einen Bericht über die Arbeit der geheimen Proklamationsfabrik vorlegte, unter den der Zar schrieb: «Ratschkowski sind für den erfolgreichen Einsatz der gesellschaftlichen Kräfte fünfundsiebzigtausend Rubel auszuhändigen.» Im Grunde genommen hätte der «schändliche Unsinn» der Frau Witte noch «schändlicher» sein können: Sie hätte zum Beispiel hinzufügen können, daß Ratschkowski und Komissarow zur Förderung eben dieses Kontaktes mit den «gesellschaftlichen Kräften», das heißt mit den Gasthauslakaien und Fuhrleuten, auf Befehl des Zaren mit Orden ausgezeichnet worden waren — Ratschkowski mit dem St.-Stanislaus-Orden und Komissarow mit dem St.-Wladimir-Orden, nicht gerechnet andere Gnadenerweise und Vergünstigungen.

Was Madame Witte bei Tische versäumt hatte, holte ihr Gemahl in seinen Memoiren nach. Er berichtet, daß der Zar die Schwarzhunderter als die «besten Leute des Russischen Reiches, als Muster des Patriotismus, als Stolz der Nation» liebte, «diese Helden des stinkenden Marktes, denen man aus dem Wege geht und denen ordentliche Menschen nicht die

Hand reichen». Daher sei es auch möglich gewesen, daß die Schwarzhunderter «beim Polizei-Departement eine Druckerei für die Fabrikation von Proklamationen betrieben».

Anfangs wurden die Kontakte des Zaren mit den Führern des «Bundes» noch maskiert. Sie wurden unter Beachtung einiger konspirativer Regeln hauptsächlich über Vermittler unterhalten, so über die Großfürsten Nikolai Nikolajewitsch und Wladimir Alexandrowitsch sowie über General von Rauch und Fürst Putjatin. Zuerst genierte sich Nikolaus II. noch in gewissem Maße vor der Berührung mit «diesem Bund, der aus Dieben und Rowdys aufgestellt worden war», schreibt Witte. Später wurde die «heimliche, oder richtiger — nicht demonstrative Unterstützung des ‹Bundes des russischen Volkes› durch den Zaren offensichtlich und ganz ungeniert».

Wie «ungeniert» beide Seiten dann später miteinander umgingen, beweist, daß A. I. Dubrowin, der Führer der Organisation, von Nikolaus II. wiederholt offen zu Audienzen ins Palais eingeladen wurde; dort wurden auch Abordnungen des «Bundes des russischen Volkes» offiziell begrüßt. Bei solch einem Empfang von Schwarzhundertern im Dezember 1905 nahm Nikolaus ein Geschenk aus ihren Händen entgegen — zwei Abzeichen des «Bundes»; das eine heftete er sich an die Feldbluse, das andere an das Hemd seines anderthalbjährigen Sohnes.

Typen, wie sie beim «Bund» vorherrschten, zogen ihn an. In ihrem Kreise fühlte er sich frei und ungezwungen. Er ließ sie in die Schloßgemächer ein, veranstaltete für sie Festessen und Ordensverleihungen. In ihrer Gesellschaft konnte er einfach mittrinken und die «Barynja» tanzen. In Trinksprüchen, Grußworten und Glückwunschtelegrammen rief er die Schwarzhunderter auf: «Vereint euch, wahrhaft russische Menschen! ... Ich werde den Treuen wohlgesinnt sein ... Ich brauche euch ... Einen Zarendank euch ... Ihr seid meine Stütze und Hoffnung ...» Der Vereinigung der Fuhrunternehmer, die als treue Untertanen den Schwarzhundertern ein «Aktiv» stellten, antwortete der Zar am 23. Dezember 1906: «Übermittelt den Fuhrleuten meinen Dank, vereinigt euch und gebt euch Mühe.» Bei einem Empfang im Schloß genierte er sich nicht, sich in Gegenwart aller beim Jaroslawler Gouverneur Rimski-Korsakow nach dem Befinden des dortigen Anführers der «Bündler», Kazaurow, zu erkundigen, eines Mannes, den zu kennen in Jaroslawl als Schande galt.

Im September 1906, als der Vorsitzende des «Bundes des russischen Volkes», Dubrowin, leicht erkrankt war, wurde er in seiner Wohnung von General von Rauch besucht, der ihm das persönliche Mitgefühl des Imperators und dessen Wünsche für eine möglichst schnelle Genesung übermittelte. Den Höhepunkt der nun schon völlig unverhüllten Zarengunst für die Schwarzhunderter bildete jedoch ein Telegramm, das Nikolaus am 3. Juni 1907 an Dubrowin sandte, an jenem Tag, an dem Stolypin durch die Auflösung der Zweiten Duma faktisch einen Staatsstreich unternahm. Jede Zurückhaltung aufgebend, appellierte der Selbstherrscher in seinem Sendschreiben an Dubrowin: «Möge mir der Bund des russischen Volkes eine zuverlässige Stütze sein.» «Dieses in höchstem Maße empörende Telegramm», schrieb Witte später, «im Zusammenhang mit der Entlassung der Zweiten Duma zeigte die ganze Erbärmlichkeit des politischen Denkens und die Krankhaftigkeit der Seele unseres selbstherrlichen Kaisers.» Der Expremier klagte über diejenigen aus der Umgebung des Zaren, die diesen vom Umgang mit den Schwarzhundertern zurückhalten könnten. Sie hätten «jegliche Prinzipien verloren und handeln nach der Neigung des Augenblicks, halten die Nase in den Wind, wie das ein guter Vorstehhund tut».

Sich selbst rechnete Sergej Juljewitsch natürlich nicht zu den Vorstehhunden. Dabei forderte der Zar von jedem seiner Helfer die Bereitschaft, «die Nase in den Wind zu halten», und achtete darauf, wie ausgeprägt diese Bereitschaft war. Vor denen, die aus seiner Umgebung nicht dem «Bund des russischen Volkes» angehörten oder ihn nicht mindestens tolerierten, war der Zar auf der Hut, ja er zeigte ihnen gegenüber nicht selten Mißtrauen. Es sah manchmal fast so aus, als ob er sich verdingt habe, neue Mitglieder für die Schwarzhunderter zu werben, denn er machte nicht einmal davor halt, seine Minister in dieser Hinsicht zu bearbeiten.

«Warum schreiben Sie sich nicht beim Bund des russischen Volkes ein, Pjotr Arkadjewitsch?» fragte er eines Tages Stolypin. «Dubrowin ist doch nicht mehr dabei.» (Stolypin und Dubrowin mochten sich nicht.)

Mit derselben Frage hatte sich der Zar seinerzeit auch an Stolypins Vorgänger Witte gewandt, wobei er nicht zu erwähnen vergaß, er würde die Mitgliedschaft in einer solchen Organisation zu würdigen wissen. Ein andermal verblüffte Nikolaus während einer Unterhaltung Witte mit folgender Frage: «Stimmt es, was man von Ihnen sagt, daß Sie für die Juden eintreten?»

Den gleichen Unterton von Verdacht und verhüllter Drohung hätte die Frage des Zaren sicher auch dann gehabt, wenn es ihm eingefallen wäre, seinen Premier danach auszuforschen, ob er etwa für die Ukrainer («Kleinrussen») oder für die Armenier oder für die Finnen oder gar für die Polen eintrete; denn Nikolaus' Einstellung zu seinen Untertanen der verschiedenen Nationalitäten lag, wie Witte schrieb, «die Losung der Verfolgung aller russischen Untertanen nichtrussischer Abstammung», das waren immerhin sechzig Millionen, zugrunde.

Während unter früheren Herrschern die Bewohner einiger Randgebiete noch relative Privilegien und elementare nationale Rechte besaßen, ihr eigenes inneres kulturelles Leben führten, begann die Administration Nikolaus' II. diese Zugeständnisse so einschneidend abzubauen und zu streichen, wie es nie zuvor geschehen war. Man kann den letzten Zaren ohne Übertreibung als den Organisator des in der Reichsgeschichte größten Angriffs auf alle Rechte der nationalen Minderheiten bezeichnen. Gerade unter Nikolaus konkurrierte Rußland besonders wirksam mit einigen anderen multinationalen Staaten wie zum Beispiel Österreich-Ungarn um den Ruf eines «Völkergefängnisses».

In dieser Ära wurden alle über einen Kamm geschoren,

stellen die französischen Historiker Lavisse und Rambeau fest, die im allgemeinen nicht besonders dazu neigen, die Tätigkeit der zaristischen Administration zu kritisieren. Den im Reich lebenden Völkern wurde ein «gleiches Joch» auferlegt: die nationalen Sprachen wurden verboten, die nationalen Kulturen unterdrückt. Auf Weisung des Zaren wurde «in allen fremdstämmigen Gouvernements», in allen Gebieten, die Rußland vom Baltikum bis zum Kaukasus umgaben, eine drakonische Politik der Diskriminierung, Verfolgung und Unterdrückung sowie der Entfachung nationalen Haders praktiziert.

Daß der Antisemitismus offiziell verkündete Ideologie und Praxis der zaristischen Regierung und eine der wichtigsten prinzipiellen politischen Grundlagen war, auf denen die (häufig nur scheinbare) Einheit der buntscheckigen reaktionär-chauvinistischen und obskurantischen Kräfte beruhte, ist wohlbekannt. Doch «die Maßnahmen, die gegen die Polen ergriffen wurden, waren häufig noch strenger», schreiben Lavisse und Rambeau. Mehr als sonst jemand, meinen diese Autoren, mußten die Polen wegen der Treue zu ihrer Sprache und ihrer Religion leiden.

Doch nicht minder hart war die Verfolgung der litauischen Kultur — der Kunst, der Literatur, der Presse, der Idee eines nationalen Lebens und schöpferischer nationaler Eigenart.

Die Ostseeprovinzen — Livland, Estland und Kurland — standen anscheinend traditionell in der Gunst des Zaren. Der dortige Adel, er bestand vor allem aus «deutschen Baronen, den Nachkommen der Schwertritter», war in anderthalb Jahrhunderten zu einer Pflanzstätte von Generälen, Ministern, Polizeioffizieren und Diplomaten für das Russische Reich geworden. Diese genossen Privilegien, besaßen große Ländereien und gaben zusammen mit der deutschen Stadtbourgeoisie in Riga, Reval und anderen großen Städten den Ton an. Diese Adligen und Großbürger konnten sich im Zarenreich nicht beklagen. Die genannten französischen Historiker unterstreichen das mit folgender Geschichte. Nikolaus I. wollte den Beamten A. P. Jermolow für etwas belohnen und fragte ihn, was er sich wünsche. Jermolow erwiderte: «Majestät, machen Sie mich zu einem Deutschen.»

Anders stand es mit der von jener deutschen Herrenschicht ausgebeuteten estnischen und lettischen Volksmasse. Bereits 1883 hatte Alexander III. dem Senator Manassein aufgetragen, die «Gebrechen» der Administration in den baltischen Provinzen zu untersuchen, ihre «innere Instabilität» unter die Lupe zu nehmen. Der untersuchte denn auch und kam zu einem Ergebnis. Er entwarf einen Plan, wie man die Verwaltung «in Ordnung bringen» könnte. Nach der Thronbesteigung Nikolaus' II. begannen die zentralen Behörden mit der Verwirklichung der Empfehlungen Manasseins. Die Grundschulen wurden der Aufsicht der örtlichen Behörden entzogen und dem Ministerium für Volksbildung unterstellt. Die Landgerichte wurden durch Friedensrichter ersetzt, die nur das Justizministerium ernennen und absetzen konnte. Die Bezirksgerichte von Reval, Riga, Mitau und Libau ordnete man der Petersburger Gerichtskammer unter. Außerdem ging im Baltikum, ebenso wie in Polen, die Unterdrückung des nationalen Kulturlebens, der Krieg gegen die Sprache, mit einem Krieg gegen die Religion einher, genauer — einem Krieg gegen die traditionellen religiös-kirchlichen Bindungen der Volksmassen, und zwar auf dem Hintergrund groben polizeilichen Druckes und von Versuchen, der Bevölkerung die orthodoxe Staatsreligion aufzuzwingen.

Die Esten und Letten hatten dem lutherischen Glauben immer mehr oder weniger gleichgültig gegenübergestanden, in ihren Augen war das vor allem die Religion der deutschen Herren. Nachdem Graf Protassow jedoch Zehntausende von Esten und Letten mit Gewalt den orthodoxen Glauben aufgezwungen hatte und nach ihm andere zaristische Administratoren ebensolchen wilden Eifer zeigten, kam es zur entgegengesetzten Reaktion. Der Widerstand wuchs. Viele Menschen, denen die Religion früher gleichgültig gewesen war, wehrten sich nun gegen die orthodoxe Staatsreligion und verteidigten verzweifelt ihren lutherischen Glauben. Besondere Empörung unter der Bevölkerung sowohl des Baltikums als auch anderer Regionen an der Peripherie des Reiches rief die Praxis hervor, «fremdstämmigen» Eltern gewaltsam die Kinder fortzunehmen, um sie untertänig und «rechtgläubig» zu erziehen. Man nahm beispielsweise baltischen Protestanten, katholischen Polen, ukrainischen Duchoboren und Unierten und Juden die Kinder weg und brachte sie in entfernte Gouvernements.

Sogar manche Würdenträger vermochten ihren Abscheu gegen diese barbarische Praxis nicht immer zu verhehlen. Lamsdorff zum Beispiel konstatierte einmal bedrückt «die traurige Nachricht von den Gewalttaten, die in den baltischen Provinzen begangen werden». Dort leben, schreibt er, viele «Rechtgläubige», die in einer lutherischen Umgebung aufgewachsen sind. Wenn jene Untertanen, die eine Mischehe eingegangen sind, es ablehnen, ihre Kinder in der orthodoxen Kirche taufen zu lassen, «nehmen die Behörden, sobald sie es erfahren, solche Kinder den Eltern weg. Kann man sich so etwas Furchtbares vorstellen?»

Ein Blick zum Kaukasus. Der Statthalter Golizyn meldete dem Zaren, daß nach seiner Ansicht die «Armenier eine zu hohe Meinung von sich haben». Außerdem: «Die armenische Kirche fördert die Revolutionierung der örtlichen Bevölkerung.» Um den Unbotmäßigen eine Lektion zu erteilen, beschlagnahmte der Statthalter mit Zustimmung des Zaren das ...entum der armenischen Kirchen. Der Staatsrat erkannte ...eschlagnahme als ungesetzlich und hob sie auf. Doch der ...eigerte sich, das Journal (Protokoll) der Sitzung des Ra... ...bestätigen, und anullierte damit dessen Entscheidung. ...ehl über die Beschlagnahme trat in Kraft.

...viel besser als den Armeniern im Süden des endlosen ... ging es den Finnen im Norden. Mit der Machtüber... ...Nikolaus' II. wurde das Verhältnis zu ihnen immer ge... ...r. Der 1899 zum Generalgouverneur in Finnland er... ...Bobrikow verschärfte die Praxis der Sonderverfügun... ...m 3. Februar 1899 wurde dieses System durch ein ...manifest gekrönt, das einen Teil der traditionellen ...chte der finnischen Institutionen aufhob. Der Senat in Helsingfors erhob daraufhin Protest. Eine Abordnung reiste mit einer von fünfhunderttausend Einwohnern unterschriebenen Petition nach Petersburg. Nikolaus lehnte es ab, die Abordnung auch nur zu empfangen. Im Jahre 1901 fuhr eine andere Deputation mit einem ähnlichen Appell zu ihm, wieder lehnte er es ab, mit ihnen zu sprechen. Bobrikow zahlte für das Wüten seiner Polizei mit dem Leben, am 3. Juni 1904 wurde er von einem finnischen bürgerlichen Nationalisten ermordet. Aber die Nachfolger Gerard und W. A. Beckmann setzten seine Politik fort, so daß sich sogar der dänische König, der Großvater des Zaren mütterlicherseits, genötigt sah, sich an Nikolaus mit der Bitte zu wenden, «die Finnländer nicht zu verfolgen». Auch diese Fürsprache blieb jedoch unbeachtet.

Am 17. März 1910 brachte Stolypin auf Weisung Nikolaus' II. den Entwurf einer «Verordnung über den Erlaß der Finnland betreffenden Gesetze und Bestimmungen von gesamtstaatlicher Bedeutung» in die Duma ein. Mit dieser Maßnahme wollte der Zar noch einmal demonstrieren, daß seine Oberhoheit über dieses Land als «Großfürst von Finnland» unerschütterlich war und er gar nicht daran dachte, seine gesetzgebende Selbstherrschaft etwa zu mildern. Im Gegenteil, er wollte sie noch verstärken, jedenfalls «in Fragen, die gleichzeitig sowohl das Großfürstentum als auch das Reich insgesamt betreffen».

Lenin prangerte in seinem Artikel «Feldzug gegen Finnland», der am 26. April 1910 veröffentlicht wurde, noch einmal den «Nationalismus der Selbstherrschaft, die alle ‹Fremdstämmigen› unterdrückt», an. Er entlarvte das leere Wortgeklingel der Liberalen, die Mitgefühl mit den vom Zarismus unterdrückten Nationalitäten heuchelten: «Phrase ist Phrase geblieben, aber der Inhalt *nutzte* der menschenfeindlichen Politik der Selbstherrschaft», und verkündete: «Es kommt die Zeit und das russische Proletariat wird sich für die Freiheit Finnlands, für die demokratische Republik in Rußland erheben.»

Witte riet dem Zaren, «den Juden Gleichberechtigung mit

den anderen Untertanen zu gewähren», da jedoch auch die «anderen Untertanen» keine Rechte besaßen, war das Gerede von irgendeiner Gleichstellung müßig — alle waren gleich in der Rechtlosigkeit. Zu ihnen gehörten die Ukrainer und die Belorussen, denen das Recht auf ihre nationale Kultur und ihre Muttersprache versagt wurde, und auch die kaukasischen Völker, die unter der Knute des Zarismus «so empört waren, daß viele davon sprachen, daß man den Kaukasus noch einmal unterwerfen müsse». Übrigens, manche der Regierung Nahestehende meinten sogar, man müsse Rußland unterwerfen, dann werde es nicht schwierig sein, auch den Kaukasus zu unterwerfen und die Randgebiete zur Vernunft zu bringen.

Nichts konnte Nikolaus II. in der Überzeugung wankend machen, daß alle Sondergesetze, die sich gegen die nationalen Minderheiten richteten, nicht abgeschafft, sondern verschärft werden sollten. Und wenn es im Reich eine Kraft gab, die dieses System der Unterdrückung und Verfolgung entschlossen unterstützte und verteidigte, dann waren das nach seiner Meinung die Schwarzhunderter.

Nach dem im Russischen Reich geltenden Grundgesetz mußten Gesetzentwürfe, die dem Zaren zur Begutachtung vorgelegt werden sollten, vorher im Staatsrat (nach 1905 auch in der Staatsduma) erörtert und bestätigt werden. Aber keine einzige der rassistischen und chauvinistischen Bestimmungen, die in den letzten Jahrzehnten des Zarismus Gültigkeit erlangten, durchlief einen solchen Weg. Alle derartigen Gesetze wurden auf Umwegen und eigenmächtig in Kraft gesetzt.

Gesetzentwürfe, die in der Duma oder im Staatsrat gescheitert wären, wurden zum Beispiel über die sogenannten Besonderen Beratungen beim Zaren im Verfahren der «Obersten Administration» durchgebracht. Sie erreichten Gesetzeskraft allein durch die Unterschrift des Zaren. So wurden von 1905 bis 1910 fast alle Verfügungen, die sich gegen nationale Minderheiten richteten, durch die individuelle Macht Nikolaus' II. entschieden.

Es genügte nicht, das Reich in der ständigen Spannung

einer Pogromstimmung zu halten; den Banden des «Bundes des russischen Volkes» mußte die psychologische Möglichkeit gesichert werden, in jedem beliebigen Moment zum Raub ausziehen zu können; die demokratische Öffentlichkeit sollte unter den tötenden Blicken der Ochrana und der Schwarzen Hundertschaft erstarren. Was Dubrowin und Buxhoevden nicht schafften, besorgten der Justizminister Stscheglowitow und der Staatsanwalt Wipper. Und umgekehrt — durch die ungeheuerlichen rassistischen Schauprozesse Stscheglowitows und Wippers wurde neuen Untaten der Achtgroschenjungen von Taganka und Demijowka der Weg bereitet.

Justiz und Polizei, Ochrana und Generalität, Feldgerichte und Gendarmerie koordinierten ihre Aktivitäten; mit jeder dieser Institutionen wiederum stimmte der «Bund des russischen Volkes» seine Aktionen ab, und mit allen zusammengenommen operierte Nikolaus II., «von Gottes Gnaden». Sein Umgang mit den Schwarzhundertern, die Subsidien, Belohnungen und Prämiengelder waren der Preis für seine Furcht. Seine Furcht vor der Revolution. Seine Furcht vor Rußland. Seine Furcht vor dem russischen Volk, dem wirklichen und nicht dem, für das sich die monarchistischen Aktivisten und die Kneipenwirte, der Abschaum der Gesellschaft, ausgaben.

Die Straflosigkeit beflügelte die Schwarze Hundertschaft, die Anführer ebenso wie das von ihnen angeworbene Gesindel. Wenn es trotzdem einmal vorkam, daß die zaristische Justiz bei allzu krassen Fällen die Pogromhelden verurteilte, dann erließ ihnen Nikolaus persönlich die Strafe. Von der Begnadigung von Revolutionären durfte in seiner Gegenwart nicht einmal gesprochen werden; für die «Bündler» jedoch setzte er sich schon auf die erste Bitte hin ein, ja selbst ohne Bitten, aus eigener Initiative. In einer Unterredung mit Konownizyn bekannte er einmal, er führe «einen ständigen Kampf mit dem eigenen Gericht» zugunsten der Schwarzhunderter. «Ich weiß», sagte er seinem Gesprächspartner, «daß die russischen Gerichte gegenüber den Teilnehmern an Pogromen zuviel Strenge und Pedanterie zeigen. Ich gebe Ihnen mein Zarenwort, daß ich auf Bitten des mir teuren ‹Bundes

des russischen Volkes› ihre Urteile stets korrigieren werde.» Er «korrigierte» die Urteile, und wenn er «korrigiert» hatte, dann brachte er es fertig, dem Schützling ein Grußtelegramm, einen «Zarenkuß» oder einen Orden zu schicken. Unter seinem Hermelinmantel, so schrieb ein Zeitgenosse, verbarg sich die Schwarze Hundertschaft, sie war «zusammengeschlossen und organisiert, wie es nur Diebes- und Räuberbanden sein können, um nicht erwischt zu werden».

Es hatte sich im Laufe der Zeit ein in seiner Art einmaliger Filz von Justiz und Kriminellen gebildet, der oft die «Strafselbstherrschaft» genannt wurde. Das war ein zugleich scharfsinniges und bis zur Primitivität simplifiziertes System, in dem sich auf der Basis der gemeinsamen Mißhandlung des Volkes Dieb und Polizist, Landsknecht und Großfürst, Kneipenkellner und Generalgouverneur zum gemeinsamen Angriff mit Knute und Beil zusammenfanden.

Der Zar spielte die Führungsrolle in diesem System, seine Verdienste lagen in der Koordination und Inspiration. Die prominenten Vertreter dieses Straf- und Schutzsystems Kramer und Purischkewitsch klagten von den Podien des Staatsrates und der Staatsduma die «weltweite jüdisch-freimaurerische Verschwörung» an, die sich gegen den Doppeladler richte, und riefen den Herrscher und Imperator auf, den «Samen des Ungeheuers» mit glühenden Eisen auszubrennen, ihn vom russischen Boden zu vertilgen.

Doch der Selbstherrscher brauchte derartige Aufrufe nicht. Es war überflüssig, ihn anzustoßen, er ging von allein.

Schwarz auf weiß

Was war der Zar, ein Mensch oder ein Gott?

«Sagen Sie mir offen, Sergej Juljewitsch», fragte der Großfürst Nikolai Nikolajewitsch einmal den Ministerpräsidenten, «was meinen Sie, ist der Herrscher ein Mensch oder nicht?»

Witte antwortete: «Der Herrscher ist mein Herr, und ich bin sein treuer Diener, mag er uns von Gott oder von der Natur gegeben worden sein, er ist ein Mensch mit allen menschlichen Eigenschaften.»

«Nein», widersprach der Großfürst. «Ich halte den Herrscher nicht für einen Menschen. Er ist nicht Mensch und nicht Gott, sondern etwas dazwischen.»

Einer der Unterschiede zwischen dem Selbstherrscher und einem Gott lag sicherlich darin, daß letzterer keine Akten las und keinen routinemäßigen Schriftverkehr unterhielt, während der Zar dies tat. Und so haben sich in den Archiven zahlreiche Rapporte, Berichte, Meldungen und Vorlagen erhalten, auf denen schwarz auf weiß Entscheidungen gemäß der überkommenen Formel zu lesen sind: «Darauf beliebte es Seiner Kaiserlichen Majestät eigenhändig zu schreiben . . .»

Achtundsiebzig Petersburger Literaten hatten eine Petition an den Monarchen unterschrieben. Sie enthielt die Bitte: «Haben Sie die Güte, Herrscher, die russische Literatur unter den Schutz des Gesetzes zu nehmen.» Die Schriftsteller erbaten keinerlei besondere Privilegien oder Vorteile, sondern nur, «daß die Literatur nicht außerhalb der Rechtsprechung steht», das heißt, das Strafen gegen die Schriftsteller nicht administrativ (durch Polizei und Gendarmerie), sondern gerichtlich verhängt werden sollten. Ihre Petition wurde über die kaiserliche Petitionskanzlei eingereicht. Die Antwort wurde einem der Unterzeichner, dem Akademiemitglied Bilbassow, durch den Polizeireviaufseher zugestellt. Sie lautete: «Ohne jegliche Folgen lassen. Nikolaus.»

Das Innenministerium legte dem Zaren einen Bericht über die Streikbewegung vor, in dem darauf hingewiesen wurde, wo und wie viele Streiks mit Hilfe von Streikbrechern beigelegt und wie viele mit Gewalt unterdrückt worden waren. Nikolaus schrieb darunter: «Auch weiterhin ohne Nachgeben handeln.»

Am 22. Juli 1905 sandte der Stellvertretende Innenminister D. F. Trepow dem Zaren einen Rapport mit der Bitte, eine Verstärkung der Polizei im Gouvernement Kurland zu erlauben. Allerhöchster Kommentar: «Die Polizei ist auf einen Polizisten je 400 Seelen der Bevölkerung zu verstärken.»

Gleichzeitig wird angewiesen, neunzehn Millionen Rubel für die Erhöhung der Polizistengehälter bereitzustellen.

Nach der im Russischen Reich geltenden «Ordnung über die körperlichen Züchtigungen» konnte jeder örtliche Polizeivorsteher nach eigenem Ermessen jeden beliebigen Bauern prügeln lassen. Für die Aufhebung dieser «Ordnung», die als schändlich angesehen wurde, setzte sich der Staatsrat ein. Auf dem Bericht über die Diskussion im Staatsrat steht von Zarenhand: «Wenn ich will, dann werde ich aufheben.»

Der Petersburger Stadthauptmann schlägt vor, die «widerspenstigsten» Streikenden auf dem Verwaltungswege zur Einweisung in «Arbeitshäuser mit besonders strengem Regime» zu verurteilen. Das heißt, er schlägt eine weitere außergerichtliche, polizeiliche Form der Zwangsarbeit vor. Entscheidung des Zaren auf der Vorlage: «Ja, oder Ruten, wie man es in Dänemark gemacht hat.»

Prügeln ist gut, henken noch besser. Der Stab des Fernöstlichen Militärbezirkes meldet nach Petersburg, aus dem Zentrum des Landes seien «anarchistische Agitatoren» bei der Armee eingetroffen, mit dem Ziel, die Armee zu zersetzen. Ohne sich für die Untersuchung oder ein Gerichtsverfahren, ja nicht einmal für die einfache Bestätigung der Tatsache zu interessieren, befiehlt der Zar: «Die Verhafteten sind aufzuhängen.»

Aufhängen ist gut, aber man kann auch schießen. Als er erfuhr, daß die Belagerung der Fidlerschen Lehranstalt, in der sich, wie bereits berichtet, hundert revolutionäre Kämpfer verteidigten, damit endete, daß das mit Artillerie beschossene Gebäude zerstört worden war und eine Anzahl der Belagerten den Tod gefunden hatte, sandte Nikolaus dem Befehlshaber der Truppen des Moskauer Militärbezirks folgendes Telegramm: «Nach dem Zeugnis des Generalgouverneurs haben sich die Truppen tadellos geführt; ich beauftrage Sie, ihnen meinen herzlichen Dank auszusprechen.»

Unter die Meldung des Gouverneurs von Ufa, daß bei der Eröffnung des Feuers auf eine Arbeiterdemonstration siebenundvierzig Menschen den Tod gefunden hatten, schrieb Nikolaus: «Schade, daß es sowenig sind.»

Man kann schießen, aber ertränken wäre auch nicht schlecht. Während Witte über die Lage im Lande berichtete, ging der Zar ans Fenster, schaute auf die Newa und sagte: «Man müßte alle diese Revolutionäre nehmen und in der Bucht ertränken.»

Und verbrennen ... Im Verwaltungsgebäude der Sibirischen Eisenbahn in Tomsk fand ein Meeting der demokratischen Öffentlichkeit statt. Auf ein Signal des Gouverneurs Asantschewski-Asantschejew umstellten die Schwarzhunderter das Gebäude und steckten es in Brand. Die Flammen erfaßten alle drei Etagen. Vom Balkon seines Hauses auf der anderen Seite des Platzes genoß der Gouverneur, der verboten hatte, das Feuer zu löschen, den Anblick des Brandes. Jeder, der versuchte, das Gebäude durch den Hinterausgang zu verlassen, wurde auf der Stelle erschlagen. Ergebnis der ungeheuerlichen Provokation: Tausend Menschen waren umgekommen. Der Gouverneur erhielt aus Petersburg ein Danktelegramm und einen «Zarenkuß».

Nach einem Pogrom in Gomel im Dezember 1905 wurde festgestellt, daß der dortige Gendarmerieoffizier Graf Podgoritschali mit Hilfe des «Bundes des russischen Volkes» die Ausschreitungen organisiert hatte. Witte trug die Untersuchungsergebnisse auf einer Sitzung des Ministerrates vor. Nach Anhörung eines Berichts des Innenministers, Durnowo, beschloß die Regierung, Podgoritschali seines Postens zu entheben und vor Gericht zu stellen. Der Zar, der das Protokoll der Sitzung zur Bestätigung erhielt, schrieb darunter: «Wen geht das eigentlich etwas an?» Er lehnte die Bestätigung des Protokolls ab.

Ein Halbgott, sollte man meinen, darf nicht mit Gefängnisschlüsseln klirren. Weit gefehlt! In Wirklichkeit hielt er die entscheidenden Hebel des Terrorapparates fest in seinen Händen und ließ sie nicht los. Der Zar verfolgte tatsächlich persönlich, wie die Mühlsteine der Vergeltung arbeiteten.

Regelmäßig sandte der Kommandant der Peter-Pauls-Festung Nikolaus II. Berichte mit den Listen der Häftlinge nach dem Stand vom Ersten jedes Monats. Wie methodisch und unentwegt diese Information von Monat zu Monat, von Jahr zu Jahr erfolgte, zeigen die in den Archiven vorhandenen Berichte für die Zeit vom 1. Januar 1900 bis zum 1. Januar 1917 sowie die «Alphabetische Liste der Geheimgefangenen, die in der Skt.-Ptbg.-Festung von 1900 bis 1916 einsaßen».

Ebenso systematische Informationen erhielt Nikolaus auch aus anderen Quellen: von der Ochrana (einen wöchentlichen Report über Fahndung und Festnahmen), aus dem Gendarmeriekorps sowie von den Befehlshabern der Strafexpeditionen.

Einige Beispiele solcher detaillierter Meldungen:

Wöchentlicher Bericht des Schloßkommandanten Trepow über den Kampf gegen den Aufruhr:

1906, 26. Januar. Im Gouvernement Tschernigow, Kreis Surash, stellt der Chef der Gendarmerieverwaltung, General Rudow, die Ordnung her.

In Begleitung einer Kosakenabteilung hat er über 40 Dörfer bereist. Er ruft die Gemeindeversammlung zusammen und fordert die Auslieferung der Anstifter sowie die Rückgabe des Eigentums der Gutsbesitzer, wobei die Anstifter sofort körperlich gezüchtigt werden.

Weigert sich die Gemeindeversammlung, die Anführer auszuliefern, dann befiehlt General Rudow, die Hütten anzustecken, wonach die Bauern volle Reue zeigen.

120 Personen wurden ausgepeitscht. Es gab Fälle, da sich Bauern mit einem Beil oder einem Pfahl auf den Kommandeur der Kosakenhundertschaft stürzten. Sie wurden auf der Stelle getötet.

Jede Woche legte ihm der Innenminister, P. N. Durnowo, persönlich eine schriftliche Einschätzung des Kampfes gegen die revolutionäre Bewegung vor. Eine davon lautet:

1906, 11. Januar. In der Baltischen Region kann man den Aufstand als niedergeschlagen betrachten. Am 3. Januar bekundeten die Delegierten von sechsundvierzig Amtsbezirken

Generalmajor Stoph ihre volle Unterwürfigkeit und Demut, wobei sie im Chor «Gott behüte den Zaren» sangen und den Gesang mit einem einstimmigen «Hurra» beschlossen.

Jedoch wiederholen sich Fälle von Gewaltakten gegen Gutsbesitzer in den Kreisen.

In Kaukasien ist der Aufstand entlang der Wladikawkas-Straße unterdrückt worden.

In den Kreisen Alexandriisk und Jelisawetgrad des Gouvernements Cherson leisteten die Bauern den Truppen Widerstand, und diese eröffneten das Feuer, wobei 15 Bauern getötet und 80 verwundet wurden.

Nikolaus II. scheute sich nicht, die grausamsten Anführer der Strafkommandos in Liwadija und in Zarskoje Selo zu sich zu Tisch zu laden. Dort lauschte er mit Interesse ihren Erzählungen. In den Briefen und Tagebüchern tauchen Notizen über solche Gäste auf: «Min, der Befrieder Moskaus, war da und frühstückte mit uns ... dankte dafür, daß man sie nach Moskau geschickt hatte, um die Meuterei zu unterdrücken ... In der Husarenmanege wurde mir die Expeditionsabteilung des Barons Meller-Sakomelski vorgestellt ... Ging spazieren, schoß zwei Krähen ... Ging lange spazieren und schoß zwei Krähen ... Wir saßen mit Meller-Sakomelski und den Offizieren seiner Abteilung, die von einer Expedition durch Sibirien zurückgekehrt sind.» Wie das Mahl verlief, kann man aus dem Tagebuch des Oberleutnants Jewezki schließen, der mit Meller im Schloß weilte: «Seine Majestät fragte viel nach Einzelheiten unseres Zuges, war offenbar gut unterrichtet; er kennt die telegraphischen Berichte des Barons gut und ist mit seiner Meinung einverstanden, daß man die Revolution viel strenger unterdrücken müßte – ein für allemal.»

Eifersüchtig hielt Nikolaus vor allem an seinem Vorrecht fest, über Leben und Tod zu entscheiden. Er überließ den Generalgouverneuren zwar das Recht, Zivilpersonen dem Kriegsgericht zu übergeben und die von diesem gefällten Todesurteile zu bestätigen. Aber er verweigerte ihnen das Recht, Todesurteile in Gefängnisstrafen umzuwandeln.

Nikolaus II. erteilte seinen Bevollmächtigten den Auftrag, den Menschen das Leben zu nehmen, aber nicht, es ihnen zu schenken. Er erteilte einen Blankoscheck für Unerbittlichkeit, aber nicht für Nachsicht. Damit durchkreuzte er selbst eventuelle «Nachlässigkeiten» seiner Gerichte. Wenn ein Generalgouverneur durchaus das Leben eines Verurteilten retten wollte, so konnte er sich nur über den Innenminister mit der Bitte um Gnade an den Zaren wenden. Doch selten hatte ein Generalgouverneur einen solchen Wunsch, noch seltener erkühnte er sich dann auch, über den Minister um Begnadigung eines Verurteilten nachzusuchen, überhaupt oder so gut wie ausgeschlossen war es, daß der Zar einer solchen Bitte entsprach.

Während des üblichen Vortrags über die Arbeit des Ministeriums fragte der Justizminister, S. S. Manuchin, was mit dem achtundzwanzigjährigen I. P. Kaljajew, der zum Tode verurteilt worden war, werden sollte; er ließ kaum merklich die Frage anklingen, ob Seine Majestät vielleicht wünsche, etwas am Schicksal des Todeskandidaten zu ändern. Nikolaus ging, nach dem späteren Zeugnis Manuchins, «schweigend ans Fenster und trommelte mit den Fingern gegen die Scheiben». Er sprach kein Wort mehr mit dem Minister und geleitete ihn ohne Abschied hinaus. Der Hofminister Frederiks sandte Manuchin die Warnung hinterher, er möge sich in Zukunft bei Audienzen «taktloser Fragen» enthalten, sonst drohe ihm die Entlassung.

Im Taurischen Park schoß ein junger Mann aus zehn Schritt Entfernung mit einem Browning auf den spazierengehenden Dubassow. Er verfehlte ihn und wurde ergriffen. Auf der Polizei erklärte er, er habe Rache nehmen wollen für die Repressalien bei der Unterdrückung des Moskauer Aufstandes. Dubassow bat den Zaren, den jungen Burschen zu verschonen, nannte ihn «fast noch einen Knaben». Nikolaus jedoch lehnte die Bitte ab, der Junge kam vors Feldgericht und wurde gehenkt.

Über den Vorfall im Taurischen Park erzählte Dubassow Witte: «Ich sehe noch jetzt diese kindlichen, unbewußten Augen vor mir, die erschrocken darüber waren, daß er auf mich geschossen hatte ... Ich habe dem Herrscher geschrieben, habe ihn gebeten, diesen jungen Burschen zu verschonen und ihn vor ein ordentliches Gericht zu stellen.» Einen Tag später berichtete Dubassow Witte über die Antwort des Zaren auf die Bitte um Verschonung. «Niemand», hatte ihm Nikolaus gesagt, «darf die Kraft der Gesetze mindern; die Gesetze müssen mechanisch gelten; das, was nach dem Gesetz zu geschehen hat, darf von niemandem abhängen, auch nicht von ihm — dem Herrscher und Imperator.» Kommentar Wittes: «Als ob das Gesetz, nach dem dieser junge Bursche verurteilt und danach unverzüglich gehängt wurde, nicht von ihm — dem Imperator Nikolaus II. — erlassen worden war ... Als ob Seine Majestät nicht zur gleichen Zeit Verurteilte aus der Bande der extremen Rechten begnadigt hätte ... Noch öfter fand die Polizei diese vorsätzlichen Mörder und Organisatoren von Attentaten einfach nicht und strengte deshalb kein Ermittlungsverfahren gegen sie an. War dem Herrscher das alles etwa nicht ausgezeichnet bekannt?»

Nikolaus II. ist ein Mustervater, seinen Sohn vergöttert er. Wenn die Rede auf den Thronfolger Alexej kommt, treten dem Zaren Tränen in die Augen. «Ich erinnere mich», schrieb A. F. Koni, «wie seine Stimme vor Gefühl und unterdrückten Tränen bebte, als er bei seiner Rede vor der Eröffnung der Staatsduma im Januar 1906 im Thronsaal des Winterpalais seinen Sohn erwähnte.»

Das ist die eine Seite, in der sich die Persönlichkeit des Mannes manifestiert, der die höchste Macht in Rußland in Händen hielt. Und das ist die andere Seite — zwei tragische Episoden, für die die gleiche Persönlichkeit zumindest mittelbar die Schuld trägt, da sie nur in der von ihr entscheidend geprägten Atmosphäre der Gewalt und des Terrors möglich waren.

Während der Unruhen in Moskau ärgerte ein vierzehnjähriger Junge einen Gendarmen und versteckte sich dann hinter einer Säule des Jekaterinenkrankenhauses. Der Gendarm zog den Revolver und erschoß den Jungen auf der Stelle.

In Kokness wurden dreißig Personen erschossen, darunter der vierzehnjährige Graudsin, und dieser deswegen, weil er einen verrosteten, unbrauchbaren Revolver, den er irgendwo aufgelesen hatte, unter Reisig versteckt hatte.

Er ist nicht nur ein guter Vater, er ist auch ein guter Sohn. Weder das Alter noch die Aufregungen seines Amtes vermochten die rührende Liebe zu seiner Mutter aus seinem Herzen zu verdrängen. In seinen Briefen an sie teilte er ihr meistens seine Sorgen mit.

Zarskoje Selo, 1906, 12. Januar

Meine liebe Mama!

Am vergangenen Donnerstag konnte ich Dir wirklich nicht schreiben ... Ich mußte einen langen Brief an Graf Woronzow schreiben. Zum Glück handelt er jetzt energischer — jetzt geht dort (in Kaukasien — M. K.) alles besser ...

In den Baltischen Gouvernements agieren Orlow, Richter und Baron Fersen großartig — die Befriedung ist schon nahe ...

In Sibirien ist es auch besser, aber noch ist die Säuberung von all dem Dreck nicht beendet ...

Witte hat sich nach den Moskauer Ereignissen einschneidend verändert: Jetzt möchte er alle aufhängen und erschießen.   Der dich heiß liebende Nicky

In ihrem Antwortbrief gab die verwitwete Zarin der Hoffnung Ausdruck, daß «der Aufruhr letzten Endes zerschlagen wird».

Einige Wochen früher, am 17. November 1905, teilte er der Mutter mit: «Ein aus dem Dienst gejagter Offizier, der ehemalige Leutnant Schmidt, hat sich zum Kommandeur der ‹Otschakow› ausgerufen. Man wird ihn natürlich erschießen müssen.»

Die Antwort lautete: «Ich hoffe, daß mit Schmidt Schluß gemacht wurde, sonst, das fehlte gerade noch, flieht er womöglich ... Mit solchen Kanaillen darf man nicht viel Umstände machen.»

Auch seine Frau gab ihm Ratschläge. Sie schrieb über die Revolutionäre und Liberalen: «Mein Sonnenschein, mach sie kirre . . . Mein Vögelchen, verschone niemanden von ihnen.»

Dabei sollte man meinen, das sei nicht «Vögelchens» Sache — Kugel und Galgen; das sei keine Beschäftigung für den «Sonnenschein», mit Ladestöcken zu verprügeln oder zur ewigen Zwangsarbeit zu verschicken.

Kapitel VII
Der Starez

Auf Pilgerstraßen

Nikolaus II. liebte niemanden außer sich selbst (und seine Kinder), er bedauerte niemanden und schätzte niemanden, nicht einmal die treuesten seiner Diener.

Die einzige Ausnahme in der Beziehung zwischen dem Thron und seinen Hütern bildete Rasputin. Nur er brauchte die jähen Schwankungen der höfischen Konjunktur und den Wechsel der Monarchenlaunen nicht zu fürchten.

Favoriten, Günstlinge, Hellseher und Narren hatte es auch unter anderen Zaren gegeben. Gewöhnlich stammten sie aus der Menge der Höflinge, oft aus der Aristokratie. Rasputin ähnelt niemandem von diesen Figuren. Er ist in seiner Weise einmalig. Er ist als Favorit unerhört, unglaublich, beispiellos. Der sowjetische Dichter Pjotr Oreschin hat ihn in einem Poem so dargestellt:

> Den quälte Atemnot,
>> Den Schwäche, Krankheit jenen . . .
> Da kam Rasputin, Grischka,
>> Der wußte Rat.
> Jetzt füllte Schaffelldunst das Schloß
>> Und Taigamoder,
> Uralter Rede Laut und Kienspanduft,
>> Es roch nach feuchter Erde.

«. . . bis ins Palais», schreibt Alexej Tolstoi, «bis zum kaiserlichen Thron war ein des Lesens und Schreibens unkundiger Bauer mit irren Augen und gewaltiger Manneskraft vorgedrungen und begann voller Spott und Hohn ein schamloses Spiel mit Rußland zu treiben.»

Nicht er ist es, der Gnade bei seinen kaiserlichen Schutzherren sucht, sondern sie beugen sich vor ihm und scharwenzeln um ihn herum. Sie erflehen von ihm Fürbitte beim Schicksal, Segen und Rat im Namen Gottes. Welche Dossiers und Protokolle über seine abstoßenden Abenteuer die Geheimpolizei auch zusammenstellt und in das Arbeitszimmer des Zaren sendet, von Grigori Jefimowitsch Rasputin prallt alles ab wie Erbsen von der Wand.

Auf dem Höhepunkt seiner Karriere wird im Palast keine wichtige Idee geboren, kein Projekt von Tragweite entschieden, ohne mit dem Namen dieses Scharlatans verbunden zu sein.

Heute noch, viele Jahre nach seinem Tode, wird er im Westen als unvergängliche, nicht verblassende historische Sensation gehandelt. In mindestens zwanzig Kino- und Fernsehfilmen, die allein in den letzten fünfundzwanzig Jahren von Produzenten in Hollywood, München, London und anderen Städten gedreht wurden, figuriert er als Hauptheld.

Der Schauspieler Claude Jouvenel spielte ihn in dem Film «Rasputin» als eine Art russischen Herzog Richelieu, eine Petersburger Variante des Pariser Kardinals, mit dem kleinen Unterschied, daß die Petersburger Variante einen dichteren und längeren Bart hatte und sich in den Pausen zwischen den Intrigen zuweilen in nächtlichen Kneipen herumtrieb.

Gert Fröbe stellte ihn in dem Film «Ich tötete Rasputin» als Träger einer gewissen dämonischen, übermenschlichen Kraft dar, der von der Rettung des Reiches und der Dynastie vor dem kommenden Untergang träumte. Diese historische Tat verhinderten jedoch Jussupow und Purischkewitsch, die den Titanen des Denkens und des Geistes unter das Eis der Newa beförderten. Das Szenarium des Films wurde nach dem gleichnamigen Buch F. F. Jussupows geschrieben. Zur Reklame des Streifens trug entscheidend ein Prozeß bei, den 1967 Rasputins damals fünfundsiebzigjährige Tochter Marija (Matrjona)

Solowjowa wegen Verunglimpfung ihres Vaters gegen den Regisseur Hossein und den Autor Jussupow anstrengte.

Rasputin, oder auch Starez, wie er immer wieder genannt wird, ist Held Dutzender Poeme, Novellen und Romane. Iwan Nashiwin, ein weißer Emigrant, widmete ihm schon in den zwanziger Jahren einen dreibändigen Roman, voll von halb wahnwitzigen Dialogen mit dem Zaren, mit Bankiers und Schwarzhundert-Aktivisten von der Art eines Ioann Wostorgow. Kleinlich-feig und liebedienerisch ist in diesem Buch jede Handlung des Starez, was der Wirklichkeit nicht entspricht, ungereimt seine Sprache, die fast parodistisch auf eine «Einfache-Leute-Sprache» und «Bastschuh-Sprache» stilisiert wird. Auch andere Autoren aus den Kreisen der «Ehemaligen» veröffentlichten im Ausland Werke, die sowohl vom Sujet her als auch von der dem Starez in den Mund gelegten Lexik fast wie Parodien wirken.

Als einen halbbetrunkenen, dümmlichen Schlingel aus abgelegener Waldestiefe, dem es vor allem um Damengunst und Madeira zu tun ist, schilderten ihn die deutschen Autoren Robert Heymann und Konrad Linz, William Le Queux aus England und James Billington aus den USA. Besonders phantastisch geht es in dem Buch «Der seltsame Mönch» zu, das in Kanada anonym in russischer und ukrainischer Sprache erschien. In diesem Werk wird ein Agent mit dem Auftrag zu Rasputin nach Sibirien geschickt, ihn um jeden Preis in die Hauptstadt zu bringen. Kaum dort angekommen, stürzt sich der Starez Hals über Kopf in galante Abenteuer; sofort greifen die verführerische Irina, die Frau des Fürsten Felix, die nicht minder bezaubernde Zigeunerin Anna und eine gewisse mit einem Dolch bewaffnete Sonja in die Handlung ein. Der Fürst findet den Starez nachts im Schlafzimmer seiner Frau, doch der entgeht dem Tod, indem er «über die Hinterhöfe in die nächsten Gärten» flieht. Den Techtelmechteln Rasputins macht ein Kosak ein Ende: Er reitet in die Kneipe hinein, in der der Starez zecht, und tötet ihn.

Wir wollen uns nicht weiter mit dem Rasputin-Bild der diversen literarischen und filmischen Darstellungen beschäftigen, aber doch einen Umstand hervorheben, der den westlichen Produzenten und Romanschreibern entgangen ist. Fünf Jahre vor seinem Auftauchen im Familienkreis der Romanows wurde Rasputin in einer dunklen sibirischen Nacht in einem fremden Stall beim Pferdestehlen erwischt und schwer verprügelt. Im Frühjahr 1917 wurde der Bauer J. I. Kartawzew, siebenundsechzig Jahre alt, aus dem Dorf Pokrowskoje bei Tjumen von der Außerordentlichen Untersuchungskommission der Provisorischen Regierung nach Petrograd gerufen, um dort Angaben über die Person Rasputins zu machen. Die Kommission erhielt aus erster Hand Informationen darüber, wie das spätere Mitglied des zaristischen Triumvirats mit einer Deichselstange bearbeitet worden war.

Kein Zweifel, um sich vom Dieb dreier Pferde des Jegor Iwanowitsch Kartawzew zum «Dieb» eines beträchtlichen Teils der monarchistischen Vorrechte des Nikolaus Romanow zu entwickeln, dazu mußte man über gewisse mehr als durchschnittliche Fähigkeiten verfügen. Über welche aber? Diese Frage beantworten weder der melodramatische Jouvenel noch der epische Fröbe. Selbst Kartawzew konnte, nach den erhalten gebliebenen Protokollen der Untersuchungskommission zu urteilen, nur wenig zu diesem Thema sagen, obwohl er seinerzeit dieser historischen Persönlichkeit näher als andere gestanden hatte. Aus den Protokollen geht nur hervor, daß man Rasputin schon früher beim Mausen erwischt hatte, zum Beispiel, als er den Bauern Mehl aus der Mühle oder Heu aus der Scheune stahl. Bei Kartawzew hatte er früher schon mal Stangenholz «entliehen».

Zur Zeit seines Auftauchens in der Hauptstadt war Grigori Rasputin etwa dreißig bis zweiunddreißig Jahre alt, sein Geburtsdatum war ihm unbekannt. Er stammte aus einer Familie mit «gutem Einkommen». Sein Vater leitete eine Genossenschaft von Saisonarbeitern, die am Fluß Tura Schiffe be- und entlud. Nach manchen Angaben arbeitete er, wie später auch sein Sohn, eine Zeitlang als Kutscher von Post-Troikas auf der Linie Tjumen–Tobolsk. Grigori lernte schon als Halbwüchsiger, Wodka zu trinken, bummelte die meiste Zeit, ohne zu arbeiten, herum und heiratete mit ungefähr zwanzig Jahren.[10] Er galt im Dorf als Raufbold und Zotenreißer. Er prügelte sich mit seinem Bruder und sogar mit seinem Vater, und zwar nicht nur vor seiner Karriere, sondern auch noch, als er sich auf ihrem Höhepunkt befand. Nach dem Vorfall mit Kartawzew wandte sich die Dorfgemeinde mit dem Gesuch an die Behörden, ihn in eine entfernte Gegend zu verschicken. Während das Gesuch noch geprüft wurde, verließ er freiwillig das Dorf und ging auf Wanderschaft.

In dieser Zeit beginnt seine «Verwandlung». In halb mönchischer Kleidung streift er durch Klöster und Kirchgemeinden, spielt den Narren und bettelt; manchmal ziehen zwei, drei Pilgerinnen mit ihm herum, genächtigt wird, wo sich eine Gelegenheit bietet. Er lernt, ein wenig Kirchenslawisch zu lesen, eignet sich die Manier an, schreierisch zu beten und die heiligen Texte krampfartig und verworren zu murmeln; seine Redeweise wird überspannt und abgerissen. Nachdem er Rußland durchwandert hat (im Süden kam er bis ans Schwarze Meer, bis Nowy Afon), kehrte er ins Heimatdorf zurück, nun bereits als «Gottesmann».

Auch zu Hause spielt er den «Narren in Christo». In Pokrowskoje bildet sich um ihn ein Kreis von zumeist weiblichen Anhängern der in Sibirien verbreiteten Sekte der Chlysten. Diese Sekte, von der er bei seinen Wanderungen erfahren hatte, war nach seinem Geschmack. Sie erkennt geistliche Bücher nicht an, sondern glaubt an das «lebendige Wort Gottes», und dieses Wort wird den Glaubenden durch den «Würdigsten» vermittelt, in diesem Falle ist das in seiner Umgebung Grischa Rasputin.

Das Organisationsprinzip der Sekte: sie besteht aus «Schiffchen», abgeschlossenen Gemeinschaftszirkeln; die Mitglieder jedes «Schiffchens» treffen sich regelmäßig zu gemeinsamen, exaltierten Gebetsstunden, dem sogenannten Eifern. Geistige Grundlage: die Rettung der Seele ist nur durch Sünde und Reue möglich. Wer nicht sündigt, kann nicht gerettet werden. Je größer die Unzucht, desto eindrucksvoller die Reue, desto höher wird sie gewürdigt. Grigori fühlt sich wie ein Fisch im Wasser. Wenn der Allerhöchste Sünde verlangte, er war dazu bereit. Und so tobt denn im Pokrowsker «Schiffchen» mit seiner vorwiegend weiblichen Besatzung der Hexentanz nächtlichen «Eiferns» mit dem Gesang geistlicher Verse, Tänzen im Adamskostüm und — um es modern auszudrücken — Gruppensex. Das gefällt den örtlichen Behörden nicht; außerdem haben sie Grigoris nächtlichen «Irrtum» in Kartawzews Pferdestall nicht vergessen. Grigori kommt den Ereignissen jedoch auch diesmal zuvor und verabschiedet sich eilig aus dem Weichbild des heimatlichen Dorfes.

Wieder stromert er über Feld- und Waldwege, lungert in Nachtasylen, Herbergen und Klöstern herum, bis ihn das Schicksal 1902 nach Petersburg verschlägt. Mit einem Empfehlungsschreiben des Vikars Chrissanf der Kasaner Eparchie taucht er beim Rektor der geistlichen Akademie, Sergi, auf, bittet demütig, sich seiner anzunehmen und um eine mildtätige Unterstützung insbesondere. Im Arbeitszimmer Sergis sitzen Rasputins zukünftige Freunde — Schwanebach und Neidhardt — und mit ihnen der Inspektor der geistlichen Akademie und heimliche Beichtvater des Zarenpaares, Feofan. Irgend etwas an dem Starez erscheint ihnen ungewöhnlich — die Bewegungen, die Rede, der Blick . . .

Bald danach macht Feofan im Internat der geistlichen Akademie den frommen Bauern mit Anastasia von Montenegro, der Frau des Großfürsten Nikolai Nikolajewitsch, bekannt. Dann stellt das großfürstliche Paar den Pilger der Zarin Alexandra Fjodorowna vor. Wie gebannt sitzt Ihre Majestät unter dem durchbohrenden, fesselnden Blick Rasputins, lauscht seiner einschmeichelnden, von mystischen Wendungen durchsetzten bäuerlichen Rede. Darauf folgt die Vorstellung bei Nikolaus II., die erste Einladung ins Schloß, wo er schnell die Aufmerksamkeit der ganzen Familie findet.

Bei den Romanows spielt er die Rolle des «Gottesmannes», des Kenners der christlichen Dogmen, der ständig danach dürstete, mit der «Allerhöchsten Kraft» zu kommunizieren. In seinen Tischpredigten, zuerst vor dem Zarenpaar, später in den aristokratischen Salons Petersburgs, mischt sich mystische christliche Phraseologie mit chlystischem Geschwätz aus den Zeiten des «Eiferns» in Pokrowskoje von der Einheit von Fleisch und Geist. Es gibt keine göttliche Wahrheit außer der Wahrheit der geistigen Ekstase auf der Basis der Erotik, und Grigori Jefimowitsch ist ihr Verkünder. Und vom Verkünder und Propheten zum Retter ist es nur ein Schritt. In seiner eigenen Person verkörpert er sowohl Sünde als auch Errettung und Seligkeit. Außerdem ist er angeblich von der Vorsehung gesandt, die Dynastie und das Zarenpaar zu behüten. Besonders aber, nach der Geburt des Zarewitsch, um das Leben des kranken Thronfolgers zu schützen.[11]

In der Gesellschaft des Scharlatans aus Tjumen vergißt die kaiserliche Familie die Zeit. Schon in den ersten Monaten der Bekanntschaft mit Rasputin notiert Nikolaus: «Wieder hatten wir uns zu siebent mit unserem FREUND versammelt . . . Man könnte ihm ununterbrochen zuhören.» Eine Notiz hält fest, das Rasputin um drei Uhr nachmittags ins Schloß kam und dort bis zum Abend blieb, wobei er Zutritt zu den intimen Appartements hatte: «Er ging durch alle unsere Zimmer.» Selbst ins Zarenschlafzimmer durfte er an jenem Tag, wobei ihn solche verschwiegenen Winkel natürlich besonders interessierten. Und er wird noch einmal dahin kommen, nicht nur, um Kirchenlämpchen anzuzünden, und darüber wird der Mönchpriester Iliodor, der monarchistische Hüter der geistlichen Moral, später ein Skandalgeschrei erheben, daß die ganze Welt es hört.

Früher der beste Freund des Starez, dann sein Todfeind, organisierte Iliodor 1914 einen Anschlag auf das Leben Rasputins; er schickte die Fanatikerin Feonija (Chionija) Gussewa zu ihm nach Pokrowskoje, die ihn durch einen Messerstich in den Bauch schwer verletzte. Um der Vergeltung zu entgehen, floh Iliodor nach Norwegen, wo er ein Buch schrieb, das Rasputin entlarvte. Unter anderem enthielt das Buch ein dokumentarisches Indiz — einen eigenhändigen Brief der Zarin an Rasputin, der den Gedanken an eine intime Beziehung aufkommen ließ. Der Innenminister, A. A. Mar kow, ließ durch seine Agenten die verdächtigen Briefe der Zarin in Christiania (Oslo) stehlen und legte sie dem Zaren vor. Nikolaus machte seiner Frau einen Skandal, warf die Papiere aber ins Kaminfeuer.

Vorläufig jedoch heißt es immer wieder: «Grigori saß mit uns zusammen.» Und noch lange, fast bis zum Ende seiner Herrschaft, war es Nikolaus vergönnt, die Gesellschaft des Ex-Chlysten zu genießen: «Jedes Wort von ihm ist für mich eine Freude, ich lebe in seiner Gegenwart seelisch auf.»

Robert Massie, der seiner fünfhundertseitigen proromanowschen Monographie die Geschichte von Alexejs Krankheit zugrunde legt, beweist, daß Rasputin die Eltern mit dem Tod des Jungen schreckte. Das ist richtig, aber nur ein Teil der Wahrheit. Der Starez schreckte den Zar und die Zarin auch mit der Drohung ihres Untergangs; er verstand es vortrefflich, die Furcht des Paares auszubeuten. Als er sich endgültig von der Wirksamkeit seiner zu einem guten Teil hypnotischen Einflüsterungen überzeugt hatte, da nutzte er das bis zum Ende seines Lebens aus. Der eifrige Dienst Rasputins für seine Patrone schloß weder Druck auf sie noch direkte Erpressung aus. Er drohte ihnen: «Der Zarewitsch lebt, solange ich am Leben bin.» Später erweiterte er diese Formel: «Mein Tod wird euer Tod sein.»

Rasputin durchschaute seine Klienten. Rasch merkte er, daß ein mystischer Ausruf oder ein verworrener Zauberspruch auf das Zarenpaar oft einen stärkeren Eindruck machte als das geschliffenste logische Argument. Durch unverständliches Gemurmel und geheimnisvolles Aufheulen verscheuchte der Starez die Dämonen, zauberte er Wohlergehen und Sicherheit für die ganze Dynastie herbei. Dazu gehörte, daß er die Krankheit Alexejs besprach. Die Anfälle des Jungen wurden gewöhnlich durch die Hysterie und die Angst der Mutter verschlimmert. Wenn Rasputin sie dann mit suggestiven Mitteln beruhigte, übertrug sich dies auch auf den Sohn. Etwas in der Art von Hypnose benutzte Rasputin offenbar auch dem Thronfolger gegenüber direkt. Er kam abends zum Zarewitsch ins Schlafzimmer, setzte sich auf die

Bettkante, richtete im Halbdunkel seine brennenden Augen auf ihn, strich ihm übers Haar, erzählte mit fester, keinen Zweifel erlaubender Stimme allerlei erfundene Geschichten, beruhigte ihn, schaltete seine Aufmerksamkeit ab und lullte ihn ein. Er hatte ihn so sehr an sich, an seine Stimme und diese nächtlichen Gespräche mit Märchen und Wortspielen gewöhnt, daß der Kranke manchmal allein schon bei seinem Erscheinen zu stöhnen und zu weinen aufhörte, sich unter den Augen der durch dieses «Wunder» betroffenen Eltern beruhigte und einschlummerte.

Wie ein Kurpfuscher über seine Patienten herrscht und sie mit Hilfe geradezu ritueller Gebärden und Laute beeindruckt, so benutzte Rasputin seine Gebetsstammelei, die keiner Dechiffrierung oder Übersetzung zugänglich war.

Aus Tjumen oder Nowy Afon schickte er Telegramme in den Zarenpalast und ins Hauptquartier, die wie die Frucht hellen Fieberwahns erscheinen, die kaiserlichen Adressaten aber in Ehrfurcht versetzen:

«Krönt Euch mit Erdenglück durch den Himmelskranz auf dem Wege mit, Euch Grigori.»

«Gerade hat bei uns in Tobolsk der neuerschienene Segner Ioann Maximowitsch Ruhm erlangt sein Dasein liebt das Haus im Ruhm und nicht verkleinern soll ihn Euer und mit Euch der Liebhaber das Erzbistum mag er dort sein.»

«Daß die Wyrubowa mein kleines Nestjunges aus dem Nest des zitternden Vögelchens gesetzt hat / mitleidige Mama durch den Gast wieder zur Prüfung Montag / ich glaube Euch dies ist Schirmwand / und wofür brauchen wir solche Schirmwand / sie werden noch sagen die ganze Welt durch einen Garten eingrenzen / was uns nutzt, gebt uns wie die Wölfe Schaf oh nein / die Feste ist Gott und die Gefangenen sind seine Kinder / zufrieden möcht mein Geist im Himmel nicht auf Erden sein / Rasputin Nowych.»[12]

Von diesen Werken des Starez meinte 1917 die von Wladimir Burzew herausgegebene Petrograder Zeitschrift «Byloje», sie seien «in guter russischer Sprache, in einem starken und kernigen Stil geschrieben . . .», der «. . . zuweilen sowohl an die Sprache der Buchstabengelehrten als auch an die Gaunersprache erinnert».

In der Regel murmelt der Starez geheimnisvoll in seiner «kernigen» Sprache, aber wenn es nötig ist, wenn die Umstände es verlangen, dann kann er das mystische Wortverdrehen auch lassen, und zwar in solchen Fällen, die A. N. Chwostow nach der Februarrevolution den Rasputinschen «Einflußhandel» nannte, wenn es Grigori Jefimowitsch nämlich unter Ausnutzung der am Hofe errungenen Stellung unternimmt, (fast) jedem Bittsteller bei (fast) jeder Schwierigkeit zu helfen — natürlich gegen Entgelt. Auf Kommissionsbasis sichert er dem Würdenträger den Posten, dem Industriemagnaten einen Militärauftrag, dem verurteilten Kriminellen Begnadigung, dem gefangenen deutschen Offizier die Freilassung. Nach den Angaben seines ehemaligen Sekretärs Simanowitsch gingen während des Krieges monatlich bis zu hundertundfünfzig solcher Bittschriften durch die Hände Rasputins. Um wieviel klarer sein Stil in derartigen Fällen wird, zeigen die folgenden Muster aus den nachgelassenen Briefen des Starez.

An den Ministerpräsidenten Goremykin: «Lieber Weiser Gottes hör ihn an mag er sich Deinem Rat und Weisheit beugen Rasputin.»

An den Schloßkommandanten W. N. Wojejkow: «Hauptquartier dem General Wojejkow ja Lieber Guter man kränkt den Ingenieur Kulshinski mit dem Sie hörte ich sympathisieren er hat von meinen Armen mindestens 150 untergebracht und nur innerhalb eines Monats setzen Sie ihn auf den Posten des abgehenden Ingenieurs Borissow als Chef der Eisenbahnverwaltung Grigori.»

An den Außenminister S. D. Sasonow: «Hör Minister ich schickte ein Weib zu Dir weiß Gott was Du ihr vorgeschwatzt hast laß das bring sie unter dann wird alles gut wenn nicht kriegst Du es mit mir zu tun dem Liebenden werd ich es erzählen Rasputin.»

Der Wortschatz des Starez ist hier emotional etwas gehoben, doch im ganzen ist ihm auch ein harter Lakonismus nicht fremd. Einem, der sich um einen Posten bemühte, telegraphierte er: «Hab Dich zum Gouverneur reifgemacht. Rasputin.»

Das Leben der letzten Romanows in den Palästen von Zarskoje Selo und des Kreml war von grobem Fetischismus durchdrungen. Die leichte Hand des Starez ließ hier ein eigenartiges Sortiment von Zaubertechnik heimisch werden. Tamburine erklingen, Glöckchen warnen vor einem Feind, ein Schnellgebet wird an verschiedene Götzen gerichtet: kleine Holzfiguren, geknetete und geschnitzte Götzenbilder und Amulette – einen Stock mit einem als Fischkopf geformten Knauf, einen Gürtel mit eingearbeiteten «heiligen» Zitaten. Närrischer Fetischismus verbindet sich mit dem äußeren Glanz europäischer Kultur, mit der Raffinesse der Paraden, mit dem Glanz der Bälle und Festmahle. Die Schamanenjurte neben dem Thronsaal.

Für Zauberer und Wundertäter hatte sich das letzte Paar der Romanows schon lange interessiert. Aus Rußland durften sich unter anderen seiner Beachtung rühmen: die Pilgerin Darja Ossipowa, der Wallfahrer Antoni, die Wahrsagerin Matrjona die Barfüßige und der Kleinbürger und Narr in Christo Mitka Koselski. Die ersten aus dem Ausland Eingeladenen waren der Franzose Papus und der Österreicher Schenk. Rasputins unmittelbarer Vorgänger war ein gewisser Monsieur Philippe aus Frankreich, früher Wursthändler in Lyon, danach Feldscher; er wurde von der französischen Polizei wegen Scharlatanerie verfolgt. Man brachte ihn neben dem Schlafzimmer unter, damit er dem Zarenpaar nach vier Töchtern mit spiritistischen und hypnotischen Mitteln einen Sohn und Thronfolger herbeizaubere.

Die gebildete Alexandra Fjodorowna, die in Heidelberg Philosophie studiert hatte, ergänzte und bereicherte den Hexentanz der Pokrowsker mitternächtlichen «Schiffchen» durch eigene geistige Zutaten – durch die Kultivierung der psychopathischen Halluzination. So schrieb sie, allerdings schon vor Rasputins Zeit, ihrem Mann: «Unser Freund Philippe hat mir ein Heiligenbild mit einem Glöckchen geschenkt, das mich vor der Nähe böser Menschen warnt und sie daran hindert, näher an mich heranzukommen.»

Als die Zarin durch das Gouvernement Nowgorod reiste, stellte man ihr eine hundertjährige, aus religiösem Fanatismus Ketten tragende Pilgerin vor. Die Zarin beschrieb ihrem Mann diese Begegnung und fügte hinzu: «Dir schickt die Alte einen Apfel. Bitte, iß ihn.» Denn, so meinte sie, die Frucht der Alten «verleiht Kraft». Später erkundigte sie sich bei Nikolaus nach dem Schicksal der heiligen Frucht und erfuhr aus dem Antwortbrief, Mann und Sohn «haben den Apfel der Greisin gegessen und fanden ihn beide vorzüglich».

Gorochowaja 64

Seit der Starez in Petersburg aufgetaucht war, hatte er in sechs verschiedenen Wohnungen Quartier genommen. Am 1. Mai 1914 zog er vom Englischen Prospekt in die Gorochowaja um.

An Besuchern hatte es Grigori Jefimowitsch auch vorher nicht gemangelt. Doch mit der Übersiedlung in die Gorochowaja, und besonders nach seiner Rückkehr von einem zweimonatigen Aufenthalt im Tjumener Gebiet, wo ihn die rächende Hand Feonijas getroffen hatte (was ihm größere Popularität verlieh), strömten die Damen und Herren nur so durch die Behausung des Starez.

Tag und Nacht drang durch die verhängten Fenster des zweiten Stockwerks Getöse nach draußen. Das war ein heilloses Gemisch von gegrölten Tischreden, gesungenen Gebeten, wilder Zigeunermusik, trunkenen Männerstimmen und Damengekreisch. In den halbrunden Vorhof hinter der Arkade rollten prächtige Equipagen, teure Automobile und gewöhnliche Mietdroschken. Den seriösesten Besuchern trugen Lakaien Weinkisten, Körbe mit Speisen und Blumen hinterher.

Es gab in der Zweimillionenmetropole mancherlei Vergnügungsnester und Etablissements, aber von diesem ging, wie man damals sagte, ein besonderes «Ambré» aus. Dort trafen

Titel, Ränge und Stände zusammen, von denen man nicht im Traum geglaubt hätte, daß sie überhaupt jemals miteinander verkehren könnten: Minister, Restaurantbesitzer und Börsenmakler, Fürsten, Advokaten und Brillantenhändler, Hofdamen, Badewärter und Theaterunternehmer. Selten am Tage, meistens im Schutze der abendlichen Dunkelheit, schlüpften hierher sogar die ehemaligen oder noch amtierenden russischen Regierungschefs Goremykin, A. F. Trepow und Stürmer, die Minister Chwostow und Protopopow, der Chef des Polizei-Departements, Belezki, die hohen Würdenträger Kramer und Schwanebach, der Erzbischof Warnawa und Fürst Felix Jussupow, derselbe, von dessen Hand der durchtriebene Starez zwei Jahre später den Tod finden sollte.

Viele dieser Gäste hatten sich, zu Fischsuppe mit Pasteten oder Torte mit Madeira geladen, auch früher schon an seinem Tisch getummelt. Doch von 1915 an tauchen im Strom der Besucher immer häufiger Militärs auf, Offiziere und Generäle, die gewöhnlich Fürst Andronnikow mitbringt. Fast unbemerkt bleibt, daß sich unter die Gäste mehr und mehr Damen und Herren mischen, die auf Grund ihrer Tätigkeit in den Stellungen der im Feld stehenden Armeen ein und aus gehen. Man kann nicht sagen, der Geheimdienst des Russischen Reiches hätte sich gar nicht für diese seltsame Ansammlung in der Gorochowaja interessiert. Nein, es wird schon observiert, aber die Beobachtung ist zu passiv, sie führt zu keiner Aktion — schließlich geht es hier nicht um den Kampf gegen den Aufruhr, nicht um die Jagd auf Revolutionäre . . . .

Durch ihre offenkundige Nähe zum Starez heben sich unter den Besuchern heraus: Anna Alexandrowna Wyrubowa, Hofdame der Zarin; Aron Simonowitsch Simanowitsch, 42 Jahre alt, Kaufmann der 1. Gilde, gebürtig aus Mosyr, persönlicher Sekretär des Starez; Marija Jewgenjewna Golowina (Musja, Munja), 25 Jahre, Tochter eines hohen Beamten, zweiter Sekretär des Starez; Moissej Akimowitsch Ginsburg, 63 Jahre, Großbankier, Kommerzienrat; Dmitri Leonowitsch Rubinstein, 39 Jahre, Großbankier, Kandidat der Rechtswissenschaften; Iwan Fjodorowitsch Manassewitsch-Manuilow, literarischer Mitarbeiter der internationalen Abteilung der Zeitung «Nowoje wremja», Kollegienassessor, persönlicher Sekretär des Ministerpräsidenten; Michail Michailowitsch Andronnikow, Fürst, 28 Jahre, Beamter im Innenministerium; Alexandra Alexandrowna von Pistolkors (die Schwester der Anna Wyrubowa), 25 Jahre, Frau eines Offiziers im Stab der Garde, bereist in einem Lazarettzug Frontgebiet; Akulina (Akilina) Nikitischna Laptinskaja, 29 Jahre, aus dem Gouvernement Mogiljow stammend, Krankenschwester, tut im Sanitätszug Ihrer Majestät Dienst, zieht dann zum Starez und wohnt wochenlang in seiner Wohnung.

Ständige Gäste sind weiter Doktor Badmajew, Madame Suchomlinowa (die Frau des Generals) sowie ein dem Starez ebenfalls sehr nahestehendes Ehepaar — Nikolai Wassiljewitsch Solowjow, 52 Jahre, ein wichtiger Beamter des Heiligen Synod, Wirklicher Staatsrat, und seine Frau Jelisaweta Petrowna, 30 Jahre, eine leidenschaftliche Verehrerin Rasputins, das Paar wohnt nur wenige Schritte entfernt. Dieser Solowjow ist der Vater jenes Oberleutnants B. Solowjow, der 1917 Marija Rasputina heiraten und sich mit ihr gemeinsam nach Sibirien begeben wird, um die Zarenfamilie aus der Gefangenschaft zu befreien.

Die Seele der ganzen Gesellschaft ist Grigori Jefimowitsch. Seine ungehobelten Manieren und ständige Trunkenheit hindern ihn keinesfalls daran, dieses buntgemischte Publikum fest in der Hand zu halten und die Kontakte und Beziehungen untereinander zu steuern. Dabei stützt er sich auf die in seiner Umgebung, die ihm am nächsten stehen; beinahe jedem von ihnen hat er einen Spitznamen gegeben. Die Gewohnheit des Starez, Spitznamen zu verteilen, schrieb man damals seinem bäuerlichen Humor, seiner Neigung zum Scherzen zu. So nennt er Simanowitsch Simotschka, Rubinstein ist für ihn Mitjai oder Kudrjaschka, er nennt Protopopow — Kalinin, Goremykin — Gluchar, Stürmer — Tjurja oder Starikaschka, Warnawa — Motyljok, Wojejkow — Wiwejka und so weiter. «Diese seine Manier, die Namen zu verdrehen», schrieb

Wojejkow, «erschien uns spaßig, und sie gefiel vielen in unserer Umgebung.» Daran ist zu zweifeln.

W. M. Rudnew, der in der Außerordentlichen Untersuchungskommission tätig war, meinte, daß die Spitznamen aus konspirativen Gründen gegeben wurden, da solch Verhalten in der geschlossenen Rasputinschen Gruppe üblich war (zum Beispiel taucht Warnawas Spitzname Motyljok ständig im Briefwechsel der Zarin mit der Wyrubowa auf). Die Briefe und Telegramme der Romanows und der ihnen nahestehenden Personen sind in jenen Jahren überreich an Spitznamen und an mancherlei Ausdrücken und Termini, deren Bedeutung nur die Adressaten verstehen konnten. Das erschien auch A. A. Blok bemerkenswert, der in der Untersuchungskommission mitarbeitete. Gewisse Leute «auf den höchsten Höhen» des Reiches, schrieb er, «gaben einander und denen, mit denen sie in Berührung kamen, solche konspirativen Spitznamen, wie sie nur in den tiefsten Tiefen gebraucht wurden — im Polizei-Departement».

Eine, wenngleich primitive, Ziffernsprache benutzten sie nicht nur zum Vergnügen, sie hatten etwas zu verbergen. Ihr Verhalten wurde, wie T. E. Melnik-Botkina, die Tochter des Leibarztes Dr. Botkin, schreibt, dadurch bestimmt, daß sie Menschen waren, «die sich leidenschaftlich gegen die Pläne zur Vernichtung des kaiserlichen Deutschlands wandten», und die die Ansicht vertraten, «Rußland darf sich auf keinen Fall mit Deutschland entzweien, dem früheren Bollwerk des Monarchismus, sondern muß aus diesem Grunde und auch aus wirtschaftlichen Gründen sogar ein Bündnis mit ihm eingehen».

Die Deutschfreundlichkeit Rasputins war nach Ch. Omena «überzeugt, aktiv und hartnäckig» und wurde von einer «Konzeption der russischen Selbsterniedrigung und Selbstvernichtung» getragen. Seinem Sekretär schärfte er ein: «Nach ihm (dem kaiserlichen Deutschland — M. K.) müssen wir uns richten, ihm müssen wir auf den Mund sehen . . . Es ist eine Macht, ihr Kaufmann ist eine Macht . . . Der Russe ist an deutsche Ware gewöhnt. Der Deutsche versteht zu arbeiten . . . Der Deutsche ist ein Prachtkerl.» Eine solche Macht kann Rasputin nicht als Gegner gebrauchen. Und im engen Kreis versichert er, daß er «den Krieg unseres Zaren mit dem Deutschen» nicht zugelassen hätte, wenn er in den Tagen der Julikrise in Petersburg gewesen wäre. Mag das auch eine Übertreibung sein, so enthält sie doch einen gewissen realen Kern.

In jenem Monat befand sich der Starez nach dem Attentat Feonijas im Krankenhaus. Dem Korrespondenten der Londoner «Times», R. Wilton, der Sibirien bereiste, erzählte man später im Krankenhaus von Tjumen, daß «als man Rasputin im Krankenzimmer das Allerhöchste Telegramm mit der Nachricht über den Kriegsbeginn überreicht hatte, er in Gegenwart des Krankenhauspersonals einen Wutanfall bekam, unflätig schimpfte, sich die Verbände abriß, so daß sich die Wunde wieder öffnete, und Drohungen gegen den Zaren ausstieß».

Marija, die besorgte Tochter des Starez, die einen Monat lang an seinem Krankenbett in Tjumen zugebracht hatte, erzählte in der Emigration: «Vater war ein heftiger Gegner des Krieges mit dem kaiserlichen Deutschland . . . Der Herrscher schickte ihm Telegramme, bat ihn um Rat . . . Vater riet in seinen Antworttelegrammen dem Herrscher, auf jede Weise ‹fest zu bleiben› und Wilhelm nicht den Krieg zu erklären . . . Ich befand mich damals selbst an der Seite Vaters und sah sowohl die Telegramme des Herrschers als auch Vaters Antworttelegramme.»

Den Krieg mit dem «germanischen Zaren» vermochten Rasputin und seine Gesinnungsgenossen nicht abzuwenden; aber von den ersten Monaten an strebten sie danach, ihn zu beenden — im Namen der Solidarität, des Bündnisses und der Rettung beider Dynastien vor der drohenden Revolution, und dieses Bestreben war das Hauptgeheimnis des Starez.

Es wurde und wird immer wieder gerätselt, ob er vielleicht ein Spion gewesen sei. Bis heute gibt es keine Beweise dafür. Es steht jedoch außer Zweifel, daß die ausländischen Agenten sich für die Besucher des Hauses in der Gorochowaja lebhaft interessierten und immer wieder versuchten, die dort befindliche Räuberhöhle für ihre Zwecke auszunutzen. Wie weit sie damit Erfolg hatten, bleibt im Dunkel. Doch vieles spricht dafür, daß der Verlust geheimer, kriegswichtiger Informationen durch diese Bresche möglich war und wahrscheinlich ist.

Der sowjetische Historiker M. N. Pokrowski vertrat bereits in den zwanziger Jahren die Meinung, Rasputin, der Zugang zum Geld der Romanows besaß, habe sich kaum durch die Zuwendungen des deutschen oder eines anderen ausländischen Geheimdienstes verlocken lassen. Den Romanows auf seine Weise treu, konnte Rasputin, nur wenn er ihnen folgte, verkaufen oder verraten, wen er wollte — die Führer der Entente, den Kaiser oder gar einen seiner eigenen Günstlinge. Beflissen für die Romanows eintretend, gemeinsam mit ihnen, für sie und in ihrem Namen handelnd, hökerte er unter ihrer Ägide mit allem, was sowohl der Dynastie als auch ihm selbst zu Vorteil und Gewinn im direkten und indirekten Sinne dieses Wortes gereichen konnte. Ein bewußter, vorsätzlicher, von Ausländern gekaufter Agent war er allem Anschein nach nicht.

Aber «unbewußt» konnte er und seine Umgebung den sich in der Gorochowaja tummelnden Geheimdiensten nützlich sein. Die Geschwätzigkeit und zügellosen Ausschweifungen von Trägern wichtigster Staatsgeheimnisse ließen sich durch die Agenten sowohl des deutschen als auch der Entente-Dienste zweifellos ausbeuten. Diese Gefahr, und sie lag auf der Hand, verpflichtete die Verantwortlichen gegenüber den ständigen Besuchern der Wohnung zu besonderer Vorsicht.

In Wirklichkeit jedoch gab es eine solche Vorsicht nicht, ja es war geradezu umgekehrt. Der ehemalige Premier Kerenski äußerte in der Emigration die Überzeugung, daß «in Rasputins Nähe nicht nur die Germanophilen, sondern auch deutsche Agenten unbehindert tätig waren». Maklakow, der ehemalige Führer der Konstitutionellen Demokraten, teilte mit: «Als Chwostow Innenminister war, erzählte er mir: Er hatte Rasputin beobachten lassen, und es war für ihn vollkommen klar, daß Rasputin von Leuten umgeben war, die man im Verdacht hatte, deutsche Agenten zu sein ... Chwostow hielt es für seine Pflicht, dem Herrscher davon Mitteilung zu machen, und das war der Grund dafür, daß er in Ungnade fiel und den Abschied erhielt.»

Eine namentlich nicht genannte Person, die an der Beobachtung der Rasputinschen Wohnung beteiligt war, äußerte sich bestimmter: «Damals wurde mir auch klar, daß seine Wohnung der Ort war, wo die Deutschen durch ihre Agenten die benötigten Informationen erhalten konnten.»

Man muß dazu wissen, daß die ausländischen Geheimdienste in Rußland seit langem sehr eifrig waren, in erster Linie der englische, der japanische und der österreichische, im Jahrzehnt vor dem Ersten Weltkrieg aber auch zunehmend der deutsche. Die russische Spionageabwehr neutralisierte diese Aktivitäten völlig ungenügend. Die Schwäche der russischen Abwehr geschickt nutzend, gelang es dem seit 1908 koordinierten Geheimdienst der Mittelmächte, sich mit festen Stützpunkten in zwei Militärbezirken einzunisten – dem Petrograder und dem Kiewer – sowie die Grenzstation Wershbolowo zum Hauptübergabepunkt der beschafften Informationen zu machen.

Am Vorabend des Krieges konnte Oberst Nicolai, Chef der deutschen Militärspionage, dem Kaiser einige wesentliche Erfolge seines Dienstes melden: In Rußland waren höchst geheime Dokumente beziehungsweise Informationen unmittelbar aus dem Apparat der militärischen Führung beschafft worden. Ein Teil davon kam von einem gewissen Oberleutnant Adalbert Siewert. Er diente im sogenannten schwarzen Kabinett des Kiewer Militärbezirks, wo der gesamte Briefwechsel aller Offiziere, einschließlich dem des Oberbefehlshabers, zensiert wurde. Vom Leiter des vereinten österreichisch-deutschen Geheimdienstes in Kiew, Altschuller, angeworben, stellte Oberleutnant Siewert auf Grund der Offiziers- und Generalsbriefe Material über die Lage in den Truppen zusammen.

Die Informationen Siewerts, die von Kiew nach Deutschland übermittelt wurden, waren natürlich wichtig; doch sie verblaßten gegenüber einem Dokument, das aus Petersburg, genauer: aus dem Arbeitszimmer des Kriegsministers, in Berlin eintraf. Der österreichisch-deutsche Geheimdienst hatte sein Netz um General W. A. Suchomlinow schon gesponnen, als dieser in Kiew den Posten des Oberbefehlshabers des Militärbezirks bekleidete, den er von 1904 an innehatte. Zuerst wurde Suchomlinows Frau (eine frühere Butowitsch) angeworben. Nach seiner Übersiedlung nach Petersburg (von 1908 an leitete er den Generalstab und von 1909 bis 1915 das Kriegsministerium) wurde Madame Suchomlinowa häufiger Gast bei Rasputin, nahm an den geselligen Abenden und Zechgelagen teil. Durch sie wurden in die Informationsbeschaffung für Altschuller unter anderen ein Oberst und ein Hauptmann aus der Kanzlei des Kriegsministeriums sowie der Oberstleutnant Jerandakow, der Chef der Abwehr des Generalstabshauptamtes des Kriegsministeriums, einbezogen.

Diese Agenten stahlen und verbrachten aus dem Kriegsministerium ein Dokument von außerordentlicher Bedeutung, das Suchomlinow für den Zaren persönlich verfaßt hatte – den «Bericht über Ausbildungsstand und -maßnahmen der russischen Armee von 1909 bis 1913». Es liegt auf der Hand, was dieser Erfolg für die kaiserlichen Strategen bedeutete, die gerade zu dieser Zeit die letzten Präzisierungen der Operationspläne für den Einfall in Rußland vornahmen . . .

Der Krieg begann. Er erschwerte natürlich die deutsche Spionage im russischen Hinterland. Doch er unterbrach sie nicht und schwächte sie nicht einmal sehr. Die Deutschen verloren den Übergabepunkt in Wershbolowo, dort war die Front; aber es war unter der Bezeichnung «Grünes Zentrum» rechtzeitig Ersatz in Stockholm geschaffen worden. Geleitet wurde es vom deutschen Botschafter in Schweden von Lucius, der über die Abwehr eng mit Oberst Nicolai verbunden war. Aber wer arbeitete wo für Lucius, das heißt für Nicolai?

Die Geheimdienste der Entente müssen ihren Regierungen melden, daß sich im Verlauf der Kampfhandlungen in Osteuropa die deutsche militärische Führung als erstaunlich gut informiert zeigt; sie führt ihre Schläge häufig mit einer Präzision, wie sie mit den gewöhnlichen Mitteln der Frontaufklärung nicht zu erreichen ist. Auch die russische Spionageabwehr lenkt die Aufmerksamkeit des Oberkommandos und des Zaren von Zeit zu Zeit auf dieselben verdächtigen Umstände. Beide Seiten sind sicher, daß es dem Gegner nur deshalb gelinge, so genau bestimmte Ziele anzugreifen, weil er Signale von Agenten bekomme, die irgendwo in der Tiefe des russischen Hinterlandes operieren.

In einer Sommernacht des Jahres 1915 drang die Spionageabwehr in das Hotel Bellevue in der Bolschaja Morskaja ein und durchsuchte das Zimmer 28, das Fürst M. M. Andronnikow gemietet hatte. Diesen Mann kannte das ganze offizielle Petrograd, und dennoch wußte man nicht allzuviel von ihm. Der deutsche Autor W. Grühn teilte einige Details aus dem Lebenslauf dieses Fürsten mit. Sein Vater stammte aus Georgien, war Offizier der russischen Armee und hatte am Russisch-Türkischen Krieg teilgenommen. Seine Mutter war eine Baronesse von Ungern-Sternberg. Andronnikow junior wurde in Deutschland geboren und wuchs dort auf. Nachdem er in jungen Jahren nach Rußland gekommen war, schloß er sich dem «Bund des russischen Volkes» an, befreundete sich mit dem Petersburger Stadthauptmann von der Launitz und gab das Blättchen «Golos russkowo» heraus. Witte nannte ihn einen Schurken, der sich ständig irgendwie zu schaffen machte, Gemeinheiten ausheckte, intrigierte, die Leute aufeinanderhetzte. Der ehemalige Premier registrierte erbost, daß sich Andronnikow, der der engste Freund Suchomlinows, der Frau Suchomlinows und des Innenministers Makarow war, an alle Minister heranmache: «Er kam auch zu mir ins Arbeitszimmer geschlichen.... Auch zu Kokowzow, der von ihm sagte: ein großer Lump.»

Während der Durchsuchung wurden bei Andronnikow militärische Dokumente gefunden. Es stellte sich heraus, daß er sich einen Passierschein für die Stellungen der 12. Armee verschafft und es sich zur Gewohnheit gemacht hatte, dort ihm bekannte Offiziere zu besuchen. Von ihnen erhielt er Informationen, außerdem stahl er Karten und Befehlskopien. Andronnikows Bekannte und Freunde besuchten ihrerseits die Wohnung Rasputins, wenn sie auf Fronturlaub nach Petersburg kamen. Hier entlockte er ihnen, wenn sie entsprechend alkoholisiert waren, die neuesten Nachrichten. Zu demselben Zweck suchte Andronnikow unter Ausnutzung seines Fürstentitels die Bekanntschaft von Offizieren, die er in den Restaurants Astorija und Jewropejski freihielt und dabei gehörig ausforschte.

In seinem Zimmer im Hotel Bellevue hatte er hinter einer Trennwand eine Art geheimer Privatkanzlei eingerichtet; dort versteckte er auch die an der Front und im Hinterland beschafften militärischen Dokumente und verfaßte auf Anforderung Berichte über das Schicksal deutscher Offiziere, die in russische Gefangenschaft geraten waren.

Dies alles und noch mehr ermittelt die Abwehr. Der beste Fund ist jedoch zweifellos die Akte mit der Überschrift «Über den Zustand der Armee-Reserven und die Rüstung», verfaßt von General Jepantschin. Warum und für wen ist das geschrieben worden? Das können beim Verhör weder Jepantschin noch Andronnikow einleuchtend erklären. Aber die von den Eingeweihten erwarteten drakonischen Strafen werden nicht verhängt. Aus dem auf diesen Vorfall folgenden Befehl konnte man lediglich erfahren, daß General Jepantschin «auf Befehl des Obersten Befehlshabers aus dem Dienst entlassen wird, ohne das Recht, die Uniform zu tragen, wegen der Niederschrift von Aufzeichnungen, in denen er, Jepantschin, es sich erlaubte, höchst geheime Informationen militärischen Charakters darzustellen». Andronnikow dagegen passiert gar nichts. Er bleibt frei und setzt seine dunklen Geschäfte sogar noch bis Dezember 1916 fort, bis zu dem Termin also, an dem die Börse für militärische Informationen in der Gorochowaja nach dem Verschwinden des Starez in einem Eisloch der Newa für immer geschlossen wird. Danach befiehlt der Zar, Andronnikow nach Rjasan zu verschicken.

Im Juni 1916 gelingt Oberst Nicolai eine seiner größten Diversionsoperationen während des Krieges. Aus dem britischen Hafen Scapa Flow läuft der Kreuzer «Hampshire» mit Kurs auf Archangelsk aus. Er soll den Kriegsminister, Feldmarschall Lord Horatio H. Kitchener, zu Gesprächen über die Koordinierung der Operationspläne der Verbündeten nach Rußland bringen. Die Reise erfolgt unter äußerster Geheimhaltung. Der Kommandant des Kreuzers erfährt den Kurs und das Ziel der Fahrt erst nach dem Auslaufen aus Scapa Flow, als er den versiegelten Marschbefehl der Admiralität öffnet. Trotzdem torpediert und versenkt das deutsche U-Boot U 22 am 5. Juni den englischen Kreuzer, dem es bei den Orkney-Inseln aufgelauert hat; mit der Besatzung geht auch Kitchener unter.

Lange Jahre, bis in die Nazizeit, wurde in Deutschland der Überfall von U 22 auf die «Hampshire» bestritten; man behauptete, der Kreuzer sei auf eine Mine gelaufen. Doch die Untersuchung, die damals der britische Secret Service gemeinsam mit der Spionageabwehr von Scotland Yard anstellte, ergab, daß die «Hampshire» vom Torpedo eines Unterseebootes getroffen worden war und daß das von Lucius geleitete «Grüne Zentrum» in Stockholm vorher aus Petrograd von einem gewissen Schwedow, einem ständigen Besucher der Wohnung in der Gorochowaja, Nachricht von der bevorstehenden Reise des Kreuzers erhalten hatte. Der ehemalige Sekretär Rasputins bestätigte 1921 diese Angaben. Aus seinem Buch kann man erfahren, daß der durch die Vorwürfe aus London beunruhigte Nikolaus II. Rasputin bat, «den Schuldigen am Tod Kitcheners zu nennen». Rasputin wies, dem Autor zufolge, auf Andronnikow und Wojejkow, aber «der Zar rührte weder den einen noch den anderen an». Schwedow allerdings wurde kurz vor der Februarrevolution verurteilt und gehenkt.

Von der Beteiligung der Rasputinschen Umgebung am Untergang der «Hampshire» berichtete 1924 in einem Interview für die westliche Presse der Gendarmeriegeneral Komissarow — derselbe, der seinerzeit in der Ministeriumsdruckerei Pogromflugblätter hergestellt hatte und später den polizeilichen Schutz Rasputins leitete. Sein Interview wurde in der sowjetischen Presse ebenfalls abgedruckt. Bestätigt wurde dieser

Fakt auch durch Herbert Fitch, ehemaliger Inspektor der Spionageabwehr von Scotland Yard, in seinen 1933 in London publizierten Memoiren.

Nicht alltäglich war die Reaktion der Zarin auf den Untergang der «Hampshire». In ihrer beschaulich-philosophischen Art schrieb sie ihrem Mann ins Hauptquartier, daß es bei diesem Ereignis wie im Leben überhaupt «nichts Schlechtes ohne etwas Gutes» gebe. Dann wurde sie konkreter: Der ehrwürdige Grigori, teilte sie ihrem Gemahl mit, befinde sich im Zusammenhang mit dem genannten Ereignis in gehobener Stimmung. Wie es «unserem FREUND» scheine, «ist es gut für uns, daß Kitchener umgekommen ist, weil dieser Lord Rußland später viel Schaden zugefügt hätte, und man braucht auch nicht zu bedauern, daß mit ihm auch seine Papiere untergegangen sind».

Etwa zur gleichen Zeit kam es zu einem Skandal, bei dem die Kiewer Zuckerfabrikanten Babuschkin, Dobry und Hepner die Hauptrolle spielten. Sie hatten es tatsächlich fertiggebracht, während des Krieges die Versorgung des Gegners mit russischem Zucker zu organisieren. Allen dreien drohte die Todesstrafe durch Erhängen, alle drei wandten sie sich um Hilfe an die Gorochowaja 64. Es erwies sich aber selbst für Rasputin als schwierig, die Beschuldigten zu retten, weil sie auf Befehl von Brussilow (Oberbefehlshaber der Südwestfront) verhaftet worden waren und der General von Vorstellungen zu ihren Gunsten, selbst wenn sie von der Zarin kamen, nichts hören wollte. Erst als Nikolaus II. befahl, den Fall von der Militärgerichtsbarkeit an die Ziviljustiz zu übergeben, fühlten sich die Spekulanten gerettet; Ende 1916 wurde die gerichtliche Untersuchung überhaupt eingestellt.

Ein weiteres Kabinettstückchen besonderer Art betraf D. L. Rubinstein, der den Posten des Direktors der Russisch-Französischen Bank mit dem des Direktors der Versicherungsgesellschaft «Jakor» verband. Nach den Regeln jener Zeit mußte das Kriegsministerium seine Rüstungseinkäufe im Ausland und den Transport der Waffen nach Rußland versichern; die Versicherung erfolgte größtenteils bei «Jakor».

1915 wurde Rubinstein unter der Beschuldigung verhaftet, er habe Angaben über erteilte Bestellungen und über die Fahrtrouten der Waffen transportierenden Schiffe an Versicherungen in neutralen Ländern weitergegeben, ohne zu beachten, daß diese Gesellschaften ihrerseits mit deutschen Firmen verbunden waren. Es war offensichtlich, daß der Gegner Meldungen, die von «Jakor» ausgingen, abfing. Seine U-Boote fanden und versenkten auf den in diesen Meldungen angegebenen Koordinaten die mit Rüstungsgütern beladenen russischen Schiffe. Außerdem hatte «Jakor» an schwedische Firmen Daten über die Kapazitäten und Produktionspläne der bei ihr versicherten russischen Industriebetriebe weitergegeben und auch in diesem Falle die Beziehungen jener Firmen zu den Deutschen ignoriert. Rubinstein drohte der Galgen. Rasputin setzte sich beim Zaren und bei der Zarin für ihn ein, und 1916 wurde er freigelassen. Manassewitsch-Manuilow gab nach der Februarrevolution vor der Untersuchungskommission an, daß Rubinstein Rasputin für seine Befreiung mit der Summe von hunderttausend Rubeln «gedankt» habe.

Den Grund für die Unverwundbarkeit Rubinsteins sieht Rasputins ehemaliger Sekretär in den Diensten, die der Bankier der Zarin geleistet hatte. Auf Empfehlung des Starez hatte sie Mitjai schon vor dem Krieg zu ihrem Agenten in persönlichen Finanzangelegenheiten gemacht. Im Auftrage Alexandra Fjodorownas führte er systematische Transfer-Operationen zwischen Rußland und Deutschland aus und half insbesondere, große Summen «an ihre minderbemittelten Verwandten» nach Hessen zu überweisen. Der Krieg hatte diese Praxis unterbrochen, doch seine Klientin «hörte nicht auf, sich um ihre Verwandten zu sorgen», und suchte nach wie vor nach einer Möglichkeit, «heimlich Geld nach Deutschland zu schicken». Rubinstein setzte «mit der früheren Gewandtheit» die entsprechenden Operationen fort, obwohl sie «außerordentlich delikat und gefährlich» geworden waren. Die dankbare Alexandra Fjodorowna streckte ihm dafür die rettende Hand entgegen, als ihm der Strick drohte.

Freilich, dieses Eintreten war sogar für sie, die Zarin, nicht ungefährlich. Zuerst war sie von der Nachricht über die Verhaftung Rubinsteins regelrecht schockiert. Das war ein furchtbarer Schlag für sie. Nicht nur deshalb, weil sie einen Gewährsmann verloren hatte. Sie fürchtete einen beispiellosen Skandal für den Thron. Im ersten Augenblick glaubte sie, daß die Verhaftung Rubinsteins «durch die Operationen mit ihren Überweisungen hervorgerufen worden sei . . . daß jetzt ihre Verbindungen mit ihm aufgedeckt würden». Als sich indessen herausstellte, daß die Verhaftung nichts mit ihren Angelegenheiten zu tun hatte, beruhigte sie sich und faßte Mut. Sie übte Druck auf die Behörden aus — und Rubinstein kam frei. Der Sekretär Rasputins behauptet, er habe in jenen Tagen sogar heimlich eine schriftliche Nachricht erhalten: «Simanowitsch, ich gratuliere. Unser Bankier ist frei. Alexandra.»

Aber der Skandal um die Versicherungsgesellschaft «Jakor» ist nur ein Höhepunkt in einer Reihe von Transaktionen, in die der «Gottesmann» Rasputin mehr oder weniger eng verwickelt ist. Hier ein weiteres, etwas früheres Beispiel: Frühjahr 1916. In Rasputins Wohnung summt der Samowar. Zwei Männer, der Starez und Mitjai, also Rubinstein, stecken die Köpfe so eng zusammen, daß sich fast die Nasen berühren. Worüber sie flüstern, dürfen offensichtlich nicht einmal die Wände hören. Dmitri Leonowitsch bittet Grigori Jefimowitsch, bei der ersten passenden Gelegenheit bei «ihm selbst» in Erfahrung zu bringen, wann die erwartete russische Offensive in Galizien beginnen kann.

Einige Tage darauf, als der «Gottesmann» bei Tische mit «ihm selbst» im Schloß über dieses und jenes plaudert, flicht er so nebenher die Frage ein: «Wirst du angreifen?»

«Es wird keinen Angriff geben, Grigori Jefimowitsch», antwortet Nikolaus.

«Aber trotzdem: wann wirst du angreifen?»

«Die Waffen reichen nicht. Erst in ungefähr zwei Monaten werden genügend vorhanden sein. Dann werde ich auch angreifen. Aber vorher kann ich einfach nicht.»

Der Minister Chwostow, der von diesem Gespräch am Zarentisch erfahren hat, fragt den Starez, wieso er sich eigentlich für Gegenstände interessiert, die sowenig mit der Bergpredigt des Heilands und auch mit dem Problem der Wechselbeziehung zwischen Geist und Fleisch zu tun haben. Rasputin erläutert ihm, daß Mitjai in den westlichen Gouvernements Wald kaufen will; da ihm nun aber unklar ist, wie sich die Front entwickeln wird, schwankt er, ob er sich auf die Geschäfte einlassen soll oder nicht. Man muß ihm mit Rat helfen. «Deshalb habe ich auch mit Väterchen gesprochen ... Aber was geht dich Hundesohn das an?»

Chwostows in den Annalen festgehaltener Kommentar: «Ob der Bankier diese Informationen brauchte, um Wald zu kaufen, oder dafür, durch eine Mitteilung nach Berlin den Deutschen die Verlegung von fünf bis sechs Korps von der russischen Front nach Verdun zu ermöglichen, das läßt sich heute schwer feststellen.»

Für das Zarenpaar gab es Rasputin gegenüber keine Staatsgeheimnisse, auch keine militärischen. Er erkundigte sich, wonach er wollte, und sie beantworteten alle seine Fragen. Ohne jegliches Risiko, in Verdacht zu geraten oder auch nur als zu neugierig aufzufallen, erlangte er so Informationen, zu denen selbst viele Generäle keinen Zugang hatten. Der Briefwechsel zwischen dem Zarenpaar in den Jahren 1914 bis 1916 erweckt den Eindruck, als sei es die Hauptsorge der beiden gewesen, daß der Aufmerksamkeit des ehrwürdigen Grigori auch ja kein einziges wichtiges Ereignis entging und daß er auch ja über jedes strategische Geheimnis informiert wurde.

«Unser FREUND», meldet Alexandra Fjodorowna ihrem Gemahl ins Hauptquartier, «betet ständig und denkt an den Krieg. Er sagt, es sei nötig, daß wir ihm über alles, was immer an Besonderem geschieht, sofort Bescheid geben.» Eine Zeile darunter: «Er hat gerügt, daß man Ihm das nicht rechtzeitig mitgeteilt hat.» Wir sehen, der «FREUND» bat nicht nur um Informationen, sondern forderte sie auch, und wenn die beiden nicht rührig genug waren, dann strafte er sie – er sprach den Majestäten eine Rüge aus.

Einige Zeit zuvor, am 31. August 1915, hatte Nikolaus der

Gemahlin aus dem Hauptquartier einen Rapport mit geheimsten Angaben über die Lage an der Front geschickt. Die militärische Situation erscheine bedrohlich im Raum Dwinsk und Wilna, ernst in der Mitte, bei Baranowitschi ... Der Ernst der Lage bestehe «in der entsetzlichen zahlenmäßigen Schwäche unserer Regimenter, die weniger als ein Viertel ihrer Sollstärke besitzen; früher als in einem Monat können sie nicht aufgefüllt werden, weil die Rekruten erst ausgebildet werden müssen, und auch Gewehre sind sehr wenig vorhanden. Die Kämpfe aber gehen weiter und mit ihnen die Verluste ... Dessenungeachtet werden große Anstrengungen unternommen, um so viele Reserven wie möglich von anderen Stellen nach Dwinsk zu verlegen ... Außerdem kann man sich auf unsere Eisenbahnen nicht mehr so verlassen wie früher. Erst am 10. oder 12. September wird unsere Konzentration abgeschlossen sein, wenn, was Gott verhüte, der Gegner nicht vor uns dort erscheint.»

Daten, Fristen, Bereitstellungsräume, Mängel — alles bis ins einzelne aufgeschrieben; das Wichtigste und das Gefährlichste, es liegt offen auf der Hand. Unbegreiflich, wie man elementarste militärische Regeln so verletzen und dem privaten Briefwechsel derartige Informationen anvertrauen konnte; ihr Verlust hätte den Tod von Zehntausenden, ja Hunderttausenden Soldaten bedeuten können. Am Ende seines Schreibens scheint sich der Autor zu besinnen und fügt hinzu: «Ich bitte Dich, meine Liebe, teile diese Details niemandem mit, ich habe sie nur Dir geschrieben.» Allein die Tatsache, daß er diese in eine Bitte gekleidete Forderung stellt, zeigt, daß sich die Verbreitung derartiger Angaben für die Empfängerin keineswegs von selbst verbot. Offensichtlich fiel Rasputin nicht unter diese Forderung, denn der Antwortbrief der Zarin läßt erkennen, daß der Starez sofort mit diesen «Details» bekannt gemacht worden war. Dennoch versorgte Nikolaus seine Frau weiter mit höchst geheimen militärischen Berichten.

Vor der Untersuchungskommission der Provisorischen Regierung sagte der Direktor des Polizei-Departements, Belezki, später aus: «Die Deutschen kannten die Fahrtroute und die Durchlaufzeit besonders wichtiger Züge sowohl an der Front als auch im frontnahen Hinterland.»

Alle bisher erwähnten Informationen lieferte der Oberste Befehlshaber seiner Frau und ihrem Berater aus eigenem Antrieb. Es kam jedoch auch vor, daß er wortkarg wurde, vielleicht unter dem Druck General Alexejews, des vorsichtigen Stabschefs des Hauptquartiers. Dann mußten die beiden Briefpartner des Zaren die Informationen aus ihm herauspressen. Die Zarin stellte direkt die Fragen, die den Starez interessierten, sie verhehlte auch nicht, wer die Information bestellt hatte, für wen sie die Angaben erbat.

«Mein lieber Engel, ich möchte Dir sehr gern viele, viele Fragen stellen, die Deine Pläne hinsichtlich Rumäniens betreffen. Das alles interessiert unseren FREUND äußerst.» Später: «Und nun ganz vertraulich . . . Wenn in dem Augenblick, da unsere Offensive beginnt, die Deutschen durch Rumänien einen Vorstoß in unser Hinterland unternehmen, mit welchen Kräften wird das Hinterland gedeckt? Wird die Garde südlich von der Gruppe Keller auch zum Schutz der Richtung auf Odessa geschickt werden? . . . Und wenn die Deutschen über Rumänien durchbrechen und sich auf unseren linken Flügel stürzen, welche Kräfte werden vorhanden sein, die fähig sind, unsere Grenze zu verteidigen? . . . Und was für Pläne haben wir jetzt im Kaukasus, nachdem Erzerum eingenommen wurde? . . . Entschuldige, wenn ich Dir auf die Nerven gehe, aber solche Fragen kommen mir von ganz allein in den Sinn.»

Und nach diesen Fragen, von denen man sich nur sehr schwer vorstellen kann, daß sie ihr «von ganz allein in den Sinn» gekommen sind, folgt eine Frage, die nun schon gar nicht ihre eigenen Interessen widerspiegeln dürfte: «Es wäre interessant zu wissen, ob die Gasmaske von Alek taugt?»

Es ist nur allzu offensichtlich, wer dahinterstand, denn um für den Starez seidene Russenhemden zu nähen, benötigte Alexandra Fjodorowna nicht unbedingt Informationen über eine neue Gasmaske oder über eventuelle Angriffe hinter Erzerum, und auch das Zeichnen einer Karte der militärischen Operationen, wie sie nach der Februarrevolution in einem ihrer Geheimfächer im Schloß gefunden wurde, war nicht gerade typisch für das Verhalten einer Zarin. Doch dem Starez genügte es nicht, von den militärischen Angelegenheiten zu wissen — er wollte sie steuern. Aus seiner Umgebung in der Gorochowaja 64 streckte er die Hand nicht nur nach militärischen Informationen, sondern auch nach der militärischen Führung aus. Vom Sommer 1915 an wurde sein Anspruch deutlich, an der Planung und Durchführung der Operationen teilzuhaben. Gestützt auf die Angaben, die er durch Alexandra Fjodorowna erhielt, versuchte er, dem Oberkommando militärpolitische Richtlinien zu erteilen. Und erstaunlicherweise gab es in diesen Richtlinien, die von dem ungebildeten Schamanen aus Tjumen stammten, keinerlei Durcheinander oder Unsinn. Sie lassen logische Konsequenz erkennen, die einer bestimmten Idee folgt: durch unablässige Verringerung der Aktivität der russischen Streitkräfte gegenüber den deutschen Truppen Nachgiebigkeit und Versöhnungsbereitschaft zu demonstrieren. Im geeigneten Augenblick sollte dann ein Separatfrieden mit Wilhelm II. geschlossen werden, um danach zum Angriff auf die inneren Feinde des Thrones übergehen zu können.

Das war keine leichte Aufgabe. Die Wiederannäherung an die preußisch-hessischen Verwandten war weitaus schwieriger geworden als zu den Zeiten der alten «Klubspiele» zwischen den Familien, deren idyllischen Reiz Sebastian Haffner im «Stern» so populär beschrieben hat. Bereits in den ersten Kriegsmonaten war zuviel Blut vergossen worden, als daß man den Krieg still und heimlich als ein diplomatisches Mißverständnis hätte beilegen können. Der Knoten, durch den die russische Bourgeoisie ihre eigensüchtigen Interessen mit dem Krieg und mit der Entente verbunden hatte, war zu fest geschürzt, als daß ihn die germanophile Hofpartei leicht und gefahrlos hätte zerhauen können. Aber, ob nun die Entente oder die Deutschen — besser «sie schlagen uns den Schwanz ab, als die Bauern den Kopf». Es gibt keinen Gott als den, der die Romanows schützt, und Rasputin ist sein Prophet.

Bevorzugte Quellen der strategischen Erleuchtung Vater Grigoris waren in der Regel ein magischer Anstoß unbekannter Herkunft oder ein inneres Gespür für den Willen des Höchsten oder aber eine vom Himmel gesandte Vision. Eine Ansicht, die der Starez unter Berufung etwa auf einen Traum äußerte, gewann für die Romanows die Kraft eines Gebotes. Alles an dem «Gottesmann» besaß seinen geheimnisvollen Sinn — Heiserkeit, Schluckauf, der vom übermäßigen Trinken herrührende Durst auf Kwaß, sogar ein gewöhnlicher Husten. Unter Berufung auf diese Anzeichen für das innere Glühen des Starez übermittelte Alexandra Fjodorowna ihrem Mann innerhalb von anderthalb Jahren hundertundfünfzig seiner Empfehlungen, Warnungen und direkten Forderungen ins Hauptquartier des Oberkommandos nach Mogiljow.

«Grigori hustet und regt sich auf im Zusammenhang mit der Situation um die griechische Frage», teilte die Zarin ihrem Gatten mit. Wie dem Sendschreiben zu entnehmen ist, hustet der Starez nicht von ungefähr: Er möchte mit diesem Erkältungssymptom der ganzen Richtung der sogenannten Balkanpolitik eine andere Wendung geben; das bezeugt der eigenhändige Kommentar Ihrer Majestät zu dem Husten: «Unser FREUND, der sehr beunruhigt ist, bittet Dich, dem serbischen König ein Telegramm zu schicken ...» Sogar der Text ist vorbereitet: «Ich lege Dir Seinen Zettel bei, nach dem Du Dein Telegramm verfassen kannst: den Sinn lege mit eigenen Worten dar.»

Nikolaus Romanow, der anderthalb Jahrzehnte lang bei den angesehensten Leuchten der Wissenschaft des Reiches studiert hat, nimmt zur Führung seiner Balkanpolitik das Gekritzel des einstigen sibirischen Narren in Christo entgegen, und alles, was von ihm, dem Obersten Befehlshaber der russischen Armee und aufgeklärten Europäer, verlangt wird, ist, ihren «Sinn mit eigenen Worten» darzulegen. Diese Auslassungen sind nicht etwa ein Einzelfall, sowohl vor als auch nach diesem Brief schrieb sie ihm dergleichen öfter.

Das strategische Genie des Starez ruhte auch im Sommer 1916 nicht. Die Offensive der russischen Truppen ist in vollem Gange, und Alexandra Fjodorowna schreibt ins Hauptquartier: «Und jetzt meint ER, daß es zweckmäßig wäre, nicht zu hartnäckig am Westabschnitt der Front anzugreifen ... Man kann die Offensive Hals über Kopf führen und den Krieg in zwei Monaten beenden, aber in diesem Falle werden Tausende von Menschen geopfert, wenn man dagegen Geduld zeigt, kommt man auch ans Ziel, ohne dabei soviel Blut zu vergießen.» Der «Humanist» aus der Gorochowaja empfiehlt, die Deutschen mit «Geduld» zu besiegen und sich nicht durch die von ihm vermutete Möglichkeit, den Krieg in zwei Monaten gewinnen zu können, verführen zu lassen; das alles soll dazu dienen, nach der Bremsung der Operationen im Nordabschnitt der Front dasselbe auch im westlichen Abschnitt zu erreichen.

Nachdem sich Grigori Jefimowitsch bemüht hat, den Norden und den Westen zum Stehen zu bringen, versucht er das gleiche im Südwesten. Alexandra Fjodorowna setzt den Gatten rechtzeitig davon in Kenntnis: «Unser FREUND hofft, daß wir nicht durch die Karpaten vorgehen werden und nicht einmal den Versuch unternehmen werden, sie zu beherrschen.» Und dann wiederum: «Ach, mein lieber Mann, warum wüten und wüten sie (die Soldaten Brussilows — M. K.) wie die Wilden, mögen sie doch lieber einen günstigen Moment abwarten, laß sie nicht weiter vorwärts und vorwärts marschieren ...» Drei Tage später findet sich im nächsten Schreiben eine Zeile, die nur scheinbar unbedeutend ist und in Wahrheit den Schlüssel zum Kern der gesamten militärpolitischen Strategie Rasputins enthält: «Wie froh bin ich darüber, daß Du P. angewiesen hast, endlich ernsthaft mit G. und B. zu sprechen.»

Das klingt rätselhaft, ist aber zu dechiffrieren: «P.» ist Protopopow, «G.» — Grigori und «B.» — Badmajew. Über diese Troika knüpfte Alexandra Fjodorowna damals geheime Kontakte und Gespräche mit der deutschen Regierung an, deren erste Phase im Frühling 1915 begann.

Wie weit die Zersetzung des zaristischen Regimes im letzten Jahrzehnt seiner Existenz fortgeschritten war, ist nur zu begreifen, wenn man die staatsfeindlichen Aktivitäten Rasputins kennt. Es ist allerdings nicht leicht festzustellen, welche seiner Ansichten aus dem ihm selbst möglichen Verständnis der Dinge entsprangen, und welche er nur als eigene Ansichten ausgab. Sein Verständnis war infolge seiner mangelhaften Bildung (er konnte gerade so lesen, kannte keine Bücher und Dokumente, fand sich auf der Weltkarte nicht zurecht, hatte von vielen Staaten noch nie gehört) höchst eingeengt. Von den Menschen, die ihn beobachten konnten, waren einige deshalb davon überzeugt, daß er bei aller Raffiniertheit seines listigen Verstandes dennoch in der Hauptsache nur wiederholte, was ihm aus irgendwelchen Quellen eingeflüstert worden war. Die prinzipielle Grundlage seiner Aussagen kam von anderen, die Form der praktischen Darlegung war seine eigene.

Nachdem er zunächst lediglich Einfluß auf die Familienangelegenheiten der Romanows gewonnen hatte, erweiterte er diesen Einfluß allmählich auf einen großen Komplex innenpolitischer, außenpolitischer und anderer staatlicher Probleme. Seine ekstatischen Monologe bei Tisch tarnten ein bestimmtes Programm und kalte Berechnung. Das Ziel, das sich Rasputin gestellt hatte (genauer – das ihm die geheimen Kräfte gesetzt hatten, die ihm auch den Weg gebahnt hatten), bestand darin, sich mit Hilfe von Predigten und Kunststücken eine feste Position am Hofe zu verschaffen und danach die prodeutsche Gruppe bei Hofe zu stärken, den Gang der politischen Geschäfte in ihrem Interesse zu beeinflussen sow wenn es möglich würde, sich im Interesse eben dieser Gru die oberste Macht anzueignen. In den Jahren vor dem E Weltkrieg und auf dem Höhepunkt des Krieges hatte de einmal Opfer des Knüppels des Bauern Kartawzew ge war, unmittelbar teil an der Staatsmacht, und in bestin Momenten verfügte er in einem gewissen Sinne sogar über.

War Rasputin wirklich an der Leitung des Russischen Reiches beteiligt? Und wenn ja, in welchem Umfang?

Einige Zarenhöflinge, die nach der Revolution in Petropawlowsk hinter Schloß und Riegel saßen, bestritten eine solche Beteiligung, obwohl sie sich in den Verhören gezwungen sahen, Fakten zu erwähnen, die von der Macht dieses Zarenfavoriten zeugen. Die weißen Emigranten leugneten sie später ebenfalls. Auch die Verfasser und Verkäufer antisowjetischer Verleumdungen, Sowjetologen jeder Art, alle, die aus dem Bestreben heraus, die Schuld des Zaren gegenüber Rußland zu verkleinern, versuchen, den Starez zu «entpolitisieren» und ihm hauptsächlich hypnotische Séancen, allzuviel Madeira und verführte Baronessen zur Last legen, bemühen sich, diesen Anteil an der Macht zu leugnen.

Unwiderlegbare Tatsachen, unter anderem in den Protokollen der Außerordentlichen Untersuchungskommission festgehalten, bezeugen jedoch, daß Rasputin als wichtigster staatlicher Berater, als eine Art Großwesir, als Mitglied des unausgesprochenen kaiserlichen Triumvirats wirkte.

Diese Rolle spielte er viele Jahre lang, und besonders während des Weltkrieges, was die Briefe der Zarin an ihren Mann im Hauptquartier in Mogiljow belegen. Sie quellen über von Empfehlungen und kaum verhüllten Anweisungen, die gewöhnlich direkt als vom Starez ausgehend gekennzeichnet werden. Die Begegnungen mit ihm, die möglichst geheimgehalten oder getarnt wurden, organisierte die Zarin in der Villa Wyrubowa in Zarskoje Selo, jenem Haus, das der Innenminister einmal das «Vorzimmer der Macht» nannte.

Hier sind einige typische Zeilen, die in den Briefen der Zarin Nikolaus in den Jahren 1915 und 1916 immer wieder auftauchen: «Ich habe Anja kurz gesehen. Unser FREUND ist dorthin gekommen, um mit mir zu sprechen ... Ich will zu Anja gehen, um mich mit unserem FREUND zu treffen ... Unser FREUND war gestern bei Anja.» Die monotone Reihe derartiger Mitteilungen wird eines Tages durch folgende Erklärung unterbrochen: «Ich treffe mich mit IHM bei Anja, sonst denkt man über mich im Schloß noch weiß Gott was.» Wir sehen, sie war so naiv nicht, um nicht zu begreifen, wie Besuche Rasputins im Schloß während der Abwesenheit Nikolaus' gedeutet werden konnten.

Es kam vor, daß sich der Ehrwürdige fern von Zarskóje Selo aufhielt. Seine Anweisungen gelangten dennoch vollständig zum Zaren: «Was für ein entzückendes Telegramm von unserem FREUND... Ein bezauberndes Telegramm vom FREUND, es wird Dir Freude bereiten... Hast Du Dir für Dich auch dieses SEIN Telegramm auf einem besonderen Zettel abgeschrieben?» Das ist eine ihrer Methoden, ihrem Gemahl die Weisheit des Starez nahezubringen: Der Zar soll dessen Weisungen abschreiben, sich eine Art Tafel herstellen und sie sich vor Augen halten. Zuweilen gibt sie auch selbst Anweisungen: «Halte dieses Papier vor Dich... Befiehl ihm (Protopopow – M. K.), mehr auf unseren FREUND zu hören...» Die Reaktion Nikolaus' II. auf diese Versorgung mit Spickzetteln: «Ich danke Dir zärtlich für Deinen lieben Brief und die genauen Instruktionen für die Unterredung mit Protopopow.»

Der Dank für die «genauen Instruktionen» mag aus der Feder eines absoluten Herrschers, der dreiundzwanzig Jahre lang sein göttliches Recht auf die persönliche Macht unversöhnlich verteidigte, ironisch gemeint erscheinen. Aber Nikolaus wollte nicht ironisch sein. Die Belehrungen durch Alexandra Fjodorowna waren keine müßigen Launen einer sich langweilenden, von ihrem Mann getrennten Ehefrau. Sie wurden ernsthaft erteilt und so aufgenommen.

Es gab übrigens auch Ausnahmen in der Botmäßig... es Zaren. Einmal beispielsweise äußerte er Zweifel dara... , wie die Zarin forderte, den nicht ganz normalen Innenminister auf seinem Posten belassen solle. Da er voraussah, daß sich Rasputin für seinen Schützling einsetzen würde, fügte Nikolaus hinzu: «Nur bitte ich Dich, meine Liebe, weihe nicht unseren FREUND in diese Sache ein. Die Verantwortung trage ich, und deshalb möchte ich in meiner Wahl frei sein.»

O Wunder! Diesmal wollte er in seiner «Wahl frei sein», hatte er vor, einen Rasputin genehmen Minister abzusetzen. Aber vergeblich. Die Gemahlin antwortete: «Mein Lieber! ... Ich bin vielleicht nicht klug genug, aber dafür ist bei mir das Gefühl stark entwickelt, und es hilft oft mehr als der Verstand. Setze niemand vor unserem Treffer. ab, laß uns alles in Ruhe gemeinsam erörtern.» Gefangen von dem Argument, daß Verstand nicht unbedingt nötig sei und diese Eigenschaft leicht durch etwas anderes ersetzt werden könne, sowie von der Einladung der Zarin, das heißt Rasputins, «alles in Ruhe gemeinsam zu erörtern», ließ Nikolaus Protopopow auf seinem Posten, von dem ihn erst die Februarrevolution «absetzte».

Vergleicht man die Daten der Briefe der Zarin, in denen Instruktionen Rasputins enthalten sind, mit den Daten der kaiserlichen Weisungen jener Tage, so wird sichtbar, wie umfassend Rasputins Einfluß auf die Staatsgeschäfte war.

Rasputin setzte 1909 die Ernennung W. A. Suchomlinows zum Kriegsminister durch, und als dieser im Juni 1915 durch den ehrlicheren und tüchtigeren A. A. Poliwanow ersetzt worden war, da erreichte wiederum Rasputin schon im März 1916 dessen Absetzung.

Er inszenierte 1915 die Ernennung A. N. Chwostows zum Innenminister, später wurde dann dieser Posten A. D. Protopopow übertragen, der ihn von September 1916 bis Februar 1917 bekleidete.

Auf seine Empfehlung hin wurde I. L. Goremykin zum Ministerpräsidenten ernannt (übte dieses Amt von Januar 1914 bis Januar 1916 aus), dann B. W. Stürmer (Januar bis November 1916) und schließlich, schon nach Rasputins Tod, aber noch von ihm empfohlen, N. D. Golizyn (Dezember 1916 bis Februar 1917).

Seine Protegés auf Ministerposten und in anderen verantwortungsvollen Positionen waren L. A. Kasso, I. G. Stscheglowitow, G. Ju. von Tiesenhausen, S. W. Ruchlow, P. G. Bark, I. L. Tatistschew, W. N. Wojejkow, A. A. Rittich, N. A. Dobrowolski, S. P. Belezki und viele andere. Sie alle stiegen erst auf, nachdem sie sich verpflichtet hatten, sich Rasputin unterzuordnen und seine Forderungen zu erfüllen. Sobald sich herausstellte, daß ein protegierter Minister seine Pflicht des persönlichen Gehorsams gegenüber seinem Schutzherrn verletzt hatte, verlor er die Unterstützung Rasputins und danach — fast automatisch — das Vertrauen des Zaren.

Allein in den ersten Kriegsjahren wurden auf diese Weise ungefähr zwanzig Minister und einige Ministerpräsidenten ernannt und abgesetzt. Als Muster für den schnellen Aufstieg nach ganz oben und den nicht minder schnellen Fall kann B. W. Stürmer gelten, der vorletzte zaristische Premierminister, einer der eifrigsten Helfershelfer Rasputins. Das Verbindungsglied zwischen ihnen war I. F. Manassewitsch-Manuilow, eine ziemlich zwielichtige Persönlichkeit.[13] Er fuhr Stürmer, als dieser Ministerpräsident war, zur jeweiligen Berichterstattung zu Rasputin. Eine Zeitlang war Rasputin Stürmer sehr gewogen, obwohl er nicht ohne Verachtung über ihn sprach. Seiner Umgebung gegenüber äußerte er: «Vor Kummer habe ich diesen Deutschen eingesetzt. Er ist nicht nach meinem Geschmack. Zu durchtrieben. Nur dadurch gut, daß er mir nicht entkommt. Ich habe ihm das auch so gesagt: ‹Regiere, aber so, daß meine Augen nicht nur sehen, was du tust, sondern auch das, worüber du nachdenkst.›» Er nannte Stürmer «Starikaschka» — «altes Männchen». Für seine Begünstigung zahlte der Premier mit einer Dienstfertigkeit, die an Servilität grenzte: Er führte die Wünsche des Starez widerspruchslos aus, ob es nun um Ernennungen, Auszeichnungen, Subsidien aus der Staatskasse, Konzessionen, Begnadigungen oder Befreiungen vom Militärdienst ging; im Ministerrat brachte er eilfertig die ihm empfohlenen und die Interessen der hinter Rasputin stehenden «Klienten» berücksichtigenden Vorlagen ein. Als er seinen Posten übernommen hatte, befahl er als erstes dem Polizei-Departement, die persönliche Sicherheit Rasputins in gleicher Weise wie die der Mitglieder der Zarenfamilie zu gewährleisten.[14]

Von der Macht berauscht, verlor Stürmer jedoch die im Umgang mit seinem Wohltäter nötige Vorsicht und handelte eines Tages nach eigenen Vorstellungen. In der Wohnung des Metropoliten Pitirim, wohin Manassewitsch-Manuilow den Missetäter gebracht hatte, kam es zu einer Szene. Als sich Rasputin und der Premier zurückgezogen hatten, drang durch die Tür Geschrei ins Nachbarzimmer: «Du wirst es nicht wagen, gegen mich anzugehen ... Paß auf, daß ich mich nicht von dir zurückziehe, dann ist Schluß mit dir!» Später sagte Manassewitsch-Manuilow aus: «Als Stürmer weggefahren war, fragte ich Rasputin: ‹Weshalb haben Sie ihn denn angeschrien, Grigori Jefimowitsch?› Er antwortete mir: ‹Starikaschka gehorcht nicht mehr ... Er muß aufs Wort parieren. Wenn nicht, breche ich ihm den Hals.›»

Die Protokolle der Außerordentlichen Untersuchungskommission lassen erkennen, daß sich die Ermittler besonders für die beispiellose Tatsache interessierten, daß der Zar, obwohl er sie vorher nie eines Besuches gewürdigt hatte, 1916 zur Eröffnung der Sitzungsperiode der Staatsduma gekommen war. Die Mitglieder der Kommission wollten wissen: War der Zar tatsächlich auf Weisung Rasputins erschienen? Stürmer sagte, aus Geheimberichten von Polizeiagenten sei ihm damals bekannt geworden, daß der Allerhöchste Besuch der Duma auf Forderung Rasputins abgestattet worden sei, der den Zaren «geschickt» habe. «So werde ich es machen», habe Rasputin in Gegenwart eines der Geheiminformanten gesagt. «Ich werd ihn selbst in die Duma schicken ... Soll er fahren, soll er eröffnen (die Sitzung – M. K.), und niemand wird es wagen, etwas dagegen zu tun.» Manassewitsch-Manuilow gab zu Protokoll: «Ich war in jenen Tagen bei Rasputin und sagte zu ihm: ‹Es heißt, Sie besitzen genug Einfluß, den Zaren zu veranlassen, in der Duma zu erscheinen.› Er ging im Zimmer auf und ab, und dann sagte er: ‹Ja, das werde ich wohl tun, Papascha wird in die Duma fahren ... du aber sag Starikaschka, daß die Vermutung besteht, daß der Zar wahrscheinlich in der Duma sein wird ...›»

Es wird versucht, Rasputins Rolle bei den Verbrechen des Zarismus mit dem Argument herunterzuspielen, es gehe «nicht um Rasputin, sondern um den Rasputinismus», als ob das eine vom anderen zu trennen wäre. Man beruft sich auf die Äußerungen Schulgins, «es gab nicht Rasputin, sondern ‹rasputstwo› (Ausschweifungen — d. Ü.)», nicht alle hätten seine Kritzeleien ernst genommen, und wäre Rasputin bei ihm, Schulgin, aufgetaucht, er hätte ihn die Treppe hinuntergeworfen. Es gehe also nicht um die Bedeutung Rasputins, sondern darum, daß die herrschenden Kreise Petersburgs verkommen gewesen seien.

Dasselbe wiederholte Schulgin auch in einer der Unterredungen mit dem Autor im August 1975, allerdings mit einer Präzisierung: «... beide Seiten des Übels hingen zusammen, die Tatsache, daß wir verkommen waren, und die Tatsache, daß Rasputin, der noch verkommener war, es vermochte, aus unserer Schlaffheit für sich Kraft und Macht zu schöpfen.» Über «starke Positionen», fügte Schulgin hinzu, habe Rasputin jedoch zweifellos verfügt, sonst hätten Jussupow und Purischkewitsch ihn nicht ermordet. Er selbst, Schulgin, habe Purischkewitsch übrigens von dieser Aktion abgeraten, da sie völlig sinnlos sei, «was für einen Sinn hat es, die Schlange totzuschlagen, wenn sie schon gebissen hat».

In diesem Kontext ist es bedeutungslos, daß der «Halunke» kritzelte und keine kalligraphische Zierschrift benutzte. Auch die kriegerische Erklärung Schulgins, er hätte Rasputin die Treppe hinuntergeworfen, wenn dieser gekommen wäre, beweist gar nichts, vor allem deshalb, weil Rasputin, der Schulgins feindselige Einstellung kannte, niemals zu ihm gekommen ist. Zudem sind Konjunktive kein Argument und haben noch nie besondere Überzeugungskraft besessen, und das trifft ganz besonders auf Schulgins verspätete, in der weißen Emigration ausgesprochene Drohung zu, wie tapfer er mit dem lebenden Rasputin gegebenenfalls umgesprungen wäre. Übrigens besuchte der Starez nicht nur Schulgin nicht — bis zur Mordnacht war er zum Beispiel auch nie im Palast des ihm verdächtigen Jussupow gewesen; es bedurfte einer ganzen Gruppe von Verschwörern und eines speziellen Planes, um den Starez mit einer sorgfältig überlegten Finte in diesen Palast zu locken.[15]

Manche sagen, der Einfluß Rasputins sei «übertrieben» worden; seine «streng umrissene» Funktion beim Zaren sei es gewesen, «mystischen Unsinn beizutragen». Eine solche Behauptung kann schwerlich in Einklang mit den Fakten und den aufgefundenen Dokumenten gebracht werden.

Lenin, der das Wirken Rasputins auf der Grundlage dieser Fakten und Dokumente analysiert hat, stellt den Starez als Komplizen und Schuldigen mit Nikolaus II. in eine Reihe.

Das alte Rußland, das ist nach Lenin das Land Nikolaus' und Rasputins.

Die oberste Macht des zaristischen Rußlands wird von Lenin als eine «Bande solcher kläglichen, schwachsinnigen Kreaturen wie Romanow und Rasputin» bezeichnet.

Bei der Behandlung der Außenpolitik der Selbstherrschaft stellte Lenin die Frage, wer ihre Inspiratoren seien. Er antwortete: «Natürlich der Zar, Rasputin, die Zarenbande.»

In den «Briefen aus der Ferne» prangerte Lenin den «Zynismus und die ganze Verderbtheit der Zarenclique mit dem Ungeheuer Rasputin an der Spitze . . .» an.

Lenin wies darauf hin, daß Rasputin «unter dem Schutz des Zaren selbst oder seiner Verwandtschaft» alle Gesetze mit Füßen trat.

Die Revolution, schrieb Lenin, «hat Nikolaus II. und Co. (Rasputin) bloßgestellt und isoliert».

Was gibt es an Gemeinsamem zwischen diesen Leninschen Beschreibungen des «ungeheuerlichen Rasputin» als einer Art von Partner des Zaren, der neben ihm am Steuerrad stand, und dem Bild des verhältnismäßig harmlosen Palastnarren, dem aufgetragen war, mystischen Unsinn zu verbreiten?

Kapitel VIII
An der Schwelle des Weltkrieges

Schmähliche Niederlage

Die Abschlußprüfung seines häuslichen Studiums legte der Thronfolger Nikolaus vor seinem Vater ab, einem nicht sehr gebildeten, aber strengen Examinator, und für den Erfolg wurde er sogleich belohnt: Es wurde ihm, wie schon erwähnt, befohlen, sich auf eine Weltreise zu begeben.

Dem zweiundzwanzigjährigen «Touristen» wurde der Kreuzer «Pamjat Asowa» aus dem baltischen Geschwader zur Verfügung gestellt. Als Reisebegleiter erhielt er den griechischen Thronfolger Prinz Georg sowie einige junge Offiziere, unter ihnen Garde-Reiter Fürst Obolenski, Chevalier-Gardist Fürst Kotschubej und Fürst Wolkow von den Leibhusaren. Zu den Leitern der Reise wurden die Fürsten W. A. Barjatinski und E. E. Uchtomski ernannt. Endziel der Tour war Japan.

Von Oktober 1890 bis April 1891 dauerte die Fahrt über Meere und Ozeane, bis man wohlbehalten Japan erreichte. Am 23. April setzte dort jedoch ein Zwischenfall in der Stadt Otsu der Reise ein abruptes Ende: Während der triumphalen Rikschafahrt des russischen Thronfolgers durch die engen Gassen sprang plötzlich der Polizist Sandso Zuda aus der Absperrung heraus, zog den Säbel aus der Scheide und hieb damit nach Nikolaus' Kopf. Der Säbel streifte ihn nur, und der herangeeilte Georg von Griechenland verhinderte einen neuen Hieb. Nikolaus kam mit einer kleinen Kopfwunde und einem kurzen Schrecken davon. Damit war die Bildungsreise

durch die weite Welt zu Ende. Ohne in Tokio seine «Visiten-
karte» abgegeben zu haben, eilte Nikolaus, entgegen dem
Wunsch des russischen Botschafters in Japan, mit verbunde-
nem Kopf über Kioto auf sein vertrautes Schiffsdeck, wo bald
darauf der Mikado persönlich erschien, um sich zu entschuldigen. Begleitet von einem aus Wladiwostok herbeigerufenen
Panzerkreuzer-Geschwader, dampfte die «Pamjat Asowa» jedoch in Richtung heimatliche Küste.

Einige Zeitgenossen vertraten später die Ansicht, der Säbel-
hieb habe eine Narbe nicht nur am Schädel, sondern auch in
der Seele des Thronfolgers hinterlassen. «Zar Nikolaus vermochte sich, als er den Thron bestiegen hatte, den Japanern
gegenüber nicht sonderlich wohlwollend zu verhalten»,
schrieb Witte zu diesem Thema. «Er betrachtete die Japaner
als eine unsympathische, nichtswürdige und schwache Nation, die durch einen kleinen Stoß des russischen Giganten
vernichtet werden könne ...» Dieses mit verantwortungs-
loser Geringschätzung gepaarte Vorurteil machte es denen
leicht, die daraus ihren Nutzen zu ziehen gedachten.

Kaiser Wilhelm II. beispielsweise trieb den Zaren durch
sein Geschwätz von der Schwäche und Nichtigkeit Japans auf
einen Konflikt zu. In Tokio dagegen heizte er durch seine Diplomaten die Leidenschaften mit Komplimenten für die dyna-
mische japanische Entwicklung, mit Lobeshymnen für das
Reich der aufgehenden Sonne sowie mit Versicherungen über
die Schwäche des «russischen Kolosses auf tönernen Füßen»
an; außerdem förderte er die japanischen Prätentionen durch
Geheimabkommen über deutsche Waffenlieferungen, Entsendung militärischer Berater und Überlassung von Geheim-
dienstinformationen.

Dem Zaren beteuerte der Kaiser seinen Wunsch, nach
Kräften zur Abwehr der «gelben Gefahr» beizutragen, die
von Japan und China ausgehe, dem Mikado und dem Kaiser
von China hingegen sein Verständnis für die Idee, die Russen
aus dem Fernen Osten, wenn nicht bis Moskau, so jedenfalls
bis zum Baikal, schlimmstenfalls aber bis nach Tschita zu-
rückzudrängen. Dahinter stand ein weitreichendes Ziel: Die

russische Armee sollte in einen fernöstlichen Konflikt verwikkelt werden, der sie zwang, die Deckung der Westgrenze des Landes zu schwächen; diese Grenze durch deutsche Truppen bedrohend, sollten dann Rußland solche Bedingungen der weiteren ökonomischen und politischen Beziehungen mit dem Deutschen Reich aufgezwungen werden, die diesem den Weg zur Hegemonie in Europa öffneten.

Für diplomatische Schritte in jener Richtung bedurfte es keiner besonderen Situation. Jede Gelegenheit wurde genutzt. Da kam der Kaiser zum Beispiel zu Besuch nach Peterhof. Zu zweit unternahmen sie eine Kremserfahrt durch den Park. Unvermittelt stellte der Besucher dem Gastgeber die Frage, ob er etwas dagegen habe, wenn die deutsche Kriegsflotte den chinesischen Hafen Tsingtau besetzen würde.

Nikolaus war dagegen, wußte aber, so überraschend gefragt, nicht, was er antworten sollte. Er unterrichtete aber seine Berater von dieser heimtückischen Frage. Wie heimtükkisch sie war, sollte sich sehr bald herausstellen. Deutsche Schiffe liefen in die Bucht von Tsingtau ein und setzten Truppen an Land. Durch seinen Botschafter in Tokio ließ der Kaiser die Japaner wissen, Nikolaus selbst habe ihm vorgeschlagen, «gemeinsam in die Tiefe Asiens vorzustoßen», habe den Deutschen geraten, «den nächsten Schritt nach Tsingtau zu tun» und sich gleichzeitig gemeinsam mit Rußland «auf die Beseitigung der japanischen Barriere vorzubereiten».

Es kam, wie vom Kaiser erhofft, zu einer heftigen Aktivierung der militärischen Vorbereitungen Japans gegen Rußland. Es stehe außer Zweifel, meint Witte, daß «einen Anstoß dazu Kaiser Wilhelm durch seine Okkupation von Tsingtau gab». Er habe sich auf jegliche Weise bemüht, «uns in fernöstliche Abenteuer zu drängen ... war bestrebt, alle unsere Kräfte auf den Fernen Osten abzulenken ... und das hat er vollauf erreicht».

Die Untersuchungen der Historiker, unter ihnen B. A. Romanow und A. S. Jerussalimski, haben längst erwiesen, daß der Kaiser einfach log, als er den Japanern eine Absprache mit dem Zaren weismachte. In Wirklichkeit hatte Nikolaus weder in Peterhof noch an irgendeinem anderen Ort seine Zustimmung zu einem deutschen Einfall in China überhaupt und zur Okkupation von Tsingtau im besonderen gegeben. Die aus der Luft gegriffene Version von der russisch-deutschen Absprache über den Fernen Osten setzte Wilhelm zu eindeutig provokatorischen Zwecken in die Welt, um die Entfesselung eines Konflikts in dieser Region zu fördern.

Der militärischen Explosion gingen langwierige russisch-japanische Gespräche voraus. Gerade in dem Moment, als sich diese Verhandlungen zuspitzten und es klar wurde, daß die Japaner ungeachtet der Nachgiebigkeit Petersburgs zum Abbruch neigten, besuchten der Zar und die Zarin die Verwandten in Darmstadt. Trotz der drohenden Kriegsgefahr nahm der Zar die leitenden Beamten des Kriegsministeriums und des Außenministeriums, darunter Außenminister Lamsdorff, und einige Generäle aus seiner Feldkanzlei, einer Art beweglichen Filiale des Haupstabes, mit auf die Reise. Der ganze Troß wurde im Schloß des Großherzogs, des Bruders der Zarin, einquartiert. Mit seiner Hilfe bemühte sich Nikolaus, von Hessen aus sowohl die Angelegenheiten des Russischen Reiches überhaupt als auch insbesondere die Handlungen Alexejews, seines Statthalters im Fernen Osten, zu lenken.

Für Wilhelm II., der in jenen Tagen keine Mühe scheute, um Rußland durch einen bewaffneten Konflikt im Fernen Osten zu binden, war das Auftauchen dieser Fülle von hohen und höchsten zaristischen Beamten und Offizieren auf deutschem Boden ein Geschenk des Himmels. Quasi vor den Augen seines Nachrichtendienstes und seines Generalstabs floß jeden Tag ein Strom von geheimen Informationen nach Osten und von dort zurück. Im herzoglichen Schloß, das von kaiserlichen Spionen wimmelte, der erste war der gastfreundliche Schloßherr selbst, bearbeiteten die Russen Tag für Tag Stabsdokumente, chiffrierten Befehle und Weisungen, dechiffrierten die Meldungen und Berichte, die aus Petersburg, Charbin und Port Arthur eintrafen. Tag für Tag lieferten die deutschen Dechiffrierer dem Kaiser Kopien der abgefangenen

Meldungen auf den Tisch. Er war über alle beabsichtigten Schritte und Manöver der zaristischen Regierung im Fernen Osten, einschließlich der Bewegungen und der Kampfbereitschaft der Streitkräfte, im Bilde.

Es ist erwiesen, daß der Kaiser die in Darmstadt abgefangenen Informationen zumindest teilweise an den japanischen Generalstab weitergab.

Witte war entsetzt, als er von diesem «Bacchanal der Sorglosigkeit» erfuhr. Den Hofminister Frederiks, der aus Darmstadt in Petersburg eingetroffen war, fragte er, wie er bei einer so verbrecherischen Einstellung gegenüber den Interessen der staatlichen Sicherheit habe gleichgültig bleiben können. Frederiks widersprach: Er habe den Herrscher und Imperator auf die Gefahr aufmerksam gemacht, aber der habe nichts zu verändern gewünscht. Eine ähnliche Warnung Wittes an Lamsdorff blieb gleichfalls ergebnislos.

Bald darauf, in der Nacht zum 27. Januar 1904, begann der Krieg mit dem überraschenden Angriff auf Port Arthur und vor allem auf ein auf Reede liegendes russisches Geschwader. Das Leid über die Verluste, die der plötzliche und treubrüchige Überfall der japanischen Imperialisten verursacht hatte, erfaßte ganz Rußland. Die Herzen der Menschen waren voller Zorn und Erbitterung. Empört waren sie aber auch über die eigene Regierung, über deren Abenteurertum und Raubgier, über deren Blindheit, Verknöcherung und Unfähigkeit, die das Land angesichts einer äußeren Bedrohung so schwach hatten werden lassen. Die Nachricht von der Katastrophe auf der Reede von Port Arthur deprimierte die Bevölkerung. In jenen Tagen bemühten sich die Behörden und die Schwarzhunderter vergeblich, promonarchische Kundgebungen zustande zu bringen — fast niemand kam. Es gab keinen Enthusiasmus auf den Straßen, und auch im Palast war davon sehr wenig zu spüren. Der Gekrönte indessen hielt sich schon im voraus für den Sieger.

Wie sehr ihn seine Selbstüberschätzung daran hinderte, den Grad der Gefahr zu erkennen, zeigt die Tatsache, daß er einen Monat vor den Explosionen auf der Reede von Port

Arthur beim Neujahrsempfang dem japanischen Botschafter mit einem verächtlichen Lächeln auf französisch sagte: «Japan wird dadurch enden, daß es mich erzürnt.»

Er sah die kommende Not und Gefahr so wenig voraus, daß er, als ihn der aus Bessarabien eingetroffene Vorsteher der dortigen Adelsversammlung, Krupenski, beunruhigt fragte, was denn nun werden solle nach der nächtlichen Vernichtung des Geschwaders auf der Reede von Port Arthur, beiläufig äußerte: «Ach, wissen Sie, ich sehe das alles überhaupt nur als einen Flohstich an.»

Was Nikolaus mit solcher Geringschätzung einen Flohstich genannt hatte, wuchs sich zu einem blutigen, neunzehn Monate dauernden Krieg aus. Die russische Armee verlor vierhunderttausend Mann an Toten, Verwundeten, Kranken und Gefangenen. Der «Waffengang» kostete Rußland zweieinhalb Milliarden Goldrubel an direkten Kriegskosten, nicht gerechnet die fünfhundert Millionen Rubel, die das an Japan gefallene russische Eigentum und die versenkten Kriegs- und Handelsschiffe wert waren.

Der Friedensvertrag von Portsmouth zog den Schlußstrich unter diesen Krieg. Der Vertrag fixierte Ergebnisse und Veränderungen, die von der westlichen Presse jener Zeit begeistert als das «fernöstliche Phänomen», als «japanisches Wunder» bezeichnet wurden. In Wirklichkeit konnte von einem Wunder keine Rede sein.

Von April 1904 bis Juli 1905 erhielt Japan von Deutschland, England und den USA vier Anleihen in einer Gesamthöhe von einer halben Milliarde Dollar, womit fast die Hälfte der Kriegskosten gedeckt werden konnte. Eine ebenso bedeutende, wenn nicht größere Rolle spielten die deutschen und englischen Waffenlieferungen und die westlichen Militärberater. Mindestens zehn Jahre vor Port Arthur hatte das Deutsche Reich damit begonnen, den Japanern Militärhilfe zu gewähren.

Die japanische Armee, wie sie im Jahre 1904 auf dem asiatischen Festland erschien, war faktisch von deutschen Offizieren geschaffen und ausgebildet worden. Die Verdreifachung der Mannschaftsstärke zwischen 1896 und 1903 war unter ihrer Leitung erfolgt. Beim Bau und bei der Ausrüstung der japanischen Armada, die am 14. Mai 1905 in der Tsushimastraße aufkreuzte, um das Geschwader Roshestwenskis zu erwarten, hatten deutsche und englische Schiffbauer und Admirale geholfen. Mit ihrer materiell-technischen Unterstützung und unter ihrer Beratung war die Tonnage der japanischen Kriegsflotte in jenen Jahren auf das Viereinhalbfache gewachsen. So standen, als der Krieg im Fernen Osten ausbrach, den neunundsechzig altgedienten Schiffen des russischen Pazifikgeschwaders hundertachtundsechzig japanische Kriegsschiffe neuester Bauart gegenüber.

Was das Deutsche Reich seinen fernöstlichen Schülern schon seit langem gern vermittelt hatte, das waren die Erfahrungen bei der Organisation eines Geheimdienstes und beim Kauf und Verkauf von Spionageleistungen; in vielen Fällen wurden diese Dienstleistungen jedoch auch freundschaftlich und unbürokratisch ausgetauscht. Im Hinterland der russischen Armee, in Petersburg und Moskau sowie in anderen großen russischen Städten operierten Hunderte von japanischen Spionen, die unter den Fittichen des deutschen und des englischen Geheimdienstes ausgebildet worden waren; sie beobachteten Maßnahmen des Oberkommandos, die Truppenbewegungen sowie die Rüstungsindustrie und lieferten die gewonnenen Informationen an die Zentrale in Tokio. Gleichzeitig ließ Berlin den Japanern Geheiminformationen zukommen, die von der prodeutschen Clique in Petersburg stammten. Während also die Administration Nikolaus' II. die elementarsten Dinge zur Abwehr eines möglichen japanischen Überfalls vernachlässigte, weil man offensichtlich damit rechnete, leichtes Spiel mit den Japanern zu haben, durchschauten diese recht deutlich den militärischen und wirtschaftlichen Mechanismus des Gegners, erkundeten im voraus dessen Lücken und Schwachstellen und waren von den ersten Tagen des Konfliktes an in der Lage, gezielte Schläge zu führen.

In seinem Artikel «Der Fall von Port Arthur» schrieb Lenin im Januar 1905: «Generäle und Feldherren haben sich als

Stümper und als Nullen erwiesen . . . Die zivile und militärische Bürokratie erwies sich als ebenso schmarotzerhaft und feil wie zur Zeit der Leibeigenschaft. Das Offizierskorps erwies sich als ungebildet, unentwickelt und ungeschult, es hat keinen engen Kontakt mit den Soldaten und besitzt nicht deren Vertrauen . . . Die Militärmacht des absolutistischen Rußlands hat sich als eine Attrappe herausgestellt. Der Zarismus hat sich als Hindernis für eine moderne, den neuesten Anforderungen gerecht werdende Organisation des Heereswesens erwiesen . . .» Und Lenin kam zu der Schlußfolgerung: «Nicht das russische Volk, sondern die Selbstherrschaft hat eine schimpfliche Niederlage erlitten.»

Portsmouth

Man kann nicht sagen, daß der Verlauf und der Ausgang dieses Krieges Nikolaus gleichgültig gewesen seien. Er unterbrach die Lektüre von Berichten und Rapporten in seinem Arbeitszimmer und fuhr immer wieder hinaus ins Land, um Truppen zu inspizieren. Seine Reiserouten im Jahre 1904: Im Mai besuchte er Poltawa, Belgorod, Tula und Moskau; im Juni — Kolomna, Pensa und Sysran; im September — Jelisawetgrad, Nikolajew, Odessa, Kischinjow und andere Städte im Süden und Westen des Landes. Abgeschlossen wurde die Reise durch Besuche in Riga und Reval; im Oktober — unter anderem Minsk, Witebsk und Suwalki in den westlichen Gouvernements; im Dezember — Shitomir, Shmerinka, Birsula und weitere südwestliche Gebiete.

Überall besichtigte und verabschiedete er Militäreinheiten, die in den Fernen Osten verlegt wurden; er weihte Fahnen, verteilte Heiligenbildchen und Kreuze an Soldaten und Offiziere, nahm an feierlichen Kiellegungen, Stapelläufen und Indienststellungen neuer Kriegsschiffe teil. General M. I. Dragomirow witzelte damals: «Wir schlagen die Japaner mit den Bildern unserer Heiligen, und sie geben es uns mit Kanonenkugeln und Bomben. Wir sie mit Heiligenbildern, sie uns mit

Kugeln. Du ihn mit dem Evangelium, er dich mit der Kugel. Das ist vielleicht ein Krieg, ganz lustig!»

Gleichgültig war der Gekrönte also nicht, aber er wurde auch nicht von Unruhe, geschweige denn von Verzweiflung gequält. Die Nachricht vom Fall Port Arthurs erreichte ihn auf dem Wege zur Station Baranowitschi. Am Abend notierte er in seinem Tagebuch: «Die erschütternde Nachricht Stössels von der Übergabe Port Arthurs an die Japaner infolge der riesigen Verluste und der Krankheiten unter der Garnison sowie der völligen Erschöpfung der Munitionsvorräte. Schwer und schmerzlich, obwohl es vorauszusehen war, aber man hoffte, daß die Armee der Festung aus der Patsche helfen würde. Die Verteidiger sind alle Helden und haben alles getan, was man erwarten konnte. Es ist alles Gottes Wille.»

In Petersburg traf die Nachricht vom Untergang des Panzerschiffes «Petropawlowsk», des Flaggschiffes, ein. K. N. Rydzewski, der den Hofminister vertrat, sollte dem Zaren dieses Ereignis melden. Die Audienz war auf drei Uhr festgesetzt. Nicht ohne Beunruhigung dachte Rydzewski an die bevorstehende Szene, wenn er dem Zaren über den Vorfall berichten würde. Plötzlich ein Kurier aus dem Winterpalais; die Audienz ist abgesetzt. Rydzewski atmete erleichtert auf — der Kelch war an ihm vorübergegangen, wenn auch nur vorläufig. Kurz darauf wieder ein Kurier: Die Audienz findet zur festgelegten Zeit statt.

«Ich fuhr also zum Zaren», erzählte Rydzewski später. «Der war in der Totenmesse für den Admiral Makarow. Na, dachte ich, nun wird alles noch schlimmer. Doch da ging der Gottesdienst zu Ende. Der Herrscher kam in Marineuniform aus der Kirche, begrüßte mich fröhlich, zog mich am Arm ins Arbeitszimmer und sagte, auf die Fenster weisend, hinter denen dicke Schneeflocken tanzten: ‹Was für ein Wetter! Jetzt müßte man auf die Jagd gehen, mit Ihnen war ich lange nicht auf der Jagd. Was für einen Tag haben wir heute — Freitag? Was meinen Sie, fahren wir morgen?›»

Rydzewski war verwirrt, murmelte etwas Undeutliches und ging eilig wieder. Als er die Schloßtreppe hinunterging, sah er:

218

Der Zar stand am Fenster, das Gewehr angelegt, und zielte auf einen Krähenschwarm am grauen Winterhimmel . . .

Später, im Sommer 1904, in den Tagen von Wafangou und Ljaojan, beschäftigte den Imperator die Birkhahnjagd. Er notierte: «Zwei Birkhähne erlegt.» In den Tagen, in denen ihn Kuropatkin mit chiffrierten Telegrammen überschüttete, in denen er auf die verhängnisvollen Konsequenzen der Mißerfolge der Generäle Stackelberg und Fock hinwies, vermerkte Nikolaus im Tagebuch: «Vergnügte mich in einem Flüßchen, das ich barfuß durchschritt.»

Nach der Schlacht von Tsushima (14. bis 15. Mai) lauteten die Eintragungen in seinem Tagebuch:

16. Mai. Geritten, spazierengegangen und Paddelboot gefahren. Heute trafen die widersprüchlichsten Meldungen und Nachrichten über den Kampf unseres Geschwaders mit der japanischen Flotte ein — alles über unsere Verluste und völliges Schweigen über ihre Beschädigungen. Dieses Verhalten bedrückt mich schrecklich. Mit Olga, Petja und Kirill zu Mittag gegessen.

17. Mai. Es kommen weitere schwere und widersprüchliche Nachrichten über den verhältnismäßig mißlungenen Kampf in der Tsushimastraße. Zu zweit spazierengegangen. Das Wetter war herrlich, warm. Auf dem Balkon Tee getrunken und Mittag gegessen.

18. Mai. Wundervolles Wetter. Frühstückte mit Sergej. Mischa kam sich verabschieden, da er am Abend zur Hochzeit des Kronprinzen nach Berlin fährt. Unternahm einen schönen Spazierritt . . . Wir aßen auf dem Balkon und fuhren dann nach Pawlowsk.

19. Mai. Die schrecklichen Nachrichten vom Untergang fast des ganzen Geschwaders in einem zweitägigen Kampf haben sich jetzt endgültig bestätigt. Roshestwenski selbst ist verwundet gefangengenommen worden. Der Tag war herrlich, was die Schwermut im Herzen noch verstärkte. Mit Petja gefrühstückt. Sind geritten.

20. Mai. Es war sehr heiß. Am Morgen hörte man von fern

Donner. E. A. Naryschkina frühstückte mit uns. Empfing Trepow. Ging spazieren und fuhr Boot.

Rußland war im Krieg 1904 bis 1905 nicht besiegt. Trotz aller Niederlagen und Rückzüge, ungeachtet sogar der Geschehnisse von Tsushima, Wafangou und Mukden, übertraf Rußlands militärische und ökonomische Stärke auch am Ende des Krieges die Japans um ein Vielfaches. Der Gegner dagegen war ermattet und erschöpft.

Das imperialistische Japan triumphierte, aber es war bleich vom Blutverlust. Sein wirklicher Zustand — unter Berücksichtigung der schnell wachsenden revolutionären Gärung im Lande — war so alarmierend, daß sich die japanische Regierung einige Tage nach Tsushima, am 18. Mai 1905, an den US-Präsidenten, Theodore Roosevelt, mit der Bitte um Friedensvermittlung wandte. Roosevelt stimmte zu. Er übermittelte dem amerikanischen Botschafter in Petersburg telegraphisch die Anweisung, um eine Audienz beim Zaren nachzusuchen und ihn möglichst davon zu überzeugen, daß die Fortsetzung des Konflikts für keine der kriegführenden Seiten von Vorteil wäre, im Gegenteil beiden gefährliche innere Komplikationen bringen könne, und daß das von Unruhen und Meutereien erschütterte Rußland den Frieden besonders brauche.

Am 25. Mai empfing Nikolaus den Botschafter und erklärte sich mit Verhandlungen einverstanden. Am nächsten Tag wandte sich Roosevelt offiziell mit dem Vorschlag an die russische und die japanische Regierung, in Verhandlungen über die Beendigung des Krieges und einen Friedensschluß einzutreten. Beide Regierungen antworteten zustimmend: die russische in Übereinstimmung mit den Argumenten des Präsidenten über die Notwendigkeit, die Kräfte zur Unterdrükkung der Revolution einzusetzen; die japanische — im Bewußtsein ihrer faktischen Unfähigkeit, den Kampf mit Rußland fortzusetzen, und erfüllt von demselben heimlichen Schrecken vor der wachsenden revolutionären Stimmung der Massen, die zunehmend begriffen, daß dieser Krieg den wahren Interessen der Werktätigen sowohl Rußlands als auch Japans widersprach. Zum Ort der Friedensverhandlungen wurde das Städtchen Portsmouth in den USA gewählt.

Über einen Friedensschluß zur Erstickung der russischen Revolution zu kommen, das war die Absicht. Doch es kam ganz anders. Nach dem Friedensschluß gab es neue revolutionäre Erschütterungen, wuchs die Erbitterung der über das fernöstliche Abenteuer empörten Volksmassen. Hinzu kam, daß die Massen der Soldaten immer stärker in die Ereignisse hineingezogen wurden. Die vom Osten her ins Zentrum des Landes heimkehrende Armee war erregt über die schändlichen Niederlagen, die ihr die zaristischen Generäle beschert hatten. Die Soldaten steckten mit ihrer Empörung die Bevölkerung an, und umgekehrt wuchs unter dem Einfluß der Arbeiterbewegung die revolutionäre Stimmung unter den Soldaten.

Die Regierung wünschte die Heimkehr der Armee und fürchtete sie zugleich. Die Einstellung des Hofes zur Armee war gespalten. Die einen wollten die Truppen gegen das Volk einsetzen und die Revolution mit Bajonetten unterdrücken. Andere Stimmen warnten davor, die Armee überhaupt ins Landesinnere zu lassen. Viele Offiziere, die Soldaten aus dem Fernen Osten heranführten, waren nicht sicher, ob sie im Zentrum Rußlands noch die alte Ordnung vorfinden würden. Fürst Wassiltschikow, der nach dem Friedensschluß mit seinem Regiment nach Petersburg zurückkehrte, erzählte Nikolaus II., er habe «bis Tscheljabinsk nicht genau gewußt, was sich im Lande tut»; er habe gedacht, er werde dort «die Zarenfamilie nicht mehr antreffen, von der Gerüchte besagten, sie sei ins Ausland geflohen», und den Premierminister Witte sowie seine Kabinettskollegen erwartete er «auf dem Marsfeld an Galgen hängend zu sehen».

Um eben dies zu verhindern, war der Frieden von Portsmouth geschlossen worden. Witte, der den Vertrag in den USA mit seiner Unterschrift bestätigt hatte, betonte später, daß, wäre der Frieden von Portsmouth nicht geschlossen worden, so schwerwiegende äußere und innere Katastrophen gefolgt wären, daß sich das Haus Romanow nicht auf dem Thron hätte halten können.

Der Vertrag von Portsmouth stärkte die Position des japanischen Imperialismus auf dem asiatischen Festland. Zweieinhalb Monate nach seinem Abschluß zwang die Tokioter Regierung Korea einen Protektoratsvertrag auf, fünf Jahre später schloß sie Korea dem Japanischen Reich an. An Japan fielen die Halbinsel Kwangtung mit Port Arthur und Dalni, der südliche Zweig der Ostchinesischen Eisenbahn sowie die Hälfte der russischen Insel Sachalin südlich des 50. Breitengrades.

Doch nicht nur Japan hatte in diesem Krieg etwas erbeutet. Auch Wilhelm II. hatte sich durch fremde Hände einen Haufen Kastanien aus dem fernöstlichen Feuer holen lassen. Er hatte eine langfristige Erschöpfung Rußlands durch diese Auseinandersetzung erwartet. Seine Berechnung erwies sich als recht genau: Nach Meinung Wittes hatte Deutschland durch den Konflikt, der Rußland tatsächlich für viele Jahre schwächte, «am meisten gewonnen». Schon am 28. Juli 1904 unterschrieb Witte auf direkte Weisung Nikolaus' II. in Berlin einen neuen Handelsvertrag mit Deutschland, genauer — eine zusätzliche Konvention zum russisch-deutschen Handels- und Schiffahrtsabkommen von 1894. Diese Vereinbarung berechtigte die Deutschen, die Zölle auf russischen Weizen und Roggen einschneidend zu erhöhen; die russischen Einfuhrzölle für deutsche Industriewaren blieben dagegen auf dem früheren, äußerst niedrigen Stand. Die Zölle für aus Rußland nach Deutschland eingeführtes Holz wurden gesenkt, diejenigen für Erzeugnisse der russischen holzverarbeitenden Industrie erhöht. Der Vertrag war von dem Bestreben der deutschen Expansionisten durchdrungen, Rußland noch mehr in die Rolle eines Lieferanten billiger Rohstoffe für die deutsche Industrie sowie eines weit offenen, durch keine Zollschranken geschützten Absatzmarktes für deutsche Industriewaren zu drängen. Der neue Handelsvertrag war jedoch nur ein Teil des Erfolges, den Wilhelm II. durch seine Intrigen im Fernen Osten einheimsen konnte.

Vom Frühjahr 1904 an erfuhr Wilhelm II. über Eulenburg durch das Spionagezentrum in Wershbolowo regelmäßig von der zunehmenden Entblößung der russischen Westgrenze durch Truppenverlegungen nach dem Fernen Osten. Das Schicksal dieser Truppen: Ein Teil von ihnen schmolz in den Kämpfen dahin; ein Teil wurde im Fernen Osten und in Sibirien aufgelöst, wobei die Soldaten durch die Zuweisung von Landanteilen an den Boden gebunden wurden. Die zuverlässigsten Regimenter hingegen, in erster Linie die Kosaken, wurden in die inneren Gouvernements verlegt, um den Behörden zu helfen, den Gehorsam der Bevölkerung zu erzwingen. Die Verteidigung der Westgrenze blieb so noch einige Jahre lang geschwächt.

Aber es gab noch weitere, für die deutschen Scharfmacher höchst erfreuliche Folgen. Den Augenblick nutzend, als Rußland und Japan sich im bewaffneten Konflikt befanden, setzte sich das kaiserliche Deutschland ohne besondere Störungen auf dem bereits 1898 okkupierten Brückenkopf Tsingtau fest, der die Möglichkeit des weiteren imperialistischen Eindringens in China bot. Die kaiserlichen Marinestrategen unter Tirpitz verloren keine Zeit, sie rüsteten und bauten Tsingtau in den Jahren 1904 und 1905 zur Hauptbasis ihrer Kriegsflotte in Ostasien aus. Allerdings hielten sie diese Basis nur verhältnismäßig kurze Zeit. Ihre gelehrigen japanischen Schüler gestatteten ihnen nicht, sich dort auf Dauer niederzulassen. Am 23. August 1914 erklärte Japan, das sich der Entente angeschlossen hatte, Deutschland den Krieg und eroberte Tsingtau sowie die pazifischen Inselgruppen, die deutsche Kolonien waren (Karolinen, Marianen, Marshall-Inseln). Der Brand der Jahre 1904 und 1905 im Fernen Osten war eine Art Präludium zum Weltbrand der Jahre 1914 bis 1918.

Um vier Uhr nachmittags des 29. Juni 1914 (neuer Kalender) kletterte der Feldjägeroberleutnant Skuratow an Bord der Zarenjacht «Standart», die an der Küste vor Hangö lag. Mit Erlaubnis des Flaggkapitäns Admiral Nilow schritt er auf das Tischchen zu, an dem der Zar, die Zarin und die Hofdame Wyrubowa Karten spielten. Der Oberleutnant meldete, Nikolaus nahm einen Umschlag aus seiner Hand entgegen und öffnete ihn. Nachdem er die im Umschlag befindlichen Telegramme gelesen hatte, stand er auf und ging mit Nilow über das Deck zu seinem Arbeitszimmer. Durch einen Blick forderte er die Damen auf, ihn zu begleiten.

Bis zum Abend kam niemand von ihnen wieder an Deck. Die Jacht änderte hart den Kurs von Hangö hinweg in See und lief mit äußerster Kraft Richtung Kronstadt.

Die beiden Telegramme, die Skuratow gebracht hatte, enthielten außergewöhnliche Nachrichten. In dem einen wurde amtlich bestätigt, was am Vortag bereits gerüchtweise auf der Jacht kursierte: Am 28. Juni waren in der bosnischen Stadt Sarajevo der österreichisch-ungarische Thronfolger, Franz Ferdinand, und seine Frau, Sophie von Hohenberg, durch Revolverschüsse ermordet worden. Sie waren nach Manövern der österreichischen Armee im annektierten Bosnien in der Nähe der serbischen Grenze in die Stadt gekommen. Der Attentäter, ein junger Serbe, war gefaßt worden.

Die zweite Nachricht erregte das Zarenpaar nicht minder. Einen Tag vor den Schüssen von Sarajevo war Rasputin in dem Dorf Pokrowskoje in Sibirien durch einen Messerstich in den Bauch schwer verletzt worden, als er, umgeben von einem Schwarm ihn verehrender Pilgerinnen, die Dorfstraße entlangging. Die Täterin war Feonija oder Chionija Gussewa, frühere Gefährtin seiner Wanderungen durch die Klöster, die sich an seine Fersen geheftet hatte. Die Bauern verfolgten sie durchs Dorf, doch sie ergab sich nicht und schrie: «Ich bring den Antichrist doch um!» Anschließend versuchte sie sich selbst umzubringen . . .

Am Abend passierte die «Standart» mit abgeblendeten Lichtern Kronstadt und fuhr nach Peterhof. Im Großen Palast begab sich Alexandra Fjodorowna in Begleitung ihrer Hofdame sofort in ihre Gemächer, mühsam Tränen und Klagen unterdrückend. Den Dienern schien zunächst, die Trauer gelte Franz Ferdinand. Dann begriffen sie: Nein, es ging um Grigori.

Am 2. August 1914, fünfunddreißig Tage, nachdem der Feldjäger den Umschlag auf die «Standart» gebracht hatte, gab Nikolaus II., umgeben von der Schar seiner Würdenträger, dem Land im Winterpalais offiziell bekannt, daß Deutschland Rußland den Krieg aufgezwungen habe. Einige Tage später verlas er dasselbe Manifest noch einmal in Gegenwart des Moskauer Adels im Georgssaal des Großen Kremlpalastes.

Das Ereignis von Sarajevo und das von Pokrowskoje hatten ursächlich nichts miteinander zu tun. Sie waren nur dadurch verbunden, daß sie sich fast gleichzeitig ereigneten. Und dennoch...

Rasputin sagte später, wie schon erwähnt, hätte es den Vorfall mit der verfluchten Feonija nicht gegeben, hätte es auch keinen Krieg gegeben. Er, der immer gegen Streit «mit einem so kaiserlichen Land wie Deutschland» war, hatte Nikolaus II. schon früher von einem Zusammenstoß mit ihm zurückgehalten und hätte das auch in jenem Sommer getan. Nicht, weil er überhaupt gegen Krieg gewesen wäre, sondern weil er für das Bündnis der Monarchien und gegen die Revolution war; und dieses Bündnisses wegen, so meinte er, lohnte es auch, dem deutschen Kaiser nachzugeben.

Der Erste Weltkrieg wurde von allen Imperialisten vorbereitet, doch die deutschen, die nach einer grundlegenden Neuaufteilung der Welt zu ihren Gunsten dürsteten, waren am aggressivsten gestimmt. «Die deutsche Bourgeoisie», schrieb Lenin, «die das Märchen auftischt, sie führe einen Verteidigungskrieg, hat in Wirklichkeit den von ihrem Standpunkt aus günstigsten Zeitpunkt für den Krieg gewählt, um ihre letzten Errungenschaften in der Kriegstechnik auszunutzen und den von Rußland und Frankreich bereits vorgesehenen und beschlossenen neuen Rüstungen zuvorzukommen.»

Von Jagow, erster Mann im Berliner Auswärtigen Amt, erläuterte im Juli 1914 in einem Brief an den deutschen Botschafter in London, warum Deutschland den Zwischenfall von Sarajevo zum Eingreifen nutzen müsse. Rußland, so betonte er, sei im gegenwärtigen Moment zum Krieg nicht bereit, und Frankreich und England wollten im Augenblick keinen Krieg. Das Ungleichgewicht im Kräfteverhältnis, stellte er fest, sei zeitweilig, es werde sich unvermeidlich verändern. Schlußfolgerung: dem schlecht oder wenig vorbereiteten Gegner einen entscheidenden Schlag versetzen.

Zu diesem Schluß gelangten auch Wilhelm II. und Franz Joseph während ihres Vorkriegstreffens in Konopischt. Beide Teilnehmer des Komplotts bestimmten den Übergang von der Sprache der Ultimaten zur Sprache der Kanonen im voraus.

Unabhängig von den subjektiven Beweggründen des jungen Serben ist offensichtlich, wer auf einen solchen Zwischenfall wartete und wem das zufällige Geschehen ganz in den Plan paßte.

Wenn man dem «Stern» glaubt, streckte Wilhelm II., als er von den Schüssen in Sarajevo hörte, entsetzt die Hände gen Himmel und flehte zu Gott, die durch das Attentat ausgelöste Lawine von ihm abzuwenden. So überschrieb Paul Sethe denn auch seinen Aufsatz: «Ich habe es nicht gewollt — Der Kaiser hatte Angst vor dem Krieg.»

Seit dem September 1905, dem Frieden von Portsmouth, waren knapp neun Jahre vergangen. Anderen Ländern, die einen militärischen Mißerfolg erlitten hatten, ist es schon in kürzerer Zeit gelungen, ihre Verteidigungskraft zu regenerieren und ihre Grenzen in der nötigen Weise zu sichern. Das Reich der Romanows war zur Lösung einer solchen Aufgabe bereits nicht mehr imstande.

Obwohl es offensichtlich war, daß die deutsche Bedrohung wuchs, ließen die Kampfkraft und Kampfbereitschaft der russischen Streitkräfte zu wünschen übrig. Am Zustand der Kriegsmaschine des Zarismus, den Lenin im Jahre 1905 nach dem Fall von Port Arthur so vernichtend charakterisiert hatte, hatte sich nichts Wesentliches geändert.

Noch zwei Wochen vor dem Beginn des Weltkrieges empfing Nikolaus II. den französischen Präsidenten und versicherte ihm seine Bereitschaft, sich in den Kampf zu stürzen. Doch als die Flamme aufloderte, schwankte Nikolaus Romanow für kurze Zeit. Vielleicht hatte ihn eine frühe Vorahnung vom Ende jenes Pfades gestreift, auf den ihn Wilhelm und Poincaré gestoßen hatten. Nachdem er den Befehl zur Mobilisierung gegeben hatte, überlegte er es sich unter dem Eindruck eines drohenden Telegramms Wilhelms II. noch einmal und ersuchte den Generalstabschef, N. N. Januschkewitsch, telephonisch, die angelaufenen Maßnahmen zu stoppen. Aber dieser Rückzug währte nicht lange; unter dem Druck der Militärs wurde die Anordnung der Mobilisierung erneuert.

Kapitel IX
Der Krieg

Ein Kontinent im Feuer

Es begann der bewaffnete Kampf, den vier Reiche nicht überleben sollten — das Zarenreich, das Deutsche Kaiserreich, die Monarchie Österreich-Ungarn und das Osmanische Reich.

Nachdem Pourtalès das Arbeitszimmer Sasonows verlassen und auf dem Tisch die Note mit der Kriegserklärung zurückgelassen hatte, entwickelten sich die Kriegsereignisse schnell. Die teuflische Spirale, von der Wilhelm II. die Sicherungen abgerissen hatte, begann sich zu drehen und erfaßte zuerst ganz Europa. Im Endeffekt beteiligten sich mehr als drei Dutzend Staaten mit über zwei Drittel der Weltbevölkerung am Krieg. Von den Divisionen, die von den Entente-Regierungen in den ersten Wochen auf die europäischen Schlachtfelder geschickt wurden, stellte Rußland mehr als die Hälfte. Doch auf Grund verschiedenster Mängel — wie fehlender Transportraum und ungenügende Ausrüstung — war die Armee gezwungen, die ersten Kämpfe nur mit einem Teil ihrer Kräfte aufzunehmen. Außerdem mußte sie von Beginn an das Joch tragen, den Verbündeten aus diversen Verlegenheiten zu helfen, ein Joch, das sie die gesamten vierzig Monate trug, in denen sich Rußland am Weltkrieg beteiligte.

Allen Schwierigkeiten zum Trotz führten die Streitkräfte Rußlands die ersten Kämpfe erfolgreich und versetzten dem Gegner eine Anzahl heftiger Schläge. In der Galizien-Schlacht (August/September 1914) fügten vier russische Armeen (die Südwestfront) vier österreichisch-ungarischen Armeen eine schwere Niederlage zu, durchbrachen in einem breiten Abschnitt die Front und zwangen den Gegner zum allgemeinen Rückzug. Die Südwestfront vermochte es jedoch nicht, diesen Erfolg zur Erzielung eines strategischen Resultats auszunutzen, da ihr die erforderlichen Reserven fehlten — obwohl sie ihr auf Befehl Nikolaus' II. scheinbar zugeteilt worden waren.

Während der Kämpfe in Galizien wehrten sich an der Marne, an den Zugängen zur französischen Hauptstadt die verbündeten Truppen verzweifelt gegen den Ansturm der deutschen Armeen. Paris war tödlich bedroht. In einem Brief an Nikolaus flehte Poincaré um Hilfe.

Dem persönlichen Befehl des Zaren folgend, setzte das Hauptquartier zwei Armeen zu einem eiligen Angriff auf Ostpreußen an: die 1. Armee Rennenkampfs und die 2. Armee Samsonows. Die Armee Samsonows rückte, zunächst von der Armee Rennenkampfs unterstützt, kühn vor und führte starke Stöße gegen das Zentrum und die Flügel der vor ihm zurückweichenden deutschen 8. Armee unter von Prittwitz. Prittwitz, der schwere Verluste erlitt und seine Technik zurückließ, meldete in Panik an das deutsche Hauptquartier in Koblenz, daß er vorhabe, hinter die Weichsel zurückzugehen, aber nicht sicher sei, ob er diese Linie werde halten können. Moltke, der Chef des deutschen Generalstabs, zog zwei Korps und eine Kavalleriedivision von der Marne-Front ab, konzentrierte im Raum Metz ein drittes Korps und warf diese Kräfte nach Ostpreußen.

In jenen Tagen versicherte Shilinski, der Oberbefehlshaber der Nordwestfront, Samsonow, daß Rennenkampfs 1. Armee weiter an der Offensive teilnehmen und den Druck auf den Gegner unterstützen werde; in Wirklichkeit blieb Rennenkampf in dem kritischen Moment, als die frischen deutschen Kräfte aus dem Westen herankamen, stehen, zog sich aus dem Kampf zurück und entblößte die Flanke der 2. Armee. Hindenburg, der von Prittwitz abgelöst hatte, nutzte die plötzlich entstandene Bresche und stürzte sich auf die durch die Angriffe erschöpfte 2. Armee, deren Munitionsvorräte zu

Ende gingen. Sie geriet im Raum Soldau in einen Kessel und wurde vernichtet.

Dafür war es den Verbündeten gelungen, ihre Lage zu verbessern. Die durch den Abzug eines Teils ihrer Stoßkräfte nach Osten geschwächte kaiserliche Armee an der Marne wurde gestoppt und dann zurückgeworfen. Im Ergebnis hielten die Verbündeten die Front. Am Marneufer brachte Joffre Kluck starke Verluste bei; doch diesen Erfolg hatte Samsonow ermöglicht, als hinter der Weichsel Prittwitz «weichgeklopft» wurde, wie er es nannte.

Das «Wunder an der Marne» bezahlten Tausende Soldaten der von Rennenkampf verratenen 2. Armee mit ihrem Blut und ihrem Leben, und mit ihnen wurde auch Alexander Wassiljewitsch Samsonow, der Oberbefehlshaber der Armee, das Opfer dieses Verrats. Am 30. August 1914 setzte er im Raum der Kämpfe bei Soldau seinem Leben ein Ende. Zwei Tage vorher hatte Rennenkampf seine Truppen im Stich gelassen und war nach Wilna geflohen.

Man erwartete, daß Nikolaus II. den Deserteur dem Kriegsgericht überantworten werde. Das geschah nicht. Rennenkampf betätigte sich noch einige Zeit auf hohem Kommandoposten an der Front. Dann freilich gab es so etwas wie eine Untersuchung. Sie endete ergebnislos; die Zarin gewährte Rennenkampf eine Audienz, bei der sie sich demonstrativ liebenswürdig mit ihm unterhielt, worauf die Behörden faktisch nichts mehr gegen ihn tun konnten.

Zu Ende geführt wurde die Untersuchung von der Sowjetmacht. Dabei wurden dem General auch die Straffeldzüge des Jahres 1905 ins Gedächtnis gerufen. Auf Grund eines Urteils des Revolutionstribunals wurde Rennenkampf im Jahre 1918 erschossen.

Der am 28. September 1914 von der 9. deutschen Armee eröffnete Vorstoß auf Warschau und Iwangorod endete mit einem Sieg der russischen Kräfte und dem Rückzug des Gegners nach Westen. Am 22. März kapitulierte in Galizien die eingeschlossene Festung Przemyśl; 120 000 Soldaten wurden gefangengenommen, 900 Geschütze erbeutet. Von diesem

Frühjahr an verlagerte sich der Schwerpunkt des Kampfes mehr und mehr nach Osten. Das deutsche Oberkommando, das erkannt hatte, daß Nikolaus seine Kräfte zersplitterte und hin und her schwankte, vor allem den militärischen und politischen Bedürfnissen seiner Verbündeten folgte, wollte durch eine Sommeroffensive im Osten entscheidende Erfolge erzielen.

Es gelang dem Gegner, bei Gorlice die Front zu durchbrechen. Die Tapferkeit der russischen Soldaten konnte den Mangel an Munition, die Unzulänglichkeit der Nachrichten- und Transportmittel, die Schwäche der Frontaufklärung und die Fehler der Führung nicht ausgleichen. Unter dem Feuersturm der deutschen Geschütze setzte ein Massenrückzug ein; es war fast nichts da, womit man dem Feind hätte antworten können — der Munitionsvorrat je Geschütz betrug drei Granaten pro Tag. Am 22. Juni fiel Lwow. Hartnäckig Widerstand leistend, räumte die Armee im Verlauf des Junis und Julis Galizien. Auch ein Teil des Baltikums ging verloren. Am 18. August fiel die Festung Kowno, die von den für ihre Verteidigung verantwortlichen Generälen Grigorjew und Meller-Sakomelski in Stich gelassen worden war. Am Ende des Sommers befand sich das ganze sogenannte russische Polen in deutscher Hand. Noch eine große Anstrengung, so meinten die Generäle des Kaisers, und die russische Hauptgruppierung werde außer Gefecht gesetzt sein. Aber dieses Ziel erwies sich als unerreichbar. Die sich verteidigende Armee hatte zwar Raum verloren, ließ sich jedoch nicht einkreisen und bewahrte ihre personelle Stärke. Sie schaffte es, sich an der Verteidigungslinie Dwinsk—Pinsk—Tarnopol—Tschernowzy festzusetzen; hier verebbte die österreichisch-deutsche Offensive.

Die Mißerfolge vom Sommer 1915 zeigten den Völkern Rußlands besonders anschaulich, daß der Zarismus unfähig war, das Land wirksam zu verteidigen, daß er die Armee den Interessen der Verbündeten opferte und das Reich in die Katastrophe führte. Die Schuldigen an den militärischen Mißerfolgen und am Munitionsmangel, die heimlichen und offenen Helfershelfer des Feindes in den Stäben und Ministerien blieben ungestraft. Nur der Kriegsminister, Suchomlinow, wurde im Juni 1915 abgesetzt. Doch bald darauf, in den bittersten Tagen der Niederlagen, setzte Nikolaus II. andere bekannte Germanophile auf höchste militärische Posten, so wurde Ewerth zum Oberbefehlshaber der Westfront und von Plehwe zum Oberbefehlshaber der Nordwestfront ernannt.

In dieser Periode schwerer Prüfungen für die russische Armee unternahmen die Verbündeten fast nichts, um deren Lage zu erleichtern, und gerade jetzt wäre Gelegenheit gewesen, zu vergelten, was für sie getan wurde. Wieder stellte sich heraus, daß die Verbündeten vor allem mit sich selbst beschäftigt waren und die Sorgen des russischen Partners sie wenig kümmerten. Interessant war für sie hauptsächlich dessen Fähigkeit, den gemeinsamen Feind abzulenken und zu binden. In der Tat gaben die russischen Truppen ungeachtet der verlustreichen Rückzüge im Frühjahr und im Sommer durch ihren erbitterten Widerstand dem Oberkommando der Entente die Möglichkeit, die gefährliche Krise zu bewältigen, die durch die ersten deutschen Gasangriffe bei Ypern entstanden war, als Tausende von Soldaten vor dem heranwehenden giftigen Nebel aus der vordersten Linie flohen. Die russischen Gegenangriffe nutzte das alliierte Oberkommando außerdem dazu, seine Positionen in Flandern, in der Champagne und bei Artois zu verbessern. Darüber hinaus gelang es ihm in der entstehenden Kampfpause, die Munitionsvorräte aufzufüllen, die schwere Artillerie zu verstärken, Truppenkontingente aus den Kolonialbesitzungen heranzuführen sowie in den USA große Mengen Rüstungsgüter einzukaufen und über den Ozean heranzuschaffen.

Die westlichen Verbündeten, insbesondere England, wollten den bewaffneten Kampf um jeden Preis bis zum Sieg führen. Nicht so entschieden waren gewisse Personen in den höchsten Kreisen Petrograds und Berlins. Dort gab es Leute, die erste Anzeichen einer «Ermüdung» erkennen ließen. Die Ereignisse der ersten acht Kriegsmonate — jede der beiden Seiten verlor in dieser Zeit fast eine Million Mann an Toten und Verwundeten — ließen bei manchen Politikern in der

Suite sowohl des Zaren als auch des Kaisers den Gedanken reifen, daß dieses Unternehmen weder dem einen noch dem anderen Gewinn versprach.

In den Frühling und den Sommer des Jahres 1915 fällt der Beginn der Aktivitäten der Rasputin-Gruppe, die auf die Herstellung von geheimen Kontakten mit der deutschen Regierung zielten. Auch die Deutschen unternahmen solche Schritte. Gemeinsam wurde die Möglichkeit abgetastet, einen Separatfrieden zu schließen. Auf die in einem geheimen Memorandum enthaltene Frage von Falkenhayns (der nach der Marneschlacht an die Stelle Moltkes getreten war), ob Gespräche mit Rußland über einen Waffenstillstand wünschenswert seien, antwortete Wilhelm II. mit einem ausdrücklichen «Ja».

Verspätete Bilanzen

Ein warmer blauer Abend über dem alten Wladimir. Die Gärten stehen in vollem Laub, duften, ringsum Vogelgezwitscher. In einem stillen grünen Gäßchen hinter den malerisch aufragenden Höhen und Hängen der Stadt ruht ein solides dreistöckiges Steinhaus mit zum Hof, zum Innengarten gekehrten Eingängen.

Im Erdgeschoß des Hauses sitzt am offenen Fenster ein sehr alter weißhaariger Mann dem Autor gegenüber. Es ist der siebenundneunzigjährige W. W. Schulgin. Sich den Bart streichend, sagt er mit deutlicher, gar nicht greisenhafter Stimme: «In Petrograd nannte man mich damals: Schulgin, der mit dem Schnurrbärtchen. Jetzt bin ich Schulgin mit dem langen weißen Bart. Natürlich kann Schulgin mit dem Bart nicht buchstäblich dasselbe sagen, wie es der Schulgin mit dem Schnurrbärtchen tat.»[16]

«Was anderes könnten Sie denn heute sagen, Wassili Witaljewitsch?»

«Dieses andere habe ich schon in den ‹Briefen an die russischen Emigranten› in einer der heutigen historischen Zeitschriften gesagt. Vielleicht haben Sie es gelesen?»

«Natürlich. Die Veränderungen Ihrer Ansichten ist verständlich, schließlich sind seitdem sechs Jahrzehnte vergangen, Jahrzehnte voller gewaltiger Ereignisse.»

«Ja, es ist genau sechzig Jahre her, in genau solchen Junitagen fuhr ich damals von Petrograd aus an die Front, nach Galizien. Ich war dort nicht nur als Politiker, sondern auch als Offizier. Ich sah mir nicht nur an, was vorging, sondern nahm auch am Kampf teil . . . stieg zusammen mit den Soldaten zum Angriff aus dem Graben . . .»

«Waren Sie auch später noch bei der im Feld stehenden Armee?»

«Wie soll ich sagen . . . Wenn man den Stab einer Heeresgruppe als Teil der Front ansieht, dann war ich an der Front, im Stab von General Russki, am 2. März 1917, als der Herrscher mir sein Abdankungsschreiben überreichte.»

«Mit was für Eindrücken kehrten Sie 1915 von der Front, aus dem Feuer der Kämpfe zurück?»

«Ich war niedergeschmettert von dem, was ich dort gesehen und erlebt hatte. Unter anderem war ich auch in den Regimentern der 14. Division von General Erdeli. Jener 14., die am ersten Kriegstag die Deutschen bei Częstochowa aufgehalten hatte. Jetzt zogen sich ihre Regimenter von den Karpaten zurück, und zwar ziemlich ungeordnet. Im Jahre dreißig traf ich diesen Iwan Jegorowitsch Erdeli in Paris, er fuhr ein Taxi. Als er mich den Grand Boulevard entlang fuhr, sagte er: ‹Hätte man mir damals genügend Munition geliefert, säße ich jetzt nicht hinter diesem Lenkrad.›»

«Und Sie glaubten ihm?»

«Aber wie denn . . . Das war doch eine kindliche Vorstellung über die Wechselwirkung von Ursache und Folgen . . . Das Ammenmärchen von dem Spatz, der dachte, daß der Wind dadurch entsteht, daß die Bäume schaukeln.»

«Hatte er, dieser Erdeli, für die ihm zugeteilte Artillerie wirklich zuwenig Granaten?»

«Zuwenig. Überhaupt stand es bei uns, soweit ich das damals beobachten konnte, schlecht um die materielle Seite. Die Soldaten hielten sich heldenhaft. Aber an Kanonen, Granaten, sogar an Gewehren fehlte es, und der Mangel war, ich sag es geradezu, unheilverkündend. Stiefel und Mützen waren reichlich vorhanden, die gab es, ja. Aber das Wichtigste, womit man Krieg führt und wonach die Armee dürstete, wurde zuwenig geliefert.»

«Haben Sie das in Petrograd jemandem erzählt?»

«Natürlich. Auch dem Herrscher erzählte ich es. Gerade zu der Zeit bereitete er sich auf die Reise nach Mogiljow vor, um den Oberbefehl zu übernehmen, und Alexejew wollte er mitnehmen.»

«Was hat Ihnen der Zar denn gesagt?»

«Der Herrscher hörte mich aufmerksam an und stimmte meiner Analyse und meinen Schlußfolgerungen zu.»

«Und was erfolgte darauf?»

«Sehen Sie, seine äußere Zustimmung bedeutete noch wenig. Er gab einem nämlich gerne recht, nicht nur mir. Damals war ein Scherz im Umlauf: Ein Minister kommt zum Herrscher zum Vortrag. Nachdem er ihn angehört hat, sagt der Herrscher: ‹Ich bin derselben Meinung wie Sie.› Bald darauf erscheint ein anderer Minister und trägt zu derselben Frage genau das Gegenteil vor. Nachdem er auch diesen angehört hat, sagt der Herrscher: ‹Ich bin völlig mit Ihnen einverstanden.› Abends bei Tische wirft ihm die über alle Vorgänge des Tages informierte Herrscherin vor: ‹Weshalb handelst du so widersprüchlich, Nicky? Das kann zu nichts außer zu Unglück führen!› Und er antwortet ihr: ‹Ja, Alix, ich bin mit dir einverstanden.›»

«Stimmte er tatsächlich leicht mit allen überein?»

«Keine Spur. Das war nur Schein. Innerlich war der Herrscher eigensinnig, unwahrscheinlich eigensinnig. Wenn er sich einmal auf einen Punkt festgelegt hatte, gelang es fast niemandem, ihn umzustimmen. Und das war einer der Gründe für seinen Untergang, obwohl möglicherweise längst nicht der wichtigste. Ihn richteten, meine ich, die Unfähigkeit zum Manövrieren, die Abneigung gegenüber Initiativen, die unglaubliche Hartnäckigkeit, mit der er sich an die erstarrte Situation klammerte, die Gleichgültigkeit gegenüber den organisatorischen Elementen jeder Angelegenheit und zum Schluß insbesondere die verhängnisvolle Unterschätzung der Lebensmittelfrage zugrunde.»

«Haben Sie in der Duma davon gesprochen?»

«Wie oft . . . Und mit welcher Leidenschaftlichkeit . . . Leider umsonst . . . Mein Buch ‹Tage› haben Sie, glaube ich, dabei?»

Der Alte bittet darum, ihm einige Zeilen aus dem vierten Kapitel vorzulesen, da sein Augenlicht so nachgelassen habe, daß er selbst nicht mehr lesen könne. Jene besagten Zeilen erinnerten ihn an etwas, das ihn einmal sehr erregt hatte.

Während vorgelesen wird, wiegt der weißbärtige Mann, der die Augen halb geschlossen hat, im Rhythmus der Sprache den Kopf. Sein Gesicht verdüstert sich. Er versetzt sich in die Vergangenheit, in den Saal des Taurischen Palais. Die Gedanken gleiten in jene für immer vergangene Epoche, in die Zeit vor dem großen Krieg. Auf der Tribüne des Palais steht einer der glänzendsten Redner, dem in jenen Jahren ganz Rußland zuhörte. («Schaljapin machte mir ein Kompliment über meine Sprache: ‹So selten bekommt man reines Russisch zu hören.› Diese Bemerkung schmeichelte mir in höchstem Maße. Für uns Kiewer ist reines Russisch unser schwacher Punkt . . .»)

Es wird ein Unglück geben, sagt er. Rußland bleibt hoffnungslos zurück. Neben uns sind Länder, die große Willensanstrengungen unternehmen. In einer solchen Ungleichheit kann man nicht leben. Eine solche Nachbarschaft ist gefährlich. Einen der gefährlichsten Nachbarn, wenn nicht den gefährlichsten, nennt er beim Namen: «Deutschland sucht für sich einen Ausweg . . .» Seine «Augen richten sich gierig» nach Osten . . . Unablässig ertönen aus Deutschland das militante Geschrei — der «Drang nach Osten» — und das Pochen der dumpfen Hammerschläge der kruppschen Waffenschmiede.

Doch vergebens ruft Schulgin zwischen den Marmorsäulen des Taurischen Palais dazu auf, ebenfalls «große Anstrengungen zu unternehmen». Umsonst bemüht er sich, Minister und

Abgeordnete davon zu überzeugen, daß angesichts der wachsenden Bedrohung bei der Leitung des Reiches «Schwung, Erfindungsreichtum und schöpferisches Talent» nötig seien, daß «Erfinder in Staatsangelegenheiten» gefragt seien, man einen «sozialen Edison» brauche.

Woher sollte das alles — Schwung, Talent, Erfindungsreichtum — in der herrschenden Gruppe kommen, einer Gruppe, die durch Degeneration unterhöhlt, durch Egoismus geblendet und im undurchdringlichen Spinnennetz ausländischer Familien- und anderer Beziehungen gefangen war, die im Grunde die innere Verbindung mit dem Lande, mit seinen wahren Interessen und Erwartungen verloren hatte ... Und die Abgeordneten der Duma vernahmen die Antwort auf die beschwörenden Fragen und Mahnungen Schulgins. Kein Geringerer als W. N. Kokowzow, Finanzminister und Ministerpräsident, gab sie ihm mit den wahrhaft deprimierenden Sätzen: «Man fordert von mir, ich solle ein staatlicher Edison sein ... Ich wäre sehr froh ... Aber was kann ich dafür, daß ich nicht Edison, sondern nur Wladimir Nikolajewitsch Kokowzow bin.»

Fähige Kader stellte die herrschende Klasse natürlich immer noch. Doch deren Talente waren nicht die eines «sozialen Edisons», sondern sie bewiesen Schwung, Erfindungsgeist und schöpferisches Talent bei der Unterdrückung des Volkes. Als Maßstab für «Erfindungsreichtum» könnten hier Rennenkampf und Meller-Sakomelski gelten, als Muster an «schöpferischem Talent» — Subatow und Gapon, und als Beispiel für «Schwung», nun, sagen wir, Wassili Witaljewitsch Schulgin selbst, der in seinen Memoiren den Preis für die Niederschlagung der Revolution so kalkulierte: «Nikolaus I. ließ fünf Dekabristen hängen, wenn aber Nikolaus II. 50 000 ‹Februaristen› hätte erschießen lassen, so wäre das ein billiger Preis für die Rettung Rußlands gewesen.»

Natürlich kümmerten sich die Zarendiener und der Imperator auch um die Armee. Das Problem des Parademarsches und die Frage der Uniformknöpfe wurden intensiv bedacht und mit Energie gelöst. Eine Petrograder Zeitschrift schrieb nach der Februarrevolution, wenn sich in diesen Jahren in der Armee etwas wesentlich verändert habe, dann sei es der Schnitt der Uniformen und die Form der Auszeichnungen gewesen. Hier war tatsächlich «kontinuierlicher Fortschritt» zu registrieren. Die Zeit zwischen Port Arthur und dem Ersten Weltkrieg «bedachte Nikolaus mit einer so langen Serie von Anweisungen über Knöpfe, Troddeln, Ausschnitte, Mützen und Aufschriften, mit einer solchen Zahl von Medaillen, Kreuzen und allen möglichen Abzeichen», daß sich am Ende weder er selbst noch sein Kriegsministerium mehr darin zurechtfanden: «Die Kavalleristen sahen wie Operettenhusaren aus, und die Gardeoffiziere und selbst die Polizisten trugen solche Mengen Blech auf der Brust, daß sie sich mit berühmten Zirkusringern oder Zauberern hätten messen können.» Sogar die Generäle kamen so durcheinander, daß der Kriegsminister, Suchomlinow, während eines Essens beim deutschen Botschafter in Petersburg einen neben ihm sitzenden russischen Offizier deutsch ansprach, weil er ihn wegen der Uniform für einen preußischen Offizier hielt.

Und plötzlich, so schrieb Schulgin, geschah, was geschehen mußte: Die deutsche Armee wurde gegen Rußland eingesetzt. Einige Monate darauf, als er von der Front, wo er an einer der galizischen Schlachten teilgenommen hatte, nach Petrograd zurückkehrte, da fühlte er sich, seinen Worten zufolge, «... als Vertreter einer Armee, die so ergeben, so sinnlos starb ...», und es klangen ihm die Bitten in den Ohren: «Schicken Sie uns Granaten.»

Damals stellte er resignierend fest: «Es gab eine (herrschende — M. K.) Klasse, aber sie war heruntergekommen.»

Der wolynische Gutsbesitzer Schulgin konnte sich auf diese Feststellung beschränken, nicht aber die Millionen von Arbeitern und Bauern, die 1914 mobilisiert und an die dreitausend Werst lange Front geschickt worden waren. Dort sahen sie sich ohne ausreichende Gegenmittel vor den deutschen Feuersturm gestellt; erlebten sie die Unfähigkeit mancher ihrer Kommandeure, den entsetzlichen Mangel an Granaten und Maschinengewehren, mußten sie sich davon überzeugen, daß sie mit dem sinnlosen Verlust ihres Lebens die Unfähigkeit der herrschenden Klasse bezahlten.

Wie weit die herrschende Klasse heruntergekommen war, zeigte Wassili Witaljewitsch zum Teil selbst auf. Bereits damals an der Front überzeugte er sich, daß die russische Armee «schwerste Verluste» erlitt, später erfuhr er, daß Rußland bis 1917 acht Millionen Mann an Toten, Verwundeten und Gefangenen zu beklagen hatte; um diesen Preis «setzte sie vier Millionen Mann des Gegners außer Gefecht». Zum Glück, stellte er fest, kannte das Land zu jener Zeit «diese furchtbare Bilanz des Todes: zwei Russen auf einen Deutschen» noch nicht. Alle, die von dieser Bilanz wußten, schwiegen. Allein dieser Vergleich, schrieb Schulgin, klingt wie ein Urteil. Ein Urteil in der Gegenwart und in der Vergangenheit. Ein Urteil «über uns alle. Über die ganze herrschende und nicht herrschende Klasse, die ganze Intelligenz, die sorglos lebte, die sich nicht darum kümmerte, wie hoffnungslos Rußland in seiner materiellen Kultur hinter den Nachbarn zurückblieb.»

Einerseits sehr selbstkritisch, andererseits sehr ungerecht, diese starken Worte. Denn die «nicht herrschende» Klasse, die russische Arbeiterklasse, war es ja gerade, die im Oktober 1917 die Staatsmacht eroberte. Sie war im Bündnis mit der werktätigen Bauernschaft jene historische Kraft, die Rußland vor der Katastrophe rettete. Sie rettete es in einem langen und schweren Kampf gegen die Klasse, zu der Schulgin gehörte; sie rettete es durch selbstverleugnende, heroische Arbeit und überwand die Rückständigkeit, die Schulgin vor der Revolution «hoffnungslos» genannt hatte; sie rettete es, indem sie eine neue, eine Volksintelligenz hervorbrachte und erzog, der es nicht einfällt, «sorglos zu leben», ohne sich um die Bedürfnisse und Lebensinteressen der Heimat zu kümmern.

«Wir führten Krieg mit dem, was uns Gott geschickt hatte», höhnte der Duma-Abgeordnete und Unterleutnant W. W. Schulgin, als er 1915 von der Front zurückkehrte. Er wiederholte es sechzig Jahre später an dem stillen Sommerabend in Wladimir. Lassen wir ihm Gerechtigkeit widerfahren: Mit der ihn auszeichnenden Aufrichtigkeit, die ihm viele bestätigten, ist er den wahren Ursachen für den militärischen und politischen Bankrott des Zarenreiches näher gekommen als andere ehemalige Anhänger dieses Reiches.

Nur wenige aus dem sozialen Lager Schulgins vermochten historisch so real zu urteilen. Gewöhnlich rechtfertigten sie sowohl vor ihrer Niederlage und insbesondere danach, in der weißen Emigration, den Zarismus, leugneten seine Schuld gegenüber Rußland und mobilisierten für seine Rehabilitierung alle Unwahrheiten und Halbwahrheiten, erfanden alle möglichen Ausreden, um ein Alibi für den Absolutismus und seinen letzten Repräsentanten zu konstruieren.

Die Rechnung wächst

Groß waren die Leiden der «grauen Soldaten», unermeßlich die Opfer, die die abwechselnd auflodernde und ersterbende Flamme von ihnen forderte. Die Tragik dieser Leiden bestand vor allem darin, daß die Soldaten nicht wußten, wofür sie kämpften. Die Ziele und Interessen der «Obrigkeit», der «Herren», in diesem Krieg waren ihnen fremd und unbegreiflich.

General A. A. Brussilow schrieb: «Wie oft fragte ich die Soldaten in den Schützengräben danach, wofür wir kämpfen, und stets erhielt ich unausweichlich zur Antwort, daß irgendein Erz-Herz-Perz mit seiner Frau von jemand umgebracht worden sei ... Es kam heraus, daß man die Leute aus irgendeinem unbekannten Grund, das heißt aus einer Laune des Zaren heraus, in den Tod schickte ... Unsere Truppen waren ausgebildet und diszipliniert, sie zogen gehorsam in den Kampf, aber es gab keinerlei gehobene Stimmung, und das Verständnis dafür, was dieser Krieg bedeutete, fehlte völlig.»

Ohne Zweifel, das Mitgefühl mit Serbien war in Rußland groß, die schweren Nöte der Südslawen, der grausame Überfall der österreichisch-deutschen Aggressoren, die, nach einem zynischen Ausdruck des damaligen kaiserlichen Kanzlers, ein kleines Volk «ohne Samthandschuhe an die Gurgel

Russisch-Japanischer Krieg 1904/05: Nikolaus II.
verabschiedet in Peterhof das Regiment Nowotscherkassk,
das an die Front nach Ostasien geht

Festschmuck in Japan nach dem Ende des Russisch-Japanischen
Krieges

Bittgang mit Zarenbildern zum Winterpalais. Aber der Zar läßt in die Menge schießen. Der «Blutsonntag» vom Januar wird zum Anlaß der Revolution 1905/07

Eine Straße in Kronstadt nach den Revolutionskämpfen

Politische Häftlinge in Tiflis

Der Zar auf einer Inspektionsreise. Hier mit Dorfältesten
des Gebietes Charkow

Treffen des deutschen Kaisers und des russischen Zaren
in Björkö

Lew Tolstoi und Maxim Gorki

Grigori Rasputin, flankiert vom Palastgouverneur
und dem Hauptmann der Leibwache

Im August 1915 übernahm Nikolaus II.
den Oberbefehl über die russischen Truppen
von seinem Onkel Nikolai Nikolajewitsch

Der Zar überreicht Offizieren, die an die Front fahren,
ein Heiligenbild und erteilt ihnen seinen Segen

An der Front

packen» wollten, wurden von sehr vielen Russen mit Trauer und Wut verfolgt.

Hauptgrund für die Solidarität unseres Volkes gegenüber Serbien war jedoch die Tatsache, daß von allen kriegführenden Staaten allein die Serben für ihre nationale Existenz kämpften; nur in Serbien gab es eine seit vielen Jahren bestehende und letztendlich Millionen von Menschen erfassende nationale Befreiungsbewegung, deren Verteidigung gegen den österreichischen Überfall gewissermaßen der Höhepunkt ihres bisherigen Kampfes war. Lenin wies zugleich auch darauf hin, daß dieses Moment im gesamteuropäischen Krieg keine ernsthafte Bedeutung besaß; die Ideen des Freiheitskampfes waren nur für Serbien wirksam, das heißt für vielleicht «einen hundertsten Teil der am jetzigen Krieg Beteiligten ... Für neunundneunzig Hundertstel ist der Krieg die Fortsetzung der (imperialistischen) Politik ...»

Der durch Zarenbefehl auf die nahen und fernen Schlachtfelder geschickte russische Soldat schlug sich überall, auch in den schwierigsten Situationen, tapfer und standhaft. Natürlich konnte er nicht wissen, daß in der Zeit, in der er und seinesgleichen wieder und immer wieder ihr Leben riskierten, um den mit der Entente geschlossenen Kontrakt zu erfüllen, einige der ihn Beherrschenden in den Winkeln des Zarenpalastes an einer prodeutschen Verschwörung arbeiteten und sich darauf vorbereiteten, sowohl ihre Verbündeten als auch die russische Armee an den deutschen Kaiser zu verkaufen.

Den Kern der germanophilen Gruppe bildeten die Zarin Alexandra Fjodorowna und G. J. Rasputin.

Bereits im ersten Kriegsjahr häuften sich Hekatomben von Opfern auf den Schlachtfeldern, und dieses ganze Jahr hindurch arbeitete die prodeutsche Gruppe am Hof unsichtbar und unermüdlich für Wilhelm II., bestrebt, einerseits seine mögliche Niederlage durch die russischen Streitkräfte zu verhindern und andererseits eine Aussöhnung mit ihm herbeizuführen mit der Aussicht auf einen gütlichen Vergleich oder sogar ein Bündnis.

Triebkraft dieser Aktivitäten war die stets lebendige Furcht

Nikolaus' II. und seiner Umgebung vor der Revolution. Diese Furcht gründete sich nicht nur auf die quälenden Erinnerungen an die Erschütterungen des Jahres 1905, sondern wurde auch durch viele Ereignisse der letzten Vorkriegsjahre immer wieder neu belebt.

Das waren Jahre eines revolutionären Aufschwungs in Rußland. Von der Partei der Bolschewiki für den Kampf organisiert und inspiriert, machte die Arbeiterklasse immer lauter ihre Rechte und Forderungen geltend. Die Welle der Proteststreiks gegen die Erschießungen an der Lena, die im April 1912 durch das Land rollte, erfaßte dreihunderttausend Menschen. Noch mächtiger waren die Aktionen des Proletariats am 1. Mai 1912: Allein an diesem Tage fanden über tausend Streiks in fünfzig Gouvernements statt, mehr als am 1. Mai 1905.

Nach der Definition W. I. Lenins durchlebte das Land zu jener Zeit einen «Zustand des schlecht verhüllten *Bürgerkriegs*... Die Regierung regiert nicht, sondern sie führt Krieg.»

Für die Lage in diesen Jahren ist charakteristisch, daß der Innenminister, N. A. Maklakow, der Nikolaus II. einen Brief über die «Stimmungen unter dem Fabrik- und Werksvolk» geschrieben hatte, einen Plan entwickelte, in den Hauptstädten ein Regime außerordentlicher Sicherung einzuführen, um die heranreifenden «Wirren» zu unterdrücken. Nikolaus II. stimmte dem Plan zu, seine Durchführung wurde jedoch durch die Einwände des Ministerpräsidenten, Kokowzow, gestoppt. Wie beunruhigend die Lage vor dem Krieg für die zaristische Regierung war, beweist, daß zum Sommer 1914 die Gesamtzahl der Streikenden über der des Jahres 1905 lag. Als am 7. Juli der französische Präsident, Poincaré, zu Gesprächen mit Nikolaus II. in Petersburg eintraf, standen in der Hauptstadt alle Fabriken und Werke still, waren die Geschäfte geschlossen und fuhren keine Straßenbahnen — 130 000 Beschäftigte streikten. Kolonnen von Demonstranten zogen mit roten Fahnen durch die Straßen, revolutionäre Lieder wurden gesungen, es kam zu Zusammenstößen zwischen den Arbeitern und der Polizei; zum erstenmal seit 1905 tauchten in Petersburg Barrikaden auf. Die Welle der revolutionären Aktionen erfaßte auch andere Städte des Landes: In Moskau streikten 55 000, in Riga 54 000, in Warschau 20 000, in Charkow und in Tiflis jeweils 12 000 Werktätige. Man könne annehmen, erinnerte sich später A. E. Badajew, Bolschewik und damals Mitglied der Duma, daß «wenn der Krieg nicht gekommen wäre, der endgültige Sturm auf den Zarismus die nächste Etappe gewesen wäre, die sehr schnell nach dem Juli gekommen wäre».

Immer entschlossener stellten sich die Werktätigen Rußlands unter das Banner der heranreifenden Revolution. Die Bolschewiki vereinten sie zum gemeinsamen Kampf gegen den Klassenfeind. «Ob es zur Revolution kommt oder nicht», schrieb Lenin, «hängt *nicht nur* von uns ab. Wir werden *das Unsere* tun, und das wird niemals mehr ungeschehen gemacht werden können. Das wird dazu beitragen, tief in die Massen hinein die Saat des Demokratismus und der proletarischen Selbständigkeit zu streuen, und diese Saat wird *unbedingt* aufgehen, ob nun morgen in der demokratischen oder übermorgen in der sozialistischen Revolution.»

In den Vorkriegsjahren zeichnete sich als Folge der Stolypinschen Agrarreform auch eine schnell zunehmende Verschärfung des Klassenkampfes auf dem Lande ab. Von der Verstärkung der revolutionären Stimmungen in der Armee zeugten die Unruhen unter den Soldaten der Garnisonen von Kiew und Taschkent sowie unter den Matrosen in Kronstadt, Sweaborg und Sewastopol.

Unter der Führung der Arbeiterklasse gingen die werktätigen Massen Rußlands immer häufiger von der Aufstellung von Teilforderungen zu politischen Aktionen über, die den Sturz der zaristischen Selbstherrschaft zum Ziel hatten.

Nach einem kurzen Rückgang in der zweiten Hälfte des Jahres 1914 entbrannte der Kampf der Arbeiterklasse gegen das zaristische Joch trotz des Krieges mit neuer Kraft. 1915 gab es in Rußland 1063 Streiks, das waren fünfzehnmal mehr als im ersten Kriegshalbjahr. Die Zahl der Streikenden stieg mit 569 000 ebenfalls um mehr als das Fünfzehnfache. «Warum für die eigenen Feinde sterben», hieß es in einem Flugblatt der Arbeiter von Iwanowo-Wosnessensk, «laßt uns auf den Barrikaden für einen ständigen Frieden, für die Freiheit sterben.» In den Tagen, in denen dieses Flugblatt verbreitet wurde, richtete die Polizei ein bestialisches Gemetzel unter dem Proletariat von Iwanowo-Wosnessensk mit Dutzenden von Toten und Verwundeten an.

Auch die härtesten Repressalien vermochten jedoch nicht den Aufschwung des Klassenkampfes zu stoppen. Ungeachtet des drakonischen Regimes der Kriegszeit reifte im Lande die revolutionäre Krise unaufhaltsam heran. In den Jahren 1915 und 1916 fanden Massenaktionen in den Bergwerken des Donezbeckens, in den Arbeiterbezirken von Nishni Nowgorod (besonders in Sormowo), Tula, Jekaterinoslaw, Charkow und anderen Industriezentren statt, die wichtigsten in den Arbeiterbezirken Petrograds und Moskaus. Von hier aus griffen die revolutionären Unruhen während der Kriegsjahre auf die ländlichen Gegenden (Zerstörung von Gütern, «Weiberrevolten», Feldfrevel), auf die nationalen Randgebiete (Aufstand in Kasachstan) und auf die Armee (Verbrüderung von Soldaten mit Streikenden und Demonstranten, Antikriegsaktionen in Garnisonen und Einheiten) über. Das Ende des Jahres 1916 ist durch einen intensiven Kampf der Partei gekennzeichnet, die Massen auf die Revolution vorzubereiten. «Schluß mit der Geduld!» schrieben die Bolschewiki von Jekaterinburg in einem ihrer Flugblätter. «Es ist an der Zeit, diesem sinnlosen Krieg selbst ein Ende zu setzen», «Bereitet Euch auf den entschlossenen Kampf gegen Eure Unterdrücker vor», diesen Aufruf richteten die Bolschewiki von Rostow an die Werktätigen.

Eine Welle allgemeiner Unzufriedenheit und Empörung breitete sich im Lande aus, wobei die Zentren des zu erwartenden Sturmes wiederum in Petrograd und Moskau lagen. Hier formierten sich die führenden Kräfte, die Stoßkräfte der kommenden Revolution. In jenen beiden Regionen, in denen über vierzig Prozent der Arbeiterklasse Rußlands konzentriert waren, fanden in den Kriegsjahren die meisten Streiks statt. Allein Petrograd stellte bis Dezember 1916 dreißig Prozent aller Streikenden überhaupt und fünfundsiebzig Prozent aller Teilnehmer an politischen Streiks. Die Petrograder Streiks, die Anfang 1917, zum zwölften Jahrestag des Blutsonntags, aufflammten, bildeten dann auch den Beginn der Volksaufstände, die sich zur Februarrevolution ausweiteten.

Und gerade das fürchtete Nikolaus II. am meisten, die Zerstörung seiner Macht und des Throns durch einen neuen, beispiellosen Stoß der nächsten revolutionär-demokratischen Welle. Er wollte sich durch eine «heilige Allianz» mit dem deutschen Kaiserreich absichern und dann Rußland ein für allemal «so einfrieren, daß es nicht mehr lebt». Er klammerte sich an sein wichtigstes und unerschütterliches Ideal, ein tödlich unbewegtes Rußland, dem er die dreiundzwanzig Jahre seiner Herrschaft hindurch unbeirrt treu blieb.

Der geheime oder unverhüllte Wunsch nach einer Aussöhnung mit dem deutschen Kaiser klang aus dem Munde verschiedener Personen so:

Fürst M. M. Andronnikow: Meine Herren, vergessen wir nicht das Jahr fünf. Ich meine, da ist es schon besser, die Deutschen schlagen uns den Schwanz ab als unsere Bauern den Kopf.

G. J. Rasputin: Lieber Deutschland als die Revolution; Deutschland ist zu stark für uns, als daß wir es riskieren könnten, mit ihm zu kämpfen. Außerdem tut es uns nur Gutes.

W. I. Brejew, monarchistischer Führer: Diese franko-russische Allianz ist ein unglücklicher Fehler, eine Freundschaft von Habicht und Bär: Der eine jagt am Himmel, der andere in den Wäldern, und der eine kann den anderen zu nichts gebrauchen ... Nützlicher für uns wäre die Freundschaft mit dem Deutschen Reich — eine Freundschaft fest wie Stein und Eisen ...

T. E. Melnik-Botkina, Tochter des Leibarztes: Sie (die Zarenhöflinge — M. K.) sagten, daß Rußland in keinem Falle gegen Deutschland kämpfen dürfe, weil Deutschland ein

Bollwerk des Monarchismus sei ... Aus diesem Grunde und auch aus ökonomischen Gründen müßten wir im Gegenteil mit ihm verbündet sein.

A. A. Mossolow, ehemaliger Kanzleichef des Hofministeriums: Er (Hofminister Frederiks — M. K.) meinte, daß Rußland zum Wohle des monarchischen Prinzips die freundschaftlichsten Beziehungen zu Deutschland unterhalten sollte. Preußen war seiner Meinung nach der letzte Pfeiler des Prinzips des Legitimismus in Europa; in dieser Hinsicht brauchte es uns ebenso sehr, wie wir es brauchten ... Nicht Frankreich und nicht einmal England, sagte mir der Graf einmal, werden für unsere Dynastie eintreten ...

W. N. Wojejkow, ehemaliger Schloßkommandant: Sie warfen mir vor (die revolutionären Behörden — M. K.), daß ich in dem Augenblick, als der Herrscher die Nachricht von der ausgebrochenen Revolution erhielt, zu ihm gesagt hatte: «Euer Majestät! Jetzt bleibt nur eins übrig: den Deutschen die Minsker Front zu öffnen. Mögen die deutschen Truppen zur Befriedung dieser Lumpen kommen.»

Sowohl die Aristokraten vom Typ Andronnikows als auch die alten Haudegen vom Typ Wojejkows wiederholten hartnäkkig: «Vergessen Sie nicht, was wir 1905 durchgemacht haben.» Aber das Problem bestand darin, daß die Ereignisse vom Beginn des Jahrhunderts schon kein Maßstab mehr waren. Die Rechnung des Volkes für Nikolaus II. war seitdem um vieles größer geworden; denn allein in den zweieinhalb Kriegsjahren hatte die russische Armee ebenso viele Verluste gehabt wie alle Armeen der Verbündeten zusammengenommen.

Der Volksprotest reifte nicht nur in Rußland heran. Auch in anderen Ländern Europas, und zwar beider Koalitionen, nahm die Unruhe zu. Doch für die Romanows versprach die Zukunft besondere Unannehmlichkeiten.

Kapitel X
Zwischen Palast und Hauptquartier

Der Oberste Befehlshaber wechselt

Vom Herbst 1914 an fuhr der Zar viel durch das Land, besuchte er oft die Front. Sein Schloßkommandant errechnete später, daß der blaue Sonderzug des Zaren und der ihm folgende Zug mit der Suite bis zum Februar 1917 mehr als hunderttausend Werst zurücklegte.

Wichtigste Fahrtroute: Palast—Hauptquartier, das sich unter dem Obersten Befehlshaber, Großfürst Nikolai Nikolajewitsch, dem Onkel des Zaren, in Baranowitschi befand. Das erstemal fuhr der Zug am 20. September 1914 dorthin; er wurde in einem benachbarten Erlenwäldchen versteckt. Begleitet wurde der Zar auf dieser Reise vom Kriegsminister W. A. Suchomlinow, vom Hofminister W. B. Frederiks, dem Flaggkapitän K. D. Nilow, dem Schloßkommandanten W. N. Wojejkow, dem Hofmarschall W. A. Dolgorukow, dem General A. A. Mossolow und dem Flügeladjutanten A. A. Drenteln.

Jeden Morgen pünktlich um zehn Uhr kam der Zar in den Stab. In Gegenwart des Obersten Befehlshabers erstattete ihm der Stabschef, N. N. Januschkewitsch, beziehungsweise der Generalquartiermeister, J. N. Danilow, Bericht über die Lage an den Fronten. Mit der gleichen Pünktlichkeit erschien der Zar zu den Sitzungen des Kriegsrates, die gewöhnlich Januschkewitsch oder der Großfürst leiteten. Er setzte sich gern neben den Geistlichen G. A. Schawelski, den Oberpriester der russischen Armee und Flotte.

Bei diesen Beratungen saß der Zar bescheiden, fast wortlos da. Er mischte sich weder in die Erörterungen, noch störte er seinen Onkel, dessen Autorität er vor den Generälen nicht antastete. Er benahm sich, alles in allem, wie ein Ehrengast.

Diese betonte Nichteinmischung in die Angelegenheiten des Kriegsrates war übrigens Vorspiegelung falscher Tatsachen. Hinter dem Rücken des Oberkommandierenden gab es Spektakel. Die von Rasputin geführte und von der Zarin inspirierte Hofclique wühlte gegen ihn. Nikolai Nikolajewitsch mißfiel der Clique durch sein ungezügeltes Wesen, durch seine betonte Pro-Ente-Orientierung und durch seine demonstrative Verachtung für das die Zarin umgebende «plebejische Gesindel». Und dies, obwohl er zehn Jahre zuvor dem sibirischen Landstreicher geholfen hatte, in den Zarenpalast einzudringen. Zu Beginn seiner Glanzzeit, meint beispielsweise der französische Botschafter Paléologue, hätte der Exmönch keine enthusiastischeren Verehrer besessen als die Großfürsten Nikolai und Pjotr Nikolajewitsch und ihre Tschernogorsker Gattinnen Anastasia und Miliza von Montenegro. Nikolai Nikolajewitsch stellte den Starez 1903 ja auch Alexandra Fjodorowna vor. Als sich dann zeigte, daß sein Schützling die Situation recht ungezwungen beherrschte und so ungeniert war, die Majestäten mit «du» anzusprechen, war es zu spät. Vergeblich beschwor der hochgewachsene Onkel den Neffen, Rasputin davonzujagen. Seine Majestät verschloß sich den Überredungsversuchen nicht nur, sondern hielt es sogar für seine Pflicht, seinem Schützling ausführlich von den Wünschen seines Onkels zu berichten. Seit der Zeit, so Paléologue, hätte Rasputin unablässig auf Vergeltung gesonnen.

Als sich eine günstige Situation ergab — Mißerfolge an der Front, eine Wende in der Stimmung des Hofes zugunsten eines Separatfriedens, dessen Gegner der Oberste Befehlshaber war —, eröffnete der Starez den Kampf gegen den Großfürsten und brachte ihn schnell zu Fall. Die Intrige, gefördert durch politische Divergenzen und gegenseitigen persönlichen Haß, endete damit, daß der Zar den beharrlichen, von der Zarin unterstützten Empfehlungen Rasputins folgte, den Onkel von seinem Posten ablöste und sich selbst zum Obersten Befehlshaber ernannte.

So gelang es Nikolai Nikolajewitsch nicht, sich seinen Wunsch, den er seinen Stabsoffizieren schon Ende 1914 erläutert hatte, zu erfüllen. Er wollte Rasputin, sollte der im Hauptquartier oder auch nur im Frontgebiet auftauchen, am nächsten Ast aufhängen und sich anschließend beim Zarenpaar wegen des Mißverständnisses entschuldigen, das sich aus den Kriegswirren erkläre. General Denikin bestätigte in seinen Memoiren, daß eine solche Absicht bestand: «Rasputins Versuch, ins Hauptquartier zu kommen, löste die Drohung Nikolai Nikolajewitschs aus, ihn aufzuhängen. Alexejew, der ihm ebenfalls ablehnend gegenüber stand, drohte gleichfalls damit.»

Bei der Selbsternennung des Zaren zum Obersten Befehlshaber spielten auch durchaus ganz persönliche Gründe eine Rolle. Der Zar traute der Loyalität Nikolai Nikolajewitschs nicht so recht; mißtrauisch beobachtete er das ehrsüchtige Auftreten dieses Verwandten mit dem schroffen Charakter, der eine viele Millionen Mann starke Armee in seinen energischen Händen hatte und es verstand, deren kleinste Erfolge für seinen persönlichen Ruhm auszunutzen; außerdem verdächtigte der Zar, nicht ohne Zutun der Intriganten und Verleumder bei Hofe, den Onkel, er hege die geheime Absicht, sich des Thrones zu bemächtigen. Die Feinde des Großfürsten, die Anhänger Rasputins, flüsterten im Palst von einer solchen Gefahr für den Zaren. Im Frühling 1915 streuten sie besonders eifrig Gerüchte über eine «bevorstehende Diktatur Nikolai Nikolajewitschs und seine eventuelle Thronbesteigung» aus, schreibt Mossolow. «Die Spionageabwehr wußte davon, also mußte es auch der Herrscher wissen. Ob ihm irgendwelche Beweise in die Hände gefallen sind — ich weiß es nicht, aber von dieser Zeit an finden sich in ihrem (des Zaren und der Zarin — M. K.) Briefwechsel besorgte Töne über den wachsenden Einfluß des Großfürsten ...»

Die Entscheidung über die Selbsternennung wurde vom Zaren nicht ohne ein gewisses Schwanken getroffen. So errötete er beispielsweise, als er zum erstenmal im engen Kreise von seiner Absicht sprach. Regelrecht betroffen waren die Minister, als sie von dem geplanten Wechsel hörten.

Am 6. August 1915 tagt der Ministerrat. Den Vorsitz führt Kabinettschef I. L. Goremykin. Das Wort nimmt der Kriegsminister Poliwanow, der gerade aus Zarskoje Selo zurückgekehrt ist. (Die Dialoge folgen den Protokollnotizen des Sekretärs des Ministerrates Jachontow.)

Poliwanow: Meine Herren, wie furchtbar auch ist, was gegenwärtig an der Front geschieht, es reift ein weiteres Ereignis heran, das vielleicht schrecklicher als alle ist, die Rußland bis jetzt bedrohen. Während meines heutigen morgendlichen Vortrags eröffnete mir Seine Majestät: Großfürst Nikolai Nikolajewitsch wird vom Posten des Obersten Befehlshabers abgesetzt.

Stimmen: Und wer soll dann an seine Stelle?

Poliwanow: Ist Ihnen das denn nicht von allein klar, meine Herren?

Goremykin: Wer?

Poliwanow: Seine Majestät selbst.

Im Protokoll heißt es: Diese Nachricht ruft unter den Ministern starke Erregung hervor.

Drei Tage später tagt das Kabinett wiederum, der Kriegsminister beginnt auch diesmal die Debatte.

Poliwanow: Meine Herren, ich muß Ihnen offen sagen: Bei der neuen Audienz bei Seiner Majestät hielt ich mich nicht für berechtigt, darüber zu schweigen, welche Folgen möglich sind, wenn seine persönliche Führung die Lage an der Front nicht verbessert ... Man mag gar nicht daran denken, was wird, wenn der Imperator persönlich gezwungen sein sollte, den Befehl zur Evakuierung Petrograds oder, verhüte Gott, Moskaus zu geben. Doch Seine Majestät hörte mich an und sagte, sein Entschluß sei unabänderlich.

Sasonow: Es geht um das Schicksal Rußlands. Hätten wir

früher davon gewußt, so hätten wir vielleicht Widerstand gegen diese Entscheidung des Herrschers geleistet, die ich nicht anders als verhängnisvoll nennen kann . . .

Goremykin: Ich verurteile ihn nicht. An der Front ist es fast eine Katastrophe. Er hält es für seine heilige Pflicht, als Zar unter den Truppen zu sein und mit ihnen entweder zu siegen oder unterzugehen . . . Uns bleibt nur, uns unter seinen Willen zu beugen und ihm zu helfen . . .

Sasonow: Nein! Kaum jemand glaubt an die Charakterfestigkeit des Herrschers . . . Das alles ist entsetzlich . . . Man stößt Rußland zum Abgrund . . .

Kriwoschein: Man muß protestieren, flehen, darauf bestehen, bitten . . . man muß Seine Majestät von diesem Schritt abhalten . . . Das Volk hält den Herrscher noch von Chodynka und vom japanischen Feldzug her für einen unglücklichen, vom Pech verfolgten Zaren . . .

Stscherbatow: Diese Entscheidung des Herrschers wird zweifellos als Ergebnis des Einflusses des berüchtigten Rasputin gedeutet werden . . .

Samarin: Man muß zum Herrscher gehen und ihn auf den Knien anflehen . . .

Am nächsten Tag wird die Sitzung fortgesetzt. Gespannte Stille. Der Premier erhebt sich.

Goremykin: Meine Herren, gestatten Sie mir, Ihnen folgendes zur Kenntnis zu geben. Auf Anweisung Seiner Majestät ist der Kriegsminister ins Hauptquartier abgereist, um die Übergabe des Oberkommandos vorzubereiten.

Selbst unter den Anhängern Rasputins gab es keine einhellige Zustimmung. So zitiert Mossolow Frederiks folgendermaßen: «. . . als ihm der Zar von seinem Entschluß berichtete, protestierte der Graf sofort . . .». Andere warnten ihn ebenfalls vor dem gefährlichen Schritt, weil sie die Schwierigkeit sahen, Regierung und Kommando zu vereinen. Außerdem gab es, wie Denikin betont, die Befürchtung, daß der «Mangel an Kenntnissen und Erfahrungen des neuen Obersten Befehlshabers die militärische Lage noch weiter verschlechtern werde». J. N. Danilow schreibt, daß in der Tat «alle wußten, daß der Herrscher, der im Militärdienst nur den bescheidenen Rang des Obristen eines Garderegiments erreicht hatte, nicht genügend ausgebildet war». Es ist nicht erstaunlich, daß seine Selbsternennung in der Regel mit «Argwohn und Niedergeschlagenheit» aufgenommen wurde, da «sein ganzer Charakter dem grandiosen Maßstab dieses Krieges nicht entsprach».

Dessenungeachtet fand der Wechsel im Oberkommando statt. Am 20. August 1915 befahl Nikolaus II. dem Hauptquartier, von Baranowitschi nach Mogiljow umzuziehen, und begab sich kurz darauf dorthin.

Am 23. August 1915 traf der Zug des Zaren in Mogiljow ein. Der neue Oberste Befehlshaber verließ den Wagen in Begleitung des frisch ernannten Stabschefs des Hauptquartiers, M. W. Alexejew, des Nachfolgers von N. N. Januschkewitsch. Alexejew hatte zuvor die Nordwestfront befehligt.

In der stillen kleinen Stadt mit ihrer Schmalspurstraßenbahn und ihren abgewetzten Trottoirs waren inmitten der niedrigen Häuschen und der anheimelnden kleinen Parks einige Gebäude für den Stab des Obersten Befehlhabers bereitgestellt worden, auf deren Dächern man zum Schutz gegen Fliegerangriffe achtzehn Maschinengewehre in Stellung gebracht hatte. Für die äußere und innere Sicherung sorgten anderthalbtausend Soldaten. In einem der Häuser bewohnte der Zar zwei Zimmer; das eine diente als Arbeitszimmer, das zweite als Schlafzimmer. Neben seinem Bett ließ Nikolaus später ein Bett für den Thronfolger aufstellen, den er öfter an die Front holte, um ihn den Truppen zu zeigen.

Rasputins so erfolgreiches Ränkespiel gegen Nikolai Nikolajewitsch sollte sich schon bald auswirken. Von August 1915 an veränderte sich nicht nur in der militärischen Führung, sondern auch in der allgemeinen Administration einiges. Die Schwerpunkte im Mechanismus der Leitung des Landes verlagerten sich. Das Wesen dieser Veränderung formulierte A. A. Blok ziemlich genau: «Nachdem er Oberster Befehlshaber geworden war, verlor der Kaiser damit seine zentrale Stellung, und die oberste Macht zersplitterte endgültig in den Händen Alexandra Fjodorownas und derer, die hinter ihr standen.»

Beweisstücke werden beseitigt

Seit dem Frühjahr 1915 hatten Land und Armee Furchtbares durchgemacht. Erbitterte Schlachten waren geschlagen worden, das Leid beispielloser Verluste war über das Land gekommen. Im Hinterland aber, in den stillen Palästen, setzten die Dunkelmänner ihr Werk fort und spannen die Netze einer großen Intrige. Ihr Kern: ein Friedensschluß mit dem deutschen Kaiser. Das Ziel: die Rettung beider Throne.

Die Schlagkraft der Armee wurde natürlich auch durch andere Umstände geschwächt, doch ihr gerüttelt Maß an Schuld daran trug diese Intrige zweifellos. Die Fäden führten zur Zarin, nicht immer ohne Wissen des Zaren.

Der führte Krieg, hatte allerdings zunehmend weniger Neigung dazu. Das Interesse an den Zielen der Entente sank merklich, immer geringer wurde sein Vertrauen in die, die mit seinem Namen auf den Lippen sterben sollten. Dem englischen Botschafter Buchanan, der dem Zaren gegenüber das Verhältnis der Russen zu ihrem Herrscher lobte, antwortete Nikolaus in seinem makellosen Englisch: «Sie sprechen vom Vertrauen des Volkes zu mir, verehrter Botschafter. Vielleicht sollte sich mein Volk eher um mein Vertrauen zu ihm sorgen?»

Er zweifelte an der Bereitschaft Rußlands, für den Thron seiner Vorväter zu sterben. Die russischen Menschen sollten ihm beweisen, daß sie einer so hohen Ehre würdig waren. Als er sich mit Buchanan unterhielt, überlegte er gewissermaßen noch, ob es lohne, weiter Krieg zu führen. Im Grunde jedoch war er, da sich immer deutlicher eine Gefahr für ihn und seine Familie abzeichnete, nicht dagegen, dem Berliner Verwandten — sehr behutsam — zu signalisieren, daß er im großen und ganzen keine Lust mehr hatte, den Krieg fortzusetzen.

Viele Weißgardisten, Monarchisten und Sowjetologen und deren Sympathisanten bestreiten diese Seite in der Untergangschronik des russischen Zarismus. Wohl keine andere Intrige jener Zeit leugnen sie mit einem solchen Aufwand an Tinte und Leidenschaft wie den Versuch des Zaren und des Kaisers, auf dem Höhepunkt des Weltkrieges, über die Berge von Leichen hinweg ein freundschaftliches Familiengeschäft abzuschließen.

Schon Anfang der zwanziger Jahre wurde über den weißen Emigrantenverlag «Dwuglawy orjol» («Doppeladler») ein Versuch gestartet, diese Bemühungen der beiden Monarchen schlichtweg abzustreiten. Hauptbeteiligter war ein gewisser Rechtsanwalt W. M. Rudnew, seinerzeit von Kerenski aus Jekaterinoslaw nach Petrograd gerufen und zum Mitglied der Außerordentlichen Untersuchungskommission über die Verbrechen des zaristischen Regimes gemacht. Ein halbes Jahr lang arbeitete Rudnew in der Kommission an dem Beweis dafür, daß es im Zarenpalast «dunkle Kräfte» gegeben habe, die hinter dem Rücken der «ihr Blut vergießenden Armee» ein «schändliches Spiel mit dem Feind» getrieben hätten. Das erklärte er in einem Interview dem Reporter der Zeitung «Den» am 27. Juni 1917. Als er sich indessen in der weißen Emigration befand, unternahm er es, das genaue Gegenteil zu beweisen: In den Petrograder Palastkreisen habe es keinerlei dunkle Kräfte gegeben, und «niemand aus den höchsten Machtorganen» habe «ein gleichzeitiges Doppelspiel mit der russischen Armee und mit dem militärischen Gegner getrieben».

Aus dem umfangreichen Bericht, den er am 28. März 1919 in Jekaterinoslaw verfaßte, geht hervor, daß 1917 allein die Haussuchung bei Fürst Andronnikow zwei Tage erforderte und das dort sichergestellte umfangreiche Aktenmaterial mit zwei Autos zur Residenz der Außerordentlichen Kommission im Winterpalais gebracht wurde. Nicht weniger Mühe gab es mit den Archiven des Zaren und der Zarin, der Großfürsten, Wojejkows, Badmajews, des Bischofs Warnawa und anderer. Und das Ergebnis? Angeblich nicht die Spur von einer Verschwörung oder etwas Ähnlichem. Freilich, im Alexander-palast hatte die Wyrubowa große Mengen irgendwelcher Papiere verbrannt. Rudnew kam zu ihr und war «verblüfft über den Ausdruck ihrer Augen: Er war voller überirdischer Sanft-mut». Und was Rasputin angeht, so erbrachte die Untersuchung unter der Leitung Kerenskis «entschieden keinerlei Hinweise . . . auf irgendeine Einmischung seiner Person in das politische Leben».

Wie gewissenhaft diese Feststellungen waren, läßt sich ein-schätzen, wenn man weiß, wie der Staatsanwalt über das Finanzgebaren Rasputins urteilte. Darüber empörte sich sogar der hartgesottene Weißgardist N. A. Sokolow. «Rudnew hält Rasputin für einen armen, selbstlosen Menschen. Dabei habe ich festgestellt, daß allein bei der Tjumener Niederlassung der Staatsbank nach seinem Tode 150 000 Rubel auf seinem Konto standen.»

Der Emigrant S. P. Melgunow hat fünf Jahrzehnte lang auf Hunderten von Druckseiten behauptet, daß «Nikolaus II. nicht einmal der Gedanke an einen Separatfrieden kommen konnte», deshalb müsse die «Legende» vom Abschluß eines solchen Friedens «zu den gröbsten und zutiefst ungerechten Verleumdungen gegen den Zaren gerechnet werden».

Etwa im gleichen Sinne äußerten sich die früheren Führer der «Februardemokratie», einschließlich derer, die in der Emigration N. A. Sokolow gegenüber Aussagen machten. Nach Meinung des ehemaligen Ministerpräsidenten der Provisorischen Regierung, des Fürsten Lwow, «wurde die Unschuld des Zaren und der Zarin festgestellt». Perewersew, früherer Stellvertreter des Justizministers, wiederholte diese Behauptung. Kerenski gab am 14. August 1920 Sokolow zu Protokoll: Die persönlichen Unterredungen mit den Romanows im Jahre 1917 hätten ihn davon überzeugt, daß «er selbst, er allein, er, Nikolaus II., kein Verräter war», das heißt im Verlaufe des Krieges hinter dem Rücken der kämpfenden Armee keinerlei Kontakt mit Wilhelm II. gehabt habe. Doch in demselben Protokoll gibt es auch andere Aussagen Kerenskis: «Ich halte es für nötig, folgende Tatsache festzuhalten.

In den Dokumenten (in Zarskoje Selo) wurde ein Brief des Kaisers Wilhelm an den Herrscher gefunden, in dem Wilhelm in deutscher Sprache vorschlug, einen Separatfrieden zu schließen. Es wurde eine Antwort auf diesen Brief gefunden, die sich in Form einer Kopie in den Papieren befand. Im Auftrag Nikolaus' teilte jemand (ich kann mich nicht genau erinnern, wer) auf französisch Wilhelm mit, daß der Herrscher nicht auf dessen Briefe zu antworten wünsche. Diese Tatsache war auch der Untersuchungskommission bekannt ... Sie betraf das Jahr 1916.»

Es gab also doch Verbindungen Nikolaus' zu Wilhelm. Nur, wer da vermittelte, über wen die Verbindung lief, wer die Kopien anfertigte und in den Inhalt des Briefwechsels mit Wilhelm eingeweiht war — daran konnte sich Kerenski ganze drei Jahre später nicht mehr genau erinnern, obwohl er noch fünfzig Jahre später auf Hunderten von Memoirenseiten weitaus umfangreichere Angaben aus dem Gedächtnis niederschrieb.

Interessant ist, daß das Ehepaar Romanow, quasi vor den Augen Kerenskis, kaum daß es unter Arrest gestellt worden war, sofort daran ging, in seinen Appartements im Alexanderpalast Papiere zu verbrennen. Das bezeugte vor allem Nikolaus selbst. Am 23. März notierte er im Tagebuch: «Habe Papiere geordnet und verbrannt.» Einige Tage darauf ist zu lesen: «Habe weiter Briefe und Papiere verbrannt.»

Derselben Beschäftigung gab sich Alexandra Fjodorowna hin, unterstützt von der Wyrubowa. Sie verbrannte annähernd sechs Pud Papiere, darunter ungefähr fünfhundert Briefe ausländischer Absender. Alle sahen das. Auch und gerade der Justizminister der Provisorischen Regierung, Kerenski, der für die Haftbedingungen im Schloß verantwortlich war, wußte davon. Doch er unternahm nichts dagegen. Ihn störte offensichtlich nicht einmal, daß die zum Hof gehörenden Personen offen darüber schwatzten. So scherzte beispielsweise das Hoffräulein Dehn, die Wyrubowa, die sie «Madame Kaminbesen» nannte, gehe durch den Palast «schwarz von Kaminrauch wie ein Heizer».

Andere Emigranten berichteten ebenfalls darüber: «Mit Hilfe der lieben Anna (Anna Wyrubowa – M. K.)», schreibt V. Alexandrow, «widmete sich Alexandra einer Aufgabe von kritischer Wichtigkeit – sie machte sich daran, ihren gesamten persönlichen Briefwechsel, alle Briefe Rasputins, alle ihre Tagebücher zu verbrennen. Mehr als zehn Kisten wertvollster Dokumente, die zweifellos Licht auf die Beziehungen der Kaiserin zu ihrer Clique hätten werfen können, verwandelten sich in jener Nacht in Rauch.»

Verbrannt wurden auch die Originale der zahlreichen Schreiben der deutschen Verwandten an die Romanows. Die Advokaten der Romanows berufen sich darauf, daß es von jener Seite keinerlei Bestätigung für diesen Briefwechsel gebe. Das ist nicht verwunderlich. Die Nachfolger des deutschen Kaiserreiches hüten wichtige Geheimnisse ziemlich sorgfältig. Hin und wieder kommt dennoch etwas zum Vorschein. So machte 1967 Sebastian Haffner im «Stern» der Öffentlichkeit einen in BRD-Archiven aufgefundenen Brief des Kronprinzen aus dem Jahre 1915 zugänglich. «Ich bin der Ansicht», schrieb der Sohn Wilhelms II. an den Großherzog von Hessen zur Weitergabe an die Petrograder Cousine, «daß es unbedingt nötig ist, mit Rußland zu einem Sonderfrieden zu kommen. Erstens ist es zu dumm, daß wir uns gegenseitig zerfleischen ...», zweitens «...müssen wir unsere gesamte Truppenmacht hier (aus Rußland – M. K.) zurückkriegen, um mit den Franzosen aufzuräumen». Und der sachliche Auftrag: «Könntest Du nicht mit Nicky in Verbindung treten und ihm raten, mit uns sich gütlich zu einigen ... nur müßte er das Mistvieh Nikolai Nikolajewitsch rausschmeißen ...» Etwas später, im August, wurde Nikolai Nikolajewitsch «rausgeschmissen».

Es gibt Anzeichen dafür, daß Berlin seine Sondierungsaktionen kaum unternommen hätte, wenn es nicht aus Zarskoje Selo Signale erhalten hätte, die die Neigung andeuteten, «sich im guten zu verständigen». Darunter war eine Aktion, der man nach dem Namen ihrer Heldin die Kodebezeichnung «Aktion Fräulein Wassiltschikowa» geben könnte.

Marija Alexandrowna Wassiltschikowa war die Tochter des Direktors der Ermitage, Hofmeister Wassiltschikow, und dessen Frau, einer geborenen Gräfin Olsufjewa; 1880 wurde sie Hofdame der Zarin. Aus einem ihrer Briefe von 1917 geht hervor, daß sie 1906 von Rußland nach Österreich übergesiedelt war, ein Gut gekauft und bis zum Beginn des Weltkrieges dort gelebt hatte. Zu ihren engsten Freunden gehörte der Zarengeneral Skoropadski, derselbe, den die Deutschen 1918 in Kiew zum «Hetman der ganzen Ukraine» ausriefen. Die österreichischen Behörden rührten die Wassiltschikowa nach Kriegsausbruch nicht an, obwohl sie andere russische Staatsangehörige internierten oder ins Gefängnis warfen; sie blieb «völllig frei», konnte «das Telefon benutzen, schreiben, Freunde bei sich empfangen»; es gab nur eine Einschränkung — man verbot ihr, das Gut zu verlassen. Doch bald wurde auch dieses Verbot aufgehoben.

Eines Tages erschienen auf dem Gut der Wassiltschikowa drei Herren und wandten sich mit einem heiklen Vorschlag an sie. Ergebnis dieser und weiterer Begegnungen waren drei Briefe, die die Hofdame an den Herrscher und Kaiser nach Rußland sandte: zwei aus Österreich, vom 28. Februar und vom 17. März, den dritten am 27. Mai desselben Jahres — 1915 — aus Berlin. Der Kern der Sache, von dem die folgende, in der geheimen sogenannten Tagesaufzeichnung des russischen Außenministeriums enthaltene Notiz berichtet, wird bereits im ersten Brief hinreichend deutlich.

«Der schwedische Gesandte brachte Baron Schilling ein ihm aus Stockholm zugegangenes Paket, das einen Brief an die Herrscherin und Kaiserin Alexandra Fjodorowna von M. A. Wassiltschikowa enthielt. Wie sich später herausstellte, war in diesen Brief ein anderer eingelegt, ebenfalls von der Wassiltschikowa, gerichtet an den Herrscher und Kaiser, der diesen am 28. März dem Außenminister übersandte.» In der Aufzeichnung wird weiter erläutert: «Die während des Krieges in ihrer Villa ‹Klein Wartenstein› im Semmering in Österreich gebliebene Hofdame Wassiltschikowa teilt jetzt Seiner Majestät mit, daß drei einflußreiche Personen (zwei Deutsche und ein Österreicher) sie besuchten, die nach einem Hinweis auf die schwierige Situation, in der sich Deutschland und Österreich im Ergebnis des Krieges befinden, sowie unter Berufung darauf, daß es in diesen Ländern keine feindliche Einstellung gegenüber Rußland gebe, sie (die Wassiltschikowa) baten, sich an den Herrscher und Kaiser zu wenden und ihn anzuflehen, den verderblichen Krieg angesichts der Tatsache zu beenden, daß man sich in Deutschland und Österreich bereits völlig von der Stärke der russischen Waffen überzeugt habe. Im Falle eines wohlwollenden Verhaltens Seiner Majestät zu dieser Fürsprache könnten sich Bevollmächtigte von Österreich, Deutschland und Rußland irgendwo in einem neutralen Staat treffen, wobei Rußland mit einer höchst versöhnlichen Haltung zu seinen Wünschen rechnen könnte . . .»

In dieser Aufzeichnung sind Details ausgelassen worden. So erinnerte die Wassiltschikowa den Zaren daran, daß er vor fünfzehn Jahren der Initiator des Haager Friedenskongresses gewesen war und schon allein deshalb nach der Beendigung des gegenwärtigen Krieges streben müsse; sie rief ihn auf, durch sein «Machtwort» das Blutvergießen zu beenden, solange sich die kriegführenden Seiten in gleicher militärischer Lage befänden; was die Rußland stark interessierende Dardanellenfrage betreffe, so «braucht der russische Zar nur zu wünschen, und die Passage durch die Meerenge wird für ihn frei sein». Der zweite Brief wiederholt im Grunde den ersten, denn er wurde abgeschickt, weil befürchtet wurde, daß der erste den Adressaten nicht erreichte.

Der dritte (Berliner) Brief ist gewichtiger, weil die nach Deutschland eingeladene Wassiltschikowa zu dieser Zeit bereits mit von Jagow und nach manchen Angaben sogar mit dem Kaiser selbst gesprochen hatte. Sie wurde direkt gebeten, dem Zaren mitzuteilen, daß «Deutschland den Krieg mit Rußland zu beenden wünscht». Dieselbe Bitte wiederholte der Großherzog von Hessen gegenüber der russischen Hofdame in Darmstadt.

Den dritten Brief schloß die Wassiltschikowa mit folgenden Zeilen: «Er wird dem diensthabenden Flügeladjutanten zur Übergabe in die eigenen Hände Euer Majestät übergeben werden ... Ich wage es, Euer Majestät um den Befehl zu bitten, mir eine Antwort zu geben, die ich von Jagow übermitteln kann ... Wenn Euer Majestät beschließen sollten, von der Höhe Ihres Thrones das Wort ‹Frieden› auszusprechen, und wenn Sie eine Vertrauensperson benennen sollten, dann wird gleichzeitig eine solche Person von hier aus zu ersten Gesprächen entsandt werden.»

Die Wassiltschikowa machte sich umsonst Sorgen um das Schicksal ihrer heimlichen Briefe. Alle erreichten den Empfänger, und zwar ziemlich schnell. «Ich schicke Dir einen Brief Maschas aus Österreich», schrieb Alexandra Fjodorowna in einer Depesche an den Gatten vom 9. März 1915. «Man hat sie dort gebeten, Dir zugunsten des Friedens zu schreiben.» Er las selbst und ließ auch die engsten Vertrauten lesen — Nikolai Nikolajewitsch, Suchomlinow, Sasonow, Kudaschew (den Vertreter des Außenministeriums beim Hauptquartier). Suchomlinow notierte am 24. März in seinem Tagebuch: «Wilhelm wirft über Personen, die sich im Ausland befinden und dem Herrscher nahestehen, Angeln aus.» Der Austausch solch brisanter Botschaften konnte für die Romanows sehr gefährlich werden, deshalb beorderten sie die Wassiltschikowa vertraulich nach Hause. Der sonst so kompromißlose österreichisch-deutsche Geheimdienst ließ die russische Hofdame ehrerbietig hinaus. Mehr noch, er brachte sie liebenswürdig an die Grenze, stellte ihr sogar vier Agenten zur Begleitung.

Mit dem Rauch verflogen

Am 2. Dezember 1915, gut sechs Monate nach ihrem dritten Brief, traf Fräulein Wassiltschikowa auf russischem Boden ein. Die ersten Minuten erwiesen sich für sie als unangenehm. Offiziere der 6. Armee (Nordfront) brachten sie zu ihrem Stab und verhörten sie. Die Hofdame wies einen von der russischen Botschaft in Stockholm ausgestellten Passierschein vor und erklärte, sie reise in Familienangelegenheiten nach Rußland, bei der Ausreise aus Deutschland habe ihr der Großherzog von Hessen geholfen, und «in zwölf bis fünfzehn Tagen» werde sie sich auf die Rückreise begeben. General Bontsch-Brujewitsch, der Stabschef der Armee, schickte ein Telegramm an den Stabschef des Hauptquartiers. Zu seiner Verwunderung erhielt er von Alexejew folgendes Antwort-telegramm: «Die Wassiltschikowa ist durchzulassen. Durchsuchung unnötig. Persönlichen Erniedrigungen auszusetzen ebenfalls unnötig.» Hinter diesen Anweisungen Alexejews stand zweifellos die Zarin oder der Zar.

Ohne Schwierigkeiten brachte die Wassiltschikowa einen Packen Briefe vom Kronprinzen, vom Großherzog von Hessen sowie von preußischen und bayerischen Prinzen und Prinzessinnen über die Grenze. Briefe wurden dem Zarenpaar, den Großfürstinnen Jelisaweta Fjodorowna (der Schwester der Zarin) und Marija Pawlowna (einer ehemaligen Prinzessin von Mecklenburg-Schwerin), S. D. Sasonow, A. M. Golizyn und A. D. Samarin übergeben. Rodsjanko, der die Wassiltschikowa später vor der Duma anklagte, erklärte, daß sie, wenn auch vergeblich, versucht hätte, von Sasonow empfangen zu werden. Er irrte: Zu dieser Zeit war sie bereits vom Außenminister empfangen worden.

Während sie im Astorija wohnte, wo im voraus eines der besten Zimmer bestellt worden war, durchsuchte S. P. Belezki, der Chef des Polizei-Departements, auf eigenes Risiko ihre Sachen. Nach der Februarrevolution sagte er vor der Untersuchungskommission, er habe unter den Papieren einen Brief Franz Josephs an die Wassiltschikowa, Instruktionen Bethmann Hollwegs und Ernsts von Hessen hinsichtlich ihrer möglichen Begegnungen in Petrograd und dergleichen gefunden. Er, Belezki, habe diese Materialien in Umlauf bringen wollen, doch das habe sich als unmöglich erwiesen. Bald darauf siedelte die Wassiltschikowa nach Zarskoje Selo in die Nähe des kaiserlichen Palastes über.

Die Zarin hatte schon vorher eine Botschaft empfangen,

über die sie eilig ins Hauptquartier berichtete: «Ich habe einen langen Brief von Ernst erhalten. Er schreibt: ‹Wenn ihn› (das heißt Dich) ‹jemand verstehen und sich vorstellen kann, was er durchmacht, dann ich.› Er küßt Dich fest . . . möchte einen Ausweg aus der entstandenen Situation finden und meint, es müßte jemand darangehen, eine Brücke für Gespräche zu schlagen. Er hat folgenden Plan: inoffiziell einen Bevollmächtigten nach Stockholm zu schicken, der sich dort mit jemand treffen könnte, der auf ebenso private Weise von Dir geschickt wird, und gemeinsam könnten sie die zeitweiligen Schwierigkeiten lösen. Sein Plan geht davon aus, daß es in Deutschland keinen wirklichen Haß gegen Rußland gibt.»

Im weiteren wird präzisiert, daß dieser Plan bereits verwirklicht wird: «Vor zwei Tagen hat Erni angeordnet, zum 28. eine Person dorthin (nach Stockholm — M. K.) zu entsenden, die dort etwa eine Woche bleiben soll . . . Ich habe unverzüglich eine Antwort geschrieben und durch Daisy an die Adresse dieses Herrn geschickt. Und ihm mitgeteilt, daß Du noch nicht zurückgekehrt bist (von einer Reise ins Hauptquartier — M. K.) . . . Natürlich, W. weiß von all dem absolut nichts. Ernst schreibt, daß sie (die Deutschen — M. K.) in Frankreich, aber auch im Süden und in den Karpaten wie eine feste Mauer stehen. Sie behaupten, von uns schon 500 000 Gefangene gemacht zu haben. Insgesamt ist der ganze Brief lieb und nett. Er hat mir große Freude bereitet.»

Erni ist Ernst Ludwig, Großherzog von Hessen, der Bruder der Zarin; Daisy — die schwedische Thronfolgerin Prinzessin Margarete, eine Freundin Alexandra Fjodorownas; W. — Wilhelm II., der «von nichts weiß», als könne Erni damit anfangen, Geheimgespräche mit dem Zaren über den Frieden zu organisieren, ohne vom Kaiser bevollmächtigt zu sein. Alexandra Fjodorowna ließ sich auch nicht hinters Licht führen, sie schätzte die Seriosität der Anfrage völlig richtig ein und schrieb, ohne die Rückkehr ihres Gatten abzuwarten, für ihn und in seinem Namen «unverzüglich eine Antwort».

Wie sah diese Antwort aus? Gab es noch andere Briefe und Antworten darauf? Das Geheimnis dieses Briefwechsels wurde in den Kaminen von Zarskoje Selo scheinbar für immer in einem Aschehaufen begraben. Und dennoch, wie sagt man doch so treffend, es gibt nichts Geheimes, was nicht an den Tag kommt.

Forschungen des sowjetischen Historikers K. F. Schazillo haben dokumentarisch belegt, daß im Frühjahr 1915 mit Wissen und Zustimmung Nikolaus' II. ein Spezialagent zu Gesprächen mit der kaiserlichen Regierung nach Deutschland entsandt wurde, und zwar W. D. Dumbadse, ein Neffe General I. A. Dumbadses, des Stadthauptmanns von Jalta. Er hielt sich vom 24. Mai bis zum 11. Juni in Berlin auf, wo er mit ranghohen Beamten und Vertretern des Hofes sowie mit den Leitern des deutschen Geheimdienstes, insbesondere mit Lucius, zusammentraf. Über seine Gespräche in Berlin berichtete er nach seiner Rückkehr offiziell in einem Rapport an den Chef des Generalstabshauptamtes des Kriegsministeriums, General M. A. Beljajew. Später wurde Dumbadse im Zusammenhang mit dem Fall Suchomlinow gerichtlich zur Verantwortung gezogen und zum Tode verurteilt. Nikolaus rehabilitierte seinen Abgesandten nicht, wandelte die Todesstrafe jedoch «gnädig» in zwanzig Jahre Zwangsarbeit um.

Übrigens wurde die Kontaktaufnahme wiederholt. Wer danach in diesen dunklen Angelegenheiten von Petrograd ins Ausland fuhr, mit wem er sich in Stockholm oder Berlin traf, darüber ist noch nichts aus den Archiven der Bundesrepublik Deutschland in die Öffentlichkeit gedrungen. Die Dokumente von Zarskoje Selo aber sind, wie gesagt, in den Kaminen zu Asche geworden. Es ist allerdings auch nicht ausgeschlossen, daß der Emissär des Kronprinzen vergeblich eine Woche in Stockholm herumsaß. Denn die Pro-Entente-Politiker, die Übles gewittert hatten, schlugen in der Presse und in der Duma Lärm.

Andererseits spürten die Romanows selbst, daß sie mit dem Feuer spielten. Das zeigt ein Brief Alexandra Fjodorownas an ihren Gatten: «Mischa Benk sagte bei Pawel, daß Mascha die Überbringerin der Briefe von Erni an uns ist. A. sagte, sie wisse nichts. Pawel dagegen blieb dabei, was Mischa gesagt habe, sei die Wahrheit. Wer hat Pawel das alles erzählt? In der Presse ist, so scheint es, ein Brief der Fürstin Golizyna an Mascha veröffentlicht worden, ein schrecklicher Brief, in dem Mascha der Spionage und anderer Vergehen beschuldigt wird, aber ich glaube nach wie vor nicht daran, obwohl auch ich meine, daß sie (die Wassiltschikowa — M. K.) in vielem unüberlegt gehandelt hat, und zwar, befürchte ich, aus Geldgier. Und gleichzeitig ist es mir unangenehm, daß mein Name wieder neben dem Namen von Erni erwähnt wird.»

Mascha, das ist eben die rastlose Wassiltschikowa; A. ist Anna Wyrubowa; Mischa Benk — der Hofmarschall Benckendorff; Pawel — der Großfürst, der Onkel des Zaren. Offensichtlich hatte es im Palast einen Streit über Maschas Abenteuer gegeben, und es war die Meinung geäußert worden, daß sie sich mit unzulässigen Dingen beschäftige. Der Kommentar Alexandra Fjodorownas (auch der unausgesprochene) zu der entstandenen Diskussion ist nicht ohne Pfiff: Es gibt überhaupt keine deutschen Umtriebe; aber wer hat darüber geplaudert? Bestimmt Mascha selbst, denn sie kann den Mund nicht halten. Schlecht ist nicht, daß Mascha von ihren deutschen Auftraggebern Geld annimmt, sondern nur, daß die Geldgier sie übermannt.

Das Herumspionieren der Wassiltschikowa wird mit der Zeit sogar der Zarin unangenehm. Im Sommer 1916 findet sich in einem Brief nach Mogiljow die Klage: «Marija Wassiltschikowa hat sich in dem grünen Eckhaus angesiedelt und beobachtet von dort aus, aus dem Fenster wie eine Katze, alle, die in unserm Schloß ein und aus gehen . . . Isa (die Hofdame Buxhoevden — M. K.) ist von ihr . . . ausgehorcht worden: Warum die Kinder in einem Falle zu Fuß aus dem Tor gekommen sind, am anderen Tag aber auf Fahrrädern aus einem anderen Tor; warum ein Offizier morgens in Uniform und mit Aktentasche hinausgegangen, abends aber anders gekleidet und ohne Aktentasche zurückgekehrt ist usw. Sie erzählt der Gräfin Fred. (Frederiks — M. K.) von jedem Mal, wenn Gr. (Rasputin — M. K.) beim Schloß vorfährt, — wie abstoßend das ist! Um sie zu bestrafen, sind wir heute auf einem

Umweg zu A. (Wyrubowa — M. K.) gegangen, damit sie nicht sehen konnte, wie wir herauskamen und wohin wir gingen.»

Das kompromittierte Hoffräulein kompromittierte seinerseits die Romanows. Das wurde gefährlich für sie. Als sich ein passender Moment fand, gab die Herrscherin und Kaiserin darum durch ihre Adjutanten der Polizei einen Wink, und die Wassiltschikowa wurde in die Siedlung Miloradowitschi im Gouvernement Tschernigow gebracht. Die Unternehmung, um derentwillen sie nach Rußland gekommen war, setzten andere Personen fort.

Während der Regierungszeit des Premiers Stürmer, der Kreatur Rasputins, gelang es der germanophilen Gruppe am Hof, die Dinge bis zur faktischen Eröffnung geheimer russisch-deutscher Gespräche in Stockholm voranzubringen. Den Kaiser vertrat der Bankier Graf von Warburg, Nikolaus II. A. D. Protopopow, der als Mitglied einer nach England eingeladenen Parlamentsdelegation auf der Durchreise in Stockholm «aus persönlichen Gründen» einen Aufenthalt einlegte.

Unterbrochen wurden diese Gespräche durch den überraschenden Vorfall, der sich in der Nacht vom 16. zum 17. Dezember 1916 in dem am Ufer der Moika gelegenen Palast Jussupows zutrug — die Ermordung Rasputins.

Für die Wassiltschikowa wurde es nach dem Tode Rasputins und vor allem dann nach der Februarrevolution bitter. In der Petrograder Gesellschaft mochte man sie schon zu der Zeit nicht sonderlich, als sie noch im Astorija wohnte. Bereits damals beklagte sie sich über das Verhalten aller, einschließlich ihrer Verwandten: Niemand wollte sie kennen, niemand reichte ihr die Hand. Jetzt kam sie sich völlig isoliert vor und ließ deshalb aus dem Gouvernement Tschernigow immer wieder von sich hören, um die Zeitungen um Gerechtigkeit anzurufen. Man habe sie verleumdet. Man verbreite Erfindungen über sie. Mit irgendwelchen politischen Dingen habe sie, die Wassiltschikowa, nie zu tun gehabt und habe auch jetzt nicht damit zu tun. Doch in einem Brief an die Redaktion der Zeitung «Russkoje slowo» heißt es: «Im Mai 1915 baten mich einige Personen in Deutschland, die an der Macht waren, dem Herrscher Nikolaus II. zu schreiben, wie wünschenswert der Friede wäre», was sie denn auch getan habe. Von einem Separatfrieden habe sie nie gehört und wisse auch gar nicht, was das sei. Aber: In Darmstadt habe Großherzog Ernst Ludwig sie gebeten, dem Herrscher den Wunsch Deutschlands zu übermitteln, den Krieg zu beenden. Daß 1915 bei ihr im Astorija eine Durchsuchung stattgefunden habe und Dokumente gefunden worden seien, habe sie erst jetzt, 1917, erfahren. Daß man bei ihr im Koffer Briefe gefunden habe, sei «Erfindung und Lüge, weil es solche nicht gab». Aber: Es habe einen Brief vom Großherzog gegeben, und sie habe sich bemüht, ihn dem Zaren zu übergeben. Nach ihrer Ankunft in Rußland habe sie sich mit keiner offiziellen Persönlichkeit getroffen. Aber: Sie sei zu Sasonow gefahren, ihm habe sie ebenfalls einen Brief übergeben. Es sei ihr gar nicht in den Sinn gekommen, nach der Ankunft in Rußland mit jemanden in Briefwechsel zu treten. Aber: Nachdem sie in Petrograd eingetroffen sei, habe sie sowohl an den Zaren als auch an M. W. Rodsjanko, B. A. Wassiltschikow und A. D. Samarin geschrieben. Und nun erschienen «schreckliche Zeitungsartikel», in denen man sie «mit Schmutz übergießt und eine Verräterin nennt». Sie habe schon vor dem Umsturz beim Zaren und bei Frederiks protestiert und ihnen schriftlich erklärt: «Wenn mich mein Rang als Hofdame nicht vor diesen völlig unverdienten Angriffen schützt und das Hofministerium nicht für mich eintritt, so bitte ich, mich vom Rang einer Hofdame zu entbinden.» Und was sei darauf geschehen? «Seit dem 1. Januar 1916 werde ich nicht mehr als Hofdame geführt.»

Im Herbst 1917 floh sie aus Rußland. Über Finnland schlug sie sich nach Schweden durch und erschien im Mai 1918 wieder in ihrer Villa im Semmering.

Die rückwärtsgewandten Chronisten versichern: Eine prodeutsche Gruppe hatte es im Zarenpalast nie gegeben. An eine Umorientierung der Romanows weg von den Verträgen mit der Entente und hin zum Deutschen Reich dachte niemand in Petrograd.

In einem französischen Märchen erwischt der Bauer in seinem Hühnerstall einen Dieb; der schwört, daß er nichts genommen habe. Aber unter dem Rockschoß schaut der Schwanz eines Hahnes hervor. Der Bauer wirft einen Blick darauf und sagt: «Ich bin bereit, dir zu glauben, aber was machen wir mit diesem Schwanz?» Die zarentreuen Autoren Rudnew und Melgunow und mit ihnen die Sowjetologen aus jüngster Zeit beteuern: In der Umgebung des Zaren hat es weder «dunkle Kräfte» noch, folglich, deren Machenschaften gegeben. Na schön, nehmen wir an, das stimmt. Aber was machen wir in diesem Falle mit den Hahnenschwänzen der Fakten, die aus manchen Dokumenten jener Zeit hervorschauen?

Sogar der eifrig alles bestreitende Melgunow kommt nicht umhin zu berichten:

... wie der dänische Geschäftsmann Andersen, der erste Geheimemissär des Kaisers, mit einer «Friedensmission» in Petrograd eintraf; wie freundlich ihn das Zarenpaar empfing und sich mit ihm unterhielt. Die Zarin schreibt darüber in ihrem Tagebuch: «Der nette Andersen war bei uns ... versuchte uns davon zu überzeugen, daß man Frieden schließen müsse.»

... wie dann der schwedische König Gustav, der dänische König Christian, die Stockholmer Bankiers Kühlberg und Mendelsohn sowie die Hamburger Monkwitz und Warburg die Herstellung von Kontakten zwischen Zar und Kaiser auf jede Weise unterstützten.

... wie sich Fürst Hohenlohe, der ehemalige österreichische Militärattaché in Petrograd, während des Weltkriegs österreichischer Botschafter in Berlin, in diese Umtriebe einschaltete, indem er versuchte, Nikolaus zur Aufnahme von Friedensverhandlungen zu überreden. Er bat ihn, eine Person seines Vertrauens zu einem Treffen mit einem Gesandten Franz Josephs in die Schweiz zu entsenden, und der Zar gab diese Vorschläge akkurat «zur Beurteilung» an Sasonow weiter.

... wie sich im Auftrag des deutschen Kaisers und über einen «unbekannten Emissär» Graf Eulenburg an den zaristischen Hofminister Frederiks wandte, mit dem er durch eine «dreißigjährige Freundschaft» verbunden war, und wie diese Appelle dann ebenfalls den eigentlichen Adressaten, nämlich den Zaren, erreichten.

... wie Alexandra Fjodorowna während des Krieges durch die Vermittlung eines «namentlich nicht genannten» Amerikaners Briefe nach Deutschland an Prinz Max von Baden (der 1918 Reichskanzler wurde) und an Prinzessin Viktoria schickte, was durch ein Schreiben an den Zaren (vom 25. Juni 1915) bestätigt wird: «Ich ließ den Amerikaner, der morgen nach Deutschland abreist, wissen, daß ich ihn bitte, Max zu besuchen, und gab ihm einige Papiere.» Die Antworten, die sie aus Deutschland erhielt, übersandte sie ebenfalls dem Zaren, und auch dies wird durch ihre Post an ihn bestätigt, in der sie den Gatten bittet, «zu niemandem von diesen Briefen zu sprechen», von ihnen dürfe «niemand wissen, mit Ausnahme vielleicht des Obersten Befehlshabers Nikolai Nikolajewitsch».

Und so weiter und so fort ... Das ist die Methode, die von Leuten wie Melgunow und deren Nachahmern bei ihren Ausfällen gegen die historische Wahrheit benutzt wird: Erstens, so etwas hat es nicht gegeben, zweitens, das hat es gegeben, aber erfolglos; drittens, es wäre gutgegangen, wenn die Revolution und die Bolschewiki nicht gewesen wären. Im Mittelpunkt steht bei ihnen die ritterliche Figur des Herrschers und Kaisers, der bereit war, eher Thron und Leben zu verlieren, als die Verbündeten im Stich zu lassen, denen er Treue gelobt hatte. Diese Treue, sagen sie, war sein verhängnisvoller Fehler.

Und noch etwas anderes habe es gegeben — die allumfassende Teufelei der Freimaurer. Sie habe die Throne zweier Kaiser gestürzt. Die Volksmassen entschieden nichts. Sie seien nur Statisten auf der Bühne der grandiosen Schauspiele, der Kriege und Revolutionen, die von den Freimaurern veranstaltet würden.

Dieses Geheimnis hatte seinerzeit schon von Jagow gelüftet, indem er behauptete, daß die politischen Drahtzieher des Krieges die Freimaurer, Radikalen und alle ihresgleichen seien und ihr Ziel der Sturz der Throne sei. Eben deshalb, so meinte er, sollten die benachbarten Herrscherhäuser ihre alten monarchischen und freundschaftlichen Traditionen in dem Bewußtsein aufrechterhalten, daß die Fortsetzung des Krieges für die Dynastien gefährlich ist. Der Abschluß eines Separatfriedens zwischen Zar und Kaiser sei eine Frage von Leben und Tod für beide Länder.

Von dieser Position der Solidarität der beiden Monarchien war auch P. N. Durnowo ausgegangen, als er im Februar 1914 Nikolaus II. in einem speziellen Memorandum vor einem Krieg mit dem kaiserlichen Deutschland gewarnt hatte. Durnowo hatte dem Zaren dargelegt, daß die Lebensinteressen der Selbstherrschaft ihm ein Bündnis nicht mit der Entente gegen den Kaiser, sondern — im Gegenteil — mit dem Kaiserreich gegen die «demokratischen» Westmächte diktierten. Mit der gleichen «feurigen Überredungskunst» schlug Baron R. R. Rosen, langgedienter Diplomat des Zaren und Mitglied des Staatsrates, 1916 in den höchsten Kreisen Petrograds Alarm, warnte, der gegen Deutschland geführte Krieg «kann zu nichts außer zum Zusammenbruch des Reiches führen».

Die moderneren Sowjetologen wiederholen ihre Vorgänger, ohne sich sonderlich um Variierung zu sorgen. Wenn keine neuen glaubwürdigen Fakten in die wissenschaftliche Diskussion eingebracht würden, so gäbe es keinen Grund zu der Behauptung, die zaristische Regierung oder die Hofkamarilla hätte an der Regierung vorbei reale Schritte zum Abschluß eines Separatfriedens unternommen. Lenin, sagen sie, habe von einer Wende zum imperialistischen Frieden gesprochen, ihn aus Gerüchten über einen Separatfrieden zwischen Deutschland und Rußland hergeleitet ...

Doch bei Lenin ist keineswegs von «Gerüchten» die Rede. Der Versuch, Lenin als Deuter «unüberprüfbarer Gerüchte» abzuqualifizieren, ist von gleicher Güte wie der Versuch, den

Sturz der Selbstherrschaft im Jahre 1917 als Ergebnis einer Verschwörung der Freimaurer hinzustellen.

Lenin schrieb, daß die zaristische Regierung «Verhandlungen über einen Separatfrieden nicht zugeben kann». Er warnte, der Abschluß eines Separatfriedens sei schon «morgen oder übermorgen» möglich, und vielleicht sei er «heimlich» bereits abgeschlossen, denn «die Geschichte der Diplomatie kennt Beispiele von Geheimverträgen, von denen, zwei bis drei Personen ausgenommen, niemand wußte, nicht einmal die Minister». Nicht von den «Gerüchten», sondern nur von fester Überzeugung konnten die Leninschen Zeilen diktiert sein: «Daß zwischen Deutschland und Rußland vor gar nicht langer Zeit Verhandlungen über einen Separatfrieden geführt worden sind, daß Nikolaus II. selbst oder die höchst einflußreiche Hofkamarilla für einen solchen Frieden ist, daß sich in der Weltpolitik eine Wende vom imperialistischen Bündnis Rußlands mit England gegen Deutschland zu dem nicht weniger imperialistischen Bündnis Rußlands mit Deutschland gegen England abzeichnet — das alles kann keinem Zweifel unterliegen.»

Beschwörungen und Krakel

Rasputin, der bis zu seinem Tode unermüdlich tätig war, drohten die Dinge über den Kopf zu wachsen. Trotzdem bemühte er sich unablässig und mit voller Kraft: meistens aus Ergebenheit für seine kaiserlichen Schutzherren oder zugunsten seiner zahlenden Klientel, aber oft genug auch nur, weil er, aus irgendeinem Grunde wütend geworden, seiner beispiellosen Ungeniertheit die Zügel schießen ließ. Keine Stunde unterbrach er seine stürmischen politisch-strategischen Aktivitäten und seine privaten Intrigen, streute Direktiven und Weisungen nach rechts und links aus und schickte Briefe und Telegramme an alle möglichen Adressen.

An W. N. Wojejkow: Dem General Fajejkow ja mein Lieber was man nicht kennt schmeckt nicht wenn's auch gut ist und nicht bloß Purischkewitsch hat den Mund voller Schimpfworte solche Wespen gibt es jetzt zu Millionen aber glaub mir was die Seele angeht und wir müssen feste Freunde sein wenn auch ein kleiner Kreis aber doch Gesinnungsgenossen und sie sind viele aber ihre Kräfte sind zerstreut das Böse wird in ihnen nicht stark in uns aber ist der Geist der Wahrheit. Grigori Nowych.

An A. A. Wyrubowa: Gott ist die Feste / möge mein Geist im Himmel und nicht auf der Erde sein / die Rübe aber ist gut wenn man Zähne hat / Chwostow ist zahnlos / Lust zum Beißen hat er / in der Duma wird Mama beschimpft / sie wollen Sie quälen / was denkt sich Chwostow / eure Sonne ist meine Freude / Grigori.

An den Zaren: Sehr knapp und freundlich mit Kalinin unterhalten / fleht daß ihn niemand stören soll / auch die Abwehr soll ihre Sache freundlich tun / unterhielten uns christlich über den Gefangenen (Bankier Rubinstein — M. K.) ... gib einem Macht damit er mit Vernunft arbeitet / Grigori.

An die Zarin: Alle Ängste sind nichts / Zeit der Festigkeit / der Wille des Menschen muß wie ein Stein sein / Gottes Gnade für immer auf Sie / aller Ruhm und Geduld sind nur Festigkeit / unterstützen Sie die Ihren / Grigori.

An den Zaren: Festigkeit ist der Weg des Herrn / gegen die Deutschen nicht angreifen / halte die rumänische Front / von dort Ruhm wird erleuchten / der Herr wird die Waffen stärken / bete flammend / Grigori.

Viele wunderten sich über diesen Stil. Über seine «Kernigkeit» — Burzew. Über seine «Scharlatanerie» — Schulgin. Über seine «Chiffriertheit» — Rudnew. Über seine «Unsinnigkeit» — der Postminister Pochwisnew, durch dessen Hände von 1913 bis 1916 alle an das Zarenpaar gerichteten Telegramme Rasputins gingen. Nur im Palast rief er kein Befremden hervor, ja er versetzte die Zarin in Rührung, in ehrfurchtsvolles Beben. Der Rasputinsche Wirrwarr flößte

Alexandra Fjodorowna Begeisterung ein, die an Hysterie grenzte.

Hysterie war im übrigen beinahe ihr Normalzustand, politische, religiöse und ganz alltägliche Hysterie. Hysterisch waren ihre Furcht, ihre Freude, ihr Leid und ihre Liebe. Sie kannte kaum Zurückhaltung und nüchternes Urteil. Sowohl ihre Freundschaft als auch ihre Feindschaft waren Paroxysmen. Selbst Nikolaus II. fand ihr Verhalten merkwürdig genug, deshalb den Hofarzt Dr. Fischer zu konsultieren. Unglücklicherweise fand die Zarin die Diagnose auf dem Tisch ihres Mannes und jagte den Verfasser davon.

Die aufziehende Revolution versuchte sie mit Beschwörungen und Verwünschungen aufzuhalten. Ihr Verhältnis zu dem ständig des Aufruhrs bezichtigten russischen Volk vermochte sie nicht anders als in dem für sie charakteristischen Geist der Verachtung auszudrücken.

«Mein Lieber», schrieb sie kurz vor der Februarrevolution an Nikolaus, «sei fest, zeig Deinen mächtigen Arm, das ist es, was die Russen brauchen . . . Laß sie jetzt Deine Faust fühlen. Sie bitten selbst darum — wieviele haben mir vor kurzem gesagt: Wir brauchen die Knute. Das ist seltsam, aber so ist die slawische Natur — größte Festigkeit, sogar Grausamkeit und zugleich heiße Liebe.» Und weiter belehrt sie ihren Mann: «Ich weiß zu gut, wie sich tobende Mengen verhalten, wenn Du nahe bist. Sie fürchten Dich noch. Sie müssen Dich noch mehr fürchten, so, daß sie, wo Du auch bist, immer dasselbe Zittern erfaßt.»

Wer könnte jetzt noch an der verwandtschaftlichen Nähe Alexandra Fjodorownas zum Berliner Cousin zweifeln? Das ist seine Stimme, seine Sprache, seine Denkweise: «Faust» und «Knute» — «das ist es, was die Russen brauchen». In demselben kategorischen Stil charakterisierte sie alles und jeden, sogar diejenigen, die sich ihr gegenüber loyal verhielten.

«In der Duma sind alles Dummköpfe; im Hauptquartier durchweg Idioten; in der Synode nur Tiere; die Minister — Schurken; unsere Diplomaten sollte man aufhängen; jag alle davon, ernenne Goremykin neue Minister . . . Ich bitte Dich, lieber Freund, tu das schnell; schließe nur schnell die Duma, bevor ihre Ansprüche gestellt werden; die Zeitungen sind mit allem unzufrieden, der Teufel mag sie holen; die Duma muß zugemacht werden; bring sie zum Zittern; alle sollen sie lernen, vor Dir zu zittern; wann wirst du endlich auf den Tisch schlagen und laut werden?; Dich müssen sie fürchten; zeig, daß Du der Herr bist; Du bist der Machthaber, Du bist der Herr in Rußland, denk daran; wir sind kein Verfassungsstaat, Gott sei Dank; sei ein Löwe im Kampf gegen das kleine Häuflein von Lumpen und Republikanern; sei Peter der Große, Iwan der Schreckliche und Paul der Erste, zerschmettere sie alle.»

Sie war eine wahrhaft würdige Partnerin Rasputins. Die Verfilzung von Persönlichem und Staatlichem konnte bei ihr so aussehen: Im Sommer 1915 beschloß das Oberkommando, die Reservisten der zweiten Klasse einzuberufen, um die Korps aufzufüllen, die in den galizischen Kämpfen ausgeblutet waren. Rasputin war dagegen. Unter Berufung auf seine Meinung schrieb die Zarin an ihren Mann im Hauptquartier: «Hinsichtlich der Einberufung der zweiten Klasse: sag N. (Nikolai Nikolajewitsch — M. K.), daß man abwarten soll und daß Du gegen diese Maßnahme bist.» Da sie voraussah, daß N. nicht zustimmen würde, schärfte sie dem Gatten ein: «Höre auf keine seiner Entschuldigungen.» Warum so schroff? Weil diese Maßnahme «sich als verhängnisvoll erweisen kann», wovor «Er» (Rasputin — M. K.) denn auch im voraus warnt. Einige Zeit später hieß es wieder: «Mich verfolgt die Warnung unseres FREUNDES . . .Wenn sie nicht berücksichtigt wird, werden die Folgen sowohl für uns als auch für das Land verderblich sein . . . Ich bitte Dich, mein Engel, erlaube die Einberufung der zweiten Reserve nicht . . . Dann berufe schon lieber den nächsten Jahrgang ein. Bitte, hör auf Seinen Rat. Denn Er spricht mit solcher Ernsthaftigkeit . . . Allein dieser Fehler kann uns vielleicht teuer zu stehen kommen.»

Doch warum soll er dann «schon lieber den nächsten Jahrgang» einberufen? Es stellt sich heraus, Rasputins Sohn gehört zu den Reservisten der zweiten Klasse. Das Geheimnis der Opposition gegen die Einberufung der Reservisten enthüllt sich in der Depesche, die das Tjumener Telegraphenamt im Juni 1915 nach Zarskoje Selo übermittelt: «Anna Wyrubowa erhielt Nachricht (aus Pokrowskoje — M. K.) daß man meinen Sohn einzieht ich sagte im Herzen bin ich etwa Abraham Jahrhunderte sind vergangen ein Sohn und Ernährer ich hoffe mag er zu meinen Lebzeiten herrschen wie bei den alten Zaren hilf Grigori.» Da er nicht sofort Antwort erhielt, telegraphierte er an dieselbe Adresse konkreter: «Am Ersten Bekanntmachung Reservisten zu führen bring sorgfältig in Erfahrung wann unser Gouvernement rankommt.»

Alexandra Fjodorowna ging in weiteren Briefen gezielt dazu über, Rasputin junior vor der Front zu retten: «Unser FREUND, ich erinnere daran, ist verzweifelt darüber, daß man Seinen Sohn zur Armee einberuft — das ist Sein einziger Sohn, der in Abwesenheit des Vaters die ganze Wirtschaft führt . . . Mein Geliebter, was kann man für ihn tun?» Im nächsten Schreiben heißt es: «Kannst Du nicht erfahren, mein Geliebter, welcher Termin für die Einberufung in Seinem Gouvernement festgelegt wurde, und mir das gleich mitteilen? Ich nehme an, daß in Deinem Stab das alles genau vorherbestimmt ist. Kann diese Einberufung Seinen Sohn betreffen, der nicht einmal Reservist ist? Bitte, antworte mir schnell.»

Aus allen anderen Telegrammen geht hervor, daß man Rasputins Sohn ja gerade als Reservisten auslösen sollte, die Zarin in ihrem Übereifer hatte das verwechselt. Wie dem auch sei, einige Tage darauf war das gewünschte Ergebnis erreicht: Die zweite Reserve des Tobolsker Gouvernements rückte ohne den Rasputin-Sprößling ins Feld. Dmitri Rasputin wurde als Sanitäter in einem Lazarettzug vergleichsweise sicher untergebracht.

Einige Zeit später schrieb Alexandra Fjodorowna an den Gatten: «Als ich die Zeitungen durchblätterte, sah ich, daß Litke (ein Offizier ihres Patenregiments — M. K.) gefallen ist, und wurde sehr traurig . . . Mein Gott, was für Verluste . . .

Aber unser FREUND sagte, daß sie (die Kriegsgefallenen — M. K.) Leuchter sind, die vor dem Thron des Herrgotts brennen, und das ist natürlich wunderschön; was für ein wunderbarer Tod.» Und weiter: «Doch ich darf nicht zu viel darüber nachdenken, mir wird davon zu weh zumute.»

Wie «weh» ihr in Wirklichkeit wurde, ist schwer zu beurteilen. Bekannt ist jedoch, daß alles, was die persönlichen Interessen der Romanows nicht unmittelbar berührte, ihr mehr oder weniger gleichgültig war. Sogar Rasputin, selbst ein Zyniker, staunte zeitweise, wie gleichgültig sich die Romanows gegenüber der sich um sie herum abspielenden blutigen Tragödie zeigten. Er machte sie darauf aufmerksam, daß diese Gefühllosigkeit angesichts des millionenfachen Anzündens von «Leuchtern» nicht ungefährlich sei, daß sie ihre Gleichgültigkeit möglichst maskieren sollten.

Von Ende 1914 an demonstrieren die Mitglieder der Zarenfamilie öffentlich ihr Mitgefühl mit den «verstümmelten und verwundeten Kriegern». Lazarettzüge, die die Namen der Zarin und ihrer Töchter tragen, werden eingerichtet. In den Schlössern entstehen Nähstuben, in denen Soldatenwäsche angefertigt wird. Die Prinzessinnen beteiligen sich an der Sammlung von warmer Kleidung für die Armee. Die Zarin besucht Verwundete in Zarskoje Selo und verteilt Heiligenbildchen, Gebetbücher und Konfekt. Aus all dem hat eine bestimmte Presse, die der einmal eingeschlagenen Linie, Alexandra Fjodorowna als «Märtyrerin» ihres russischen Patriotismus und der Menschlichkeit darzustellen, treu bleibt, eine Legende gewoben. Allein ihren Bemühungen sei es zu verdanken gewesen, daß eines der Schlösser von Zarskoje Selo, der Große Katharinenpalast, in ein Militärlazarett umgewandelt wurde; sie habe alle fünfundachtzig Lazarette im Raum Petrograd unter ihren persönlichen Schutz genommen. In Springers «Welt am Sonntag» wird, aus den Briefen der Wyrubowa und ihren eigenen zitierend, geschildert, wie sie «nach Beendigung des zweimonatigen Lehrgangs an der Spitze des Zuges der Schwestern schritt, um das Rote-Kreuz-Diplom einer ausgebildeten Krankenschwester in Empfang zu nehmen»;

wie sie später den Chirurgen assistierte, «mit sterilisierten Instrumenten umging ... bei den schwierigsten Operationen half ... die Wunden gewaschen und gereinigt und mit Jod und Vaseline bestrichen und umwickelt und verbunden» hat.

Manches davon ist wahr, das meiste übertrieben. Und was die Hauptsache war — die russischen Soldaten blieben durch die zur Schau gestellte Menschenliebe unberührt, sie empfanden alle derartigen Gesten Alexandra Fjodorownas als etwas Künstliches. Diese Versuche, sich dem «Mushik», dem «einfachen Soldaten» zu nähern, eine Art seelischen Kontakt mit ihnen herzustellen, paßten zuwenig zu ihrem Charakter, zu ihrem ganzen Verhalten.

So erklärt sich auch die Armseligkeit, ja Peinlichkeit der sentimentalen Auftritte, an denen, gegen seinen Willen und ohne daß er etwas davon verstand, häufig der noch kindliche Thronfolger beteiligt war. Der Besuch eines Hospitals in Zarskoje Selo, das von Doktor J. S. Botkin geleitet wurde, sah in der Schilderung T. E. Melnik-Botkinas beispielsweise so aus: «Unter den Verwundeten taucht die Zarin mit dem Sohn auf. Jemand hat das Grammophon angestellt, die Hymne ‹Gott schütze den Zaren› ist zu hören. Der Thronfolger sträubt sich, will nicht gehen, er ist verlegen. Die Verwundeten sitzen auf den Betten, manche im Morgenrock, manche in Unterwäsche, einige spielen Karten. Die Zarin fragt, was für ein Spiel das sei. ‹Schafskopf, Eure Majestät›, ist die Antwort. Sie tritt zu einem Verwundeten, der 35 Jahre alt, aber so abgezehrt ist, daß man ihn für 75 halten könnte. Liegend liest er im Evangelium, das die Zarin schon früher ins Hospital gesandt hatte. Der Soldat ahnt nicht, wer mit ihm spricht. ‹Was liest du?› fragt, sich zu ihm beugend, die Zarin. ‹Ja, die Beine tun immer weh›, antwortet der Soldat völlig unsinnig. Die Besucherin lächelt, stellt eine andere Frage, doch die Unterhaltung kommt nicht zustande. Sie verabschiedet sich, geht auf den Flur hinaus. ‹Sie haben sich schon auf den Winter eingerichtet?› fragt sie im Vorübergehen und weist auf die Filzstiefel, die im Korridor stehen. Sie geht zur Treppe hinaus, nickt den Ärzten und den Schwestern zu und setzt sich mit ihrem Sohn ins Auto.»

Das war der für sie typische Kontakt mit dem Volk . . .

Die Dinge standen schlecht. Es war so weit gekommen, daß sogar der Staatsrat, diese althergebrachte Stütze des Thrones, dieses Muster an untertäniger Demut, Mitte Dezember 1916 vom Zaren die Entlassung des Rasputin-Anhängers Protopopow aus dem Ministerrat verlangte.

In ernsten Fällen vermochte der Starez bekanntlich von der tiefsinnig-religiösen Sprache zur sachlichen Kanzleisprache überzugehen. Rasputin und Protopopow begaben sich in der Gorochowaja in Klausur und verfaßten ein verschlüsseltes Telegramm an den Zaren:

«Stimmen Sie der Entlassung des leitenden Direktors nicht zu. Nach diesem Zugeständnis wird man die Entlassung der gesamten Leitung fordern. Dann wird die Aktiengesellschaft zugrunde gehen, und sogar ihr Hauptaktionär wird den Posten verlieren.»

Die beiden Autoren ahnten nicht, wie prophetisch und zutreffend ihre Depesche war. Keine drei Monate vergingen, und der «Hauptaktionär» verlor seinen Posten. Gleichzeitig ging auch die Existenz der von ihm geführten «Aktiengesellschaft» unter dem Zeichen des Doppeladlers zu Ende.

Kapitel XI
Der Zusammenbruch

Vorabend

Mogiljow 1916. Ein dämmriger Dezembermorgen. Im Konferenzsaal des Stabes tagt unter brennenden Kandelabern der Kriegsrat. Unter dem Vorsitz des Stabschefs des Hauptquartiers Alexejew besprechen die Generäle den Plan des bevorstehenden Frühjahrs- und Sommerfeldzugs 1917.

Der Zar folgt aufmerksam den Ausführungen, macht hin und wieder eine knappe Bemerkung, pafft seine Papirossa. Plötzlich erscheint in der Tür die massige Figur des Kommandanten Wojejkow. Er überlegt einen Augenblick, dann tritt er entschlossen zum Obersten Befehlshaber und übergibt ihm ein Telegramm mit dem Stempel «Aus Zarskoje Selo». Nikolaus liest, sein Gesicht rötet sich. Rasputin ist ermordet worden . . . Der Ton der Nachricht ist hysterisch: «Man hat ihn im Wasser gefunden. Gebete, Gedanken zugleich. Gott sei uns gnädig. Alexandra.» Der Zar erhebt sich und geht hinaus. Er befiehlt Wojejkow, den Zug fahrbereit zu machen. Bis zur Abreise studiert er die Einzelheiten der parallelen Information, die Alexejew vom Chef der Ochrana-Abteilung, General Globatschow, erhalten hat.

Rasputin wurde in der Nacht vom 16. zum 17. Dezember im Palast Jussupows ermordet. Mordbeteiligte: F. F. Jussupow, W. M. Purischkewitsch und Großfürst Dmitri Pawlowitsch. (Der Chef der Ochrana wußte damals noch nicht, daß es noch zwei Mittäter gab – den Oberleutnant A. S. Suchotin und den Militärarzt S. S. Lasawert.)

Hinter dem Satz «Man hat ihn im Wasser gefunden» verbarg sich folgendes: Die Mörder hatten Rasputin in der Nacht gefesselt zur Kleinen Newka gebracht und von der Petersbrücke gestürzt. Zufällig bemerkte ein Polizist den an einem Eisloch festgefrorenen Ärmel des Rasputinschen Biberpelzes, und die Leiche wurde herausgezogen. Der Raum um die Fundstelle wurde von Truppen abgesperrt. Der Innenminister, Protopopow, der Justizminister, Makarow, und andere Regierungsmitglieder, der Ochrana-Chef Globatschow, Staatsanwälte und der Chef des Petrograder Militärbezirks trafen ein. Die Nachricht von dem Fund verbreitete sich wie ein Lauffeuer in der Stadt, von allen Seiten strömten Neugierige in Kutschen und Automobilen herbei, so daß die Hauptstraßen der Petrograder Seite gesperrt werden mußten.

Die Leiche wurde zuerst in einen Schuppen, dann in die Tschesma-Kapelle gebracht. Die Töchter, Marija und Warwara, sowie der Leutnant Pchakadse, Warwaras Verlobter, wollten den Verstorbenen in die Gorochowaja 64 überführen, doch die Behörden erlaubten das nicht.

Später wurde festgestellt: Rasputin war noch lebend in den Fluß geworfen worden. Er hatte auch unter dem Eis noch weiter um sein Leben gekämpft und den rechten Arm aus den ihn umschnürenden Stricken befreit, die Hand war fest zur Faust geballt. Vergiftet, von zwei Kugeln in die Brust und in den Hals tödlich verwundet, mit zwei Löchern im Schädel, war er schließlich ertrunken.

Als der Zar vierundzwanzig Stunden später auf den Bahnsteig von Zarskoje Selo hinabstieg, erblickte er ein traurig zusammengedrängtes Häuflein — die Töchter, den Sohn und seine Frau. Auf der Fahrt in den Palast unterrichtete ihn Alexandra Fjodorowna davon, daß sie, erstens, angewiesen habe, die aufgenommenen Ermittlungen einzustellen, «um einen schändlichen Skandal zu vermeiden, der von den Feinden der Dynastie aufgeblasen würde», und daß sie, zweitens, Protopopow gebeten habe, die Wohnung Rasputins in ein Museum umzuwandeln. Außerdem habe sie einen angesehenen Petrograder Architekten beauftragt, in Zarskoje Selo ein marmornes Mausoleum zu errichten, in das spätestens im Sommer 1918 die sterblichen Überreste Grigoris überführt werden sollten. Bis dahin war geplant, ihn in Zarskoje Selo, hinter dem Park, unweit der Schlösser beizusetzen.

Nach der Beerdigung besuchten die Mitglieder der Familie jeden Tag das Grab. Lange standen sie an dem von einer hölzernen kleinen Kapelle überdachten Grabhügel und beteten. Die Zarin trägt, wie J. Dehn berichtet, «weiße Blumen zum Grab; sie ist blaß und bereit, jeden Augenblick loszuschluchzen, bemüht sich aber um Haltung». Alexandra Fjodorowna schreibt in jenen Tagen: «Die Sonne scheint so hell ... ich fühle an seinem lieben Grab eine solche Ruhe, solchen Frieden. Er ist gestorben, um uns zu retten.»

Diese Empfindungen wurden indessen nicht von allen geteilt. Genauer — außerhalb des verwaisten Rasputin-Kreises von niemandem. Was sich bereits in der ersten Nacht nach der Beerdigung in gewisser Weise auf den Zustand des Grabes auswirkte: eine Gruppe von Offizieren der Garnison von Zarskoje Selo rollte eine Fäkalientonne zur Kapelle und goß den Inhalt über das Grab aus. Etwa zwei Monate später, im Februar, gruben Soldaten den Leichnam aus und verbrannten ihn, außerdem trugen sie die Kapelle ab und machten den Grabhügel dem Erdboden gleich.

Einige dem Hofe nahestehende Zeitungen begrüßten das neue Jahr optimistisch. «Wir treten unter vielen günstigen Vorzeichen in das Jahr 1917», schrieben die «Moskowskije Wedomosti» am 30. Dezember. Eine ganz andere Prognose trug Botschafter Maurice Georges Paléologue in sein Notizbuch ein: «Nach den Sternbildern des russischen Himmels zu urteilen, beginnt das Jahr unter ziemlich üblen Vorzeichen. Ringsum sehe ich Unruhe und Verzagtheit ... an den Sieg glaubt man nicht mehr ... ergeben wartet man, daß derselbe Schrecken weitergeht.»

Daß man angeblich «ergeben wartet», macht seiner Beobachtungsgabe keine Ehre. Doch was die «Unruhe» und «Verzagtheit» angeht, hatte er so unrecht nicht. Das Land erlebte schwere Not. Am Ende des Jahres 1916, stellte der kompetente

Beobachter Alexander Blok fest, «waren alle Glieder des Staatskörpers Rußlands von einer Krankheit befallen, die weder von allein vorübergehen noch mit den üblichen Mitteln geheilt werden konnte».

Millionen von Arbeitern und Bauern, die in den Krieg getrieben worden waren, litten in den Schützengräben. Die Lebensbedingungen im Hinterland verschlechterten sich rapide. Der Ruin kam näher — Folge der Unfähigkeit des Zarismus, mit den Schwierigkeiten der Kriegszeit fertig zu werden. Das Transportwesen hielt der Belastung nicht stand. Wegen des gravierenden Mangels an Arbeitskräften, Brennstoffen und Rohstoffen schränkten viele Fabriken die Produktion ein, andere wurden überhaupt stillgelegt. Die Lebensmittelvorräte in den Städten verringerten sich alarmierend; in Petrograd war nur noch für zehn bis zwölf Tage Mehl vorhanden. Die Teuerung wuchs unaufhaltsam; Spekulation und Korruption blühten in nie gekannten Ausmaßen, die Profite aus Kriegslieferungen und Börsengeschäften erreichten beispiellose Dimensionen. Gleichzeitig wurden die Schlangen vor den Bäckereien und Geschäften länger und länger.

Diesen Schlangen messen die Sowjetologen eine verhängnisvolle Bedeutung zu, wenn sie über den «unerwarteten» Zusammenbruch des Zarismus im Februar 1917 schreiben. Ausführlich berichtet G. Kennan davon. O. Radkey betont ihr Vorhandensein und beruft sich auf einige Emigrantenführer, die behaupteten, daß der «Zar Hunger» die Petrograder Arbeiter im Februar 1917 auf die Straßen getrieben habe. Auch B. Murawjow findet: «. . . in den Köpfen der einfachen Menschen Petrograds dominierte der Wunsch nach Nahrung». Mit aller Macht bemühen sich die Antikommunisten, die Volksmassen Rußlands so darzustellen, als habe ihnen «jegliches politisches Bewußtsein gefehlt», als seien sie ganz und gar durch die Nöte ihrer Mägen in Anspruch genommen worden und daher der dämonischen Wutanwandlung, die die Schlangen ausgelöst hätten, erlegen . . . Ohne Zweifel, in den Schlangen der nach Brot Anstehenden und in den verschneiten Schützengräben staute sich damals die Empörung der

Menschen besonders stark. Doch der Zarismus brach sich das Genick nicht, weil er nicht genug Brot heranschaffen konnte. Die Ereignisse von Anfang 1917 waren das Endstadium eines langen Kampfes gegen die Selbstherrschaft, den das Volk Generationen hindurch gekämpft hatte und seit Beginn des zwanzigsten Jahrhunderts mit bis dahin unbekanntem Elan und beispielloser Entschlossenheit führte.

Die revolutionäre Bewegung war in Rußland ja nicht erst 1917, sondern bereits vorher entstanden und hatte sich unter der Führung der Avantgarde der Arbeiterklasse, der bolschewistischen Partei, ständig weiterentwickelt. Es genügt, noch einmal daran zu erinnern, daß der Umfang der Streikbewegung im ersten Halbjahr 1914 größer als während des gesamten Revolutionsjahres 1905 war. Der frappierende Aufschwung der russischen Arbeiterbewegung vor dem Ersten Weltkrieg ist untrennbar mit der entscheidenden Tatsache verknüpft, daß die Bolschewiki zu jener Zeit vier Fünftel der bewußten Arbeiter Rußlands vereinten und daß in den Jahren 1912 bis 1914 die überwältigende Mehrheit der russischen Arbeiterklasse der bolschewistischen Partei folgte. In den Kriegsjahren arbeiteten trotz des gnadenlosen Polizeiterrors in über zweihundert Städten des Landes bolschewistische Organisationen. Außerdem waren die Bolschewiki auch in den Streitkräften aktiv: Allein an der Nordfront und an der Westfront gab es mehr als hundertundzehn Parteiorganisationen.

Mit Gewißheit kann gesagt werden, daß es im revolutionären Untergrund keine geschlossenere und stärkere Partei und keine Partei mit größerer Autorität gab als die bolschewistische. Ihre Verbindung mit dem von Lenin geleiteten Auslandsbüros des ZK funktionierte ebenso wie die Arbeit des Russischen Büros des ZK trotz der systematischen Verfolgungen und Verhaftungen. Welche Gefahr diese Tätigkeit der Bolschewiki unter der Zivilbevölkerung und unter den Soldaten und Matrosen darstellte, begriffen die zaristischen Behörden durchaus. Davon zeugen die zahlreichen Dokumente, die nach der Revolution in den Archiven der Ochrana und der Polizei sowie der zentralen und örtlichen Gendarmerieverwaltungen gefunden wurden. Die Bedeutung dieser hartnäkkigen, oft heldenhaften Kleinarbeit zeigte sich vor allem im Februar 1917, als die Stunde der offenen, bewaffneten Auseinandersetzung des Volkes mit dem Zarismus gekommen war.

Der «mit Blut und Schmutz besudelte Wagen der Romanowschen Monarchie» stürzte, wie sich Lenin treffend ausdrückte, an der besonders steilen historischen Wende des Februar 1917 «auf einmal» um. Der Erste Weltkrieg erwies sich als «ein großer, mächtiger und allgewaltiger ‹Regisseur›» der Revolution, der einerseits den Verlauf der Weltgeschichte ungeheuer beschleunigte und andererseits «weltumfassende Krisen, wirtschaftliche, politische, nationale und internationale Krisen von ungeahnter Intensität» hervorbrachte.

Ein Ergebnis dieses Prozesses: in Rußland ging nach nur acht Tagen eine Monarchie unter, die sich jahrhundertelang gehalten hatte. Manchen bürgerlichen Politikern erschien der schnelle Verlauf der Ereignisse als «Wunder». Doch von einem «Wunder» kann keine Rede sein, wenn man berücksichtigt, welch langer revolutionärer Kampf dem Februar voranging.

Zwölf Jahre vor dem Sturz der Selbstherrschaft, zu Beginn der ersten russischen Revolution, stellte Lenin fest, daß das Zurückbleiben des «politischen Überbaus hinter der in den gesellschaftlichen Verhältnissen vollzogenen Umwälzung den Zusammenbruch des Überbaus unvermeidlich» machte, und hob zugleich hervor: «... wobei ein sofortiger Zusammenbruch, gleich *nach dem ersten Schlag,* durchaus und absolut möglich ist, denn die ‹Volksrevolution› in Rußland hat dem Zarismus bereits hundert Schläge versetzt; die Frage ist nur, ob er unter dem hundertundersten oder dem hundertundzehnten zusammenbricht.»

Einer dieser «hundert Schläge», und zwar der mächtigste, der die Grundlagen des Zarismus erschütterte, war die Revolution der Jahre 1905 bis 1907. Ihre Bedeutung für die Ereignisse im Februar 1917 betonen die folgenden Leninschen Zeilen: «Ohne die drei Jahre von 1905 bis 1907, drei Jahre gewaltiger Klassenschlachten und größter revolutionärer Energie des russischen Proletariats, wäre eine so rasche zweite Revolution, auch in dem Sinne, daß sie ihre *Anfangsetappe* in wenigen Tagen durchlaufen hat, unmöglich gewesen.» Und weiter: «Diese achttägige Revolution ging — wenn das Bild erlaubt ist — so ‹über die Bühne›, als hätten vorher ein Dutzend Proben und Generalproben stattgefunden; die ‹Akteure› kannten einander, ihre Rollen, ihre Plätze, die Szenerie aufs genaueste, bis in die kleinsten Einzelheiten, kannten alle einigermaßen bedeutenden Schattierungen der politischen Richtungen und Aktionsmethoden.»

Anfang 1917. Rasputin gibt es nicht mehr. Der Pfad zu seinem Grab auf dem Feld hinter dem Schloßpark ist vom Januarschnee zugeweht. Auf den «Bauernlümmel» können die Würdenträger und die Geschäftsleute die Schuld für ihre Fehlkalkulationen und Reinfälle also nicht mehr abwälzen. Und die Geduld des Volkes ist erschöpft …

Bereits Ende 1916 riet das Russische Büro des ZK der Partei der Bolschewiki der Petrograder und der Moskauer Parteiorganisation, einen allgemeinen Streik vorzubereiten und zu umfangreicheren Aktionen auf den Straßen überzugehen. Die Führung orientierte darauf, die vereinzelten ökonomischen Streiks zum politischen Massenkampf weiterzuentwikkeln, die Soldaten in die revolutionäre Bewegung einzubeziehen und einen bewaffneten Aufstand zu organisieren. Die bolschewistischen Organisationen Petrograds und Moskaus beschlossen, die Straßenaktionen am 9. Januar, dem zwölften Jahrestag des Blutsonntags, zu beginnen. An diesem Tage streikten in Petrograd hundertfünfzigtausend Arbeiter. Gestreikt wurde auch in Moskau, Nishni Nowgorod und anderen großen Städten.

Der ganze Januar war im Lande durch Streiks gekennzeichnet, die größtenteils politischen Charakter besaßen. Die Hauptstadt wurde zum Schauplatz nicht abreißender Demonstrationen, die sich gegen den Krieg und gegen die Selbstherrschaft richteten. Das Proletariat von Petrograd, Anfang 1917 etwa vierhunderttausend Arbeiter und Arbeiterinnen, marschierte in den ersten Reihen der wachsenden Revolution. Die Bolschewiki gingen mit den Massen und an ihrer Spitze, sie verliehen der Bewegung Organisiertheit, zeigten ihr die revolutionäre Perspektive und festigten das Bündnis von Arbeitern und Soldaten. Im Gegensatz zu den Menschewiki, die dazu aufforderten, die Staatsduma zu verteidigen und der liberalen Bourgeoisie hinterherzutraben, riefen die Bolschewiki das Proletariat zu Streiks und Demonstrationen auf, riefen es auf die Straße, zum offenen Kampf gegen die Selbstherrschaft. Dieser Appell «berücksichtigte», wie es in der 1966 in Moskau erschienenen Geschichte der KPdSU heißt, «die im Lande herangereifte revolutionäre Situation und entsprach den Stimmungen des Petrograder Proletariats, das zum Kampf drängte. Er entfesselte die revolutionäre Energie des Proletariats und lenkte sie in Richtung auf entschlossene Aktionen gegen den Zarismus.»

Der Zar hatte zwei Monate lang im Alexanderpalast residiert und nach der Beisetzung Rasputins sein seeelisches Gleichgewicht wiedergefunden. Über der Trauer um den toten Starez hatte er gleichsam vergessen, daß es eine dreitausend Werst lange Front gab, wo zwölf Millionen Soldaten bis zu den Knien in Schnee und Dreck im Granatfeuer standen, und daß er, der Imperator ganz Rußlands, als Oberster Befehlshaber gewissermaßen über Tod oder Leben dieser Männer bestimmte. Dann jedoch fand er es an der Zeit, sich nach Mogiljow zu begeben.

Am 22. Februar geleitete der Glockenklang der Fjodor-Kathedrale den Kaiser traditionsgemäß zur Station Alexandrowskaja, wo sein Sonderzug bereitstand. In seiner Begleitung befanden sich Frederiks (Hofminister), Naryschkin (Chef der Feldkanzlei), Wojejkow (Schloßkommandant), Grabbe (Chef der Eskorte), Fjoderow (Leibarzt), der Prinz G. von Leuchtenberg und Mordwinow (Flügeladjutanten) sowie einige andere Personen; sich während der Fahrt die Zeit mit der Lektüre des «Gallischen Krieges» vertreibend, fuhr er ins Hauptquartier, um dort seine militärstrategische Tätigkeit wiederaufzunehmen. Nikolaus ahnte nicht, daß er schon sechzehn Tage später entmachtet und arretiert von dieser Reise zurückkehren würde.

Am 23. Februar traf der kaiserliche Zug pünktlich in Mogiljow ein. Auf dem Bahnsteig empfing ihn Alexejew, der erst am Vortag von der Krim zurückgekehrt war. Der Zar hatte ihm für einen Sanatoriumsaufenthalt vom 8. November 1916 bis zum 22. Februar 1917 Urlaub gewährt; die Arbeit im Hauptquartier wurde in dieser Zeit von General W. I. Gurko geleitet.

Kaum hatten Alexejew und Gurko die Karte ausgebreitet, um dem Obersten Befehlshaber Bericht über die Lage an der Front zu geben, als auch schon die ersten Telegramme von Würdenträgern und Duma-Abgeordneten über die Lage im Hinterland auf den Tisch flatterten. Eine Nachricht war schlimmer als die andere: Volksunruhen erschütterten die Hauptstadt. Es sah aus, als beginne eine Revolution.

Die Fürsprecher Nikolaus' II. im Westen tun fast einstimmig so, als seien diese Depeschen wie Schnee aus heiterem Himmel auf ihn niedergegangen. Die Revolution sei überraschend ausgebrochen. Niemand, auch der Zar nicht, habe sie erwartet oder auch nur vorausgeahnt.

General Globatschow, Chef der Ochrana, ist der beste Zeuge dafür, daß dies so denn wohl doch nicht war. Man wirft ihm vor, die «Unerwartetheit» der Februarrevolution habe den völligen Bankrott des zaristischen Geheimdienstes erwiesen, der weder rechtzeitig Bescheid gewußt noch rechtzeitig gemeldet habe.

Das ist glatte Verleumdung, denn der treue Globatschow hatte am 5. Januar 1917 die Regierung in einem schriftlichen Bericht gewarnt: «Die Stimmung in der Hauptstadt hat einen außerordentlich beunruhigenden Charakter erreicht», die politische Situation erinnere an die Lage vor der Revolution von 1905 ... Am 19. Januar meldete er streng geheim, daß «die Bevölkerung offen und in einem unzulässig scharfen Ton alle Regierungsmaßnahmen kritisiert», dabei seien Reden zu hören, «die sogar die heilige Person des Herrschers und Imperators berühren». Die Regierung werde möglicherweise «nicht mit einem kleinen Häuflein . . . vom Duma-Mitgliedern, sondern mit ganz Rußland kämpfen» müssen. Globatschow schlug Alarm, am 26. und am 31. Januar sowie am 1., 3., 4., 5., 7., 8., 9., 10. und 13. Februar, er schloß die Serie seiner Geheimberichte an die Regierung mit der Befürchtung, die zunehmende Unzufriedenheit der Bevölkerung könne «die letzte Etappe auf dem Wege zum Beginn gnadenloser Exzesse der schrecklichsten aller Revolutionen» sein.

Auch die Zarin beeilte sich, ihren Mann über die in der Hauptstadt ausgebrochenen Unruhen zu informieren. Freilich tat sie das in dem für sie typischen Stil und mit dem für sie charakteristischen Scharfblick: Die Ereignisse in Petrograd seien nur «eine Bewegung von Randalierern», bei der «Jungen und Mädchen durch die Stadt rennen und schreien, daß sie kein Brot haben, und das einfach deswegen, um Aufregung hervorzurufen . . . Wäre das Wetter kälter, würden sie alle zu Hause sitzen . . .» Nach Meinung der Experten Kennan und Radkey hätte es den Umsturz nicht gegeben, wenn in den Petrograder Bäckereien genügend Weißbrot vorhanden gewesen wäre. Folgt man Alexandra Fjodorownas These, wäre es nicht zur Revolution gekommen, wenn der Frost etwas strenger gewesen wäre. Es gibt allerdings von Alexandrow eine Bemerkung, die in die entgegengesetzte Richtung zielt: «Das Thermometer fiel zuweilen bis auf 40° . . . Auf den Gleisen bei der Hauptstadt froren 200 Lebensmittelzüge wie Eisbrocken fest . . . Die Brotläden waren leer.»

Solche Zufälligkeiten und dann so weitreichende Folgen . . . Außer Rand und Band geratene «Lumpen» machten nach der Schilderung S. Harcaves in Petrograd Jagd auf wehrlose Schutzleute und schlugen sie tot, ohne zu wissen, wofür und warum; die «Lumpen» hatten weder Losungen noch Programme noch Führer, sie waren einfach berauscht von der Straflosigkeit, waren in Hitze geraten; die Behörden aber sahen tatenlos zu, und der Kaiser selbst saß in Mogiljow und konnte nichts tun. «Diese Krise, mit der die Romanows konfrontiert wurden», schreibt Harcave, «hatte niemand geplant und vorbereitet, sie war lokal, zu Anfang ganz und gar nicht dramatisch, und dennoch wurde sie, kaum glaublich, für die Romanows die letzte Krise.»

Was lag also den Ereignissen zugrunde? Zufälligkeiten? Pech? Zusammentreffen von unglücklichen Umständen? Die Launen des Wetters? Bösartige Nichtigkeiten und verhängnisvoller Unsinn? Ein Zar, der nichts ahnte? Der keinen Verdacht hegte? Der gewissermaßen überrumpelt wurde?

Nein. Er wußte alles. Er war rechtzeitig informiert und gewarnt worden. Der Geheimdienstchef hatte, als es nötig war, Alarm geschlagen und ihn gewissenhaft mit Nachrichten versorgt.

Es begann die historische Februar-März-Woche, die Woche, in der die Selbstherrschaft zusammenbrach. Sehen wir uns an, wie Nikolaus in diesen acht Tagen, von Donnerstag zu Donnerstag, mit den ihm zur Verfügung stehenden Informationen, mit der Zeit und mit dem Schicksal umging.

Erster bis vierter Tag

Donnerstag, 23. Februar (8. März nach neuem Kalender) In Mogiljow hat der Zar die Chefs der Militärmissionen der Entente zum Essen geladen.

In Petrograd sind hundertachtundzwanzigtausend Streikende auf die Straße gegangen. Sie rufen: «Frieden und Brot!» und tragen rote Fahnen und Losungen wie «Schluß mit dem Krieg!» und «Es lebe die Revolution!». Aus Anlaß des Internationalen Frauentages beteiligen sich Zehntausende von Arbeiterinnen an den Kundgebungen und Demonstrationen. In verschiedenen Stadtteilen ist der Gesang der Marseillaise zu hören.

Bis mittags wird die Lage im großen und ganzen noch von der Polizei kontrolliert. Aber von vierzehn Uhr an «übernehmen die Militärbehörden den Schutz der Ordnung und Ruhe in der Hauptstadt», wie es im Polizeibericht heißt.

Am Abend findet in der Wohnung des Arbeiters I. Alexandrow eine Sonderberatung der Führung der Petrograder Bolschewiki statt, an der auch Vertreter des Russischen Büros des ZK teilnehmen. Es wird beschlossen: Der Streik ist fortzusetzen und auszudehnen; auf dem Newski-Prospekt sind Demonstrationen zu organisieren; die Agitation unter den Soldaten ist zu verstärken; es ist mit der Bewaffnung der Arbeiter zu beginnen. Zwei Hauptlosungen werden festgelegt — Sturz der Monarchie und Beendigung des Krieges.

An demselben Abend beschließt das Narwaer Stadtbezirkskomitee der Partei der Bolschewiki, die im Putilow-Werk arbeitenden Soldaten für den Kampf der Arbeiterklasse zu gewinnen.

Die Hauptstadt ist auf Hungerration gesetzt. Der Vorrat an Mehl beträgt fünfhunderttausend Pud. Bei einer täglichen Auslieferung von mindestens vierzigtausend Pud kann das nur für zehn bis zwölf Tage ausreichen.

Freitag, 24. Februar Der Zar notiert in seinem Tagebuch, daß er mit dem belgischen Orden «Croix de Guerre» ausgezeichnet worden ist. Alexandra Fjodorowna hat ihm aus Zarskoje Selo telegraphiert, der Sohn und zwei Töchter seien an Masern erkrankt. Nun ist die Zarin ans Krankenbett der Kinder gefesselt.

Die Zahl der Streikenden in Petrograd ist auf zweihunderttausend angewachsen. Auf der Wassiljewski-Insel schließen sich Studenten den Arbeitern an. Die Demonstranten versuchen erfolgreich, ins Stadtzentrum durchzubrechen, sie tauchen auf dem Newski-Prospekt auf. Die Polizei und die an der «Befriedungsaktion» teilnehmenden Infanterie- und Kavallerieeinheiten schlagen mit Peitschen, Gewehrkolben und Säbeln auf die Menschen ein. Gegen Mittag ist der Snamenski-Platz schwarz von Menschen. Berittene Schutzleute, die sich der Kundgebung entgegenstellen wollen, werden mit Pfiffen, Protestrufen sowie einem Hagel von Holzstücken und Eisbrocken empfangen ... Bis zum späten Abend hören die Versammlungen auf dem Newski-Prospekt nicht auf, werden flammende Reden gehalten. Die Losung «Brot!», die gestern dominierte, wird von Transparenten mit den Worten:

«Schluß mit dem Zarismus!», «Schluß mit dem Krieg!» verdrängt.

An diesem Tage beschließt das Russische Büro des ZK der Partei der Bolschewiki: Die Bewegung ist energisch weiterzuentwickeln, damit sie in einen politischen Generalstreik übergeht; die Agitation in den Kasernen ist noch stärker zu aktivieren. Beschlossen wird auch, die «nahe bei der Hauptstadt liegenden Städte» sowie die Moskauer Parteiorganisation umfassend über den Verlauf der Ereignisse zu informieren.

In Mogiljow befiehlt der Zar Alexejew, dem Chef des Petrograder Militärbezirks, General S. S. Chabalow, zu telegraphieren, daß ihm die Leitung sämtlicher Befriedungsoperationen in der Hauptstadt übertragen wird.

Im Marienpalast tagt, wie immer am Freitag, der Ministerrat. Als die Minister die Sitzung verlassen, stellen sie verwundert fest, daß sie nicht nach Hause können, da die Straßen durch Demonstranten verstopft sind.

Später werden die Sowjetologen der Regierung an diesem zweiten Tag der Massenunruhen besonders heftig Unterlassungen vorwerfen. Nach ihrer Meinung «war noch viel zu retten». Massie, Frankland und auch Harcave bezichtigen den Innenminister, A. D. Protopopow, und S. S. Chabalow der «Unfähigkeit». Sie hätten so gut wie «keinerlei Vorsichtsmaßnahmen getroffen, und die ergriffenen Maßnahmen erwiesen sich als schlecht organisiert und zersplittert ... Manche Stadtteile wurden abgesperrt, andere blieben offen ...» Beide hätten «nicht jene Fähigkeiten gezeigt, die ihre Positionen im gegebenen Augenblick von ihnen forderten». Chabalow «besaß weder eine Einschätzung der Situation noch einen Plan zur Kontrolle der massenhaften Ungesetzlichkeiten, noch die Fähigkeit, die kleinen Menschenmengen daran zu hindern, sich den großen anzuschließen». Protopopow habe «bei den ersten Anzeichen eines organisierten Ungehorsams die Nerven verloren».

Sonnabend, 25. Februar An diesem Tag geht die Bewegung in einen politischen Generalstreik über, an dem sich über dreihunderttausend Menschen beteiligen. Aus den Arbeitervierteln strömen die Menschen unaufhaltsam in Richtung Stadtzentrum. Die überwältigende Mehrheit der hauptstädtischen Bevölkerung ist auf den Straßen, ja, die Aufständischen werden die faktischen Herren der Straße. Die Polizei ist aus den Arbeitervorstädten geflohen, konzentriert sich im Zentrum und versucht hier, die Menge aufzuhalten. Die Brücken sind gesperrt, selbst die Fußpfade über das Eis der Newa werden abgeriegelt. Die ersten Schüsse auf unbewaffnete Demonstranten fallen; bei erbitterten Auseinandersetzungen zwischen Arbeitern und der Polizei gibt es Tote und Verwundete.

Vom Morgen an beraten die Vertreter des Büros des ZK sowie des Petrograder Komitees der Partei der Bolschewiki. Es wird beschlossen, weiter anzugreifen und Barrikaden zu errichten. Man sorgt dafür, daß die Bewegung des Petrograder Proletariats ein Echo im ganzen Land findet. Als besonders wichtig wird herausgestellt, die Masse der Soldaten auf die Seite der Revolution herüberzuziehen. Das Petrograder Komitee der SDAPR (B) verbreitet ein Flugblatt, das sich an die «Brüder Soldaten» wendet. An diesem Tag, so berichtet die «Geschichte der KPdSU», «drangen die Bolschewiki unter Lebensgefahr in die Kasernen ein, diskutierten mit den Soldaten oder organisierten Demonstrationen bei den Kasernen und verkündeten die revolutionären Losungen, mit einem Wort, nutzten jede Gelegenheit, um die Soldaten zur Vereinigung mit den Arbeitern aufzurufen».

Chabalow telegraphiert ins Hauptquartier an Alexejew, daß am Gostiny Dwor «Demonstranten revolutionäre Lieder anstimmten» und rote Fahnen mit der Aufschrift «Schluß mit dem Krieg» trugen. Ein Zug Dragoner eröffnet das Feuer auf die Menge; zwei Tote und zehn verwundete Arbeiter sind die Opfer. Der Kriegsminister, Beljajew, sagt an diesem Tag zu Chabalow: «Es wird einen furchtbaren Eindruck auf unsere Verbündeten machen, wenn die Menge auseinandergeht und Leichen auf dem Newski-Prospekt liegen.»

Protopopow telegraphiert ins Hauptquartier an Wojejkow, daß auf dem Snamenski-Platz der Polizeihauptmann Krylow getötet worden ist und auf der Wyborger Seite die Menge den Polizeioberst Schalfejew vom Pferd gerissen und verprügelt hat. Er fügt hinzu, immer häufiger sei ein Sympathisieren der Soldaten mit den Demonstranten zu beobachten. Wenn die «Pharaonen», wie die Polizisten abfällig genannt wurden, vor den Arbeitern flüchteten, lachten die Soldaten dazu.

Chabalow gibt bekannt: Falls die Arbeiter bis Dienstag nicht an ihre Arbeitsplätze zurückkehren, werden alle zurückgestellten Einberufenen mobilisiert und an die Front geschickt.

Die Minister versammeln sich zu einer Sondersitzung bei N. D. Golizyn in der Mochowaja. Obwohl der Premierminister mehrfach Chabalow ersucht hat, ihm einen persönlichen Schutz zu stellen, und der versichert hat, daß eine Kompanie abkommandiert worden ist, die die Mochowaja von beiden Seiten absperrt, ist von einer solchen Wache nichts zu sehen. Auf der Sitzung bestehen die Minister M. A. Beljajew, N. A. Dobrowolski und A. A. Rittich darauf, daß die Unruhen mit Waffengewalt unterdrückt werden. Über Chabalow sagt später Golizyn, er sei ihm auf dieser Sitzung als ein «sehr wenig energischer, unwissender Mann von schwerfälliger Denkweise» erschienen, dessen Bericht man nur als «Wirrwarr» bezeichnen konnte.

Der Zar im Hauptquartier ist ruhig und hält sich an die gewohnte Tageseinteilung: von 9 Uhr 30 bis 12 Uhr 30 Arbeit mit dem Stabschef Alexejew, danach Frühstück, um 14 Uhr Spazierfahrt im Auto, um 17 Uhr Tee, um 19 Uhr 30 ausgiebiges Mahl ... Rodsjanko belästigt ihn mit aufgeregten Depeschen. Der Duma-Präsident warnt vor einer heraufziehenden Katastrophe, droht, fordert. Was? Zugeständnisse. Nachgiebigkeit. Die Bildung einer bürgerlichen Regierung des «gesellschaftlichen Vertrauens», die den Krieg besser führen und für ihre Handlungen der Duma verantwortlich sein soll. Ein Sturm zieht auf, Eure Majestät, manövrieren Sie schnell, sonst platzt und zerfällt alles.

Und er, wie zur Zeit der Diskussionen am Meeresufer von Peterhof im Jahre 1905: Er will nicht. Zugeständnisse wird es nicht geben.

Man hätte, meint er, auch damals bis zum Schluß zurückschlagen sollen. Noch einmal macht er nicht diesen Fehler. Es wird kein Schwanken geben. In gewohnter Weise, wie vor zwölf Jahren, greift seine Hand zur Peitsche.

Als der Imperator am Abend sein Arbeitszimmer verläßt, um das Stabskino zu besuchen, macht er unterwegs einige Minuten in der Telefonzentrale halt und diktiert ein Telegramm an Chabalow: «Ich gebiete, noch morgen in der Hauptstadt Schluß mit den Unruhen zu machen, die in der schweren Zeit des Krieges gegen Deutschland und Österreich unzulässig sind. Nikolaus.»

Was natürlich nicht heißen soll, daß der Verfasser dieser Depesche Unruhen vor der «schweren Zeit des Krieges» für «zulässig» gehalten hätte. Doch zu anderen Zeiten hatte er den Unterdrückern nicht so harte Fristen gesetzt. Nun hat Chabalow zur Ausführung vierundzwanzig Stunden. Und der dienstbeflissene Chabalow, das Petrograder Duplikat des Moskauer Dubassows, will die gestellte Frist einhalten.

Ganze drei Wochen später, als Chabalow vor der Außerordentlichen Untersuchungskommission stand, gab es zwischen ihm und dem Vorsitzenden folgenden Dialog:

Chabalow: Gegen zehn Uhr erhielt ich ein Telegramm mit der Unterschrift Seiner Majestät: «Ich gebiete, noch morgen in der Hauptstadt Schluß mit den Unruhen zu machen.»

Vorsitzender: Wo ist dieses Telegramm jetzt, General?

Chabalow: Das kann ich Ihnen nicht sagen, ich übergab es dem Stabschef . . . Kann sein, daß er es mir zurückgegeben hat, aber ich erinnere mich nicht daran . . .

Vorsitzender: Und was dann?

Chabalow: Dieses Telegramm, wie soll ich es Ihnen sagen? Ich war wie vor den Kopf geschlagen . . . Wie sollte ich morgen schon Schluß machen? Als man nach Brot rief, da gaben wir Brot, und die Sache war vorbei. Aber wenn auf den Fahnen steht: «Fort mit der Selbstherrschaft», da hilft kein Brot mehr. Doch was sollte ich machen? Der Zar hatte befohlen, es mußte also geschossen werden . . .

(Chabalow berichtete weiter, daß er schon eine Stunde nach dem Eintreffen des Telegramms die militärischen und polizeilichen Vorgesetzten der Stadtbereiche zu sich gerufen hätte.)

Vorsitzender: Das war am 25. Februar?

Chabalow: Ganz richtig ... Als sie versammelt waren, las ich ihnen das Telegramm vor.

Vorsitzender: Und dann?

Chabalow: Ich erklärte damals: Meine Herren! Der Herrscher hat befohlen ... das ist das letzte Mittel, es muß angewendet werden ... Wenn die Menge klein ist und ohne Fahnen — setzen Sie Kavallerie ein und treiben Sie die Menge mit Peitschen auseinander ... Wenn die Menge aggressiv ist, mit Fahnen, dann eröffnen Sie nach dreimaliger Warnung das Feuer!

Vorsitzender: Sind Sie ermüdet, General? Vielleicht sollte ich Ihnen Wasser reichen lassen?

Chabalow: Nein, danke ... Ich bin überhaupt nicht nervös.

Sonntag, 26. Februar Das Gebot des Zaren wird befolgt. Als die Demonstranten wiederum zum Stadtzentrum streben, befehlen Chabalow und Protopopow, sie mit Feuer zu empfangen. Petrograd gleicht einem Kriegslager. Bewaffnete Polizisten haben Stellung auf Dächern und Dachböden, auf Glockentürmen und Feuerwachtürmen bezogen. Von dort schießen sie auf die Arbeiter. Mit Maschinengewehren bestreicht die Polizei den Newski-Prospekt, feuert sie in die angrenzenden Straßen, belegt sie die Brücken mit einem Kugelhagel. An verschiedenen Stellen greifen berittene Gendarmerie-Abteilungen die Demonstranten an, machen von den Säbeln Gebrauch und schießen auf sie. Allein auf dem Snamenski-Platz werden vierzig Personen getötet.

Jetzt bleibt dem Volk nicht anderes übrig, als mit der Waffe in der Hand den Kampf gegen die Diener der Selbstherrschaft aufzunehmen. Auf Beschluß der Petrograder Führung der Partei der Bolschewiki geht der politische Generalstreik in einen bewaffneten Aufstand über.

Aber auch der Gegner hatte sich vorbereitet. Der bewaffnete Kampf gegen das alte Regime war kompliziert, schwer und gefährlich, der Ausgang in den ersten Tagen keineswegs klar. Die Revolution forderte von ihren Helden Furchtlosigkeit und Mut.

Im Anfangsstadium, besonders, bevor die Soldaten begannen, auf die Seite des aufständischen Volkes überzugehen, war in vielen Stadtbezirken die Übermacht der Regierungskräfte gewaltig. Aus den Akten der Stadtverwaltung geht hervor, daß zu den Truppen, die anfänglich zur Unterdrückung der Revolution eingesetzt wurden, 55 Kompanien Infanterie sowie 23 Kosakenschwadronen und eine Eskadron Kavallerie, also mehr als 20 Bataillone, gehörten. Hinter ihnen stand (bis sie sich dem Aufstand anschloß) die Petrograder Garnison, die fast 180000 Soldaten zählte. Hinzuzählen muß man die 80 000 Petrograder Polizisten einschließlich der 5000 speziell für den «Umgang mit einem Straßenauflauf» ausgebildeten Schutzleute. Mit diesen Kräften, so sagte Protopopow bei der Untersuchung nach der Revolution aus, glaubten die Behörden, jede beliebige revolutionäre Aktion in Petrograd innerhalb von höchstens vier Tagen unterdrücken zu können. Es gab auch einen Plan für den Einsatz dieser Soldaten und Polizisten, in dem das Territorium der Hauptstadt in «Abschnitte» und die «Abschnitte» in «Bezirke» eingeteilt waren und der die Stationierung von über 250 000 Bewaffneten in allen diesen Bereichen vorsah.

Die Aufrufe der bolschewistischen Partei an die Soldaten werden immer eindringlicher. Ein Flugblatt, das an diesem Tage vom Petrograder Komitee der Bolschewiki unter den Soldaten verbreitet wird, beginnt mit den Worten: «Brüder Soldaten! Den dritten Tag fordern wir, die Arbeiter Petrograds, offen die Beseitigung der Selbstherrschaftsordnung, die schuld am strömenden Blut des Volkes, schuld an dem Hunger im Lande ist, die eure Frauen und Kinder, Mütter und Brüder zum Tode verdammt . . .»

Die Arbeit, die die Partei seit langem unter den Soldaten geleistet hat, zahlt sich jetzt zunehmend aus. An diesem Tag meutern die Soldaten der 4. Kompanie des Ersatzbataillons des Pawlowski-Regiments, die darüber empört sind, daß das Ausbildungskommando des Regiments zur Erschießung von Arbeitern eingesetzt wurde; sie verlassen die Kasernen und eröffnen das Feuer auf eine Abteilung berittener Schutzleute. Zum erstenmal geht eine ganze Militäreinheit auf die Seite der Revolution über.

Bei Golizyn in der Mochowaja findet eine Sonderberatung statt. Der entnervte Protopopow fordert, Rodsjanko festzunehmen. General Dubenski kommentiert in seinem Tagebuch: «Das erste, was man tun müßte, wäre, Protopopow selbst abzusetzen.» Mit Verwunderung registrieren die Minister, daß auch Chabalows Hände zittern, er zusehends die Beherrschung verliert. Es stellt sich heraus, der Verbrauch an Patronen ist so hoch, daß bald nichts mehr zum Schießen da sein wird. Er hat schon Kronstadt gebeten, ihm Munition zu leihen, aber die dortigen Kommandierenden fürchten selbst einen Aufstand und hüten ihre Vorräte. Außerdem kann Chabalow keine Panzerautos auftreiben, von denen er unbedingt einige braucht; er hat die Direktion des Putilow-Werkes darum gebeten, man hat ihm keine gegeben; sogar der für die Panzerautos zuständige General Sekretow hat abgelehnt. Da Chabalow offensichtlich den Kopf verliert, beschließt man, ihm den Chef des Generalstabs, General Sankewitsch, zur Unterstützung beizugeben.

In dieser Sitzung wird auch die Ausrufung des Belagerungszustandes in Petrograd erörtert. Chabalow erhält Anweisung, die Verkündung vorzubereiten.

Chabalow bemüht sich, den Aushang in einer Auflage von tausend Exemplaren in der Druckerei der Stadtverwaltung drucken zu lassen, aber dort weigert man sich, einen solchen Auftrag anzunehmen. Schließlich gelingt es, die Bekanntmachung in der Druckerei der Admiralität zu vervielfältigen. Dann stellt sich heraus, daß es unmöglich ist, die Plakate in der Stadt anzukleben: Der Stadthauptmann, Balk, meldet lakonisch, er habe dazu weder Leute noch Pinsel noch Leim. Chabalow läßt daraufhin zwei Revieraufseher der Polizei kommen und befiehlt ihnen persönlich, wenigstens einige Exemplare am Gitter des Alexander-Gartens auszuhängen. Die Revieraufseher übernehmen den Auftrag, doch gegen Abend liegen die Bekanntmachungen auf dem Admiralitätsplatz vor dem Gebäude der Stadtverwaltung herum.

Die Behörden versuchen, die Bewegung führerlos zu machen. Zahlreiche Bolschewiki, darunter Mitglieder des Petrograder Komiees der Partei, werden festgenommen.

Gegen Ende des Tages teilt das Büro der SDAPR (B) mit: «Längs des Newski-Prospekts, beim Snamenski-Platz und an anderen Stellen werden Salven geschossen. Man schießt mit Maschinengewehren. Es gibt viele Tote und Verwundete.»

Fünfter bis achter Tag

Montag, 27. Februar Der bewaffnete Aufstand ist in vollem Gange. Das Manifest des ZK der Partei «An alle Bürger Rußlands», eines der wichtigsten politischen Dokumente jener Tage, ist verbreitet worden. In ihm wird dazu aufgerufen, eine Provisorische Revolutionäre Regierung zu bilden, die die Republik ausrufen soll, es wird die Einführung des Achtstundentages, die Konfiszierung der Gutsländereien und ihre Übergabe an das Volk gefordert, außerdem die Beendigung des imperialistischen Krieges und die Sicherstellung eines demokratischen Friedens. Das zeigt, schreibt Akademiemitglied I. I. Minz später, daß die Partei der Bolschewiki «die erste und einzige Partei» war, «die noch vor dem endgültigen Sieg der Revolution ihre eigene Plattform, revolutionäre Losungen und konkrete Vorschläge für die weitere Entwicklung der Revolution veröffentlichte».

Die Arbeiter stürmen das Hauptarsenal und erbeuten dort 40 000 Gewehre und 30 000 Revolver. Die Soldaten helfen ihnen, sich zu bewaffnen. Die Stimmung unter den Truppen der Garnison schlägt endgültig um. Einheit auf Einheit schließt sich den Aufständischen an. Die Soldaten des Wolynschen Regiments begeben sich in die Kasernen der Nachbarregimenter, des Litauischen Regiments und des Preobrashenski-Regiments, und führen sie auf die Straße hinaus; gemeinsam ziehen dann alle zu den Kasernen des Moskowski-Regiments, das ebenfalls seinen Übertritt auf die Seite des Volkes erklärt. Morgens werden auf der Seite der Revolution 10 200 Soldaten gezählt, mittags sind es 25 700, abends schon 66 700; am Ende des folgenden Tages werden es 127 000 sein. Unterstützt von den Soldaten, säubern die Arbeiter im Kampf Block für Block, Straße für Straße von den «Pharaonen».

Noch aber sind die von Chabalow geführten Verteidiger des Throns am Werk, um die Allerhöchste Weisung zu erfüllen. Chabalow telegraphiert ans Hauptquartier, es gebe in verschiedenen Stadtbezirken Kämpfe, insbesondere an der Ligowka, am Snamenski-Platz und an der Kreuzung zwischen dem Newski-Prospekt, dem Wladimir-Prospekt und der Sadowaja; es gebe Tote und Verwundete, «welche die Menge, wenn sie sich verstreut, mit fort nimmt».

Eine auch sechs Kompanien und anderthalb Eskadronen mit fünfzehn Maschinengewehren zusammengestellte Abteilung unter dem Kommando des Obersten Kutepow wird zum Angriff auf die Gegend des Taurischen Palais eingesetzt; doch bald meldet Kutepow, er könne nicht weiter als bis zur Kirotschnaja und Spasskaja vorrücken. Ohne sich dem Ziel auch nur genähert zu haben, «löst sich» diese «Kutepowsche Faust», die beim Abmarsch vom Schloßplatz 1500 bis an die Zähne bewaffnete «Befrieder» gezählt hatte, hinter der Kirotschnaja «restlos auf». Dann erhält Chabalow die Meldung, daß die Menge, die vom Sampsonijewski-Prospekt heranströmt, auch die Maschinengewehrkompanie, die von der Wyborger Seite die Litejny-Brücke deckte, überrannt hat.

Rodsjanko ruft Beljajew an und empfiehlt, die Menge mit Wasser aus Feuerwehrschläuchen zu zerstreuen. Beljajew gibt den Rat telefonisch an Chabalow weiter, doch der wendet ein, daß «das Bespritzen mit Wasser nur die entgegengesetzte Wirkung haben, das heißt, die Menge noch mehr erregen wird».

Rodsjanko fährt die Uferstraßen entlang und beobachtet, wie die Arbeiter unter Umgehung der gesperrten Brücken über das Eis der Newa zum Stadtzentrum streben. Zu Hause angekommen, findet er folgenden Ukas des Zaren vor: «Auf der Grundlage des Artikels 99 der Grundgesetze gebieten Wir: die Tätigkeit der Staatsduma ist vom 26. Februar d. J. an zu unterbrechen, und der Termin für die Wiederaufnahme der Tätigkeit ist spätestens im April 1917 festzulegen.» Rodsjanko eilt ins Taurische Palais, wo er im Ältestenrat folgenden Beschluß durchbringt: Man wird sich der Weisung des Zaren beugen, das Palais jedoch nicht verlassen und in den verschiedenen Räumen an seinem Platz bleiben.

An diesem Tag nimmt im Taurischen Palais der Petrograder Sowjet der Arbeiter- und Soldatendeputierten seine Tätigkeit auf. Gleichzeitig wird dort durch die Bemühungen der Rodsjanko-Gruppe ein Provisorisches Komitee der Staatsduma gebildet. Die Revolution teilte das Taurische Palais also gleichsam in zwei Teile — in dem einen Flügel ließ sich der Sowjet nieder, in dem anderen die Vertreter der bürgerlichen politischen Gruppen, die sich von den ersten Stunden der Revolution an darum bemühten, die Monarchie zu retten und die Romanow-Dynastie an der Macht zu belassen.

«Durch die Schaffung des Sowjets der Arbeiter- und Soldatendeputierten», so heißt es in der «Geschichte der KPdSU», «hinderte das Petrograder Proletariat das Provisorische Komitee der Staatsduma daran, nach dem Sieg der Revolution eine Alleinherrschaft der Bourgeoisie zu errichten ... Der Sowjet wurde aber nicht zur einzigen Macht im Lande. Es kam zu einer sehr eigenartigen Verflechtung zweier Herrschaften, zweier Diktaturen: der Diktatur der Bourgeoisie in Gestalt der Provisorischen Regierung und der revolutionär-demokratischen Diktatur des Proletariats und der Bauernschaft in Gestalt des Petrograder Sowjets.»

Im Sowjet gaben in jenen Tagen häufig noch menschewistische Führer den Ton an. Erschrocken über die Wucht der Umwälzung, bemühten sie sich zusammen mit den Sozialrevolutionären, den revolutionären Strom in das ruhige Bett eines «normalen» bürgerlich-parlamentarischen Regimes abzuleiten. Da sie nicht an die schöpferischen Möglichkeiten des Proletariats glaubten und die Bedeutung der von ihm geschaffenen neuen Machtorgane nicht verstanden, fürchteten sich die Menschewiki, mit der liberalen Bourgeoisie zu brechen und sich gegen sie zu stellen. In Worten waren sie nicht nur für die Demokratie, sondern auch für den Sozialismus, tatsächlich aber orientierten sie sich auf einen bürgerlich-demokratischen Weg zur Entwicklung des Landes. So bildete sich in der Führung des Petrograder Sowjets ein menschewistisch-sozialrevolutionärer Block heraus, der statt des Kampfes für die Weiterentwicklung der Revolution eine Linie der freiwilligen Übergabe der Macht an die Bourgeoisie verfolgte. Und die bürgerlichen Politiker säumten nicht, dies auszunutzen.

Während die Versöhnler sich also darin vesuchen, die Deputierten des Sowjets davon zu überzeugen, daß die Bourgeoisie dabei helfe, die Errungenschaften der Revolution zu festigen, unternimmt das Provisorische Komitee der Staatsduma alles mögliche, um die Revolution für ihre eigenen, promonarchistischen Ziele auszunutzen, Zeit zu gewinnen und Nikolaus II. zu Kompromissen «zu seinem Wohl» zu nötigen. Die Bourgeoisie, das heißt konkret die Rodsjanko-Gruppe, strebt danach, die ungeteilte Führung der Revolution zu übernehmen, um sie zu dämpfen und zu bremsen und die Dynastie der Romanows zu retten, schlimmstenfalls unter Opferung von Nikolaus.

Rodsjanko bombardiert Nikolaus an diesem Tag weiter mit Depeschen. Er versucht immer noch, von ihm Nachgiebigkeit und Zugeständnisse zu erzwingen. Er empfiehlt, die Beurlaubung der Duma aufzuheben, und fordert die Bildung einer «verantwortlichen» Regierung. Rodsjanko und seine Kollegen schlagen jedoch nicht nur und nicht einmal in erster Linie deshalb Alarm, weil sie nach einer «demokratischen Erneuerung» dürsten, sondern vor allem, weil sie die Revolution fürchten und deren unverzügliche Unterdrückung wünschen. In diesem Sinne verteidigen sie den Zarismus nicht minder aktiv als der Zar selbst. Es mag so erscheinen, als leiteten sie die

Aktionen der Massen; diese Illusion wollen sie gern aufrechterhalten. In Wirklichkeit aber versuchen sie, durch Druck auf den Zaren den Zarismus zu retten, weil sie die Massen fürchten. Daraus erklärt sich die ungewöhnliche Aggressivität, sogar der Grimm der Appelle Rodsjankos an den Zaren in jenen Tagen. «Die Lage verschlechtert sich», lautet eines seiner Telegramme. «Es müssen unverzüglich Maßnahmen ergriffen werden, denn morgen wird es bereits zu spät sein. Es ist die letzte Stunde angebrochen, in der das Schicksal der Heimat und der Dynastie entschieden wird.» — «Hören Sie auf, Truppen zu schicken», fleht ein anderes Telegramm, «da sie nicht gegen das Volk handeln werden.» Ein weiteres Telegramm: «Die Lage ist ernst ... Die Regierung ist paralysiert ... In den Straßen wird wild geschossen ... Es ist notwendig, unverzüglich eine Person, die das Vertrauen des Landes genießt, zu beauftragen, eine neue Regierung zu bilden ... Jede Verzögerung ist tödlich.» Kopien dieses Appells werden an die Kommandierenden der Fronten mit der Bitte geschickt, ihn beim Zaren zu unterstützen. Positiv reagieren Brussilow und Russki. Die Reaktion Nikolaus' (im Gespräch mit Frederiks): «Wieder hat mir dieser Dickwanst Rodsjanko allerhand Blödsinn geschrieben, worauf ich ihm nicht einmal antworten werde.»

Aber auch andere überschütten ihn mit demselben «Blödsinn». Sein Bruder Michail rät, der Duma nachzugeben. Elastizität empfiehlt der Kriegsminister Beljajew. Fürst Lwow legt einen Kompromiß nahe. Golizyn, der Premierminister des Zaren, bittet selbst um seine Entlassung: Er werde gern seinen Platz für einen anderen räumen, der es verstehe, gutes Einvernehmen mit der Duma herzustellen, wenn sich nur alles wieder lege, beruhige ... Schließlich fleht auch Chabalow: Die «unzulässigen Unruhen» haben sich zu etwas ausgeweitet, mit dem weder «morgen» noch in absehbarer Zukunft fertig zu werden ist; damit der General seine letzte Kampfposition, die Admiralität, halten kann, soll der Zar durch das Versprechen liberaler Zugeständnisse den Gegner stoppen.

Der Thron kracht und schwankt. Aber der Zar sieht das

nicht. Andere bekommen es mit der Angst und irren wie die Besessenen hin und her. Er ist nicht so. Er ist ruhig, seiner selbst sicher, weiß, was zu tun ist. Zugeständnisse an den Aufruhr, das ist nicht sein Stil. Er hat ein Mittel in Reserve, das vielfach in der Praxis erprobt ist — einen Straffeldzug.

General N. I. Iwanow wird ins Arbeitszimmer gerufen. Untersetzt, eckig, heisere Stimme. Stutzbart, listige Äuglein unter faltigen Lidern, Entennase mit Warze. Er hat etwas von einem altertümlichen Flußräuber an sich — hat sich von unten heraufgearbeitet. Und sein Ruf ist noch vom Jahre 1905 her übel und unerfreulich — er hat damals in Kronstadt den Aufstand der revolutionären Matrosen mitleidlos unterdrückt. Außerdem zeichnet er sich durch zwei andere Qualitäten aus: erstens, er ist Taufpate des Thronfolgers, und zweitens, ihm verdankt der Zar, daß er einen in der Armee besonders geschätzten Kampforden erhalten hat — das Soldaten-Georgs-Kreuz.[17]

Nachdem er sich mit Alexejew besprochen hat, ernennt der Zar Iwanow zum Nachfolger Chabalows, also zum Chef des Petrograder Militärbezirks, und befiehlt ihm, nach Komplettierung seiner Abteilung ohne Verzug abzureisen. In der Vollmacht Nr. 3716, die von Alexejew und dem Diensthabenden General Kondserowski unterschrieben ist, wird der Allerhöchste Auftrag an Iwanow fixiert: «. . . in der Hauptstadt und ihrer Umgebung vollständige Ordnung herzustellen». Der General erhält diktatorische Vollmachten. Sobald er in Petrograd eintrifft, sind ihm beispielsweise alle Minister zu unbedingtem Gehorsam verpflichtet.

Westliche Autoren, die über die Februarrevolution schreiben, verschweigen die Strafexpedition Iwanows entweder ganz oder äußern sich dazu so undeutlich und nebenbei wie über eine Kleinigkeit, die kaum Beachtung verdient. Sie möchten anscheinend den Eindruck erwecken, als habe der Zar nichts Ernsthaftes in dieser Hinsicht geplant und Iwanow selbst sich zwar zu diesem Zug bereit erklärt, aber nur, weil es ihm gelungen sei, vom Zaren das Versprechen einer Liberalisierung der Gesellschaft und des Staates zu erhalten. Der Zar versprach ihm in Wirklichkeit nichts dergleichen, und wenn der General um etwas bat, so nur um mehr Truppen, Patronen und Granaten. Und diese Bitten waren erfolgreich.

Auf persönliches Geheiß Nikolaus' II. werden Iwanow beträchtliche Kräfte zugeteilt. Von der Nordfront: das 67. Regiment Tarutino und das 68. Leib-Regiment Borodino (beide Infanterie), das 15. Tatarische Ulanenregiment und das 3. Uraler Kosakenregiment; von der Westfront: das 34. Regiment und das 36. Regiment Orjol (beide Infanterie), das 2. Donkosakenregiment und das 2. Leib-Husarenregiment Pawlograd sowie zwei Batterien Artillerie. Später sollten Verbände von der Südwestfront dazustoßen. Hinzu kommen noch zwei Bataillone von Georgsrittern aus der Leibwache des Zaren im Hauptquartier sowie einige Artillerieeinheiten, zu denen auch eine Batterie der Wyborger Festungsartillerie gehörte. Alle diese Truppen sollten in kürzester Frist im Raum Zarskoje Selo sowie bei der in der Nähe liegenden Bahnstation Alexandrowskaja konzentriert werden, um von dort aus den Angriff auf die Hauptstadt vorzutragen.

Während sich Iwanow auf den Feldzug vorbereitet, nähern sich Chabalows Operationen dem Ende. Am Abend dieses Tages, des 27. Februar, beherrschen die aufständischen Arbeiter und Soldaten Petrograd. Alle Schlüsselpositionen sind in die Hände des Volkes übergegangen: die Brücken, Bahnhöfe, das Hauptpostamt, das Telegraphenamt, das Hauptarsenal und die wichtigsten Regierungsgebäude. Chabalows Versuch, Truppen aus der Umgebung Petrograds heranzuführen, ist gescheitert. Überall gehen die Soldaten auf die Seite des Volkes über. Nur in der Admiralität sitzen noch der Kriegsminister Beljajew, Chabalow sowie der Generalstabschef Sankewitsch und halten die letzte Verteidigungslinie. Bei ihnen ist Großfürst Michail Alexandrowitsch, der Bruder des Zaren. Alles in allem habe sie tausendfünfhundert Soldaten, fünfzehn Maschinengewehre und zwei Geschütze. Sie sind an der Front und an den Ecken des Gebäudes so postiert, daß sie den Newski-Prospekt, den Wosnessenski-Prospekt und die Gorochowaja kontrollieren; das heißt, die Zugänge zu drei

Bahnhöfen — zum Nikolajewer Bahnhof, zum Bahnhof nach Zarskoje Selo und zum Warschauer Bahnhof. Noch rechnen sie auf das Eintreffen Iwanows. An einem Fenster zum Newski-Prospekt sitzen an einem Maschinengewehr die Generäle Tjashelnikow und Michailitschenko. Sie hören, wie im Nachbarzimmer Beljajew ein Telegramm an den Stabschef des Hauptquartiers (Kopie an den Schloßkommandanten) diktiert: «Wir warten auf das schnellste Eintreffen von Truppen».

In den Stunden, da auf dem Holzpflaster der Hauptstadt noch Blut fließt, schreibt der Zar in sein Tagebuch: «Habe Alix geschrieben und bin auf der Bobruisker Chaussee zur Kapelle gefahren, wo ich ein wenig spazieren ging . . . Nach dem Tee las ich und empfing vor dem Essen den Senator Tregubow. Abends Domino gespielt.»

Mit Wojejkow spielte er Domino, mit Rodsjanko — aus der Ferne — Blindekuh. Jetzt wird er mit Iwanow noch Tricktrack anfangen. Aber unwiderrufbar neigt sich sein Spiel in allen Varianten dem Ende zu.

Dienstag, den 28. Februar Vor dem Abmarsch schickt N. I. Iwanow unter anderen folgende Depeschen hinaus:

An den Stabschef des Hauptquartiers
28. Februar 1917. Nr. 1.
Seiner Kaiserlichen Majestät hat es gefallen anzuordnen, Ihnen zur Kenntnisgabe an den Vorsitzenden des Ministerrates zu melden:
Alle Minister müssen alle Forderungen des Generaladjutanten Iwanow N. I. widerspruchslos erfüllen.   Iwanow

An den Kommandanten von Zarskoje Selo
28. Februar 1917. Nr. 4.
Ich bitte, Räumlichkeiten für die Einquartierung von 13 Bataillonen, 16 Eskadronen und 4 Batterien vorzubereiten. Über das Erfolgte ist mir morgen, am 1. März, auf der Stat. Zarskoje Selo zu melden.   Iwanow

Am Vortag hatte Oberhofmarschall Benckendorff im Hauptquartier angerufen und im Auftrag der Zarin mitgeteilt, daß, da «die Bewegung der revolutionären Menge aus Petrograd nach Zarskoje Selo erwartet werde», sie zusammen mit den Kindern nach Mogiljow kommen wolle. Auf Weisung des Zaren antwortete Wojejkow, Alexandra Fjodorowna sollte nicht wegfahren, da «Seine Majestät selbst nach Zarskoje Selo abreist».

Nachdem er Iwanow mit diktatorischen Unterdrückungsvollmachten ausgestattet hat, befiehlt Nikolaus, seinen Zug fahrbereit zu machen. Um vier Uhr und um fünf Uhr morgens fahren der kaiserliche Sonderzug und der der Suite ab, vorgesehene Fahrtroute: Orscha—Wjasma—Lichoslawl—Tosno. Wojejkow schickt ein chiffriertes Telegramm an Protopopow, daß Nikolaus «am Mittwoch, dem 1. März um 3 Uhr 30 nachmittags» in Zarskoje Selo eintreffen wird.

Die Abreise des Zaren aus dem Hauptquartier wird von manchen westlichen Autoren, insbesondere vom früheren Leiter der britischen Militärmission in Mogiljow, John Hanbury-Williams, als «sein erster unbedachter und beinahe wahnsinniger Schritt auf den eigenen Untergang und den seiner Familie hin» verurteilt. Es gibt sehr unterschiedliche Meinungen zu jener Entscheidung des Zaren. Einige, wie Wojejkow, rechtfertigen diese Handlung völlig: Der Zar, besagen sie, hoffte nicht ohne Grund, daß es ihm aus der Nahdistanz von Zarskoje Selo mit Hilfe Iwanows gelingen werde, die verlorene Kontrolle über die Hauptstadt wiederzugewinnen. Andere, wie Hanbury-Williams, Frankland, Almedingen, Alexandrow, meinen, der Entschluß, Mogiljow zu verlassen, sei «der letzte und dümmste Fehler während der ganzen Zeit seiner Herrschaft» gewesen, denn solange er sich im Zentrum einer Armee von vielen Millionen «verbarg», sei er sowohl persönlich unverwundbar als auch im Besitz unübersehbarer Mittel für den Kampf um die Rückkehr zur Macht gewesen; «als er seine sicherste Zuflucht verließ, stürzte er sich einfach in ein sinnloses Abenteuer», schreibt Alexandrow.

Die erwähnten Autoren tun so, als ob sie nicht wüßten, daß

in Petrograd fast die gesamte Garnison auf die Seite des Volkes übergegangen war und daß die Generäle in Mogiljow mit heimlichem Grauen von Stunde zu Stunde erwarteten, daß sich auch die Frontverbände der Revolution anschließen würden. Mit ihrer Standhaftigkeit und Kampfentschlossenheit hatten die Arbeiter die Massen der Armee aufgewühlt und für sich gewonnen, wobei sie proletarische Organisiertheit in das soldatisch-bäuerliche Element einbrachten. Die Soldaten sahen im Proletariat ihren Führer und folgten ihm. Gemeinsam mit fortschrittlichen Arbeitern und unter ihrer Führung stürmten die Soldaten in jenen Tagen Polizeireviere, brachen die Gefängnistore auf, verhafteten zaristische Würdenträger, entwaffneten die Gendarmen und die Polizisten. «So vereinigten sich», wie die Parteigeschichte resümiert, «die proletarischen und die Soldatenmassen zu einem einheitlichen Strom der Volksrevolution, was ihr eine unüberwindliche Kraft verlieh.»

In den Stäben der Fronten und der Flotten rechneten die Oberbefehlshaber stündlich mit einer revolutionären Explosion in den ihnen unterstellten Armeen und auf den Schiffen. Es bedurfte nur eines Funkens, und darauf brauchte man sicher nicht mehr lange zu warten ...

Großfürst Nikolai Nikolajewitsch, Oberbefehlshaber im Kaukasus, lud den Befehlshaber der Schwarzmeerflotte, Admiral Koltschak, nach Batumi ein, um mögliche gemeinsame Aktionen zu erörtern. Als der Admiral, der mit einem Zerstörer gekommen war, nach der Beratung auf das Schiff zurückkehrte, überreichte ihm sein Stabschef, M. I. Smirnow, folgendes chiffriertes Telegramm aus Petrograd: «Unruhen in der Hauptstadt. Die Stadt ist in den Händen der Aufständischen. Die Garnison ist auf ihre Seite übergegangen.» Koltschak kabelte daraufhin dem Kommandanten der Festung Sewastopol, «unverzüglich jegliche Verbindung, einschließlich der telegraphischen und postalischen, der Krim-Halbinsel mit dem übrigen Rußland zu unterbrechen». Ähnliche Befehle erließen auch die Oberbefehlshaber für ihre Fronten.

Während der kaiserliche Zug aus Mogiljow abfährt und

sich sein wichtigster Passagier, auf dem Diwan sitzend, wieder in die Lektüre der Aufzeichnungen Julius Cäsars vertieft, rollt das Rad seines Schicksals immer schneller.

Die Abteilung Iwanows nimmt den kürzesten Weg nach Zarskoje Selo über Dno, der Zug des Zaren fährt dagegen über Lichoslawl (über die Nikolajewer Eisenbahn). Zur Verstärkung Iwanows werden nach Zarskoje Selo, dem Sammelpunkt der Unterdrückungstruppen, von der Nordfront die Bataillone des 67. Regiments Tarutino sowie des 68. Leibregiments Borodino und von der Westfront zwei Infanterieregimenter und zwei Kavallerieregimenter sowie ein Maschinengewehrtrupp in Marsch gesetzt.

Iwanow trifft um fünf Uhr in Witebsk ein und stößt auf erste Schwierigkeiten — die Arbeiter wollen ihn nicht weiterfahren lassen . . .

Um vierzehn Uhr zwanzig teilt Beljajew in einem chiffrierten Telegramm an Alexejew mit, daß gegen zwölf Uhr die Truppen aus der Admiralität abgezogen worden sind, um das Gebäude vor der Zerstörung zu bewahren. Um sechzehn Uhr stöbern revolutionäre Soldaten in dem verlassenen Gebäude Chabalow auf und nehmen ihn fest . . .

Der blaue Zug rollt noch ohne Verzögerung, wird von Gouverneuren und hohen Polizeioffizieren empfangen. Sein Passagier nutzt die Zeit unter anderem weiterhin für die Lektüre des «Gallischen Krieges».

Aus Wjasma sendet er seiner Frau ein beruhigendes Telegramm: «Ich hoffe, daß Ihr Euch wohl fühlt und ruhig seid, von der Front sind viele Truppen geschickt worden» (er weiß noch nicht, daß Iwanow bereits aufgehalten wird). Golizyn läßt er telegraphisch noch einmal wissen, daß er keinerlei Veränderungen in der Regierung zustimmt (er ahnt nicht, daß es diese Regierung schon nicht mehr gibt); an Chabalow depeschiert er, daß ihm Iwanow zu Hilfe kommt (er weiß nicht, daß bei Chabalow alles vorbei ist).

Wie die Chabalowsche Ära zu Ende gegangen war, zeigt das Protokoll der Untersuchungskommission:

Chabalow: Hier in der Admiralität wollten wir uns verteidigen, wir besetzten zur Verteidigung die Front zum Newski-Prospekt. Die Artillerie wurde im Hof aufgestellt. Die Infanterie postierte sich im ersten Stock. Die Maschinengewehre wurden ebenfalls im ersten Stock stationiert, an den für das Feuern geeigneten Ecken. Doch die Ereignisse zeigten bald, daß auch unsere Verteidigung hoffnungslos war.

Vorsitzender: Warum?

Chabalow: Wir besaßen nicht nur keine Patronen und fast keine Granaten, sondern außerdem war auch nichts zu essen da.

Vorsitzender: Über welche Kräfte verfügten Sie denn?

Chabalow: Ich glaube, anderthalbtausend ...

Vorsitzender: Und weiter?

Chabalow: Wir beschlossen, die Admiralität zu räumen. Es wurde so beschlossen: Alle Waffen sind hier abzulegen ...

Vorsitzender: Eine Übergabe der Abteilung fand nicht statt?

Chabalow: Es gingen einfach allmählich alle auseinander, nachdem sie die Waffen niedergelegt hatten ... Eine Übergabe fand nicht statt. Wem sollten wir uns ergeben? ... Es war niemand da, dem man sich ergeben konnte ...

Vorsitzender: General, und wer hat Sie festgenommen?

Chabalow: Mich nahm ein Haufen von niederen Rängen fest, der dieses Gebäude besichtigte ...

Mittwoch, 1. März Um zwei Uhr nachts nähert sich der kaiserliche Zug der Station Malaja Wischera. Wojejkow klopft beim Zaren an, weckt ihn und sagt ihm, er habe gehört, daß die Strecke gesperrt sei. Hinter Malaja Wischera geht es für die Sonderzüge tatsächlich nicht mehr weiter. Tosno und Ljuban werden von revolutionären Truppen kontrolliert. Außerdem ist aus dem Taurischen Palais die Weisung an die Eisenbahn ergangen, den blauen Zug nicht nach Zarskoje Selo durchzulassen.

Die Züge kehren um. Der Zar bestimmt, zum nächsten Kommando, das heißt nach Pskow zu N. W. Russki, zu fahren. Auf der Station Staraja Russa gelingt es dann

Wojejkow, in der Telegraphenstation zu erfahren, daß Iwanow erst heute morgen Dno passiert hat. «Diese Nachricht, die ich dem Herrscher überbrachte, machte auf ihn einen höchst niederschmetternden Eindruck», erinnerte sich Wojejkow später. «Seine Majestät fragte mich nur: ‹Warum fährt er so langsam?›»

Gegen zehn Uhr abends trifft der Zug des Imperators in Pskow ein. General N. W. Russki, Oberbefehlshaber der Nordfront, geht in den Waggon des Zaren. Auf dem Trittbrett dreht er sich zu den Mitgliedern der Suite um, die mit dem Zaren eingetroffen sind und sich auf dem Bahnsteig drängen, und sagt, kaum merklich lächelnd: «Meine Herren, es heißt, so scheint es, sich dem Sieger auf Gnade und Ungnade zu ergeben.»

Nachdem er dem Zaren offiziell Meldung gemacht und ihn über die Situation informiert hat, bleibt diesem nichts weiter übrig, als zuzustimmen, daß der Zug auf ein totes, unbeleuchtetes Gleis geschoben wird, und auf Nachrichten zu warten. Zu warten und sich in Geduld zu üben. Auch die Gemeinplätze über den jetzt nötiger denn je gebrauchten gesunden Menschenverstand zu ertragen, die dieser sein bei weitem nicht bester General, in dessen Händen er sich nun befindet, die Frechheit hat, ihm vorzutragen.

Russki sagt ihm, das Wichtigste sei jetzt, den Zerfall der Armee zu vermeiden. Dafür sei kein Opfer zu groß. Wenn er, Nikolaus, den Aufstand in Petrograd nicht durch die Vereinbarung mit der Duma lokalisiert, so sei die letzte Chance, die Kampffähigkeit der Truppen zu retten, verspielt. Es gebe keine andere Wahl, als dem Sieger Tribut zu zollen, und der Tribut sei vielleicht gar nicht so schrecklich: die Zustimmung zur Bildung eines verantwortlichen Ministeriums.

Der Morgen ist klüger als der Abend, antwortet der Zar dem General. Er will abwarten, wie sich die Lage bis morgen entwickelt hat. Das heißt, er möchte auf Nachrichten von Iwanows Vorgehen auf Petrograd warten. Er hofft noch immer auf das Gelingen des Straffeldzuges.

Er weiß noch nicht, daß nach irgendwelchen Schwierigkeiten mit den Weichen sowie mit gebrochenen Kupplungen an den Schlußwagen der ganze Zug mit dem Bataillon der Georgskreuzträger zurück nach Wyriza gebracht wurde. Hinzu kommt, daß zwischen Luga und Gattschina die Soldaten der Iwanow unterstellten Regimenter den Gehorsam verweigerten und erklärten, daß sie nicht nach Petrograd marschieren würden, und daß die Brigade, die von der Westfront abgezogen worden war, ebenfalls den Gehorsam verweigerte. Nikolaus weiß auch nicht, daß der Kommandeur eines der beiden abkommandierten Bataillone seiner Leibwache, General Posharski, den Offizieren verkündet hat: Wir werden nicht auf das Volk schießen, auch wenn es der Zar persönlich befiehlt.

General Iwanow, der die ihm unterstellten Truppen verloren hat, beschließt, sich allein durchzuschlagen. Wenn nicht zum Winterpalais, so doch zum Alexanderpalast. Mit seinen Zügen auf der Strecke nach Petrograd gestoppt, bittet er Bublikow (damals Kommissar des Provisorischen Komitees der Staatsduma im Verkehrsministerium, später Verkehrsminister in der Provisorischen Regierung) darum, wenigstens seinen eigenen Waggon mit einer einzelnen Lokomotive nach Zarskoje Selo durchzulassen oder an einen Vorortzug anzuhängen. Bublikow wendet sich an die Duma, berät, was er tun soll. Die Duma-Leute beschließen, im Namen der höchsten Prinzipien der Demokratie den, der zum Henker der Demokratie werden wollte, «durchzulassen».

Gleichzeitig, so meinen sie, wäre es günstig, durch ein gutes liberales Wort auf Iwanow einzuwirken, und schicken ihm deshalb zwei «Duma-Oberste», Domanewski und Tilli, nach Zarskoje Selo entgegen. Die überreichen ihm eine schriftliche Empfehlung des Generalstabschefs, Sankewitsch, sich friedlich mit dem Provisorischen Komitee der Duma zu einigen, und berichten von der Lage in der Hauptstadt: Mit der Wiederherstellung der früheren Ordnung durch Gewalt, sagen sie, ist schwerlich zu rechnen, bewaffneter Kampf wird die Lage nur komplizieren und verschlimmern . . . Am leichtesten ließe sich die Ordnung durch eine Übereinkunft mit einer Provisorischen Regierung wiederherstellen.

General Iwanow hört sich diese schönen Sätze der Abgesandten der Februardemokratie, die für ihn leeres Wortgeklingel sind, geduldig an und überschlägt gleichzeitig, was er denn noch in der Hand hat, um den Auftrag Seiner Majestät — die Meuterei an der Gurgel zu packen — zu erfüllen. Fast nichts. Auf der Station Alexandrowskaja ist lediglich das Regiment Tarutino ausgeladen worden, und auch das ist zum größten Teil bereits auf die Seite der inzwischen ebenfalls revolutionären Garnison von Zarskoje Selo übergegangen. Iwanow eilt zum Bataillon der Georgskreuzträger, das in Wyriza festliegt. Noch hat er die Hoffnung nicht aufgegeben, wenigstens mit ihm in Petrograd eingreifen zu können. Er bemüht sich, mit den Militärzügen vorwärts zu kommen, läßt unterwegs sogar «Meuterer» standrechtlich erschießen. Doch die Sperren, mit denen ihm die Eisenbahner den Weg in die Hauptstadt verlegt haben, sind unüberwindlich. Nicht liberale Überzeugungsversuche, sondern die realen Aktionen der Arbeiterklasse stoppen Iwanow. Und da läßt er, gelähmt, die Arme sinken. Er beschließt, nach Mogiljow zurückzukehren.

Am 5. März ist er wieder an seinem alten Platz im Hauptquartier anzutreffen. Nur drei bis vier Wochen später wird er sich vor der siegreichen Revolution öffentlich zu rechtfertigen versuchen: Ich bin nicht ich, und die Expedition war nicht meine. Ich weiß nichts, ich habe nichts gesehen. Und eine solche Expedition hat es nie gegeben, nicht einmal die Rede war davon, und wenn es sie gegeben hat, dann habe ich sie nicht geleitet.

Doch noch ist der 1. März nicht vorbei. An diesem Tage fordern die Vertreter der auf die Seite des Volkes übergetretenen Regimenter: Die revolutionären Errungenschaften der Soldaten müssen gesichert, die Beziehungen zwischen Soldaten und Offizieren auf einer neuen, demokratischen Grundlage geregelt werden. Als Arbeitsergebnis einer Spezialkommission im Taurischen Palais wird der in der Geschichte der Februarrevolution bekannte Befehl Nr. 1 erlassen. Das ist ein Dokument von revolutionärer Kraft, eine Art «Magna Charta» für die Soldaten. Der Befehl Nr. 1 förderte die weitere Revolutionierung der Armee und machte die Versuche der Bourgeoisie, die Revolution zu entwaffnen, zunichte.

Donnerstag, 2. März   Der letzte Tag der Herrschaft der Dynastie Romanow. An diesem Tage, dreihundertundvier Jahre nach jenem Tag, an dem dem sechzehnjährigen Michail Romanow die Zarenkrone aufgesetzt worden war (21. Februar 1613), wird der Versuch unternommen, diese Krone einem anderen Michail Romanow aufzusetzen — dem neununddreißigjährigen Großfürsten und Bruder Nikolaus' II.

Am Morgen meldet General Russki dem Zaren, daß die Mission Iwanows endgültig gescheitert ist. Erst jetzt, da Nikolaus fühlt, daß die Macht seinen Händen bereits entglitten ist, daß sein Zug ohne Erlaubnis aus dem Taurischen Palais nicht von der Stelle rücken wird, daß sogar dieser farbloseste seiner Generäle Macht über ihn besitzt, erst jetzt erreicht das Wort, das in der Luft hängt, sein Bewußtsein — «Abdankung».

Überholt sind die Ideen eines «verantwortlichen Ministeriums», der Einberufung der Duma, sind die Gedanken an konstitutionelle Zugeständnisse und Vergünstigungen. Es stellt sich heraus: Nikolaus II. ein für allemal loszuwerden, «das ist es, was die Russen brauchen». Das erklärt Rodsjanko auch dem General Russki, den er an die direkte Leitung rufen läßt. Die Ereignisse in der Hauptstadt sind zu weit vorangeschritten, es könne nur noch vom Verzicht des Imperators auf den Thron die Rede sein. Der Oberbefehlshaber der Nordfront solle sich bemühen, Seine Majestät einem solchen Entschluß geneigt zu machen.

Die Abdankung

Im Eisenbahnwagen des Zaren erklingt das Wort «Abdankung» zum erstenmal am Morgen des 2. März um zehn Uhr. Rodsjanko, der zum Lagebericht eingetroffen ist, spricht es aus.

Der Bericht ist kurz. Der Zar hört ihn ruhig an. Das Wort «Abdankung» schmettert ihn nicht nieder, erschüttert ihn nicht, scheint ihn nicht einmal besonders zu verwundern. Nachdem er den Bericht angehört hat, sagt er, daß er im Prinzip keine Einwände gegen die empfohlene Entscheidung habe. Er möchte jedoch die Meinung der Oberbefehlshaber der Fronten in dieser Sache erfahren.

Russki telegraphiert an Alexejew in Mogiljow: Der Zar wünscht eine Befragung der Oberbefehlshaber. Der Stabschef des Hauptquartiers gibt die Anfrage an die Fronten weiter.

Der Text lautet:

Eine der furchtbarsten Revolutionen ist ausgebrochen... Man kann den Krieg nur fortsetzen, wenn man die gestellten Forderungen hinsichtlich eines Thronverzichts zugunsten des Sohnes bei einer Regentschaft Michail Alexandrowitschs erfüllt...

Wenn Sie diese Auffassung teilen, so haben Sie die Güte, Ihre untertänige Bitte Seiner Majestät über das Oberkommando der Nordfront zu telegraphieren, nachdem Sie mich in Kenntnis gesetzt haben...

Die Armee muß mit allen Kräften gegen den äußeren Feind kämpfen. Man muß sie vor der Versuchung bewahren, sich an dem Umsturz zu beteiligen, der schmerzloser bei einer Lösung von oben erfolgen wird.

Alexejew

Nach anderthalb bis zwei Stunden antworten auf die Frage nach der Wünschbarkeit der Abdankung positiv: Großfürst Nikolai Nikolajewitsch (Kaukasusfront); General Brussilow (Südwestfront); General Ewerth (Westfront); General Sacharow (Rumänische Front); General Russki (Nordfront); Admiral Nepenin (Befehlshaber der Baltischen Flotte).

Admiral Koltschak, der Befehlshaber der Schwarzmeerflotte, erspart sich die Absendung eines Telegramms an Nikolaus, aber die Vorstellung sowohl Alexejews als auch Rodsjankos «akzeptierte er uneingeschränkt».

Der Stabschef des Hauptquartiers, General Alexejew, ist ebenfalls «dafür».

Einige sind freilich vor Kummer niedergeschlagen. Sie verfluchen Tag und Stunde, in der sie vor ein solches Dilemma gestellt wurden. Sie finden keine Worte, um ihrem kaiserlichen Chef ihr Mitgefühl, ihren Haß auf die Revolution und ihren Abscheu gegenüber den Duma-Mitgliedern auszudrükken, die Seine Majestät zu einem solchen Schritt drängen. Doch da jene drängen, werden wohl auch diese drängen müssen. Bis ins Grab werden sie dem geliebten Monarchen ein dankbares Andenken bewahren, aber vielleicht ist es für ihn wirklich am besten, abzudanken. Besonders deutlich wird dieses Lavieren in der Antwort von General Sacharow. Den Vorschlag abzudanken, der von der Duma ausgeht, nennt der General «verbrecherisch und empörend». Eine solche «Schändlichkeit» konnte seiner Meinung nach nur von einer «Räuberbande von Leuten, die verräterisch den geeigneten Augenblick für ihre verbrecherischen Ziele ausnutzen», ersonnen werden. Klar, das Verhalten der Duma ist unzulässig. Die «heiße Liebe» zu Seiner Majestät erlaubt es nicht, sich mit etwas Derartigem abzufinden. Sacharow ist überzeugt, daß das russische Volk mit dieser Sache überhaupt nichts zu tun hat. Und die Armee würde, wenn man sie fragte, sich «unerschütterlich für ihren herrscherlichen Führer erheben».

Was ist denn nun? Warum erhebt sie sich nicht? Nein, sie würde wohl doch nicht für ihn eintreten. Und da dem so ist ... «Zur Logik der Vernunft übergehend ... muß ich, schluchzend, sagen, daß der schmerzloseste Ausweg wohl die Entscheidung sein wird, den bereits geäußerten Bedingungen entgegenzukommen.»

Der «herrscherliche Führer», «zur Logik der Vernunft übergehend», neigt anscheinend ebenfalls dem Finale zu — der Abdankung.

Dieses morgendliche Generalsplebiszit vom 2. März 1917 versetzt die Sowjetologen und Kremlastrologen, die sich auf die Verunglimpfung der russischen Revolution spezialisiert haben, in Rage. Sie stellen die Abdankung als Folge eines Generalsputsches gegen den Zaren hin. Nikolaus hätte, sagen sie, seine Entscheidung überhaupt nicht von irgendwelchen Befragungen abhängig machen sollen. Wenn, so liest man, der Zar das Land und die Armee vor blutigem Hader bewahren wollte, so hat er mit seinem Rücktritt nichts erreicht, eher im Gegenteil — gerade durch seinen Thronverzicht entwickelten sich in Rußland Wirren, Chaos und Hader.

Über das Grab hinaus wirft man Nikolaus vor, er habe nicht berücksichtigt, daß eine massenhafte blutige Abrechnung in den Straßen Petrograds günstiger als die Abdankung gewesen wäre. Aber das ist ungerecht: Nikolaus scheute keine Anstrengungen, um mit Hilfe Chabalows und Iwanows die Krone zu retten; er ekelte sich keineswegs vor einem «unvermeidlichen Blutvergießen». Eine andere Sache ist, daß aus Gründen, die nicht von ihm abhingen, seine Befehle nicht befolgt wurden.

Um vierzehn Uhr am 2. März geht Russki, begleitet von seinem Stabschef, Danilow, und vom Generalquartiermeister, Sawitsch, zu Nikolaus in den Waggon, berichtet ihm über das Ergebnis der Umfrage bei den Oberbefehlshabern und teilt ihm Alexejews sowie die eigene Meinung mit. Außerdem bittet er, die ihn begleitenden Generäle anzuhören. Sie unterstützen in knappen Worten die Argumente Russkis. «Die Oberbefehlshaber der Fronten haben recht», sagt Danilow. «... Wenn Majestät geruhen, unsere Meinung zu teilen, so bringen Sie der Heimat auch dieses Opfer.»

Ja, er geruht. Zumal ihn alle allein lassen, sogar die treuesten seiner Generäle ...

Man verfaßt die Texte zweier Telegramme über die Bereitschaft zur Abdankung, die an Rodsjanko und Alexejew abgeschickt werden sollen:

An den Vorsitzenden der Staatsduma

Es gibt kein Opfer, das ich zum wirklichen Wohle und für die Rettung der Heimat, Mütterchen Rußlands, nicht bringen würde. Deshalb bin ich bereit, zugunsten meines Sohnes dem Thron zu entsagen, der bis zu seiner Volljährigkeit unter der

Regentschaft meines Bruders Großfürst Michail Alexandrowitsch bei mir verbleiben soll.

Nikolaus

An den Stabschef des Oberkommandos. Hauptquartier

In Namen des Wohles, der Ruhe und der Rettung des heißgeliebten Rußlands bin ich bereit, zugunsten meines Sohnes dem Thron zu entsagen. Ich bitte alle, ihm treu und ohne Heuchelei zu dienen.

Nikolaus

Sowohl die Form der Abdankung als auch die Absendezeit der Telegramme wurden ganz bewußt gewählt; wie General Dubenski später notierte, «damit der Thronverzicht nicht unter dem Druck der Duma-Vertreter Gutschkow und Schulgin erfolgte», die, wie man im Stab der Front wußte, am Mittag in Pskow eintreffen sollten.

Russki geht zum Telegraphen. Jetzt, so scheint es, ist es vorbei.

Nein, nicht ganz.

Kaum ist Russki gegangen, da bestürmen die erregten Würdenträger Nikolaus. «Meiner Ansicht nach», erklärt insbesondere Wojejkow, «kann keine endgültige Entscheidung getroffen werden, bevor Sie nicht die hierher unterwegs befindlichen Gutschkow und Schulgin angehört haben.»

«Sie meinen, ich habe voreilig gehandelt?» fragt Nikolaus. Er befiehlt Naryschkin, zu Russki zu gehen und die Telegrammformulare zurückzuholen. Dieser erfährt, daß der Text schon durchgegeben worden ist.

Als Naryschkin darüber berichtet, rufen die Anwesenden wie aus einem Munde: «Alles ist zu Ende!»

In Erwartung der Duma-Abgesandten läßt Nikolaus Professor S. A. Fjodorow kommen und erbittet von ihm eine offene Antwort auf die Frage, wie die Aussichten für die Gesundheit Alexejs sind. Der Arzt erklärt, er fürchte, Alexej werde nicht älter als sechzehn Jahre. Nach kurzem Nachdenken sagt Nikolaus, er wolle den Rest seines Lebens als «einfacher Bürger» in Rußland zubringen, er denke gar nicht daran, zu «intrigieren», er wolle «neben Alexej leben und ihn erziehen». Fjodorow wendet ein, daß die neue Macht dem minderjährigen Zaren kaum gestatten werde, mit dem Vater zusammen zu sein. Nikolaus erwidert: In diesem Falle werde ich nicht zugunsten Alexejs, sondern zugunsten Michails abdanken.

Die Abgesandten der Duma treffen nicht um sechzehn oder siebzehn Uhr ein, wie man erwartete, sondern erst am Abend, um einundzwanzig Uhr dreißig. Beide sind im Grunde Privatpersonen: Niemand außer Rodsjanko hat sie zu dieser Reise bevollmächtigt, sie repräsentieren niemanden. Und wozu sie gekommen sind, zeigt die Tatsache, daß sie unterwegs versuchten, Verbindung zu Iwanow zu bekommen. In Schulgins Darstellung sieht diese Episode so aus:

«Ich weiß nicht, auf welcher Station man uns direkt mit dem Generaladjutanten Nikolai Iudowitsch Iwanow verband . . . Auf Befehl des Herrschers war er in Richtung Petrograd losgefahren, um den Aufruhr niederzuschlagen. Er kam bis Gattschina, aber da hatte jemand die Gleise demontiert . . . Er kann nichts machen, weil Agitatoren aufgetaucht sind und die Soldaten bereits zersetzt sind . . . Man kann sich nicht auf sie verlassen . . . Sie gehorchen nicht mehr.

Wir mußten uns beeilen. So beschränkten wir uns auf dieses telegraphische Gespräch . . .»

Da Iwanow nichts aufzuweisen hat, fahren die Duma-Abgesandten weiter. Sie glaubten, meint Harcave nicht ohne Grund, daß, wenn Nikolaus unverzüglich abdanken werde, «Michail als Regent schnell die Macht in die Hände nehmen wird, die frühere Ordnung wiederhergestellt wird und die Dynastie auf diese Weise gerettet sein wird».

Der Zug hält. Die beiden Abgesandten der Duma betreten den Bahnsteig. Etwas entfernt steht ein anderer beleuchteter Zug – der des Zaren. Der Flügeladjutant Oberst A. A. Mordwinow tritt sofort zu den Angekommenen.

«Der Herrscher erwartet Sie . . .» Er führt Gutschkow und Schulgin über die Gleise.

«Wir gingen, wie Menschen ihren schwersten Gang gehen, ohne es ganz zu begreifen . . . Sonst wären wir wohl nicht gegangen . . .», schreibt Schulgin später.

Der Herrscher möchte nicht abdanken, Chabalow und Iwanow sind ebenfalls gegen den Thronverzicht, und auch Schulgin und Gutschkow sind in der Tiefe ihrer Seele dagegen, aber es ist nichts zu machen, da es Iwanow nun einmal nicht gelungen ist, sich der Laternenmasten Petrograds zu bemächtigen, um die «Aufrührer» daran aufzuhängen.

Auf den Gleisen hat sich eine Menschenmenge eingefunden, die die Duma-Abgeordneten auf dem Weg zum Zaren mit Hurra-Rufen begrüßt. Die Beamten sind über diesen «Unfug» empört. Wojejkow hört, wie Generalleutnant Uschakow, der Militärkommandant von Pskow, der sich zu ihnen umgedreht hat, spöttisch sagt: «Es ist Zeit, meine Herren, sich daran zu gewöhnen . . . Die Zeiten haben sich geändert.»

Im Wagen des Zaren werden die Duma-Abgeordneten von Frederiks und von Naryschkin empfangen. Einige Minuten später tritt Nikolaus ein. Er nimmt an einem kleinen, viereckigen Tisch neben einer mit grüner Seide verkleideten Zwischenwand Platz und lädt alle mit einer Geste ein, sich zu setzen.

Naryschkin zieht ein Notizbuch hervor, um die Gespräche aufzuzeichnen. Wojejkow postiert den Zugkommandanten Gomsin hinter die Tür zum Speiseraum, um Unbefugte am Lauschen zu hindern, und stellt sich dann an die andere Tür zur Plattform hinaus, um selbst alles hören und sehen zu können.

Nikolaus begegnet den Besuchern ruhig, korrekt und, wie es scheint, sogar freundlich. Er fragt sie nach dem Zweck ihres Besuches. Mit dumpfer Stimme, seine Erregung mühsam unterdrückend, sagt Gutschkow, daß er einen Rat geben möchte, wie das Land aus seiner schweren Lage herausgeführt werden könnte. Petrograd sei «schon ganz und gar in den Händen des Umsturzes»; jede zur Befriedung gesandte Militäreinheit gehe sofort auf die Seite der Revolution über, «sobald sie Petrograder Luft atmet». Darum, so schließt Gutschkow, «ist jeder Kampf für Sie zwecklos. Unser Rat läuft darauf hinaus, daß Sie auf den Thron verzichten sollten.»

Der Zar sitzt reglos. Er sieht vor sich hin, ruhig und undurchdringlich. Eines kann man seinem Gesicht ablesen: Diese lange Rede — überflüssig . . .

Russki, der etwas hinter Schulgin sitzt, beugt sich zu ihm und fragt kaum hörbar: «Auf der Chaussee von Petrograd sind Lastkraftwagen mit Bewaffneten hierher unterwegs. Sind das vielleicht Ihre? Von der Staatsduma?»

Der durch diese Annahme offensichtlich außerordentlich gekränkte Abgesandte der «Februardemokratie» wendet sich heftig zu dem General um.

«Wie können Sie so etwas annehmen!»

«Nun, Gott sei Dank, verzeihen Sie. Ich habe befohlen, sie aufzuhalten.»

Gutschkow spricht inzwischen weiter: «Ich weiß, Euer Majestät, daß ich Ihnen einen Entschluß von ungeheurer Bedeutung vorschlage. Wenn Sie diesen Schritt noch ein wenig überdenken wollen, so bin ich bereit, den Wagen zu verlassen und zu warten. Aber jedenfalls muß das spätestens heute abend geschehen.» Nikolaus sagt: «Ich habe diese Frage bereits überdacht und beschlossen, abzudanken.» Gutschkow warnt ihn, er werde sich von seinem Sohn trennen müssen, denn «niemand wird sich entschließen, ihm das Schicksal und die Erziehung des künftigen Herrschers anzuvertrauen». Nikolaus teilt den Abgesandten überraschend mit: «Um drei Uhr habe ich den Entschluß gefaßt, zugunsten des Sohnes abzudanken. Doch jetzt, nach einiger Überlegung, bin ich zu dem Schluß gekommen, daß ich mich nicht von ihm trennen kann, und ich übergebe den Thron meinem Bruder Michail.»

Nikolaus, stellt Schulgin fest, sagte dies «ruhig, einfach und präzise, nur der Akzent war ein wenig fremd — der Gardeakzent». Der Zar fügte leise hinzu: «Ich hoffe, Sie werden die Gefühle eines Vaters verstehen . . .»

Man stimmt zu. Obwohl man schon etwas einzuwenden hätte. Er kann auf den Thron verzichten, aber er kann ihn nicht «übergeben» oder «verschenken», an wen er will. Ein zweifelhaftes Manöver, womöglich würde gleich «auch der nächste abdanken» müssen. Aber zum Diskutieren ist keine Zeit, denn «jeder Augenblick war kostbar. Und nicht nur, weil sich auf der Chaussee Lastkraftwagen mit Bewaffneten nähern, von denen wir . . . in Petrograd zur Genüge gesehen haben . . . und die General Russki aufzuhalten befohlen hat (aber wird man sie aufhalten?) . . .» Man stimmt sicher vor allem deshalb zu, weil die Forderungen der Revolution «wachsen werden. Vielleicht kann man jetzt noch die Monarchie retten . . .» Rodsjanko und seine Gruppe sind bereit, im äußersten Fall Nikolaus zu opfern, um den Zarismus und die Dynastie zu retten. Selbst wenn der Zar nicht berechtigt ist, zugunsten seines Bruders abzudanken, die Hauptsache ist, «dadurch wird Zeit gewonnen . . . Michail wird eine Weile regieren, aber dann, wenn sich alles beruhigt hat, wird sich herausstellen, daß er nicht herrschen kann, und der Thron wird an Alexej Nikolajewitsch übergehen».

Sei es denn. Die Duma-Abgesandten erklären, daß sie in einer bis anderthalb Stunde abfahren möchten; sie müssen spätestens am kommenden Morgen in Petrograd sein, und zwar mit der Abdankungsurkunde; deshalb bitten sie, unverzüglich mit der Formulierung zu beginnen. Einen Textentwurf gibt es, Schulgin hat ihn vorbereitet; sie bestehen nicht darauf, sondern schlagen ihn nur als Grundlage vor.

Nikolaus nimmt das Papier und entfernt sich. Nach einer Stunde kehrt er zurück und übergibt den Abgesandten der Duma einen maschinengeschriebenen Text, unter dem schon die Unterschrift Nikolaus steht.

Ist das alles, meine Herren? Können wir uns trennen?

Nein, die Abgeordneten haben noch einen Wunsch. Schulgin bittet darum, die Zeitangabe auf der Urkunde so zu verändern, als sei diese nicht nach, sondern vor der Ankunft der Delegierten unterschrieben worden: «Ich wollte nicht, daß irgendwann jemand sagen könnte, das Manifest sei abgepreßt worden . . .»

Da dies offensichtlich «mit seinem Wunsch übereinstimmt», schreibt Nikolaus dazu «15 Uhr», obwohl «die Uhren den Beginn der zwölften Nachtstunde zeigten».

Noch eine Frage. Da der Zar abgedankt hat, verliert auch der Regierungschef sein Amt. Wer soll einen neuen ernennen? Da es vorläufig noch niemanden gibt, der das tun könnte, mag er, der ehemalige Zar, noch den neuen Premier bestimmen. Nikolaus, an seinem Tischchen sitzend, richtet einen müden Blick auf die beiden Duma-Mitglieder und fragt: «An wen denken Sie?»

Sie antworten: «An Fürst Lwow.»

«Der Herrscher sagte mit einer besonderen Intonation — ich kann sie nicht wiedergeben: ‹Ach, Lwow? Gut, Lwow.› Und er schrieb und unterschrieb sofort einen Ukas an den regierenden Senat über die Ernennung des Vorsitzenden des Ministerrates.»

Und eine weitere Frage. Ein neuer Oberster Befehlshaber muß gefunden werden. Wer wird das? Man braucht nicht lange nachzudenken. Nikolaus nimmt noch einmal an dem Tischchen Platz und unterschreibt einen Ukas über die Berufung Nikolai Nikolajewitschs auf diesen Posten.

Ganz logisch ist das freilich nicht. «Sowohl den Obersten Befehlshaber als auch den Premier ernannte er, nachdem er die Urkunde über seine Abdankung signiert hatte.» Er hat auf die Macht verzichtet — und macht gleich wieder Gebrauch davon. «Der Gültigkeit dieser Ernennungsakte wegen wurde darauf eine Zeit zwei Stunden vor der Abdankung vermerkt, das heißt, 13 Uhr.»

Die beiden Duma-Gesandten verabschieden sich, gehen hinaus, am Waggon drängen sich Menschen. Gutschkow sagt vom Trittbrett aus zu ihnen: «Russische Menschen, entblößt eure Häupter, bekreuzigt euch, betet zu Gott. Der Herrscher und Kaiser hat der Rettung Rußlands wegen die Zarenwürde abgelegt. Rußland betritt einen neuen Weg.»

Einen neuen Weg, in der Tat, aber nicht den, den sich der Moskauer Fabrikant Gutschkow und der wolynische Gutsbesitzer Schulgin vorstellen.

* * *

Dreihundert Jahre lang hatte das Romanowsche «tückische, wilde, gewaltige, hundertrachige und zähnefletschende Ungeheuer» Rußland tyrannisiert.

Und plötzlich gab es das Ungeheuer nicht mehr. Es war verschwunden. Hatte sich in der noch frostigen, aber schon mit Vorfrühlingsdüften erfreuenden Petrograder Luft aufgelöst.

Dem einen oder anderen schien das so leicht, so einfach. Und so — alltäglich.

Von dieser «Alltäglichkeit», «Leichtigkeit» und «Einfachheit» dessen, was da im Februar geschah, werden die Emigrantenchronisten und die Sowjetologen nicht müde, zu berichten. Die einen behaupten, der Zarismus sei überhaupt nicht gestürzt worden. Innerlich verfault, sei er von allein zusammengebrochen und «einfach gefallen». Andere meinen, einen gewissen «Sturz» habe es zwar gegeben, aber er habe sich als «erstaunlich leicht und schmerzlos» erwiesen.

Die dritten sprechen von einem «totalen Fehlen von Widerstand» des Zarismus in den Februartagen, davon, daß er beinahe «von selbst verschwunden», wie ein «Kartenhaus» beim ersten Wehen eines schwachen revolutionären Windes zusammengestürzt und bei der ersten Berührung mit der «aufrührerischen Menge» zerstoben sei.

So oder so, der Sieg der Revolution im Februar wurde anscheinend beinahe kampflos errungen. Die Macht des Zaren stürzte von allein, machte der Revolution widerstandslos Platz.

Die dokumentarischen Beweise widerlegen derartige Erfindungen. Die Macht des Zarismus «fiel» keineswegs, schon gar nicht «von allein». Das Volk nahm dem Zaren die Macht, stürzte Nikolaus II., nachdem es den hartnäckigen Widerstand sowohl des Zaren als auch der gesamten zaristischen Administration überwunden hatte.

Das Volk besiegte die Selbstherrschaft in einem schweren Kampf, der heroische Anstrengungen und Selbstaufopferung verlangte, was keineswegs die Bedeutung der Tatsache mindert, daß die Selbstherrschaft zum Zeitpunkt ihres Zusammenbruchs bankrott war. Es bestätigte sich Lenins Aussage, daß das Zarenregime auch unter kritischen Bedingungen nicht von allein «zu Fall kommt», wenn man es nicht «zu Fall bringt».

Mut und Opfer wurden vom Volk gefordert, um Nikolaus II. vom Thron zu «stoßen» und mit ihm seine ganze Kamarilla.

Nach der offiziellen Mitteilung des «Westnik wremennowo prawitelstwa» vom 25. März 1917 betrug die Anzahl der Opfer unter den Aufständischen in Petrograd im Februar 1917 1443, allerdings mit der Einschränkung, daß diese Zahl unvollständig sei.

Eine weitere Quelle derselben Zeit, die Zeitung «Birshewyje wedomosti», nannte eine andere Zahl: 2000 Personen.

Annähernd von der gleichen Zahl schrieb die bolschewistische «Prawda».

Lenin hielt es für sicher, daß die Anzahl der Opfer während der Februarrevolution über 2000 Personen betrug.

Man darf nicht vergessen, daß die acht Tage des «Februarwunders» nur die Ereignisse in Petrograd einschließen. Entgegen den westlichen Versionen wurde der Umsturz in Petrograd vom übrigen Rußland keineswegs automatisch und schweigend hingenommen. In der Provinz klammerten sich die Diener des Zarismus noch weiter verzweifelt an die Macht. Ihren Widerstand in den Gouvernements brach das Volk, das häufig unter Einsatz des Lebens gegen Gewehre und Bajonette vorging. Die Arbeiter kämpften «wie die Löwen» . . . «gegen die zaristische Polizei, die Gendarmerie und jenen kleinen Teil der Truppen . . . der nicht sofort auf die Seite des Volkes übergegangen ist . . .», schrieb W. I. Lenin. «Mit ihrem Blut haben die russischen Arbeiter die Freiheit unseres Landes erkauft.»

Das war der wirkliche Preis des Februarsieges über den Zarismus.

Gerade als die Abgesandten der Duma gehen wollten und Nikolaus ihnen zum Abschied die Hand drückte, fragte er plötzlich: «Was meinen Sie, meine Herren, wohin sollte ich jetzt am besten fahren — nach Zarskoje Selo oder nach Mogiljow?»

«Wir wissen das nicht, Euer Majestät. Handeln Sie, wie es Ihr Wunsch ist», erwiderte Gutschkow.

Schulgin äußerte sich bestimmter: «Mir scheint, Sie sollten sich zuerst in Mogiljow verabschieden.»

Noch in derselben Nacht fuhren die Teilnehmer des Treffens von Pskow in verschiedene Richtungen ab. Die Duma-Abgeordneten nach Petrograd. Nikolaus Romanow nach Mogiljow, zum Ort seines nunmehr beendeten militärischen Dienstes, der hier achtzehn Monate gedauert hatte.

Unterwegs sandte er auf der Station Sirotino ein Telegramm ab:

Petrograd. An Seine Kaiserliche Majestät Michail den Zweiten

Die Ereignisse der letzten Tage zwangen mich, mich unwiderruflich zu diesem äußersten Schritt zu entschließen. Verzeih mir, wenn ich Dich gekränkt habe und daß ich Dich nicht vorher unterrichten konnte. Ich bleibe immer Dein treuer und ergebener Bruder. Ich bete heiß zu Gott, Dir und Deiner Heimat zu helfen.

Nicky

Schon bald, nachdem Gutschkow und Schulgin wieder Petrograder Pflaster betreten hatten, wurde ihnen klar, daß sie sich, wie es Harcave kummervoll ausdrückt, «vergeblich bemüht hatten». Die Nachricht von dem Versuch, die Monarchie zu retten, indem man Nikolaus durch seinen Bruder ersetzte, löste im Volk einen Sturm der Empörung aus.

Die Massen der Werktätigen begriffen sofort, wie Lenin schrieb: die neue Macht «arbeitet . . . bereits an der Restaurierung der Zarenmonarchie, heißt ... bereits Michail Romanow, den neuen Zarenkandidaten, willkommen», ist dabei, die legitime Monarchie durch eine bonapartistische zu ersetzen. Es war offensichtlich, daß die von den Führern der Bourgeoisie und der Gutsbesitzer gebildete neue Regierung nicht wollte, «daß in Rußland eine demokratische Republik errichtet wird. Sie will nur an Stelle des schlechten Zaren Nikolaus II. den angeblich guten Zaren Michail auf den Thron setzen. Sie will, daß die Macht in Rußland nicht dem Volk selbst gehört, sondern einem neuen Zaren zusammen mit der Bourgeoisie.»

Noch vom Bahnhof aus rief Schulgin im Taurischen Palais an, und das erste, was er von Miljukow hörte, der den Hörer aufgenommen hatte, waren die Worte: «Wassili Witaljewitsch, ich bitte Sie und flehe Sie an: Machen Sie die Abdankungsurkunde nicht bekannt. Das Volk ist bis aufs äußerste erregt. Seit Sie weggefahren sind, hat sich die Stimmung stark verschlechtert. Diese Abdankung stellt schon niemanden mehr zufrieden ... Unternehmen Sie keine weiteren Schritte, es könnte Unglück geben ...»

Aber Gutschkow hatte bereits einen Fehler gemacht. Vom Bahnhof verschlug es ihn in die benachbarten Eisenbahnwerkstätten. Hier verkündete er den Arbeitern auf einem Meeting, daß Nikolaus zugunsten Michails abgedankt habe und eine «demokratische» Regierung unter dem Fürsten Lwow gebildet worden sei.

«Ein Fürst!» rief ein Arbeiter, der ans Rednerpult gesprungen war. «Und dafür haben wir Revolution gemacht, Genossen. Was haben wir von den Fürsten und Grafen nicht alles erlitten — und nun haben wir die Bescherung! Finanzminister ist Terestschenko, habt ihr gehört? Und was für ein Herr Terestschenko ist das? Ungefähr zehn Zuckerfabriken. Hunderttausend Deßjatinen Land. Und an Geld kommen dreißig Millionen zusammen.»

Andere Arbeiter liefen zu den Türen und versperrten die Ausgänge. Es sah nach Lynchjustiz aus.

«Her mit der Urkunde!» wurde von allen Seiten geschrien. «In Fetzen damit!»

Das Papier wurde bei Gutschkow nicht gefunden, und irgendwie kam er davon ... Später stellte sich heraus, daß Schulgin und Gutschkow die Abdankungsurkunde schon auf dem Bahnhof unauffällig dem Duma-Abgeordneten Lebedew zugesteckt hatten. Der übergab sie an Lomonossow. Lomonossow schlug sich zum Verkehrsministerium durch und händigte das Dokument dort Bublikow aus. Der versteckte es in einem Stoß Zeitungen im Regal des Sekretariats.

Übrigens handelte auch Schulgin voreilig. Nach der Ankunft in Petrograd hielt er vor einer angetretenen Militäreinheit und einer großen Menschenmenge eine Rede, die er mit den Worten schloß: «Dem Herrscher und Kaiser Michail dem Zweiten entbiete ich ein ‹Hurra›!»

Die Abgesandten Rodsjankos hatten sich von der Reise nach Pskow noch nicht erholt, da gerieten sie von neuem in eine heikle Situation. In der Wohnung von Fürst P. P. Putjatin in der Millionnaja wurde am 3. März um zehn Uhr morgens eine Beratung über die Frage eröffnet, ob Michail Romanow die ihm angetragene Krone annehmen, sich also zum Imperator erklären solle oder nicht?

Zu dieser Beratung erschienen die führenden Vertreter der Bourgeoisie und der Gutsbesitzer des alten Rußlands. Teilnehmer waren neben Michail Romanow[18] M. W. Rodsjanko, A. F. Kerenski, P. N. Miljukow, G. J. Lwow, W. N. Lwow, W. W. Schulgin, A. I. Gutschkow, M. I. Terestschenko, I. W. Godnew, I. N. Jefremow, M. A. Karaulow und N. W. Nekrassow. Ihre Gesichter spiegelten Unruhe und Angst: Sie hatten sich im Zentrum der riesigen, unruhigen, von überschäumenden Leidenschaften erfaßten Stadt versammelt; jeden Augenblick konnten Arbeiter und Soldaten auftauchen; es gab fast keine Wache: Nur am Eingang und auf der Innentreppe standen kleine Gruppen von mühsam zusammengebrachten Offizieren des Preobrashenski-Regiments. In der Mitte des Salons saß Michail, rechts und links von ihm hatten im Halbkreis die Eingeladenen auf Sofas und in Sesseln Platz genommen. Er bat, sich zu äußern.

Einer nach dem anderen nahm das Wort. Man empfahl Michail, die Macht nicht zu übernehmen. Grund: unter den gegebenen Umständen würde ihn dies in große persönliche Gefahr bringen. Schon in dieser Minute konnten hier alle möglichen Leute eindringen. Und selbst wenn es Michail gelänge, aus der Stadt hinauszukommen, würde er nirgendwo in Rußland wirklich Sicherheit für sich finden. In der gegenwärtigen Lage, sagten die Berater, in der die Volksmassen äußerste, geradezu wütende Feindseligkeit gegenüber der Idee, die Monarchie zu bewahren, zeigten, könne der Versuch, Nachfolger Nikolaus' II. zu werden, Michail den Kopf kosten.

«Ich habe nicht das Recht, hier zu verschweigen», erklärte Kerenski, «welchen Gefahren Sie sich persönlich aussetzen würden, wenn Sie versuchten, den Thron zu übernehmen ... Ich garantiere nicht für das Leben Eurer Hoheit.»

Miljukow jedoch versuchte Michail erregt davon zu überzeugen, daß er den Thron nicht nur übernehmen könne, sondern es sogar müsse.

«Wenn Sie, Eure Hoheit, verzichten, wird das der Untergang ... Weil Rußland dann seine Achse verlöre ... Der Monarch ist diese Achse ... Die Monarchie ist in Rußland das einzig mögliche Zentrum ... Das einzig Gemeinsame, das alle kennen, der einzige Begriff von Macht ... Wenn Sie sich weigern, wird es schrecklich ...»

Bleich wie der Mond, krächzte er wie ein Rabe ... Ohne Monarchen, sagte er, werde die Provisorische Regierung lediglich ein «zerbrechlicher Kahn» sein, der im Ozean der Volksunruhen versinken werde. Ohne Zaren «droht dem Land der Verlust jedes Bewußtseins von Staatlichkeit». Ohne Zaren werde die Provisorische Regierung bis zur Konstituierenden Versammlung «nicht überleben».

Der Absprache gemäß sollte jeder nur einmal sprechen. Doch Miljukow, der in Rage geraten war, gab sich damit nicht zufrieden. Nach einigen Rednern forderte er ungeachtet der Proteste anderer noch einmal das Wort. Er erklärte: Wenngleich diejenigen, die für die persönliche Sicherheit Michails fürchteten, recht hätten, müsse man es riskieren. Es gebe außerhalb Petrograds durchaus die Möglichkeit, die militärische Macht zu sammeln, die nötig sei, um die Menge zu zügeln und den Großfürsten zu schützen.

Gutschkow unterstützte Miljukow. Er rief Michail auf, «ja» zu sagen, und betonte seinerseits, daß Rußland ohne Zaren nicht leben könne. Gutschkow appellierte an Michail: «Wenn Sie fürchten, die Last der Krone auf sich zu nehmen, so übernehmen Sie wenigstens zeitweilig die Macht als Regent des Reiches ... Versprechen Sie dem Volk, die Macht der Konstituierenden Versammlung zu übergeben, sobald der Krieg zu Ende ist.»

Und diese Kämpfer für die Erhaltung der Romanow-Monarchie wurden von ihren Rivalen, den Schwarzhundertern, später als Freimaurer hingestellt! Fast als subversive Bombenwerfer und Zarenmörder! Die monarchistischen Schwarzhunderter taten Miljukow und Gutschkow, den eifrigsten Verteidigern des Zaren, bitter Unrecht. Als «Judasse» wurden diese Treuesten der Treuen von jenen bezeichnet, die auch in der weißen Emigration Positionen rechts vom gesunden Menschenverstand einnahmen. Einer von ihnen schoß sogar, verrückt vor Trauer um den Monarchen, auf P. N. Miljukow (W. D. Nabokow, ein anderer Führer der Konstitutionellen Demokratie, deckte Miljukow und wurde getötet).

Michail war klug genug, nicht lange zu schwanken. Er verließ den Raum, um nachzudenken, kehrte jedoch schnell mit der Entscheidung zurück, auf den Thron zu verzichten. «Michail Romanow, der Verbündete der Gutschkow-Miljukow, erkannte, daß es unter solchen Umständen, solange er nicht von der Konstituierenden Versammlung auf den Thron gesetzt wird, ratsamer ist, auf die Regentschaft zu verzichten», schrieb Lenin.

Gegen achtzehn Uhr war das Dokument, das W. W. Schulgin, N. W. Nekrassow und W. D. Nabokow verfaßt hatten, unterschrieben. Als man sich trennte, umarmte Rodsjanko Michail und nannte ihn einen «höchst edlen Menschen». Auch Kerenski gab ein wortreiches Kompliment zum besten: Vor allen, sagte er, «erkläre ich jetzt, daß ich Großfürst Michail Alexandrowitsch tief verehre und immer verehren werde».

Ihre Verehrung für den Bruder des letzten Zaren bekunden im nachhinein auch manche Sowjetologen, obwohl einige von ihnen dazu neigen, ihm wegen seines Thronverzichts Feigheit vorzuwerfen. Andere, wie Harcave, nehmen ihn gegen diesen Vorwurf in Schutz: Er besaß, sagen sie, «genügend Mut, aber es mangelte ihm an Temperament, um die Schlacht zu leiten». Im ganzen aber kann sich die Idealisierung Michail Romanows als eines «ordentlichen» und «loyalen» Mannes auf kaum etwas Wesentliches stützen. Im Verlaufe der Februarereignisse nahm er aktiv am Kampf auf der Seite der monarchistischen Konterrevolution teil. Es ist nicht wahr, daß er erst am 3. März, am Tag der Beratung in der Millionnaja, in Petrograd erschienen ist. Rodsjanko hatte ihn schon am 27. Februar aus Gattschina in die Hauptstadt gerufen, und seitdem hatte er Petrograd nicht verlassen, blieb er im Zentrum der Ereignisse und intrigierte hinter den Kulissen mit Chabalow, Buchanan und Rodsjanko.

Dem ersten gab er, wie Chabalow später selber berichtete, an Ort und Stelle, in der Admiralität, Hinweise über die Methoden des bewaffneten Kampfes.

Vom englischen Botschafter wissen wir, daß er dort sondierte, ob und wie die Entente die Maßnahmen zur Erstickung der Revolution unterstütze.

Mit dem dritten erörterte er die Möglichkeit, sich zum Militärdiktator zu proklamieren. In Gegenwart der Duma-Abgeordneten N. W. Nekrassow und I. I. Dmitrjukow war, so schreibt Rodsjanko, die Rede davon, daß Michail «eigenmächtig die Diktatur über Petrograd übernehmen, die alte Regierung zum Rücktritt zwingen und im Interesse der Rettung der Dynastie eine neue nach seinem Gutdünken bilden sollte».

Es liegen Informationen vor, denen zufolge bereits am 27. Februar Michail Romanow auf einer Sondersitzung der Duma eine Militärdiktatur vorgeschlagen wurde.

Nach dem Thronverzicht in Pskow hatten sich die Beteiligten sogleich verabschiedet und waren in entgegengesetzte Richtungen weggefahren. Nach dem Thronverzicht in der

Millionnaja bat Madame Putjatina alle Beteiligten zu einem üppigen Abendessen.

Bei Nikolaus hatte der Kampf um den Thron acht Tage lang, von Donnerstag zu Donnerstag, gedauert. Michail erledigte diese Angelegenheit an einem Freitag, von zehn Uhr bis achtzehn Uhr.

Kapitel XII
Unter Bewachung im Alexanderpalast

Die Verhaftung

Nachdem er die Abdankungsurkunde unterschrieben hatte, zog Nikolaus seinen Obristenmantel an, verließ den Salon und stieg aus.

Vor der Unterzeichnung der Urkunde hatte er noch gelächelt, aber «nach der Abdankung erstarrte sein Gesicht, er reichte allen die Hand und verbeugte sich, auch mir reichte er die Hand . . .», erinnerte sich D. N. Dubenskoi.

Die Wache war verschwunden. Nur Prinz G. von Leuchtenberg, einer seiner Flügeladjutanten, folgte ihm.

Lange ging Nikolaus auf dem Bahnsteig auf und ab und klagte dabei über das Schicksal und seine treulosen Mitarbeiter. Gekränkt sagte er zu Leuchtenberg über seine Lage gegenüber den Verbündeten: «Es wird mir peinlich sein, die ausländischen Vertreter im Hauptquartier zu sehen, und ihnen wird es ebenfalls peinlich sein, mich zu sehen.»

Kurz danach rief er Mordwinow zum Spaziergang heraus und klagte auch ihm gegenüber. Der beruhigte ihn: «Machen Sie sich nichts daraus, nehmen Sie es sich nicht so zu Herzen, Euer Majestät, schließlich haben Sie sich nicht nach dem Thron gedrängt . . . Sollen die sich selbst regieren, wenn sie wollen . . . Liebe läßt sich nicht erzwingen . . .» Bei diesen Worten blieb der Herrscher stehen. «Ja», sagte er und knirschte mit den Zähnen, «was soll man dazu sagen, einen schönen Volkswillen haben die da . . .»

Später war viel von der angeblichen Passivität, von der angeblich erstaunlichen Gleichgültigkeit die Rede, mit der Nikolaus seine Macht «übergeben» habe («wie man eine Eskadron übergibt»). A. T. Awertschenko, ein Meister der feuilletonistischen Übertreibung, übertraf sich selbst in der Kunst, um schöner Worte wegen weder Mutter noch Vater zu schonen — er beschrieb Nikolaus im Salonwagen auf den Gleisen von Pskow so: «Da saß er, strich sich mit dem Bleistift den Schnurrbart ... und dann, wortlos, unterschrieb er die Abdankung und sagte: ‹Na schön, werde ich nach Liwadija fahren und Blumen züchten.›»

Es waren nicht die Blumen in Liwadija, die in jenen Stunden die Gedanken Nikolaus' beschäftigten. In der Nacht schrieb er zum Rattern der Räder von «Verrat, Feigheit und Betrug», deren Opfer er geworden sei. In seiner eigenen Beschreibung sehen die Ereignisse des vergangenen Tages (des 2. März) so aus: «Am Morgen kam Russki ... Meine Abdankung wird gebraucht. Russki teilte dieses Gespräch dem Hauptquartier mit und Alexejew allen Oberbefehlshabern. Gegen 2 Uhr 30 waren Antworten von allen da. Der Kern ist, daß zur Rettung Rußlands, zur Erhaltung der Armee an der Front und im Interesse der Ruhe dieser Schritt getan werden müsse. Ich stimmte zu ... Am Abend kamen aus Petrograd Gutschkow und Schulgin ... ich übergab ihnen das unterschriebene Manifest ... Um ein Uhr nachts fuhr ich mit einem schweren Gefühl wegen des Erlebten aus Pskow ab. Ringsum Verrat, Feigheit und Betrug.»

Er war verstimmt über den Onkel Nikolai Nikolajewitsch, über Ewerth und über Sacharow — wegen der Eile, mit der sie Alexejew ihr «Ja» übermittelt hatten. Er war gekränkt darüber, daß die Offiziere der Garnison von Mogiljow, als sie die Marseillaise hörten, mit roten Bändern in den Knopflöchern auf die Straße gingen und sich den Demonstranten anschlossen. Und sehr böse war er auf den General Russki.

Am 3. März heißt es im Tagebuch: «Habe lange und fest geschlafen. Erwachte weit hinter Dwinsk. Der Tag war sonnig und frostig ... Las über Julius Cäsar.» In jener Abendstunde, da sich in Petrograd die «Februardemokraten» Miljukow, Kerenski und ihre Kollegen vom Tisch der Fürstin Putjatina erhoben, näherte sich der blaue Zug Mogiljow. Alexejew und andere Stabsoffiziere empfingen den gestürzten Zaren auf dem Bahnsteig. Die einen sahen verlegen aus, die anderen niedergeschlagen. Was soll er hier tun? Das weiß er selbst nicht recht.

Am Morgen trank er mit Alexejew Tee; dann ging er in den Stab, um zum letztenmal den Vortrag Alexejews über die Lage an den Fronten anzuhören; darauf begab er sich zum Bahnhof, um seine aus Kiew eingetroffene Mutter abzuholen. Auf dem Bahnsteig umarmte Maria Fjodorowna den Sohn und ging dann mit ihm in eine neben der Station befindliche Holzbaracke. Lange saßen sie dort allein zusammen; mit verweinten Augen kam die Zarenwitwe aus der Baracke heraus. Mehrmals sah man in Mogiljow Mutter und Sohn in derselben Haltung: Sie redete auf ihn ein, er hörte wortlos zu, blickte starr nach unten, rauchte Papirossy.

Bei diesem Besuch im Hauptquartier gab man ihm weder Briefe noch Telegramme. Der Oberst, der die Presseabteilung leitete, versprach, sie zu bringen, «vergaß» sein Versprechen aber noch an demselben Tag.

Alexejew erhielt eine Depesche von Rodsjanko über die Beratung in der Millionnaja-Straße. Kommentar Nikolaus': «Mischa hat also verzichtet. Sein Manifest endet mit einem vierzeiligen Zusatz für die Wahl einer Konstituierenden Versammlung in sechs Monaten. Weiß Gott, wer ihn auf diese Niederträchtigkeit gebracht hat. In Petrograd haben die Unruhen aufgehört — wenn es nur so weiterginge.» Am 7. März notierte er: «Nach dem Essen begann ich die Sachen zu packen. Ich aß mit Mama zu Mittag und spielte mit ihr ein wenig Bésigue.»

Die Sowjetologen geizen nicht mit mitfühlenden Worten, wenn sie das Bild Nikolaus Romanows in den Februar- und Märztagen zeichnen. In ihrer Darstellung wird der ehemalige Zar, von Frau und Kindern getrennt, von den Zentren seiner Macht achthundert Werst in das provinzielle Mogiljow verschlagen, wie ein gehetztes Wild verfolgt, um ihm den Rest zu geben. Frankland schreibt, daß ihm «unabhängig von den verschiedenen Problemen» Nikolaus' und sogar «ohne jegliches Interesse daran» der Zar menschlich leid tue, «wie einem ein blinder Mann leid tut, der beim tastenden Überqueren der Straße von einem Auto überfahren worden ist».

In Alexandrows Buch erscheint der gestürzte Zar als ein Mann, «der sich zum Schluß selbst verloren hat, mit erloschenem Blick, gelblichem, von greisenhaften Falten durchfurchtem Gesicht, wie jemand, der, von den Ereignissen zermalmt, wie ein Mondsüchtiger unwillkürlich Schritt vor Schritt setzt, der innerlich von allem Abschied genommen hat und schon deshalb im voraus zum Märtyrertum verurteilt ist». Ebendieser Autor glänzte mit einer originellen Entdeckung, die später von einigen anderen aufgegriffen wurde: Nikolaus Romanow ist Hamlet, der Dänenprinz; und zwar nicht nur, weil er in Mogiljow und Pskow, anstatt zu handeln, sich in endlosem Schwanken über das Thema «Sein oder Nichtsein» erschöpft hat; auch seine Mutter ist ja eine dänische Prinzessin gewesen; folglich ist der letzte Zar in gewissem Sinne ein Nachkomme Hamlets; seine Unentschlossenheit ist folglich ein Erbteil aus Hamletschem Blut; das ist ein Umstand, der nicht vernachlässigt werden darf, wenn man in die Geheimnisse der russischen Revolution eindringen will. Meint Herr Alexandrow.

Nikolaus II. verdiene um so mehr Mitleid, so wird beteuert, als in der für ihn schweren Stunde zur «Grausamkeit der Revolutionäre» und der «Treulosigkeit der Mitarbeiter» noch die Gleichgültigkeit der Verwandten hinzugekommen sei. «Ihn verrieten und verkauften sowohl die Stabsoffiziere als auch die Aristokratie, die Verbündeten ebenso wie die Mitglieder des Herrscherhauses; kein anderer als sein Cousin Kirill erschien im Taurischen Palais mit einem roten Bändchen an der Uniformjacke und erklärte seine Bereitschaft, sich der Revolution zu unterwerfen.»

In Wirklichkeit glich der «mit den Zähnen knirschende» Nikolaus wenig einem widerstandslosen Mondsüchtigen. Es war kein Mondsüchtiger, der Chabalow die Befehle schickte, den «Aufruhr» gnadenlos niederzuschlagen, und es war kein Doppelgänger Hamlets, der die Strafexpedition Iwanows ausrüstete. Was das Verhältnis seiner Verwandten zu Nikolaus angeht, so muß festgehalten werden, daß er, der sich heftig an seine ganz persönliche Macht klammerte, sie selbst gelehrt hatte, auch nicht einen Gedanken auf seine Angelegenheiten zu verschwenden. Er hatte ihnen sogar verboten, im Gespräch mit ihm irgendwelche politischen Themen zu berühren. Es versteht sich von selbst, daß er nicht den geringsten Versuch unternahm, die für sie ebenfalls höchst wichtige Abdankung mit ihnen abzustimmen oder zu erörtern. Dabei spielte weniger die geographische Trennung eine Rolle als vielmehr die chronische Zerstrittenheit und Feindseligkeit, die in der Familie Romanow herrschte. Die Meinung der Familienangehörigen über seinen Thronverzicht hat Nikolaus weder vorher noch nachher eingeholt; sie wiederum versuchten nicht, die komplizierte Lage, die sich für sie ergeben hatte, mit jemand anderem oder auch nur untereinander zu besprechen. Von seiner Abdankung erfuhren sie als von einer vollendeten Tatsache. Außerdem stellte die Romanow-Familie zur Zeit des Sturzes der Dynastie eine Ansammlung so farbloser Personen dar, daß da auch kaum jemand war, mit dem er sich hätte beraten können. Der einzige ernst zu nehmende unter den Großfürsten — Nikolai Nikolajewitsch — blieb dem Neffen seinen Rat nicht schuldig. Als er befragt wurde, empfahl er ihm uneingeschränkt, abzudanken.

Am 7. März, dem vorletzten Tag seines Aufenthalts in Mogiljow, verfaßte Nikolaus einen letzten «Appell an das Feldheer». «Gehorcht der neuen Regierung», hieß es darin, «befolgt die Befehle eurer Vorgesetzten, und möge der Herrgott ihr (der Regierung — M. K.) helfen, Rußland auf dem Wege des Ruhmes und der Wohlfahrt zu führen.» Alexejew nahm den Appell in den Befehl Nr. 371 auf, aber Gutschkow, der rechtzeitig davon erfahren hatte, wies in einem Telegramm aus Petrograd kategorisch an, den Appell des ehemaligen Zaren aus dem Befehl zu entfernen.

Schon am zweiten Tag nach der Abdankung des Zaren beschloß der Petrograder Sowjet, die Festnahme des Zarenpaares vorzubereiten. Er entsprach damit Forderungen, die auf stark besuchten Versammlungen erhoben worden waren. Den Aufruf des Sowjets an die Provisorische Regierung, diesen Schritt gemeinsam zu unternehmen, beantworteten Lwow und Kerenski nicht. Als sie sich jedoch davon überzeugt hatten, daß der Petrograder Sowjet die Verhaftung auch selbständig vornehmen würde, faßte die Provisorische Regierung am 7. März folgenden Beschluß: «Der abgedankte Imperator Nikolaus II. sowie seine Gattin werden unter Arrest gestellt; der abgedankte Imperator ist nach Zarskoje Selo zu bringen.»

Für die Ausführung wurden vier Regierungskommissare ernannt: die Duma-Abgeordneten A. Bublikow, S. Gribunin, I. Kalinin und W. Werschinin. Justizminister Kerenski gab ihnen mit auf den Weg: «Der ehemalige Herrscher ist persönlich nicht zu behelligen, beschränken Sie sich auf den Verkehr mit ihm über General Alexejew.»

Am 7. März um elf Uhr abends reisten die Kommissare im Eilzug nach Mogiljow ab. Am folgenden Tag waren sie an Ort und Stelle, fuhren mit einem Auto zum Hauptquartier, suchten Alexejew auf und baten ihn, Nikolaus zu übermitteln: Er stehe unter Arrest, die Regierung empfehle ihm, unverzüglich nach Zarskoje Selo zu seiner Familie abzureisen. Alexejew teilte den Kommissaren mit, der Zarenzug sei bereit und könne jeden Augenblick nach ihrem Ermessen abfahren. Die Kommissare ersuchten um eine vollständige Liste der zur Suite gehörenden Personen und der Dienerschaft, die Nikolaus begleiten würden. Sie erhielten eine siebenundvierzig Personen umfassende Liste.

Im Speisewagen des Zuges von Maria Fjodorowna war ein Lunch serviert worden, bei dem sich Mutter und Sohn zum letztenmal sahen. Hier unterrichtete Alexejew Nikolaus auch von der Anordnung der Provisorischen Regierung. Die Abreise wurde für siebzehn Uhr festgelegt.

Der kaiserliche Zug bestand auch auf seiner letzten Fahrt aus zehn Wagen. Hinzu kam diesmal der Wagen für die vier Kommissare, der am Ende des Zuges angehängt wurde. Die

Wachmannschaft war auf Befehl Alexejews aus Soldaten eines Eisenbahnbataillons unter dem Kommando des Unteroffiziers Jerofejew zusammengestellt worden. Wenige Minuten vor der Abfahrt ging Nikolaus aus dem Zug seiner Mutter über den Bahnsteig zu seinem Zug hinüber. Gekleidet in die Uniform seiner Eskorte, ohne Mantel, eine kaukasische Wollmütze auf dem Kopf, hob er die Hand zur Ehrenbezeigung. Alle Offiziere des Hauptquartiers und die Personen aus seiner näheren Umgebung, die sich auf dem Bahnsteig versammelt hatten, begleiteten ihn mit ihren Blicken und wahrten dabei Grabesschweigen. Es gab keinerlei Ausrufe, weder mitfühlende noch feindselige. Nur Admiral Nilow stürzte zu ihm vor, ergriff seine Hand und küßte sie.

Als erster verließ der Zug der Zarenwitwe um vier Uhr nachmittags den Bahnhof von Mogiljow. Nikolaus sah ihm mit abwesendem Blick hinterher. Um vier Uhr fünfundvierzig fuhr der blaue kaiserliche Zug in entgegengesetzter Richtung ab. Als der Salonwagen des Zaren die Gruppe der Generäle und Offiziere, die zum Abschied erschienen waren, passierte, nahm der vor der Gruppe stehende Alexejew die Papacha ab und verbeugte sich tief.

Alexandra Fjodorowna befand sich zu dieser Zeit in Zarskoje Selo in einem Zustand gesteigerter Hysterie. Das Bewußtsein ihrer Ohnmacht verdüsterte ihren Verstand. Wäre sie in den vergangenen zwei Wochen an der Seite ihres Mannes gewesen und hätte seine Entscheidungen beeinflussen können, er hätte zweifellos noch mehr Zähigkeit und Erbitterung an den Tag gelegt, hätte, um ihre Ausdrucksweise zu benutzen, zur Knute gegriffen. Doch achthundert Werst trennten Alexandra und Nikolaus. Groß war ihr Haß, grenzenlos ihre Raserei. Dabei fand sie sich nur schlecht in den Ereignissen zurecht.

Als ihr der Kammerdiener Wolkow sagte: «Es sieht so aus, als ob eine Revolution beginnt, sogar auf die Kosaken ist kein Verlaß mehr», erwiderte sie: «Nein, das ist nicht so. In Rußland kann es keine Revolution geben. Die Kosaken werden uns nicht verraten.»

337

Als ihr nach Wolkow Viktorija, die Gattin Kirill Wladimirowitschs, dasselbe sagte, entgegnete sie auf englisch: «Ich bin dreiundzwanzig Jahre auf dem Thron. Ich kenne Rußland. Ich weiß, wie das Volk unsere Familie liebt. Wer wird es wagen, gegen uns aufzutreten?»

Von der Abdankung Nikolaus' erfuhr sie durch Großfürst Pawel Alexandrowitsch; er kam mit einer Zeitung zu ihr und las ihr laut den Text der Abdankungsurkunde vor. Sie rief aus: «Glaube ich nicht, das sind alles Lügen. Zeitungserfindungen. Ich glaube an Gott und die Armee. Sie haben uns noch nicht verlassen.»

Sie lief hin und her, sandte Nikolaus, da sie nicht zu ihm fahren konnte, Depeschen nach Mogiljow und nach Pskow. Doch anscheinend adressierte sie ihre Belehrungen und Appelle ins Leere, denn jedesmal brachten ihr die Kuriere die Telegrammformulare mit dem amtlichen Vermerk zurück: «Aufenthalt des Empfängers unbekannt».

Endlich erschien der Adressat selbst in Zarskoje Selo. Ohne auf den Zwischenstationen irgendwelche Aufmerksamkeit erregt zu haben, traf sein Zug am 9. März um vierzehn Uhr beim Zarenpavillon der Station Alexandrowskaja ein. Auf dem Bahnsteig warteten nur wenige Personen. Etwas abseits ein Grüppchen Petrograder Journalisten. Nikolaus sprang vom Trittbrett seines Salonwagens und ging schnell, ohne jemanden anzusehen, zum Auto. Mit ihm fuhr der Hofmarschall W. A. Dolgorukow. Viele von denen, die ihn bis hierher begleitet hatten, liefen nun, kaum hatte er den Bahnsteig verlassen, eilig nach verschiedenen Seiten auseinander, ängstlich sich umblickend, offenbar fürchtend, daß man sie erkannte.

Das Auto fuhr beim Alexanderpalast vor. Der Soldat, der am Tor Wache stand, blickte gleichgültig auf den ehemaligen Zaren und dachte offensichtlich nicht daran, zu öffnen. Schließlich kam der diensthabende Offizier aus seinem Raum und rief ihm von weitem zu: «Die Tore für den früheren Imperator öffnen!»

Nikolaus stieg aus. Sokolow beschreibt die Szene: «Auf der

Treppe stehen Offiziere mit roten Bändchen an den Uniform-
röcken, die Hände in den Taschen, manche mit der Papirossa
im Mund. Nikolaus grüßt sie militärisch, aber niemand erwidert den Gruß, niemand erweist ihm die Ehrenbezeigung.»

Einige Minuten darauf hörte Nikolaus, wie hinter ihm die
Riegel ins Schloß fielen. Von nun an bis ans Ende seines Lebens war er ein Gefangener. Gleichzeitig wurde in Gattschina
Michail Romanow unter Hausarrest gestellt. Formal galt er
als «unter der Aufsicht der Revolution stehend».

Am Vortag war auch Alexandra Fjodorowna für arretiert
erklärt worden. Überbringen mußte ihr diese heikle Botschaft
L. G. Kornilow, der neuernannte Chef des Petrograder Militärbezirks. Von Oberhofmarschall P. K. Benckendorff in die
Appartements der ehemaligen Zarin eingelassen, verbeugte
sich der General ehrerbietig vor ihr: «Eure Majestät, mir ist
die schwere Aufgabe zugefallen, Ihnen den Beschluß des Ministerrates mitzuteilen, daß Sie vom heutigen Tage an als unter Arrest stehend betrachtet werden.» Sie hörte zu, den Kopf
leicht geneigt, die Zähne fest aufeinandergepreßt. Auf ihrem
Hals und ihrem äußerlich leidenschaftslosen, ausdruckslosen
Gesicht breiteten sich langsam rote Flecken aus. Nach kurzem Schweigen versuchte Kornilow, sie zu beruhigen. Er versicherte, weder er noch der Justizminister Kerenski, der ihn
geschickt hatte, würden irgendwelche «Kränkungen» oder
«Beunruhigungen» zulassen; einziger Zweck des «Freiheits-
entzuges», nicht der Verhaftung, sei die Gewährleistung der
Sicherheit der Familie. Der derzeitige Schloßkommandant,
Stabsrittmeister P. I. Kotzebue, könne als der ideale Mann
für eine solche Aufgabe angesehen werden. Sobald sich die
Lage entspanne, werde die Freiheitsbeschränkung aufgehoben werden.

Gerührt durch die Galanterie des Kommandierenden, wür-
digte ihn Alexandra Fjodorowna sogar eines eigenen Auftra-
ges. General, würden Sie vielleicht über dieses Thema auch
mit den Töchtern und dem Sohn sprechen? Bei Ihnen klingt
alles so klar, so optimistisch. O ja, selbstverständlich. Sofort.
Mit Vergnügen. Die Aufklärungsarbeit unter den jungen Da-

men dauerte immerhin eine halbe Stunde, und als er sie verließ, waren sie fast verzaubert von der siegreichen Demokratie. Was den Thronfolger anging, so beschloß Kornilow nach einem kurzen Gespräch mit dem Erzieher Gilliard, daß es zweckmäßiger sei, wenn der Pädagoge selbst Alexej von den Ereignissen unterrichte.[19] Darauf kam es zwischen dem Erzieher und seinem Zögling zu einem Gespräch, das Gilliard folgendermaßen beschreibt:

«‹Sie wissen, Alexej Nikolajewitsch, Ihr Vater ist aus Mogiljow zurückgekehrt. Und er wird nicht mehr dahin fahren.›

‹Warum denn?›

‹Weil er nicht mehr Oberster Befehlshaber sein möchte.›

Diese Nachricht bekümmerte den Zarewitsch, denn er war gern ins Hauptquartier gefahren.

Nach einer Pause fügte ich hinzu: ‹Wissen Sie, Alexej Nikolajewitsch, Ihr Vater möchte auch nicht mehr Imperator sein.›

Er sah mich erschrocken an und versuchte auf meinem Gesicht zu lesen, was geschehen war.

‹Wie das? Warum?›

‹Weil er sehr erschöpft ist und in diesen Tagen viel Schweres erlebt hat.›

‹Ach ja. Mama sagte mir, daß man seinen Zug angehalten hat, als er hierher fuhr. Aber Papa wird doch nachher wieder Imperator werden?›

Ich erklärte ihm, daß der Imperator zugunsten Michail Alexandrowitschs abgedankt hatte, der seinerseits abgedankt hatte.

‹Aber wer wird dann Imperator sein?›

‹Ich weiß nicht. Jetzt anscheinend niemand.›

Er errötete stark ... Nach einigen Minuten des Schweigens sagte er: ‹Wenn es keinen Imperator mehr gibt, wer wird dann Rußland lenken?›»

Es fiel Gilliard verständlicherweise schwer, diese Frage zu beantworten. Er hätte dem wißbegierigen Jungen natürlich erläutern können, daß, wenn es in Rußland keinen Imperator mehr gab, das nicht bedeutete, daß niemand da wäre, das Land zu regieren. Auf dem Niveau des unverständigen Alexej lagen damals übrigens auch die Überlegungen mancher führender bürgerlicher Politiker über die Zukunft Rußlands, man braucht nur an die Reden Miljukows und Gutschkows auf der Beratung in der Wohnung Putjatins am 3. März 1917 zu denken. Auch der Ex-Imperator hielt sowohl das System der Einzelherrschaft als auch seine eigene Person für unersetzlich, und er äußerte diesen Gedanken bereits in den ersten Stunden nach seiner Abdankung. Bei jenem bereits erwähnten Spaziergang mit seinem Flügeladjutanten Mordwinow «quält ihn etwas, das er nicht in sich unterdrücken kann». Es ist, zeigt sich, die Kränkung «wegen der eigenen Person, wegen des verlorenen Titels» und außerdem «die Furcht um Rußland, das seinen Angelpunkt verloren hat und gefährlich auf einer ungewissen Grundlage hin und her schwankt».

Durch Arbeitszimmer und Kasematten

Seitdem Nikolaus und Alexandra unter Bewachung standen, versuchten viele ihrer Helfer und Diener, sich durch die Flucht zu retten.

Der gestürzte Zar war kaum nach Zarskoje Selo zurückgekehrt, da flohen ihn, wie schon geschildert, seine früheren Würdenträger mit derselben Leichtigkeit wie die Lakaien. Zu den auf der Station Alexandrowskaja Verschwundenen gehörten solche Leute aus seiner nächsten Umgebung wie A. A. Naryschkin, der Chef der kaiserlichen Feldkanzlei, G. G. von Grabbe, der Kommandeur der kaiserlichen Leibwache, der Flügeladjutant N. P. Sablin, Prinz G. von Leuchtenberg und Oberst A. A. Mordwinow. Bereits vorher, in Mogiljow, waren W. B. Frederiks und W. N. Wojejkow verschwunden. Frederiks wurde übrigens einige Tage später in Gomel erkannt und verhaftet. Wojejkow traf dasselbe Geschick in Wjasma. Rodsjanko konnte in jenen Tagen höhnen: «Diese Leute waren die ersten, die den Zaren in einer schweren Stunde verließen. So gut hatte sich der Herrscher die Menschen seiner Umgebung ausgewählt.»

Auch aus dem Schloß flohen nicht wenige. So konstatierte Nikolaus in seinem Tagebuch melancholisch, daß ihn sechsundvierzig Lakaien verlassen hätten.

Doch es gab auch solche, die freiwillig mit ihm die Haft teilten. Unter ihnen waren W. A. Dolgorukow, P. K. Benckendorff, die Hofdamen S. K. Buxhoevden, A. W. Gendrikowa, A. A. Wyrubowa und J. A. Dehn, die Vorleserin J. A. Schneider, die Ärzte J. S. Botkin und W. N. Derewenko, die Lehrer Pierre Gilliard und Sidney Gibbs.

Am 3. April erschienen Soldaten im Alexanderpalast, verhafteten die Wyrubowa und brachten sie in die Peter-Pauls-Festung. Hier saß sie in der Zelle 70, neben dem aus Wjasma eingelieferten Wojejkow.

Die Festung an der Newa bot zu jener Zeit ein ungewöhnlich belebtes Bild. Aus den verschiedensten Richtungen trafen dort unter Bewachung Persönlichkeiten des gestürzten Regimes ein. Alle Kasematten waren besetzt. Die Mitglieder der Außerordentlichen Untersuchungskommission für die Verbrechen des alten Regimes, die in den ersten Märztagen im Taurischen Palais gebildet worden war, machten einen Rundgang durch die Kasematten, sahen sich die Gefangenen an und befragten sie gleich an Ort und Stelle.

Im Zentrum der Gruppe, die sich von Zelle zu Zelle bewegte, befand sich der Rechtsanwalt N. K. Murawjow, der Vorsitzende der Kommission. Neben ihm der Sekretär der Kommission: ein schmalgesichtiger Mann mit hellem lockigem Haar und einer Feldbluse mit breitem ledernem Soldatenkoppel. Seine leuchtenden, etwas ins bläuliche spielenden Augen schauten traurig und ein wenig spöttisch auf die Untersuchungsgefangenen. Die hohe Stirn sprach von Direktheit des Denkens, die Falten um die Lippen zeugten von verdrossener Konzentration. Dieser Mann war der dem ganzen lesenden Rußland bekannte und von ihm geliebte Dichter Alexander Blok.

Während des Krieges war Blok zur aktiven Armee einberufen worden, hatte ein halbes Jahr in der 13. Pionierbauabteilung an der Front gedient und war dann auf Anforderung aus

Petrograd zur Außerordentlichen Untersuchungskommission abkommandiert worden. Murawjow bat ihn, die Sitzungen zu protokollieren und die Stenogramme zu redigieren. Der Dichter wurde Augenzeuge und Teilnehmer fast aller Verhöre der inhaftierten Würdenträger sowohl in der Festung als auch im Winterpalais, in dem die Kommission residierte. Durch Bloks Hände gingen die Protokolle von achtundvierzig Verhören, denen dreiunddreißig Personen unterzogen wurden.

Blok notierte damals seine Eindrücke von den Verhören und den Gefangenen. Diese Beobachtungen waren die Grundlage für später entstehende lebendige Porträts der früheren Helfer des gestürzten Zaren.

A. A. Wyrubowa: Die Mitglieder der Kommission betraten ihre Zelle. Sie stand, auf eine Krücke gestützt, mit kläglichem Blick an ihrer Pritsche. Sie sah flehend auf die Besucher, besonders auf Blok. Der Kommandant sagte, sie klage und weine andauernd. «Sie hat alles, um eine ‹russische Schönheit› zu sein, aber all das ist irgendwie und unwiderruflich entstellt und abgenutzt.»[20]

I. L. Goremykin, ehemaliger Premierminister: «Rassig ... Ein Herr.» Große Nase, große Ohren, die Haut stellenweise bläulich, die Hände rötlich, mit Sommersprossen. Hohe, weiche Schuhe mit Gummisohlen. «Ein richtiger Blender ... Spricht mit kaum vernehmbarer Stimme, erinnert sich zufällig ... Sehr gebrechlich, wird wohl bald sterben.» Sagt selbst: «Ich habe eine Menge vergessen, das Gedächtnis läßt mich im Stich. Es ist sehr schwer zu unterscheiden, was gesetzlich und was ungesetzlich ist — es kann verschiedene Auslegungen geben.»

B. W. Stürmer, ehemaliger Premierminister: «Abscheulich.» — «Eine große melancholische Ruine, die noch immer listig (und einfältig) die Schildpattbrille auf die Nase setzt.»

M. A. Beljajew, ehemaliger Kriegsminister: Weinerlich, mit einem neurasthenischen Krampf in der Kehle.

S. P. Belezki, ehemaliger Direktor des Polizeidepartements: Scharfer, finsterer Blick der umschwollenen Augen. Kurze Finger, fette Hände, öliges Gesicht. «Stupsnase». Kurzes, lautloses Lachen. Kneift manchmal ein wenig die Augen zusammen, wenn er sich bemüht, zu verstehen. Redselig, vermag aber rechtzeitig unauffällig innezuhalten, wenn man ihm nicht mehr zuhört. Teilte mit, Nikolaus II. habe ihn beauftragt, Personen aus seiner näheren Umgebung zu «beleuchten», sogar den Kreis des Revolutionärs Fürst W. P. Mestscherski. «Wenn die Rede auf Moral, auf Verbrechen kommt, wird Belezkis Gesicht gelangweilt.»

A. I. Dubrowin, früherer Vorsitzender des «Bundes des russischen Volkes»: Als die Mitglieder der Untersuchungskommission eintraten, schluchzte er auf, stürzte vor, um Murawjow die Hand zu küssen, ließ sich dann weinend auf die Pritsche fallen.

N. J. Markow, ein ehemaliger Führer der Schwarzhunderter: Breites, dunkles Gesicht — eine «Fresse». Schwarze Augen, bleckt die weißen Zähne. Das Schläfenhaar nach vorn gekämmt. Harte Gesichtszüge. Dumpfe, gereizte Stimme. Flegelhafter Ton: «Das ist deren Sache, was sie auch wissen.» «Mal sehen.» «Ein bißchen versteh' ich davon.» «Pogrome hat es vor dem BRV (Bund des russischen Volkes — M. K.) gegeben und wird es auch später geben.» Erhielt nach seinen eigenen Worten jährlich von der Regierung heimlich Zuwendungen in Höhe von zwölftausend bis sechzehntausend Rubel.

N. K. Murawjow, der Vorsitzende der Untersuchungskommission, verhielt sich bei den Verhören zunehmend unentschlossen und zweideutig. Als Belezki heuchlerisch bereute: «Ich bin seelisch gebrochen, ich habe vieles begriffen», antwortete Murawjow: «Sie entwaffnen uns.» Ironischer Kommentar des Dichters: «So verschwimmt die Unterhaltung. Belezki rückt nach links, der Vorsitzende nach rechts.»

Die wichtigsten Gefangenen aber waren natürlich Nikolaus und Alexandra Romanow. «Mit den Zähnen knirschend», fügten sie sich in das verhältnismäßig ruhige Privatleben. Der Arrest war nicht streng. Besondere Einschränkungen gab es nicht, der gewohnte Komfort war gegeben. Zur Bedienung der Familie waren hundertundfünfzig Personen im Palast belassen worden.

Das Familienoberhaupt schippte im Park Schnee oder frönte seiner alten Lieblingsbeschäftigung, dem Holzsägen. Oft und lange saß er im Zimmer des Sohnes, spielte mit ihm oder las ihm etwas vor. Die aktuelle Entwicklung an den Fronten, die er aufmerksam verfolgte, trug er auf einer großen Karte ein. Obwohl es ihm erlaubt war, alle Zeitungen zu lesen, beschränkte er sich auf «Nowoje wremja», «Wetscherneje wremja» und «Russkaja wolja».

Während der Spaziergänge im Park und beim Holzsägen beobachtete ihn aus einigem Abstand der diensthabende Offizier. Die Bewachung war den vier Schützenregimentern der Garnison von Zarskoje Selo übertragen worden, die abwechselnd Dienst hatten. Den Soldaten und Offizieren war verboten, irgendeinen Befehl des ehemaligen Imperators zu befolgen. Die Anrede «Eure Majestät» war abgeschafft worden, Nikolaus war nur mit «Herr Oberst» anzusprechen und diesem Rang entsprechend auch zu grüßen. Abends wurde es früh still im Palast. Gegen einundzwanzig Uhr verabschiedete sich Nikolaus von den Kindern, um zweiundzwanzig Uhr gingen alle schlafen, nur die Wachen blieben munter.

Alle Höherstehenden verhielten sich liebenswürdig und fürsorglich gegenüber den Romanows. Etwas schlechter war es mit den niederen Rängen. So erzählte zum Beispiel Alexandra Fjodorowna ihrem Gatten nach dessen Rückkehr aus dem Hauptquartier entsetzt, daß in einer Nacht direkt unter ihren Fenstern Soldaten die ausgegrabene Leiche Rasputins vorübergeschleift hätten. Wie bereits berichtet, hatten sie ihn anschließend verbrannt. «Das war er, unser lieber Grigori», jammerte sie händeringend, und man spürte, wie ein Augenzeuge berichtete, daß sie durch diese Episode «sogar noch mehr als über die Abdankung des Zaren erschüttert war».

Bittere Minuten bereiteten ihnen zuweilen auch die jüngeren Offiziere. Dem Leutnant Jarynitsch streckte Nikolaus einmal die Hand entgegen, als dieser die Wachen im Schloß kontrollierte. Jarynitsch trat einen Schritt zurück und nahm die Hand nicht. Der betroffene Nikolaus versuchte die Situation zu retten, indem er dicht an ihn herantrat, ihm die Hand auf die Schulter legte und ihn fragte: «Warum, mein Freund?» Der Offizier erwiderte: «Ich bin einer aus dem Volk. Als das Volk Ihnen die Hand hinstreckte, schlugen Sie sie aus. Jetzt reiche auch ich Ihnen nicht die Hand.»

Dafür demonstrierten General Kornilow und der Schloßkommandant, Oberst Korowitschenko beziehungsweise nach dessen Entlassung sein Nachfolger, Oberst Kobylinski, Zuvorkommenheit in höchstem Maße. Geradezu beruhigend, ja Hoffnung weckend aber wirkte der sechsunddreißigjährige Justizminister, A. F. Kerenski, der von der Provisorischen Regierung bevollmächtigt worden war, die Bewachung, die Ruhe und Sicherheit der Familie des Exherrschers zu gewährleisten.

Ganze vier Monate, bevor sie sich aus einer Kaiserin in eine Gefangene verwandelte, hatte Alexandra Fjodorowna, empört über die unehrerbietigen liberalen Monologe in der Duma, von ihrem Gatten gefordert, Kerenski «für seine schreckliche Rede aufzuhängen». Das, so hatte sie gemeint, würde für die anderen ein «nützliches Beispiel» sein. Doch nach dem Umsturz erwies sich Kerenski für die Romanows als höchst nützlich, indem er sie beschützte und ihnen unmittelbar gefällig war. Anfangs wußten sie nicht so recht, was sie von ihm halten sollten. Am 3. April, als er als Regierungsbevollmächtigter zum erstenmal im Alexanderpalais erschien, schickte Alexandra Fjodorowna der Wyrubowa eine verzweifelte Notiz in den anderen Flügel des Palais: «Liebe Anja, Kerenski ist hier . . . Dieser Kerenski besichtigt unsere Zimmer . . . Gott sei uns gnädig!» Aber es geschah nichts Schreckliches. Kerenski erwies sich als ein über Erwarten umgänglicher Mann.

Der nächste Besuch fand schon sechs Tage später statt. Im Gespräch mit Nikolaus hob Kerenski, so erinnerte sich der ehemalige Oberhofmarschall, P. K. Benckendorff, hervor, daß die «politischen Leidenschaften in Petrograd» loderten:

«Die extremen Linken fordern die Gefangensetzung des Herrschers in der Festung, um ihn dem Einfluß der Herrscherin zu entziehen, die eine konterrevolutinäre Verschwörung vorbereite.» Die Provisorische Regierung möchte die Situation entschärfen; dazu sei es notwendig, Nikolaus von Alexandra Fjodorowna zu trennen, indem man sie in einem anderen Teil des Palais unterbringe, so, daß sie sich nur während des Gottesdienstes sowie bei Tisch sehen könnten und stets in Gegenwart eines Wachoffiziers ... Man kam überein. Kerenski versicherte dem Paar, er sei im gegebenen Augenblick ihr «einziger Verteidiger», und nur er sei fähig, «Gefahren, die ihnen drohten, abzuwenden».

Vom 3. April bis zum 13. August 1917 fuhr Kerenski als Justizminister und später sogar als Premierminister mehr als zehnmal ins Alexanderpalais.

Seine allgemeine Schlußfolgerung über die Person des früheren Zaren: «Nikolaus II. war nicht ohne humane Gefühle. Überhaupt war dieser Mann mit den wundervollen blauen Augen für mich ein Rätsel. Benutzte er bewußt seine Kunst zu bezaubern, die er von seinen Vorfahren ererbt hatte? War er ein geschickter Schauspieler oder ein sich einschmeichelnder Schlaumeier? ... Es erschien unglaublich, daß dieser einfache Mann mit den zögernden Bewegungen der Imperator ganz Rußlands gewesen war ... Nichts an ihm zeigte, daß noch vor einem Monat so vieles von einem Wort von ihm abhängig gewesen war.»

Die Eindrücke, die Kerenski in diesen viereinhalb Monaten im Palais gewann, reichten ihm für ein halbes Jahrhundert lyrisch-publizistischer Ergüsse über Nikolaus II. Konnte er sich 1917 auf einer Kundgebung noch einen «revolutionären» Ausfall gegen die Dynastie leisten, so mußte er sich später im Westen den Ansichten und dem Geschmack jenes äußerst reaktionären Milieus anpassen, dem er sich angeschlossen hatte und von dem er abhing. Selbst gegen Ende seines Lebens, als sich Kerenski auf den Seiten des voluminösen Abschlußbandes seiner Memoiren wiederum an die fünfzig Jahre zurückliegenden Einzelheiten der Begegnungen mit Nikolaus erinnert, charakterisiert er ihn immer wieder als einen «geraden Menschen, dem menschliche Gefühle nicht fremd waren», als den «Gesprächspartner mit den wunderschönen blauen Augen» und einer «guten, aber durch Umgebung und Tradition verstümmelten Natur».

Wie richtig hingegen der ehemalige Zar die Rolle Kerenskis einschätzte, beweist folgende Notiz über ihn: «Dieser Mann ist positiv auf seinem Platz im jetzigen Augenblick; je mehr Macht er hat, um so besser.»

Das Verhältnis Nikolaus' zu Kerenski ähnelt dem eines Herrn zu seinem Verwalter, der in schweren Stunden den Besitz übernommen hat, bis der Herr zurückkommt.

Selbst Alexandra Fjodorowna ist besänftigt, zu ihrer Umgebung äußert sie über ihren früheren Galgenkandidaten: «Ich kann nicht klagen über ihn. Er ist ein ordentlicher Mensch. Mit ihm kann man reden.»

«Mit ihm kann man reden» — worüber? Praktisch über alles, was das Exzarenpaar beunruhigt, erschreckt oder quält. Sogar über ein Ende der Schloßgefangenschaft.

Fluchtversuch

Die Romanows hatten die Macht verloren, nicht aber die Hoffnung, sie eines Tages zurückzuerobern. «Sie werden noch nach dir rufen», sagte Alexandra Fjodorowna ihrem Mann. Um das zu erleben, galt es, die Revolution zu überleben. Und um die Revolution zu überleben, wäre es das beste, vor ihr zu fliehen. Wohin? Möglichst weit weg, aus ihrer Reichweite. Am besten ins Ausland.

Davon träumten die Romanows seit dem Tag, an dem sie ihre Freiheit verloren hatten. Sie wurden von einem Wunsch beherrscht, der alles andere in den Hintergrund drängte: sich so weit wie möglich von Rußland zu entfernen. Sich von Rußland zu entfernen schloß natürlich nicht aus, es äußerst aufmerksam zu beobachten, um ihm im passenden Moment mit dem nötigen Anlauf von neuem ins Kreuz zu springen.

Manche der Zarendiener waren geflohen. Andere saßen in den Kasematten der Peter-Pauls-Festung. Doch es fanden sich neue dienstbare Geister, auf die man sich verlassen konnte — die liberaldemokratischen Wohltäter und Beschützer. Und die prominentesten von ihnen, erfüllt von Sorge um die Zukunft der Ehemaligen, waren G. J. Lwow, P. N. Miljukow und A. F. Kerenski. Diese in der Provisorischen Regierung dominierende Gruppe schickte sich an, Nikolaus und Alexandra Fjodorowna einen besonderen Dienst zu leisten. Mit Hilfe der auf dem Höhepunkt der Revolution okkupierten Macht wollten sie die Zarenfamilie vor den Sanktionen der Revolution retten, wollten sie sie unter Berufung auf die Barmherzigkeit des Volkes vor der Strafe für das schützen, was die Romanows ihm angetan hatten.

Es war der unvergeßliche, stürmische Frühling des Jahres siebzehn. Das Volk, überzeugt, daß sein Kampf gegen die zaristische Tyrannei von Erfolg gekrönt war, feierte seinen Sieg. Der Februar hatte das ganze gigantische Land in Bewegung gebracht, hatte die Sturmglocken auch in den abgelegensten Gegenden geläutet. Selbst die Kleinbürger und Philister, die noch gestern allein vor dem Wort «Revolution» zurückgeschreckt waren, die schon das Wort «Aufruhr» in Furcht versetzt hatte, begannen mit Interesse den Nachrichten über die Ereignisse in Petrograd, Zarskoje Selo und Mogiljow zu lauschen. Sogar angesehene Bourgeois hefteten sich rote Bändchen an. Man konnte in dieser Atmosphäre der Begeisterung und des Jubels glauben, daß in Rußland das Zeitalter der allgemeinen Versöhnung angebrochen sei. Aber das war eine Illusion, denn in Wirklichkeit, so das Fazit in der «Geschichte der KPdSU», «verschärfte sich der Klassenkampf noch mehr und trat in eine neue Phase seiner Entwicklung ein».

Die bürgerliche Provisorische Regierung hatte zwar offiziell die Macht in den Händen und die Kontrolle über den alten Leitungsapparat übernommen, doch die echte und reale Kraft lag auf der Seite der Sowjets, die von der Armee und vom revolutionären Volk unterstützt wurden. Kein einziges Gesetz konnte ohne die Zustimmung des Petrograder Sowjets erlassen werden. Hinter dem Sowjet der Hauptstadt standen die Sowjets, die in ganz Rußland gebildet worden waren. G. J. Lwow, der erste Chef der Provisorischen Regierung, räumte später ein, die Regierung sei eine Macht ohne Kraft gewesen, während der Sowjet der Arbeiter- und Soldatendeputierten eine Kraft ohne Macht gewesen sei.

Da die Sowjets die Unterstützung der Armee und des Volkes genossen, hätten sie zweifellos die gesamte Macht in ihren Händen konzentrieren können, und sie hätten dazu nicht einmal zu den Waffen zu greifen brauchen. Aber die kleinbürgerlichen Gruppen, die zu dieser Zeit die Mehrheit in der Führung der Sowjets besaßen, die Menschewiki und die Sozialrevolutionäre, traten die Macht freiwillig an die bürgerliche Provisorische Regierung ab und verwandelten sich in eine Stütze der gegen die Lebensinteressen des Volkes und gegen die Revolution gerichteten Politik.

Die Wahrung dieser Lebensinteressen erforderte schnelles Handeln. Die Wirtschaft des Landes war untergraben, die Zerrüttung des Transportwesens und die Brennstoffkrise verschärften sich, das Finanzsystem zerfiel mehr und mehr. Fast die Hälfte der erwachsenen männlichen Bevölkerung war der materiellen Produktion entzogen; die Industrie arbeitete für den Krieg. Das Land war in einen Strudel beispiellosen Mangels und erschreckender Verarmung hineingeraten, es gab immer weniger Waren, die Teuerung nahm rapide zu. Der Krieg dauerte an, er verschlang Menschenleben und ungeheure Mittel: Jeder Kriegstag kostete Rußland fünfzig Millionen Rubel, andererseits machten die Kriegsgewinnler riesige Profite.

Die bürgerliche Regierung ließ jedoch weder die Absicht erkennen, die Gewinne der Kapitalisten zu beschränken noch das Land aus dem Sumpf des Krieges herauszuführen. Im Gegenteil, sie band die russische Außenpolitik noch enger an die Entente, wälzte die Last zusätzlicher Steuern und erhöhter Preise auf die Schultern des arbeitenden Volkes und kürzte die Löhne. Nach Berechnungen des Finanzministeriums sollten die neuen Steuern 1917 über eine Milliarde Rubel einbringen.

Die örtlichen Behörden schickten dem Innenministerium der Provisorischen Regierung folgenden und ähnliche Lageberichte: «Das niedrige Lohnniveau sowie die Lebens- und Arbeitsbedingungen der Arbeiter haben die arbeitende Bevölkerung zur physischen Erschöpfung im buchstäblichen Sinne geführt, was selbst bei oberflächlicher Beobachtung ins Auge fällt.»

Die Arbeiterklasse — Initiator der russischen Revolution — war die Hauptkraft im gesellschaftlichen Leben des Landes; ihrem Mut und ihrer Entschlossenheit verdankte die Volksbewegung den Sieg über den Zarismus im Februar und März 1917. Unter der Führung der bolschewistischen Partei und gestützt auf deren Massenorganisationen (Gewerkschaften, Fabrikkomitees, Sowjets), wehrten die Arbeiter die Versuche der Bourgeoisie ab, die Monarchie zu restaurieren.

Doch die volksfeindlichen Elemente beruhigten sich nicht. Die von der Revolution zunächst betäubten extrem rechten reaktionären Kräfte kamen wieder zu sich. Kaum hatten sie Atem geschöpft, da suchten sie Berührung und Zusammenarbeit mit jenen Kreisen der Bourgeoisie, die das Scheitern ihrer Pläne zur Erhaltung der Monarchie nicht vergessen konnten. Alle diese Gruppen, von den Liberalen bis zu den früheren Schwarzhundertern, waren sich darin einig, daß man den gestürzten Zaren «für alle Fälle» bewahren müsse. Ihr gemeinsames praktisches Ziel lautete: das ehemalige Zarenpaar vor möglichen Unannehmlichkeiten zu schützen, die sich aus dem Aufenthalt in der Nähe des unruhigen Petrograds ergeben könnten. Den Romanows sollte die Möglichkeit erhalten bleiben, an die Macht zurückzukehren. Man mußte ihnen also helfen, ins Ausland zu fliehen, wo sie eine für sie günstige Stunde abwarten konnten.

Der seinerzeit bekannte Advokat N. P. Karabtschewski schrieb in der Emigration, Kerenski habe nach der Februarrevolution «höchst entschieden» die Absicht gehabt, Nikolaus zur Verantwortung zu ziehen. Auf das Angebot Kerenskis, der Rechtsanwalt solle doch als Senator in den Staatsdienst eintreten, habe er geantwortet: «Nein, Alexander Fjodorowitsch, lassen Sie mich bleiben, was ich bin, Advokat. Ich werde noch als Verteidiger gebraucht werden . . .»

«Für wen?» habe Kerenski gefragt. «Für Nikolaus Romanow?»

«Ja, ich werde ihn verteidigen, wenn Sie vorhaben sollten, ihn vor Gericht zu stellen.»

Karabtschewski berichtet weiter über diese Unterredung: «Kerenski lehnte sich in den Sessel zurück, dachte einen Moment nach, fuhr sich dann mit dem Zeigefinger der linken Hand über den Hals und darauf energisch nach oben. Ich verstand, daß er auf Erhängen anspielte.

‹Zwei, drei Opfer sind wohl nötig›, sagte Kerenski und sah uns mit seinen etwas rätselhaften, stark kurzsichtigen Augen an. ‹Nur das nicht›, rief ich aus und berührte seine Schulter. ‹Vergessen Sie die Französische Revolution, wir leben im zwanzigsten Jahrhundert, es wäre schändlich und zudem sinnlos, ihren Spuren zu folgen . . .›»

Auch einer der verbohrtesten Sowjetologen, Viktor Alexandrow, spricht davon, daß Kerenski geplant habe, Vergeltung für die Sünden des Zaren zu fordern. Alexandrow besuchte Kerenski kurz vor dessen Tod in New York.

«Er empfing mich in seiner eleganten Wohnung in der 93. Straße, dieser zweiundachzigjährige Greis, der halb erblindet war und sich dennoch eine große Lebendigkeit bewahrt hatte . . . Ich fragte ihn: In jenen fernen Zeiten der Revolution — habe er damals in bezug auf die Romanows bestimmte Pläne gehabt?

‹O ja›, sagte er. ‹Meine Absichten waren durchaus bestimmt . . .›

‹Was hatten Sie denn vor?›

‹Ich wollte etwas mehr Licht auf die Epoche und die Taten des Zarismus werfen . . . Ich bemühte mich in jeder Weise darum, daß der Zar und die Zarin vor ein revolutionäres und demokratisches Gericht gestellt würden. Deshalb wies ich Oberst Korowitschenko auch an, beim Zaren Papiere zu konfiszieren und ihn von der Zarin zu trennen, forcierte ich die Arbeit der Untersuchungskommission . . . Das waren meine wahren Absichten. Leider konnte ich sie im Verlauf des schrecklichen Krieges, der uns immer noch fesselte, nicht bekannt werden lassen.>»

Aber waren das wirklich die «wahren Absichten» Kerenskis?

An jenem Tage, an dem die vier Duma-Abgeordneten nach Mogiljow abreisten, um Nikolaus unter Bewachung zu stellen, wurde gleichzeitig ein von Lwow und Kerenski unterzeichnetes Telegramm an General Alexejew abgeschickt, in dem mitgeteilt wurde, die Provisorische Regierung werde dem ehemaligen Zaren die Heimkehr zu seiner Familie nach Zarskoje Selo ermöglichen, um die Familie in der nächsten Zeit «über Murmansk nach England» zu schicken. Das Eintreffen dieses Telegramms bestätigte in der Emigration der ehemalige Generalquartiermeister des Hauptquartiers, A. S. Lukomski: Er habe das Telegramm persönlich erhalten und Alexejew übergeben. «Die Provisorische Regierung», sagte er gegenüber Sokolow aus, «garantierte dem Imperator die Freiheit und die Abreise seiner Familie ins Ausland.» Nach den Worten eines anderen Zeugen, Dubenskis, hatte der kurz nach der Abdankung des Zaren den deutlichen Eindruck, daß zwischen Kerenski und Alexejew Einvernehmen «über die freie Fahrt des Herrschers nach Zarskoje Selo, über seinen freien Aufenthalt dort und über eine freie Abreise ins Ausland über Murmansk» erzielt worden war.

Es gibt weitere Bestätigungen dafür, daß der «Murmansk-Plan» Kerenskis gleich nach den Umsturz entstanden ist. Nikolaus selbst bezeugte das: «Kramte in meinen Sachen und Büchern und begann alles beiseite zu legen, was ich mitnehmen will, wenn ich nach England abfahren muß ...» Lwow, der erste Chef der Provisorischen Regierung, sagte gegenüber Sokolow, daß er selbst, der Justizminister Kerenski und die führenden Persönlichkeiten insgesamt «fanden, daß es für die Zarenfamilie besser wäre, Rußland zu verlassen. Genannt wurden damals England und Dänemark ... Diese Möglichkeit erkundete Außenminister Miljukow.» Dieser gab seinerseits an, daß «sobald die revolutionäre Macht entstanden war, es als wünschenswert und nötig angesehen wurde, daß Nikolaus II. mit der Familie Rußland verlasse und ins Ausland abreise, wobei das Land, auf das sich unsere Blicke richteten, England war . . . Da hielt ich mich auch für verpflichtet, über diese Frage Gespräche mit Buchanan aufzunehmen.»

Aus all dem geht hervor, daß in den Tagen, in denen die Helden der Revolution auf dem Marsfeld zu Grabe getragen wurden, Kerenski und seine Kollegen bereits dabei waren, dem ehemaligen Zaren einen Fluchtweg aus dem Land zu eröffnen. Ihre Zustimmung zu seiner Inhaftierung — sie vermieden, wie ja schon erwähnt, dieses Wort und sprachen lieber von «Einschränkung der Freiheit» — war Teil ihres Plans, ihn nach England zu schicken. Durch die Festsetzung hofften sie den Sowjet zu beruhigen, die Wachsamkeit der Arbeiter und Soldaten einzuschläfern und vor allem die Sicherheit der Romanows so lange zu gewährleisten, bis es möglich sein würde, die Zarenfamilie aus Rußland fortzubringen und das Land damit vor vollendete Tatsachen zu stellen.

Da man sich, wie sich Außenminister Miljukow ausdrückte, «für verpflichtet» hielt (wem gegenüber eigentlich?), wurden Verhandlungen angeknüpft. Sie trugen offiziellen Charakter, obgleich sie geheim geführt wurden. Botschafter George William Buchanan fragte bei seiner Regierung an, wie er sich verhalten solle. Das Koalitionskabinett von Lloyd George beriet auf seiner nächsten Sitzung die Anfrage Buchanans und beschloß, der Bitte Miljukows und Kerenskis zu entsprechen und Nikolaus sowie seine Familie einzuladen, ihren Wohnsitz in England zu nehmen.

Der Beschluß wurde einstimmig gefaßt, «kein Kabinettsmitglied sprach sich gegen diesen Akt der Humanität und der politischen Weisheit aus». Auf Anweisung der Downing Street erschien der Botschafter am 2. April im Ministerium am Schloßplatz bei Miljukow und teilte ihm offiziell mit: «Seine Majestät der König und die Regierung Seiner Majestät werden glücklich sein, dem russischen Imperator Zuflucht auf den Britischen Inseln zu gewähren.» Buchanan fügte hinzu, die Regierung Großbritanniens sei bereit, für die Ausreise der

Familie einen Kreuzer bereitzustellen, dem zu einem vom Petrograder Kabinett anzugebenden Zeitpunkt befohlen werde, sich nach Murmansk zu begeben. Später wurde präzisiert, daß für die Romanows eines der britischen Schiffe abgestellt würde, die in der Nordsee kreuzten.

Die Organisation der Überführung von Zarskoje Selo nach Murmansk wurde von der Provisorischen Regierung Kerenski aufgetragen.

Es schien, daß die britisch-russischen Gespräche sich ihrem Ende näherten. Kerenski und Miljukow stimmten mit dem Botschafter bereits die Details der Reise ab, die Romanows brauchten nur noch die Koffer zu packen. Nikolaus hatte in der Tat einen Teil seiner Sachen schon verstaut, als es doch noch eine Komplikation gab, keine unvorhersehbare allerdings, wie man sagen muß.

Dem Petrograder Sowjet und nicht nur ihm wurde alles bekannt. Unter dem Druck der Massen protestierte er daraufhin auf einer öffentlichen Sitzung, obwohl seine Führung in den Händen der Menschewiki und der Sozialrevolutionäre lag. Mit einem Blick auf die im Saal anwesenden Vertreter der Arbeiter der größten Betriebe hielt es N. S. Tschcheïdse, der bei jener Sitzung des Petrograder Sowjets den Vorsitz führte, für nötig zu erklären, er unterstütze die Forderung, daß das neue Rußland «vor der Rückkehr der Romanows in die historische Arena geschützt werden muß».

Einige westliche Autoren, die diese Seite der Februarrevolution behandeln, geben zu, daß im Sowjet Leute saßen, die eigentlich «nichts besonders Grausames gegen den ehemaligen Monarchen im Sinn hatten», sie «fürchteten» lediglich «die Reaktion des Volkes auf die sich entwickelnden Ereignisse». Diesen Leuten im Sowjet und in der Provisorischen Regierung erschien es angebrachter, sich zu einigen, als «dem Zorn und den Verdächtigungen der Volksmassen entgegenzutreten, die stets bereit waren, aus ihren Vorstädten und Baracken ins Stadtzentrum zu strömen».

In der Tat, «Zorn und Verdächtigungen» rief die sich schnell verbreitende Nachricht, daß die bürgerliche Regierung einen Plan zur Verbringung der Romanows ausgearbeitet und bereits in Kraft gesetzt hatte, in den Arbeiterbezirken Petrograds wirklich hervor. Gleichzeitig gab es in der Stadt Gerüchte über eine Verschwörung der Monarchisten, die einen Überfall auf den Alexanderpalast vorbereiteten, um die Zarenfamilie zu befreien und wegzubringen. Auf Kundgebungen und Versammlungen und während der Sitzungen des Sowjets wurde gefordert, diesem Treiben ein Ende zu machen. Die Mehrheit des Sowjets hielt die Bewachung des Schlosses, mit der Kornilow beauftragt war und die von Kerenski kontrolliert wurde, für ungenügend. Die Wachen, so hieß es, seien unzuverlässig, außerdem sei rund um das Schloß verdächtiges Treiben zu bemerken.

Tatsächlich konnte einem aufmerksamen Beobachter nicht entgehen, daß sich recht dubiose Figuren, einzeln oder in Gruppen, in der Umgebung des Schlosses herumtrieben, die sich über die Dienerschaft und den Kommandanten mit den Gefangenen in Verbindung setzten.

In der Emigration berichtete Markow der Zweite später darüber, wie er im März/April 1917 in Petrograd eine Gruppe ehemaliger Geheimpolizisten und Gendarmen um sich versammelte, die die Zarenfamilie gewaltsam befreien und über die finnische Grenze bringen sollte. Sein Gehilfe, der Stabskapitän Sergej Markow, hatte ein Ablenkungsmanöver vorbereitet, um die Flucht der Romanows zu ermöglichen. Es war vorgesehen, einen Überfall von «Bolschewiki und Anarchisten» auf das Schloß zu inszenieren, im rechten Flügel des Gebäudes eine Bombe explodieren zu lassen und dann, das Durcheinander ausnutzend, die Familie herauszuholen.

Sergej Markow übergab seinen Mitverschworenen unter der Dienerschaft Dynamit, richtete ein System von Parolen und Signalen ein, legte die Reiseroute bis zur Grenze fest und beschaffte Fluchtautos. In den Tagen, in denen Miljukow und Kerenski mit dem englischen Botschafter übereinkamen, ließ Markow der Zweite Nikolaus wissen, daß «die Vorbereitung sich dem Ende nähert» und «die Stunde nahe ist». Nikolaus beauftragte daraufhin Benckendorff, den Verschwörern

«Dank für die Ergebenheit», zugleich aber auch die Bitte zu übermitteln, noch «etwas abzuwarten». Es sei sinnvoll, sagte er, sich noch etwas zu gedulden — man müsse erst einmal sehen, was aus dem offiziellen, weniger gefährlichen Plan der Evakuierung ins Ausland werde. Wenn es den Behörden nicht gelänge, eine solche Ausreise zu organisieren, dann «machen wir uns selbst daran». Beide Markows waren mit diesem Bescheid einverstanden und ließen durch Madame Dehn ins Schloß übermitteln: «Sie sollten aber wissen, daß wir zu allem bereit sind.»

Es folgen Gegenmaßnahmen. Der Petrograder Sowjet beschließt: Die Garnison von Zarskoje Selo wird zu revolutionärer Wachsamkeit aufgerufen, um jeder Aktion der Monarchisten begegnen zu können. Die Verbringung der Familie durch Regierungsagenten nach Murmansk ist nicht zuzulassen, ihnen ist entschiedener Widerstand zu leisten. Die dem Sowjet ergebenen Militärabteilungen erhalten den Befehl, die Eisenbahnknotenpunkte und -stationen im Nordwesten Rußlands zu kontrollieren. An besonders neuralgische Punkte wie Tosno und Swanka werden Kommissare entsandt. Die Machtorgane und demokratischen Organisationen in der Provinz werden angewiesen, die Romanows im Falle einer Flucht unbedingt und unter Anwendung beliebiger Mittel aufzuhalten und festzunehmen. Zu einem geeigneten Zeitpunkt ist der ehemalige Zar in die Trubezkoi-Bastion der Peter-Pauls-Festung einzuliefern. Außerdem ist eine Abteilung nach Zarskoje Selo zu entsenden; sie soll die Anwesenheit der Gefangenen überprüfen, den Stand der Bewachung kontrollieren und die Bedingungen erkunden, unter denen der Sowjet, wenn er es für nötig hält, die Romanows aus dem Schloß herausholen kann.

Für eine gewisse Zeit bliesen die Autoren des Plans einer «Flucht zum Meer» zum Rückzug. Die Lage war vor allem im Raum Petrograd, aber auch im Lande so, daß weder Markow der Zweite noch die Politiker aus dem Taurischen Palais an eine Verwirklichung des bereits im März geplanten Abenteuers von Zarskoje Selo auch nur denken konnten.

Mehr als drei Monate waren seit dem Beginn der Revolution bereits vergangen. Aber ihre wichtigsten Fragen, die Fragen nach Frieden, Boden und Brot, waren noch immer ungelöst. Die Bourgeoisie in der Stadt und die Gutsbesitzer auf dem Lande wurden unverschämt. In der Armee erhob das konterrevolutionäre Offizierkorps das Haupt, setzte sich das Ziel, «die Soldaten zu zügeln». Die wirtschaftliche Lage hatte sich weiter verschlechtert. In einer Situation allgemeiner Unzufriedenheit der Massen fanden am 18. Juni in Petrograd und im Lande Demonstrationen gegen die Willkür der Ausbeuterklassen statt. Dieser Tag ging in die Geschichte der Revolution als einer ihrer Wendepunkte ein. Die Junidemonstrationen machten die zugespitzte politische Situation und die Schärfe des Klassenkampfes im Lande deutlich. Indem sie den Entwicklungsprozeß der Revolution beschleunigten, zeigten sie einerseits die sich festigende Aktionseinheit der Arbeiter und Soldaten, den gewachsenen Einfluß der bolschewistischen Partei unter den Massen, und offenbarten andererseits die Schwächung der Positionen der Bourgeoisie, die Unsicherheit der von den Konstitutionellen Demokraten, den Menschewiki und den Sozialrevolutionären gebildeten Regierung. Gerade in jenen Tagen, in einer höchst brisanten Situation, fand in Petrograd der I. Gesamtrussische Sowjetkongreß statt. I. G. Zereteli, einer der menschewistischen Führer, erklärte von der Tribüne dieses Kongresses herab: «Im gegenwärtigen Augenblick gibt es in Rußland keine Partei, die sagen würde: Gebt die Macht in unsere Hände, tretet ab, wir nehmen euren Platz ein.» Aus dem Saal wurde ihm von W. I. Lenin im Namen der bolschewistischen Partei selbstbewußt entgegengerufen: «Es gibt eine solche Partei!»

In Furcht vor den kommenden Ereignissen, einen weiteren Aufschwung der revolutionären Welle voraussehend, erneuerten die bürgerlichen Politiker in den ersten Sommerwochen den Versuch, die Romanows aus dem Raum Petrograd—Zarskoje Selo wegzubringen und ihnen den Weg ins Ausland zu öffnen.

Zuerst verliefen die Gespräche mit Buchanan «angenehm»,

wie Miljukow als Emigrant in seiner Pariser Zeitung schrieb, aber dann «spürte man, daß die Angelegenheit verschleppt wurde». Damals zeichnete sich noch eine andere Variante ab — die Möglichkeit, daß die Romanows Zuflucht in Spanien finden könnten. Da sich der spanische König Alfons XIII. jedoch nicht zu einer offiziellen Einladung entschloß, lag der Schwerpunkt nach wie vor auf dem Dialog mit den Engländern. Miljukow berichtete Sokolow, was weiter geschah: Nachdem «die Londoner Regierung ihre Bereitschaft erklärt hatte, die Zarenfamilie aufzunehmen», und «Buchanan mich unterrichtet hatte, daß für die Überfahrt ein Kreuzer kommen solle, war kein Kreuzer gekommen und die Abreise immer noch nicht erfolgt». Und eines Tages erschien Buchanan plötzlich im Außenministerium und setzte Miljukow davon in Kenntnis, daß «die britische Regierung nicht mehr auf der Übersiedlung der Zarenfamilie nach England ‹bestehe›».

Der Grund für diese Absage geht auf Palmerstons Prinzip zurück: «Britannien hat weder ständige Freunde noch ständige Feinde — es hat nur ständige Interessen.» Nachdem man gründlich über die Perspektiven der Aufnahme Nikolaus' und Alexandra Fjodorownas nachgedacht hatte, insbesondere im Lichte der stürmischen Ereignisse in Rußland sowie der zunehmenden revolutionären Gärung in Europa, war man in der Downing Street zu der Überzeugung gelangt, daß die Entstehung eines «Romanow-Nestes» auf den Britischen Inseln England keinerlei Vorteile verhieß, man jedoch gewiß mit Unannehmlichkeiten zu rechnen hatte.

Die Hauptschwierigkeit bestand darin, schreibt Frankland, «daß das englische Volk einer Einreise des ehemaligen Zaren nach England feindselig gegenüberstand und sich faktisch widersetzte». Obwohl es seit alten Zeiten zur Gewohnheit der herrschenden Kreise Britanniens gehörte, geflohenen Monarchen und Thronprätendenten Asyl zu gewähren (es sei an Ludwig XVIII., Louis Philippe, Napoleon III. und andere erinnert), beschlossen die Londoner Führer im Jahre 1917, sich einer Einladung an die Romanows zu enthalten; es war ihnen bewußt, daß die englischen Arbeiter weder den Blutsonntag noch die Niederschlagung des Aufstandes von Presnja im Dezember 1905, weder den Mord an der Lena 1912 noch die übrigen Verbrechen des Zarismus vergessen hatten.

Aufschlußreich, was Meriel Buchanan, die Tochter des Botschafters, in diesem Zusammenhang schreibt:

«Der Botschaftskurier brachte meinem Vater die dechiffrierte Londoner Depesche. Vater las sie und verfärbte sich im Gesicht.

‹Das Kabinett wünscht die Ankunft des Zaren in Großbritannien nicht mehr›, sagte er.

‹Warum?›

‹Sie haben Angst . . . Sie fürchten, daß es Unruhen im Lande geben wird. Sie fürchten, daß Streiks aufflammen . . . Überall können Arbeitsniederlegungen aufflammen: in den Docks, in den Rüstungsbetrieben, in anderen Betrieben, in den Bergwerken . . . Es ist nicht einmal die Gefahr ausgeschlossen, daß, wenn die Romanows in England landen, es in unserem Lande zu Meutereien kommt. Ich werde also der russischen Regierung mitteilen müssen, daß unser Abkommen mit ihr nicht mehr gilt.›»

Angesichts solcher Gefahren blieb dem Chef der Regierung Seiner Majestät nichts weiter übrig, als seinerseits auf Georg V. Druck auszuüben.

Das war nicht so einfach. Der englische König setzte sich verstärkt für Nikolaus ein, denn immerhin waren seine Mutter und Nikolaus' Mutter Schwestern, Töchter des dänischen Königs Christian IX. Er war der erste Verwandte gewesen, der Nikolaus nach dessen Abdankung ein Telegramm gesandt hatte.

Miljukow berichtete später über diese Depesche: «Schon in den ersten Tagen des Umsturzes war ein Telegramm von Georg V. auf den Namen des abgedankten Herrschers eingetroffen, in dem der König ihm sein persönliches Mitgefühl ausdrückte . . . Da aber die offizielle Person, an die das Telegramm gerichtet war, nicht mehr existierte, gab ich es Buchanan zurück.» Der Herr im Buckinghampalast ließ sich davon nicht beeindrucken. Als es zu einer Diskussion darüber kam, ob man dem gestürzten Zaren Zuflucht gewähren solle, trat er gegenüber seinem Premier und dem Kabinett für Nikolaus ein. Georg berief sich insbesondere darauf, daß erst vor einem Jahr, am 16. Februar 1916, die auf seine, Georgs, Anweisung nach Mogiljow entsandten General Padget und Lord Pembroke Nikolaus einen Marschallsstab der britischen Armee überreicht hatten. In seiner offiziellen Rede im Stab des Hauptquartiers in Mogiljow hatte Padget damals Nikolaus gebeten, «diesen Titel und den Stab als Zeichen der aufrichtigen Freundschaft und Liebe» anzunehmen, und Nikolaus hatte darauf mit einem Trinkspruch auf «Seine Majestät König Georg ... meinen lieben Vetter, Freund und Verbündeten» geantwortet.

Konnte man den britischen Feldmarschallsrang Nikolaus' II. nur deshalb vergessen, weil in Petrograd der Mob auf die Straßen gegangen war? Außenminister Sir Arthur James Balfour solidarisierte sich mit den Argumenten des Königs, wenn auch nicht für lange. Dennoch behielt Lloyd George, bekannt als «der Fuchs aus Wales», die Oberhand. Auch der Aufmerksamkeit Georgs V. entging schließlich nicht, daß die Weltöffentlichkeit die Gewährung eines Asyls für die Romanows in England in erster Linie ihm, dem König, der verwandtschaftlichen Protektion, zuschreiben würde und «daß es klüger sein würde, das englische Haus Sachsen-Coburg und Gotha nicht durch allzu hartnäckiges Eintreten für die Familie Romanow zu kompromittieren, die jahrhundertealte familiäre und politische Beziehungen mit Deutschland verkörperte». So sandte Andrew Chalford, sein Sekretär, im Auftrag des Königs Lloyd George einen Brief, der den Rückzug bedeutete: «Seine Majestät gibt seinerseits dem Zweifel Ausdruck, ob es klug wäre, die Zarenfamilie im gegenwärtigen Augenblick nach England zu entsenden, und zwar nicht nur wegen der Gefährlichkeit einer Reise in Kriegszeiten, die ihr bevorstünde, sondern in nicht geringerem Maße auch aus weitergehenden Überlegungen der nationalen Sicherheit und der Sicherheit des Empires.»

Über den dänischen Politiker Skavenius wandte sich Terestschenko mit der geheimen Anfrage an die kaiserliche deutsche Regierung, ob die Provisorische Regierung auf die Sicherheit des früheren Zaren und seiner Familie rechnen könne, wenn diese auf dem Seewege in ein westeuropäisches Land geschickt würden. Aus der Umgebung Wilhelms II. wurde über Kopenhagen geantwortet, daß die kaiserliche Regierung es für ihre Pflicht halte, zu versichern, daß es sich keine einzige Einheit der deutschen Kriegsflotte erlauben würde, irgendein Schiff anzugreifen, an dessen Bord sich der russische Imperator und seine Familie befinden. Diese Zusicherung nützte jedoch nichts mehr, denn bald darauf traf aus London die endgültige Absage ein.

Aber David Lloyd George war ja nicht die einzige Hoffnung, England nicht das einzige Land, in dem Kerenski die Romanows verstecken konnte. Doch eigenartig, trotz einer Vielzahl von Verwandten, Verbündeten und Freunden konnten die Romanows nach der Februarrevolution nirgends Unterschlupf finden.

Dänemark? Dort besitzt Nikolaus zwar einen Vetter, König Christian X.; aber, so stellt sich heraus, infolge seines Status als neutrales Land kann Dänemark den ehemaligen Souverän des kriegführenden Rußlands nicht aufnehmen. Griechenland? Die Mutter König Konstantins I., die verwitwete Königin Olga, stammte aus dem Hause Romanow, ja sie lebte sogar in Rußland; doch weder der prodeutsch gesinnte griechische König noch die pro-Entente gesinnte Regierung können, ebenfalls wegen der Neutralität des Landes, einer Aufnahme der Romanows zustimmen. Spanien? Königin Eugenia war eine Cousine Alexandra Fjodorownas, und König Alfons XIII. hatte stets besondere Sympathie für Nikolaus II. bekundet. Aber als es ernst wird, berufen auch sie sich auf die Neutralität. Norwegen? Neutral. Portugal? Neutral. Serbien, Montenegro? Sie verweisen auf ihre schwierige militärische Lage, auf die österreichische Okkupation. Frankreich? Frankreich, der treueste Verbündete, kann nun offen erklären, es wünsche nicht, daß der entthronte Tyrann und insbesondere seine aus Deutschland stammende Frau ihren Fuß auf republikanische Erde setzen . . .

Die Tatsache, daß sich in die hinter den Kulissen abspielenden Intrigen um die Romanows Ausländer einmischten (Wilhelm II., Georg V., Alfons XIII., Lloyd George, Balfour, Skavenius und andere), verschärfte die Situation. Unter den zahlreichen Plänen, die Romanows zu befreien, gab es keinen, der nicht von der Annahme ausländischer Hilfe ausging. Und alle diese Pläne scheiterten, wie noch gezeigt werden wird, aus ein und demselben Grund: Die Bevölkerung des Landes, die örtlichen demokratischen Organisationen und sogar die Wache der Zarenfamilie verhinderten ihre Ausführung. Daher mißlangen bereits in der ersten, in Zarskoje Selo spielenden Etappe des monarchistischen Ränkespiels sowohl das «offizielle» (Kerenski, Miljukow) als auch das «inoffizielle» (Markow der Zweite) Projekt, die Romanows ins Ausland zu bringen.

Allen revolutionär gesinnten Kräften war klar: Wohin ihr Fluchtweg die Romanows auch führen würde, sie würden nirgends Ruhe geben; der Wunsch nach Vergeltung und die Sehnsucht nach der verlorenen Macht würden ihre Aktivität verzehnfachen. Gelänge es ihnen, der Bewachung zu entkommen, so würden sie unvermeidlich zum Banner der Konterrevolution, zum Sammelpunkt ihrer gefährlichsten Vertreter. Sie würden bis ans Ende ihrer Tage zurück in ihre Paläste streben, würden weder sich noch Rußland noch der Welt Ruhe gönnen.

Sogar H. M. Heuer, der sich in seinen Artikeln so bemüht, Nikolaus als «sanft», «resigniert», «fatalistisch in sein Schicksal ergeben» darzustellen, räumt in seiner freien Porträtstudie ein, daß der gestürzte Zar sich in der Tiefe seiner Seele anscheinend doch nicht abgefunden hatte. Alexandra Fjodorowna «hoffte auf Befreiung, die sicher kommen würde. Sie hatte verläßliche Leute, tapfere Offiziere, die ihr Leben für sie geben würden. Sie hatte vertrauliche und geheime Nachrichten erhalten — trotz der strengen Zensur —, daß die Befreiung nahe sei.» In ganz offenkundigem Widerspruch zu seiner sentimentalen Erzählung über die letzte Rückkehr Nikolaus' aus Mogiljow in den Alexanderpalast gesteht er ein, daß sie zwar

Opfer waren, aber keineswegs schuldlose, da Nikolaus von einer vielleicht nur zur Hälfte bewußten Machtgier beherrscht war und meinte, daß diejenigen, die ihn befreien würden, nur eine fromme Mission erfüllten.

Einer, der diese «fromme Mission» ohne Zweifel gerne erfüllt hätte, blieb Kerenski, früher Justizminister, ab 8. Juli Regierungschef. Im Rang war er gestiegen, aber seine Möglichkeiten schrumpften ... Jetzt wurde es auch für ihn selbst schwierig, denn der Hochsommer 1917 war gekennzeichnet durch einen erheblichen Aufschwung der gemeinsamen Aktionen von Arbeitern, Bauern und Soldaten.

In der Stimmung der Volksmassen zeichnete sich ein weiterer heftiger Linksruck ab, in Richtung auf einen entschlossenen Kampf gegen die Konterrevolution, das Vertrauen des Volkes in die Bolschewiki wuchs. Als Antwort organisierte die Bourgeoisie vom 3. bis zum 5. Juli in der Hauptstadt massenhafte blutige «Strafaktionen» gegen die Arbeiterklasse, ihre bolschewistische Avantgarde und andere demokratische Elemente der arbeitenden Bevölkerung.

Die gründliche Analyse solcher Ereignisse wie der Juli-Erschießungen und Repressalien, die von der Provisorischen Regierung mit direkter Unterstützung durch die Sozialrevolutionäre und die Menschewiki veranstaltet wurden, führte Lenin zu der Schlußfolgerung, daß die Doppelherrschaft zu Ende war, daß die Konterrevolution sich organisiert und die reale Macht in ihre Hände genommen hatte.

Das Wüten der Reaktion nahm zu. Am 7. Juli wurde die Verfügung über die Auflösung der Militäreinheiten erlassen, die an der Julidemonstration in Petrograd teilgenommen hatten. Am 9. Juli wurden in der Hauptstadt die Räume einer Reihe von bolschewistischen und anderen demokratischen Organisationen zerstört. Die Führer der Sozialrevolutionäre und der Menschewiki, die der Bourgeoisie verräterisch eine Position nach der anderen überließen, erklärten die Provisorische Regierung zur «Regierung der Rettung der Revolution» und erkannten ihr unbegrenzte Vollmachten für weitere Repressalien zu.

Am 12. Juli führte die Provisorische Regierung an der Front die Todesstrafe ein. Die Redaktionen bolschewistischer Zeitungen wurden verwüstet und geschlossen. Am 18. Juli ernannte man General L. G. Kornilow zum Obersten Befehlshaber der Armee. Er befahl dann sofort, Soldatenmeetings mit Waffengewalt auseinanderzutreiben.

Es entstand eine einheitliche antibolschewistische Front, in der sich die Hauptkräfte der Konterrevolution zusammenschlossen: die Partei der Konstitutionellen Demokraten als Führer der russischen Bourgeoisie und das reaktionäre Militär, das aktiv von den Imperialisten der Entente unterstützt wurde, die sich in grober Weise in die inneren Angelegenheiten Rußlands einmischten. Eine wütende Kampagne der Verleumdung, der Hetze und des Terrors gegen die Bolschewiki setzte ein.

Besonders eiferte Kerenski. Auf seinen Befehl wurden Listen revolutionärer Kämpfer aufgestellt, die verhaftet werden sollten, was faktisch ihre Ermordung bedeutete. Die russische Bourgeoisie und auch die Vertretungen der Westmächte in Petrograd wußten die Bemühungen Kerenskis, der sich ja außerdem auch noch um die Sicherheit der Zarenfamilie und um den rechten Komfort für sie sorgte, wohl zu würdigen. Am 8. Juli hatte er, wie erwähnt, G. J. Lwow auf dem Posten des Regierungschefs abgelöst, wobei er zugleich das Amt des Armee- und Flottenministers behielt.

Am 22. Juli, vier Tage vor der Eröffnung des VI. Parteitages der SDAPR (B), inspirierte Kerenski die Veröffentlichung einer Mitteilung des Staatsanwaltes des Petrograder Kammergerichts in der Presse. Darin ging es um die sogenannte Untersuchung der Juli-Ereignisse und darum, W. I. Lenin sowie andere führende Bolschewiki «wegen Verrats und wegen Organisation eines bewaffneten Aufstandes» gerichtlich zur Verantwortung zu ziehen. Mit Freude griff die bürgerliche Presse die Mitteilung des Staatsanwaltes auf und verbreitete die Verleumdung der revolutionären Partei und der besten revolutionären Kämpfer. Auf direkte Weisung Kerenskis leitete General P. A. Polowzew, der Chef des Petrograder Militärbezirks, der die Juli-Erschießungen organisiert hatte, eine Jagd nach Lenin ein. «Ein Offizier, der sich in der Hoffnung, Lenin zu fassen, nach Terioki begab», schrieb der General in der Emigration, «fragte mich, ob ich diesen Herrn unversehrt oder auseinandergenommen zu erhalten wünsche ... Ich antwortete lächelnd, daß Verhaftete sehr oft Fluchtversuche unternehmen.» Das war eine nicht mißzuverstehende Aufforderung, den Führer der Revolution umzubringen.

Ihren zeitweiligen Sieg in den Juli-Tagen versuchte die Bourgeoisie dazu auszunutzen, eine offene Militärdiktatur zu errichten. Zum Generalappell der konterrevolutionären Kräfte sollte eine viertägige sogenannte Staatsberatung werden, die im August in Moskau im Gebäude des Bolschoi-Theaters abgehalten wurde. Am Eröffnungstag protestierten allein vierhunderttausend Arbeiter des Moskauer Industriegebietes sowie Hunderttausende in den Betrieben anderer Großstädte mit Streik gegen dieses Treffen. Die Behörden mußten um das Bolschoi-Theater einen dreifachen Polizei- und Truppenkordon aufstellen. Mit wütenden Aufrufen, die Revolution zu ersticken und an der Front und im Hinterland mehr Todesurteile zu fällen, wandten sich der Oberste Befehlshaber, Kornilow, der Ataman Kaledin und der Führer der Partei der Konstitutionellen Demokraten Miljukow an die Beratung; der Regierungschef, Kerenski, versicherte der Reaktion, daß er alles tun werde, um die revolutionäre Bewegung «mit Blut und Eisen» zu unterdrücken.

Lenin charakterisierte die Lage, die sich nach den Juli-Ereignissen ergeben hatte, als den Beginn des Bonapartismus. Noch hatte sich nicht mit voller Gewißheit herausgestellt, welchem der Kandidaten für einen russischen Bonaparte die Bourgeoisie und ihre Entente-Verbündeten den Vorzug geben würden. Es schien, daß Kornilow die größten Chancen auf eine solche Rolle besaß. Aber auch Kerenski hatte die Hoffnung noch nicht verloren und nahm immer wieder wie ein Schauspieler napoleonische Posen ein.

Vorläufig betreute er weiter geschäftig und lautstark die Romanows. Er war und blieb ihr Schutzengel.

Am 9. August fuhr er beim Palais vor, lief die Haupttreppe zu den Appartements hinauf, nahm mit dem ehemaligen Zaren auf dem Diwan Platz und sagte, nach einleitenden Fragen zum Wohlbefinden jedes einzelnen Familienmitgliedes und der Stimmung der Familie insgesamt: «Wissen Sie, Nikolaus Alexandrowitsch, Sie werden mit der Familie von hier wegfahren müssen.»

«Warum?»

«So hat es gestern die Regierung beschlossen. Glauben Sie mir, sie will nur Ihr Gutes. Im Moment heißt das: mehr Sicherheit für Sie.»

«Aber wohin sollen wir fahren, Alexander Fjodorowitsch?»

«Verzeihen Sie, das kann ich noch nicht sagen.»

«Ich möchte gern auf die Krim, nach Liwadija . . .»

«Greifen wir nicht voraus. Über die Richtung wird später Genaueres gesagt werden.»

Nach kurzem Schweigen fügte er hinzu: «Wenn Sie, wie ich hoffe, im Prinzip keine Einwände haben, würde ich Sie bitten, unverzüglich ans Packen zu gehen.»

Und, wieder nach einer kleinen Pause: «Es gibt weder für Sie noch für Ihre Majestät irgendwelche Beschränkungen. Von den Sachen können Sie mitnehmen, was Sie wollen. Und zu Ihrer Begleitung — Ihrem persönlichen Wunsch entsprechend — ebenfalls, wen Sie wollen.»

Kapitel XIII
Vorletzte Reiseroute: Tobolsk

Warum Tobolsk?

Im Schloß hatte sich längst die Verwirrung des Frühjahrs gelegt. Alles war gleichsam etwas stiller geworden. Nur in einer Ecke des Parks war ab und zu das Geräusch einer Säge zu hören — Nikolaus Romanow gab sich seiner Lieblingsbeschäftigung hin. Anscheinend hatte er sein seelisches Gleichgewicht wiedergefunden.

Blok erschien das seltsam . . . Schon am 25. Mai hatte er in sein Notizbuch einige Zeilen von erstaunlicher Weitsicht eingetragen; aus dem Munde des Dichters sprach der Prophet: «Beim Frühstück . . . erzählte der Kommandant des Schlosses von Zarskoje Selo Einzelheiten über das Leben der Zarenfamilie. Ich entnahm dieser Erzählung . . ., daß die Tragödie noch nicht begonnen hat; sie wird entweder gar nicht beginnen (offensichtlich eine Anspielung auf die mögliche Ausreise der Romanows — M. K.), oder sie wird schrecklich sein, wenn sie Auge in Auge dem wutentbrannten Volk gegenüberstehen werden . . .»

Bis zu der «schrecklichen Tragödie», die Blok voraussah, war es noch weit, aber uns Heutigen scheint, daß durch das Wort «Tobolsk», das bald in aller Munde sein sollte, bereits ihr kaum spürbarer Atem weht . . .

In vorrevolutionären Handbüchern ist zu lesen: «Tobolsk — Gouvernementsstadt am rechten Ufer des Irtysch, unweit der Einmündung des Tobol. Gegründet 1587 durch den Kosakenführer Danila Tschulkow. 1708 bis 1824 Verwaltungszentrum ganz Sibiriens. Hat die frühere Bedeutung verloren. 22000 Einwohner. Hauptbeschäftigung — Fischfang und Handwerk. 25 Kirchen. Einige Betriebe, in denen 600 Arbeiter Waren im Werte von 250000 Rubel im Jahr herstellen. Außerdem gibt es einen Hafen, eine Bank, ein Museum, ein Denkmal Jermaks, eine Feuerwehr, ein Armenhaus, ein Findelhaus, eine Gesellschaft der Antialkoholiker sowie eine Gesellschaft für Wasserrettung. Von 2332 Häusern sind 50 aus Stein erbaut.»[21]

Eines dieser fünfzig Häuser sollte die vorletzte Bleibe der letzten Romanows werden.

Das erstemal wurde Tobolsk Mitte Juni auf einer Sitzung der Provisorischen Regierung von Kerenski erwähnt. In welchem Zusammenhang, das berichtete er später selbst so: «Der Grund, der die Regierung veranlaßte, die Familie nach Tobolsk zu überführen, war der sich mehr und mehr zuspitzende Kampf mit den Bolschewiki ... In dieser Frage zeigte sich große Erregung seitens der Soldaten- und Arbeitermassen ... Zarskoje Selo war für uns, die Provisorische Regierung, der wundeste Punkt ... Sie (die Bolschewiki — M. K.) machten auf die eifrigste Weise Propaganda unter den Soldaten, die in Zarskoje Wache hielten, und zersetzten sie. Ich war wiederholt in Zarskoje, erfuhr dort von Unregelmäßigkeiten und mußte reagieren, wobei ich manchmal heftige Ausdrücke gebrauchte. Weil der diensthabende Offizier nach alter Schloßtradition eine halbe Flasche Wein aus dem Keller des Zaren erhielt, was die Soldaten erfahren hatten, gab es einen Skandal. Die unvorsichtige Fahrweise eines Chauffeurs, der die Einfriedung des Parks mit dem Auto beschädigte, löste unter den Soldaten ... den Verdacht aus, man wolle den Zaren entführen. Das alles ... kostete uns reale Kraft — die Garnison von Zarskoje Selo, in der wir eine Stütze gegen das sich bereits zersetzende Petrograd sahen.»

Es ist klar, weshalb Tobolsk die Blicke Kerenskis auf sich zog: Die Verschärfung der politischen Lage im Raum Petrograd erforderte die Verlegung der Romanows in eine andere, für sie weniger gefährliche Region. Die Hoffnungen, sie ins

Ausland zu bringen, hatten sich zerschlagen; andererseits barg die wachsende Spannung des Kampfes zwischen den Kräften der Revolution und der bürgerlich-gutsbesitzerlichen Konterrevolution die Gefahr, daß Querschläge auch die Gefangenen von Zarskoje Selo trafen.

In dieser Situation, so Kerenski, bot es sich an, «irgendeinen anderen Aufenthaltsort zu suchen; und die Entscheidung dieser Frage wurde mir übertragen. Ich untersuchte diese Möglichkeit. Ursprünglich hatte ich vor, sie irgendwohin nach Zentralrußland zu bringen; ich dachte an die Güter Michail Alexandrowitschs oder Nikolai Michailowitschs. Es stellte sich heraus, daß das absolut unmöglich war. Allein die Tatsache, daß der Zar durch das Arbeiter- und Bauernrußland an diese Orte hätte reisen müssen, war einfach undenkbar. Undenkbar war es auch, sie nach Süden zu bringen. Dort lebten bereits einige der Großfürsten sowie Maria Fjodorowna, und es gab dort deswegen bereits Mißverständnisse. Letzten Endes blieb ich bei Tobolsk und nannte es den Ministern . . .

Seine besondere geographische Lage, hervorgerufen durch die Abgelegenheit vom Zentrum, schloß den Gedanken aus, daß dort irgendwelche spontanen Exzesse möglich wären. Außerdem wußte ich, daß es dort ein gutes Gouverneurshaus gab. Das bestimmte ich dann auch als Wohnsitz . . . Ich erinnere mich, daß ich eine Kommission nach Tobolsk geschickt hatte, zu der, glaube ich, Werschinin und Makarow gehörten, um die Umstände zu klären. Sie brachten gute Nachrichten mit.»

Gefördert wurde die Wahl von Tobolsk durch den Erzbischof Germogen, eine schillernde Persönlichkeit. Er war einst Freund und Gefährte Rasputins gewesen, später jedoch sein Todfeind geworden. Rasputin gab es nicht mehr, Germogens Stern aber war weiter im Steigen; schon zur Zeit der «Februardemokratie» erhielt er aus den Händen W. N. Lwows, des «revolutionären» Oberanwalts des Synod, die Ernennung zum Erzbischof von Tobolsk. Aus seiner sibirischen Ferne beobachtete der kirchliche Würdenträger aufmerksam die Ereignisse um den Alexanderpalast. Als er erfuhr, daß die Provisorische Regierung die Wahl eines neuen Aufenthaltsortes für den ehemaligen Zaren erörterte, erschien er persönlich in Petrograd und schlug Kerenski vor: Wenn man die Romanows verlegen müsse, dann am besten nach Tobolsk.

Der Vorschlag gefiel. Ein Städtchen, das zwar Gouverneurssitz gewesen, im übrigen aber klein, ruhig, halbverschlafen war. Arbeiter gab es nur wenige, mehr Handwerker und Kleinbürger; eine ziemliche Übermacht der Kaufmannschaft und der Beamtenschaft. Außerdem gab es sowohl in der Stadt als auch in den angrenzenden Rayons einen starken monarchistisch gesinnten Klerus. An der Spitze dieser ganzen schwarzen Streitmacht stand der dräuende, unermüdliche Germogen. Die nächste Bahnstation — Tjumen — war fast zweihundertundvierzig Werst entfernt. Im Sommer war die Stadt mit ihr durch Flußdampfer verbunden, im Winter reiste man mit dem Schlitten.

Inmitten der düsteren Weite der Taiga gelegen und von Sümpfen umgeben, erschien die Stadt wie abgeschieden vom übrigen Land. Doch der Schein trog, über Irtysch und Ob führte ein direkter Wasserweg zum Ozean, und bei Schnee gab es gut befahrene Schlittenstraßen zu den wichtigsten sibirischen Städten ... In Tobolsk, sagte sich Kerenski, konnte man ruhig leben, sich in Sicherheit fühlen, und wenn es sich ergeben sollte, daß die Verbannten fliehen wollten, so konnten sie das ohne besondere Mühe und Gefahr tun.

Würde er sich nicht Vorwürfe anhören müssen? Darüber brauchte man sich keine Gedanken zu machen. Der Umsiedlung der Romanows an einen solchen Ort würde sich das Volk nicht widersetzen. Das Geschickte bei diesem Vorgehen unterstreicht Heuer, indem er Edmond la Pierre Taylor zitiert: «Tobolsk war von der revolutionären Unruhe, die im europäischen Rußland herrschte, nahezu völlig unberührt. Nikolaus II. und seine Familie würden dort ganz sicher sein, sie wären dort der öffentlichen Aufmerksamkeit entzogen, und schließlich bestand sogar die Möglichkeit, sie ganz im stillen über die Grenze und das Meer nach Japan zu schmuggeln.

Gleichzeitig lag Tobolsk aber in Sibirien — dem klassischen Ort der Verbannung für politische und andere Verbrecher ... Niemand konnte Kerenski des Verrats an der Revolution zeihen, weil er die Romanows nach Sibirien geschickt hatte ...» Viktor Alexandrow ist derselben Meinung: «Wie gewöhnlich wählte Kerenski auch in diesem Falle so, daß er sowohl gegen die Rechten als auch gegen die Linken abgesichert war.»

Er hatte in der Tat eine günstige Position bezogen; sie erlaubte ihm, weiter als Demokrat zu gelten, und zugleich konnte er für die Konterrevolution den entthronten Monarchen in Reserve halten. Für die Tobolsker Operation wurde er von den einen gelobt, von anderen beschimpft. Der Transport hinter den Irtysch wie auch die nicht zustande gekommene Verbringung ans Weiße Meer sind später heiß diskutiert worden. Die einen griffen Kerenski an, weil es ihm nicht gelungen war, Nikolaus an Bord eines Kreuzers zu bringen. Die anderen warfen ihm vor, daß er die Romanows nach Norden und nicht nach Süden gebracht hatte.

Nachdem Kerenski sich Mitte des Sommers überzeugt hatte, daß die Romanows auch im Süden mit «Mißverständnissen» zu rechnen hätten, beschloß er, die Expedition nach Sibirien nicht länger aufzuschieben. Er setzte Nikolaus, wie bereits berichtet, am 9. August von der bevorstehenden Abreise in Kenntnis und begab sich dann zur Kommandantur von Zarskoje Selo. Dorthin waren schon am Morgen die Mitglieder des Stadtsowjets, Oberst Kobylinski sowie einige Offiziere und Unteroffiziere aus den in Zarskoje Selo stationierten Regimentern zusammengerufen worden, darunter auch der Vorsitzende des Soldatenrates der Garnison, der Fähnrich Jefimow. «Bevor ich Ihnen etwas sage, werde ich Ihnen das Wort abnehmen, daß alles, was in Kürze geschehen wird und worüber wir uns jetzt verständigen müssen, vorläufig unter uns bleibt, ein strenges Geheimnis bleibt», mit diesen Worten eröffnete Kerenski die Beratung. Er erhielt das Wort der Anwesenden und teilte ihnen mit, die Zarenfamilie werde auf Beschluß der Regierung nach Tobolsk gebracht. Man müsse nun hier besprechen, wie das geschehen solle.

Im Verlauf der Beratung wurde entschieden, zwei Züge zusammenzustellen, einen für die Zarenfamilie und ihre unmittelbare Begleitung, den anderen für die übrigen, einschließlich der Wachmannschaft. Die Stärke der Militärabteilung sollte annähernd dreihundertundfünfzig Mann betragen. Die Soldaten und die sechs Offiziere hatten das 1., das 2. und das 4. Garderegiment zu stellen, die um das Palais herum stationiert waren. Als Kommandeur der Abteilung, der für die Ordnung im Zug verantwortlich sein würde, bestimmte man Oberst Kobylinski. An der Spitze der Expedition würden die Sonderbevollmächtigten der Regierung stehen, die vor kurzem in Tobolsk gewesen waren, und zwar der Duma-Abgeordnete W. A. Werschinin und der Assistent des Regierungskommissars beim Hofministerium (und persönliche Freund des Premierministers) Ingenieur P. M. Makarow.

Kobylinski war energisch. Jefimow unterstützte ihn. Am 12. August stand die Wachabteilung, alles ausgesuchte Männer, sämtlich Träger des Georgskreuzes, die beinahe drei Jahre gekämpft hatten, bereit. Auf Anweisung des Premierministers erhielten alle neue Uniformröcke und Mäntel sowie neue Gewehre. Zugweise wurden die Gardisten zum Übungsplatz geführt, wo der Premier den Appell abnahm, durch die Reihen ging und zufrieden war; am Schluß verkündete er vor den angetretenen Soldaten, daß sowohl den Offizieren als auch den Soldaten für die Dauer der bevorstehenden Fahrt erhöhter Sold gezahlt würde.

Während die Soldaten eingekleidet und ausgerüstet wurden, suchte Nikolaus seine Reisegefährten aus. Nicht alle nahmen die Einladung an. So bat der ehemalige General der Suite Naryschkin, derselbe, der am 22. März vom Bahnsteig geflohen war, um vierundzwanzig Stunden Bedenkzeit und ließ sich dann nicht mehr sehen. Auch einige andere verhielten sich so. Aber viele, mehr als vierzig Personen, waren bereit, die Verbannung mit ihm zu teilen. Unter ihnen befanden sich Generaladjutant I. L. Tatistschew, Oberhofmarschall W. A. Dolgorukow, die Hofdamen und Bedienerinnen S. K. Buxhoevden, A. W. Gendrikowa, J. A. Schneider,

E. N. Ersberg, M. G. Toutelberg und M. W. Sanotti, die Lehrer und Erzieher Sidney (Iwanowitsch) Gibbs und Pierre (Andrejewitsch) Gilliard sowie der Leibarzt J. S. Botkin und W. N. Derewenko, der Arzt des Thronfolgers. Für die Bedienung der sieben Familienmitglieder wurden insgesamt sechs Lakaien, drei Diener für den Thronfolger (der Kinderwärter K. G. Nagorny, S. I. Iwanow und der zehnjährige Iwan Sednew), drei Köche, fünf Bediente, drei Zimmermädchen, ein Schreiber, ein Garderobier und ein Friseur mitgenommen. Ein Diener, der den Rang eines «Kellermeisters» bekleidete, war ebenfalls dabei. Zwei der Ausgesuchten, Gibbs und der Koch Charitonow, die sich in Petrograd aufhielten, fuhren später nach Tobolsk. Die Utkina und die Romanowa, die Zimmermädchen der Zarin, die in den Listen nicht aufgeführt waren, trafen ohne Wissen der Behörden zwei Monate später in Tobolsk ein.

Unter japanischer Flagge

Die Abreise war für den frühen Morgen des 14. August angesetzt worden. Am Vortag kam Kerenski nach Zarskoje Selo. Er befahl Kobylinski, die Wachmannschaft auf dem Platz vor dem Palais antreten zu lassen, schritt noch einmal die Front ab, sah sich die Soldaten an, warf sich dann in Pose und hielt ihnen eine Abschiedsrede, in der er unter anderem sagte: «Denkt daran, Soldaten: Einen Liegenden schlägt man nicht. Verhaltet euch höflich und nicht wie Flegel. Vergeßt nicht, daß dies der ehemalige Imperator ist. Weder er noch seine Familie dürfen in irgendwelcher Hinsicht Entbehrungen erleiden.»

Nach fünf Monaten Aufenthalt unter Bewachung traten die sieben Mitglieder der Zarenfamilie in Begleitung Kerenskis aus dem Haupteingang des Alexanderpalais, nahmen in zwei Automobilen Platz und fuhren, eskortiert von Dragonern des 3. Baltischen Regiments, zur nahen Bahnstation Alexandrowskaja. Hinter der Familie folgte Kerenski in seinem Auto.

Der Zug des ehemaligen Zaren fuhr unter japanischer Flagge. Am Schlafwagen, dessen mittlere vier Abteile die Familie einnahm, war die Aufschrift «Japanische Mission des Roten Kreuzes» angebracht worden. Die Züge fuhren mit maximaler Geschwindigkeit und vermieden den Halt in Städten und auf größeren Stationen. Aus Petrograd gab es die Weisung, bei Annäherung der beiden Züge die wichtigsten Bahnhöfe durch Truppen abzuriegeln und das Publikum von den Bahnhöfen und Bahnsteigen zu entfernen. Für kurze Zeit hielten die Züge an kleinen Haltepunkten, länger auf freier Strecke, wo sich die wichtigsten Passagiere, von Werschinin und Makarow begleitet, draußen die Füße vertreten konnten. Den übrigen war es verboten, die Wagen zu verlassen.

Die Reise «durch das Arbeiter- und Bauernrußland» verlief ziemlich glatt, wenn man von Vorfällen auf der Station Swanka und in Perm absieht. Im ersten Falle forderten die Eisenbahner, im zweiten die Vertreter des örtlichen Sowjets, daß ihnen die Dokumente, die Passagiere und die Fracht zur Kontrolle vorgewiesen würden. Hier wie dort gelang es Werschinin und Makarow, solchen Eindruck mit ihren vom Ministerpräsidenten unterzeichneten Kommissarsmandaten zu machen, daß die Fahrt bald weitergehen konnte.

Im Morgengrauen des 17. August durchfuhren die Züge sehr langsam Jekaterinburg. Nikolaus und Alexandra, die keinen Schlaf gefunden hatten, standen im Gang am Fenster und betrachteten die vorbeischwimmenden Viertel der alten Uralstadt, ohne zu ahnen, daß sie noch einmal hierherkommen würden, im nächsten Frühjahr, und daß das ihre letzte Reise sein würde.

Am 17. August kam man in der Abenddämmerung in Tjumen an. Mit Automobilen, die von der Stadtduma zum Bahnhof geschickt worden waren, brachten die Kommissare die Familie zum Hafen. Hier lagen drei Schiffe — die «Rus», die «Kormilez» und der Schlepper «Tjumen». Am frühen Morgen des nächsten Tages legten die Dampfer ab und nahmen Kurs auf Tobolsk.

Am darauffolgenden Nachmittag erreichte die Schiffskara-

wane ihr Ziel. Das Haus, das für die Familie Romanow bestimmt war, wurde renoviert, konnte seine zukünftigen Bewohner also noch nicht aufnehmen. Man mußte sieben Tage
auf dem Dampfer leben. Es war sommerlich warm und sonnig. Als es schließlich langweilig wurde, beschlossen die Kommissare, ihre Schutzbefohlenen zu zerstreuen, und organisierten für sie eine Bootsfahrt den Tobol hinauf zum Kloster von
Abalak. Es wurde ein lärmender und bunter Ausflug. Die
Menge umgab die prominenten Gäste dicht, ja bedrängte sie
fast. Vor allem Frauen — weinende und stöhnende Pilgerinnen, Nonnen, Hysterikerinnen, Kaufmanns- und Beamten-
frauen mit ihren Töchtern — aber auch hinterwäldlerische
Kulaken. Die Romanows spazierten in Begleitung der Kommissare durch die Zellen, nahmen am Gottesdienst teil, flehten den Allerhöchsten um Gnade und Schutz an . . .

Am 26. August begann vor den Augen von Tausenden von
Einwohnern, die sich am Ufer zusammengefunden hatten, die
Ausschiffung. Von der Anlegestelle zog sich die bunte Prozession hinauf in die Stadt. An der Spitze das Haupt der Familie. Er ging ruhig, sogar selbstbewußt, bewahrte Haltung.
Nur das bekannte nervöse Schulterzucken war ein wenig stärker als üblich, und das Gesicht über dem grauen Offiziersrock
mit den goldenen Obristenschulterstücken wirkte müde.

Ihm folgte leichtfüßig, fast springend, sein Sohn, adrett, mit
sorgfältig geschnittenen Haaren, ziemlich groß. Ein hübsches, aber zu blasses Gesicht, große lebhafte Augen, die interessiert auf alles ringsum blickten, und genau dieselbe Offiziersuniform, wie sie der Vater trug: Uniformjacke mit goldenen Schulterstücken, Reithosen und von Nagorny blitzblank
geputzte Chromlederstiefel.[22]

Im offenen Wagen — seine Mutter: dasselbe, Rußland und
der Welt bekannte, aber noch schärfer gewordene Profil.
Hochmütigkeit, Trauer und tödliche Verachtung für alles,
was ihr gläsern wirkender Blick erfaßte.

Hinter dem Wagen hasteten die vier Prinzessinnen in langen Cheviotröcken; alle vier trugen gleiche Herbstpullover,
hielten absolut gleiche Täschchen in der Hand. Maria sah

hübsch aus. Die anderen erschienen fast gesichtslos, sie hatten weder mit dem Vater noch mit der Mutter besondere Ähnlichkeit.

Dann folgte die bunte, sich durch die Straßen hinziehende Menge der Suite und der Dienerschaft. Mit und ohne Titel. Kammerdiener und Kinderfrauen. Köche und Lakaien. Die Diener des Paares, die Diener der Töchter und des Sohnes, die Diener der Suite und die Diener der Diener.

Trotzdem war das Ganze nicht mit früheren Auszügen aus dem Schloß zu vergleichen. Es fehlte die glänzende Begleitung, die dem Imperator die dreiundzwanzig Jahre seiner Macht und Größe hindurch gefolgt war. Kaum ein halbes Hundert Menschen, die mit ihm die Verbannung teilten, nachdem ihnen Oberst Kobylinski versichert hatte, daß sie ihre Bezüge weiter erhalten würden ...

Tricktrack-Spiele und Liebhaberaufführungen

Das Haus war insgesamt nicht übel. Da es für einen, inzwischen geflohenen, Gouverneur gebaut worden war, hatte es einen Balkon und zur Straße hin einen Vorgarten, den ein Eisengitter abschloß. Das ganze Grundstück samt Nebengebäuden war von einem Bretterzaun umgeben. An den Ecken des Zaunes und am Tor gab es Postenhäuschen. Noch am Vortag hatte die Straße «Dworjanskaja», Adelsstraße, geheißen. Jetzt, als die Romanows einzogen, zeigten neue Straßenschilder einen neuen Namen: «uliza swobody» — Straße der Freiheit.

Die Zimmer waren groß, achtzehn insgesamt. Es gab elektrischen Strom und fließendes Wasser. Die Familie wurde oben untergebracht — ein Arbeitszimmer für Nikolaus, ein Zimmer für Alexej, vier Zimmer für die Damen, ein Besuchszimmer und ein Speisezimmer. Die Möblierung war unterschiedlich. Einiges war noch vom Gouverneur da, vieles war aus Zarskoje Selo herangeschafft worden. Kostbare Diwane, Sessel und Hocker, Teppiche und Gobelins, seidene und samtene Behänge, Portieren vor den Fenstern und Türen. Die Lakaien trugen Livree und goldene Posamenten.

Oben war es noch verhältnismäßig geräumig; das Erdgeschoß jedoch, das der Dienerschaft und einem Teil der Wache zugeteilt worden war, quoll von Menschen über. Im Kellergeschoß, halb unter der Erde gelegen, befanden sich die Küche und die Lagerräume. Dort war es noch schlimmer. Kobylinski hatte die Menschen unter katastrophalen Bedingungen zusammengepfercht. Die an den Herden arbeiteten, schliefen auf dem Fußboden zwischen dem Hausgerät. Erschwerend wirkte, daß man viel zu viele Sachen mitgebracht hatte. In den Zimmern und den Korridoren des Kellergeschosses sowie im Erdgeschoß waren die Koffer bis an die Decke aufgetürmt. Obwohl jeder Lakai seine besondere Aufgabe hatte — einer war für die Wäsche, ein anderer für die Anzüge, ein dritter für das Schuhwerk zuständig —, gab es anfangs oft ein heilloses Durcheinander, da niemand genau wußte, welche Sachen in welchem Koffer lagen. Hinzu kam, daß viele Koffer mit Tabakspfeifen, Sonnenschirmen, Reitgerten und ähnlichem Plunder vollgestopft waren. Allein die Kofferschlüssel wogen sechzehn Pfund.

Da es im Gouverneurshaus zu eng war, erhielten einige Personen der Suite und ein Teil der Dienerschaft im Haus gegenüber Quartier, einem ebenfalls einstöckigen Haus, das dem Kaufmann Kornilow gehörte. Dort, auf der anderen Straßenseite, zogen auch die beiden Kommissare und Kobylinski ein.

Die Stimmung der Bewohner des Gouverneurshauses war im allgemeinen gut und optimistisch. Man stand zwar unter Bewachung, aber es war erträglich, warm, gemütlich und ruhig. Die Kommissare waren freundlich und zuvorkommend, Kobylinski — ganz Aufmerksamkeit und Fürsorge. Am Tage ging die ganze Familie über die Straße und durch eine kleine Grünanlage zum Gottesdienst in die Mariä-Schutz-Kirche. Die Einwohner liefen zusammen, um zu schauen, standen auf beiden Seiten Spalier.

Aus derselben Kirche wurde der Priester Alexej Beljajew

zum Hausgeistlichen der Zarenfamilie gewählt. An den Abenden sitzt er im Besuchszimmer, unterhält sich, wird aufmunternd angelächelt. Aus dem Haus des Kaufmanns Kornilow kommen Mitglieder der Suite, um in Gesellschaft der Familie Tee zu trinken, Tricktrack zu spielen und belanglose Neuigkeiten auszutauschen.

Irgendwo in der Ferne erregt sich das aufgewühlte Land, überschlagen sich die Ereignisse. Hier aber, in der Tiefe Sibiriens, am Rande der Sümpfe und der Taiga, verbirgt sich das vor kurzem noch allmächtige Zarenpaar, das von Rußland anscheinend aus den Augen verloren, von allen fast vergessen worden ist. Die schon recht langen Abende hüllen die Stadt in Nebel, Stille und Finsternis. Von den Fenstern der oberen Etage aus sieht man abends durch den feuchten Dunst die Lichter auf dem Fluß, manchmal ist das Tuten von Dampfern zu hören, die sich verirrt zu haben scheinen. Doch die Stille ist trügerisch. In der Dunkelheit streichen Unbekannte um das Haus. Sie schauen verstohlen in die Fenster, geben Zeichen, schieben Zettel durch Zaunspalten und verschwinden eilig in der Schwärze der Nacht, wenn sie den diensthabenden Offizier erblicken.

Kaum zwei Wochen waren vergangen, seit die Romanows die Schwelle dieses Hauses betreten hatten, als aus der Hauptstadt die Nachricht von einem Ereignis kam, das das Land erschütterte: der Meuterei des früheren Zarengenerals und gegenwärtigen Obersten Befehlshabers Kornilow.

Am 25. August setzte Kornilow das 3. Kavalleriekorps von General Krymow auf Petrograd in Marsch, verkündete, er wolle «die Heimat retten». Anfangs war auch Kerenski an der Verschwörung beteiligt, doch als die Aktion begann, erklärte er Kornilow zum Meuterer gegen die Provisorische Regierung. Das Zentralkomitee der Partei der Bolschewiki rief die Arbeiter und Soldaten zur bewaffneten Abwehr auf, wies aber gleichzeitig weiter auf die volksfeindliche Politik der Provisorischen Regierung sowie ihrer sozialrevolutionären und menschewistischen Helfershelfer hin.

Die drohende Gefahr mobilisierte die Volksmassen; die revolutionären Kräfte scharten sich um die bolschewistische Partei. Die Zahl der Rotgardistenabteilungen wuchs, da die Arbeiter sich bewaffneten, in jenen Tagen um ein Mehrfaches. Den Kornilow-Regimentern wurden Agitatoren entgegengeschickt. Bereits am vierten Tag des Putsches weigerten sich alle Regimenter, das revolutionäre Petrograd anzugreifen. Der Kornilow-Putsch war zerschlagen. Krymow erschoß sich. Kornilow und seine Helfer — darunter Denikin und Lukomski — wurden verhaftet und nach Bychow geschickt (von wo sie später flohen).

Die Nachricht vom Scheitern des Kornilow-Putsches traf die Familie schwer. Alexandra Fjodorowna sprach zu Fräulein Buxhoevden verzweifelt davon, daß sich nun das Licht noch einmal verdunkelt habe. In der Stadt selbst war es still geblieben, alles ringsum war ruhig und verschlafen. Die Zeit floß träge dahin.

Zu Beginn des Winters hatte sich in den meisten russischen Provinzstädten die Macht der Sowjets konstituiert. Hier in Tobolsk dagegen regierte auch Anfang 1918 noch die Stadtduma und nicht der Sowjet, in dem menschewistisch-sozialrevolutionäre Kräfte den Ton angaben. Sie verfügten im Sowjet über eine erdrückende Stimmenmehrheit, besaßen aber weder die Macht noch die Autorität, einen Blick ins Gouverneurshaus zu werfen; man ließ sie dort nicht einmal über die Schwelle.

Erzbischof Germogen und seine Kumpane dagegen hatten recht schnell eine feste Verbindung zum Gouverneurshaus hergestellt. Als wichtigster Mittler zwischen der Residenz der Romanows und der monarchistischen Konterrevolution fungierte Vater Alexej, der Zugang zum Haus hatte. Ihn unterstützten die Zimmermädchen Utkina und Romanowa, die inzwischen in Tobolsk eingetroffen waren und sich dort als normale Bürger niedergelassen hatten. Durch die Bemühungen Germogens hatten praktisch alle, die sich an der Vorbereitung der Befreiung beteiligten, Zugang zur Zarenfamilie. Diese Vorbereitung hatte schon in den ersten Tagen nach der Ankunft der berühmten Mieter begonnen.

Germogen konnte besondere Hoffnungen auf die ihm unterstellten Klöster setzen: das Männerkloster von Abalak, das Snamenski-Kloster als die Bischofsresidenz in Tobolsk selbst oder das Iwanowski-Frauenkloster ... Das waren umfangreiche Wirtschaftsbetriebe, quasi ganze Städtchen mit eigenen Finanzen, eigenen Ländereien, Werkstätten und Gasthäusern.

Der kirchlichen Front schloß sich die weltliche an. In der ersten Zeit war das der «Bund der Frontkämpfer», eine Organisation von Offizieren und Unteroffizieren aus bürgerlichen und großbäuerlichen Schichten der weiteren Umgebung. An der Spitze des «Bundes» stand ein gewisser Stabskapitän Wassili Lepilin, angeblich ein politisch Verbannter, ein Mann mit dunkler Vergangenheit, den Germogen von Dezember 1917 an mit monatlich zwölftausend Rubel unterstützte.

Lepilin stellte in Tobolsk eine ernste Gefahr dar. Im Herbst war seine Organisation zu einer bedeutenden bewaffneten Kraft geworden. Er drohte offen, die Mitglieder des städtischen Exekutivkomitees zu verhaften, den Sowjet auseinanderzujagen und unter dessen Anhängern ein Blutbad anzurichten, wie es Dutow in Orenburg getan hatte. Im Dezember gelang es den Bolschewiki, die Helfershelfer Lepilins in der örtlichen Garnison zu entwaffnen. Außerdem fanden sie im Gouvernementsarchiv Dokumente, die von der kriminellen Vergangenheit Lepilins zeugten, und veröffentlichten sie. Daraufhin wurde er verhaftet und dem Omsker Revolutionstribunal überstellt, kam jedoch wieder frei und kehrte nach Tobolsk zurück.

In der Nähe der Stadt, am menschenleeren Ufer des Irtysch, lag der Schoner «Swjataja Marija». Wem gehörte er, und was wollte er hier? In der Stadt hieß es schon seit Monaten: Bei der ersten günstigen Gelegenheit noch in diesem Herbst, und wenn es nicht vor dem Frost gelingt, dann im Frühling 1918, sobald die Sonne wärmt und die Flüsse frei werden, wird Erzbischof Germogen mit Hilfe dieses Schoners eine große historische Tat vollbringen. Das heißt, er wird von hier den, der es nötig hat, auf direktem Wege zum Ozean senden, und man wird den Schoner weder finden noch einholen, noch abfangen können . . .

Aus der Hauptstadt traf ein neuer Bevollmächtigter ein — Wassili Semjonowitsch Pankratow. Sein Schicksal war ungewöhnlich. Als Dreher im Petersburger Semjannikow-Werk arbeitend, wurde er in die gegen die Selbstherrschaft kämpfende Organisation «Narodnaja wolja» hineingezogen, saß vierzehn Jahre in Einzelhaft in Schlüsselburg ab und wurde dann nach Wiljuisk verbannt. 1905 kehrte er zurück und beteiligte sich an den revolutionären Aktionen in Moskau. 1907 erneute Verhaftung und Verbannung. Von 1912 an lebte er in Petersburg unter Polizeiaufsicht; im März 1917 rühmten die Sozialrevolutionäre den Dreher, der seine politische Tätigkeit wiederaufgenommen hatte, als Veteranen und Helden ihrer Partei. Kerenski behandelte den ehemaligen Schlüsselburger Häftling mit betonter Ehrerbietung, empfing ihn dreimal im Winterpalais und instruierte ihn persönlich. Außerdem schickte er ihn zu seiner Freundin J. K. Breschko-Breschkowskaja, die von den Sozialrevolutionären «Großmutter der russischen Revolution» genannt wurde. Sie gab ihm mit auf den Weg: «Denk dran, Pankratow, du hast selbst Prüfungen erlitten, versteh auch ihre Prüfungen. Du bist ein Mensch, und sie sind auch Menschen.»

Versehen mit dieser großmütterlichen Belehrung, die die Prüfungen der Romanow-Dynastie mit denen ihrer Opfer gleichsetzte, reiste der ehemalige Schlüsselburger Häftling dann im September 1917 aus Petrograd nach Tobolsk. In seiner Tasche steckte das Mandat Nr. 3019, das folgendermaßen lautete:

Der Vorweisende, Wassili Semjonowitsch Pankratow, ist von der Provisorischen Regierung zum Kommissar für die Bewachung des ehemaligen Zaren Nikolaus Alexandrowitsch Romanow, der sich in der Stadt Tobolsk befindet, sowie seiner Familie ernannt worden.

Der Ministerpräsident
Alexander Kerenski

Der erste Besuch des neuen Kommissars im Gouverneurshaus sieht in seiner eigenen Beschreibung so aus: «Da ich die Anstandsregeln nicht verletzen wollte, erklärte ich dem Kammerdiener, daß ich den ehemaligen Zaren zu sehen wünsche. Der Kammerdiener führte den Auftrag aus und öffnete mir die Tür zum Arbeitszimmer.»

Man begrüßt sich, und dann wird der Kommissar gefragt:

«‹Sagen Sie bitte, wie geht es Alexander Fjodorowitsch Kerenski?›

In dieser Frage klang unverfälschte Aufrichtigkeit, verbunden mit Sympathie und sogar Dankbarkeit ... Ich sagte zu ihm: ‹Ich möchte Ihre Familie kennenlernen.›

‹Bitte ... Entschuldigen Sie, ich werde gleich ...›, erwiderte der ehemalige Zar, verließ das Arbeitszimmer und ließ mich einige Minuten allein. Dann kam er zurück und sagte: ‹Bitte, Herr Kommissar.›

Ich trat in den großen Saal und erblickte zu meinem Entsetzen folgendes Bild: Die ganze Familie hatte sich in einer Reihe aufgestellt, ‹Hände an die Hosennaht›. Dem Eingang am nächsten stand Alexandra Fjodorowna, neben ihr Alexej, dann die Prinzessinnen.

Was sollte das? dachte ich. Eine Demonstration? Aber ich verwarf diesen Gedanken sofort wieder und begrüßte sie.»

Natürlich war es voreilig von dem Kommissar gewesen, diesen «Gedanken zu verwerfen». Es war eine Demonstration. Doch weder damals noch später erriet Pankratow, daß, während er vor seinen Schutzbefohlenen scharwenzelte, sich bei ihnen einschmeichelte und sie vor der «zügellosen» Wachmannschaft in Schutz nahm, diese ihn hinter seinem Rücken und in ihren Tagebüchern einen «Dreckskerl», eine «Null» nannten. Nikolaus sprach im Familienkreis immer nur von «diesem kleinen Männchen».

Das hinderte ihn aber nicht daran, Pankratow zu bitten, ausländische Zeitungen und Zeitschriften abonnieren zu dürfen. Petrograd erlaubte es; der frühere Oberste Befehlshaber verfolgte nun den Verlauf des Weltkrieges nach der ausländischen Presse. Tagsüber ging er viel allein oder mit den Töchtern auf dem Hof spazieren, fegte Schnee beziehungsweise schippte Wege durch Schneewehen. Er unternahm seine Spaziergänge bei jedem Wetter, befaßte sich ausdauernd mit körperlicher Arbeit an der frischen Luft, sägte und packte Holz. Sein Tagebuch aus jenen Tagen erwähnt das immer wieder. Als Partner wählte er sich meistens Tatistschew, Dolgorukow oder eine der Töchter, aber sie alle wurden schnell müde und wechselten einander ab, während er stundenlang arbeiten konnte. Pankratow fragte ihn eines Tages, ob er für ihn eine Tischlerwerkstatt einrichten solle. Nikolaus erwiderte, das sei nicht nötig, er tischlere nicht gern.

Die Kinder wurden weiter unterrichtet. Einige Lehrer waren aus Petrograd hergebeten worden. Nachdem die Lehrerin Bittner mit dem Unterricht begonnen hatte, teilte sie Pankratow ihren Kummer mit: «Ich hatte absolut nicht erwartet, was ich vorfand — so erwachsene Kinder, die so wenig von der russischen Literatur wissen, so wenig gebildet sind. Sie haben wenig Puschkin gelesen, Lermontow noch weniger, und von Nekrassow haben sie nicht einmal gehört ... Alexej hat die benannten Zahlen noch nicht durchgenommen, seine Vorstellung von der russischen Geographie ist sehr nebelhaft.» Auf den Rat Pankratows widmete Frau Bittner eine Stunde der Lektüre von Nekrassows «Russische Frauen». «Der Eindruck war erschütternd», erzählte sie. «Die Prinzessinnen sagten mir: Warum hat man uns das nie gesagt, daß es bei uns einen so wundervollen Dichter gibt.»

Im Herbst 1917 wurden in Tobolsk wie auch in anderen Städten Rußlands Spenden für die im Felde stehende Armee gesammelt. Über Tatistschew und Kobylinski gaben die gesellschaftlichen Organisationen auch ins Gouverneurshaus eine Spendenliste. Das Ergebnis: dreihundert Rubel. Die Tobolsker waren empört und forderten, den Romanows den knauserigen Beitrag zurückzugeben («für Rasputin war ihnen nichts zuviel»). Auch Pankratow war unwillig: «Dieser Geiz machte mich betroffen. Eine siebenköpfige Familie, die allein auf russischen Banken über hundert Millionen besitzt, opfert ganze 300 Rubel.» Es stellte sich heraus, daß Alexandra Fjo-

Blick über die Newa auf die Peter-Pauls-Festung

Februarrevolution 1917: Arbeiter und Soldaten im Kampf
mit der zaristischen Polizei

Ein Spähwagen in den ersten Tagen der Februarrevolution

Mitglieder der ersten Provisorischen Regierung

A. F. Kerenski (zweiter v. r.) mit Beratern im Kreml

Nikolaus Romanow nach der Unterzeichnung
der Abdankungsurkunde

Die Romanows in der Verbannung in Tobolsk

Schlangestehen nach Lebensmitteln

Demonstration auf dem Palastplatz am 1. Mai 1917
in Petrograd

Meeting an der Front

Der Smolny, Hauptquartier der Bolschewiki

W. I. Lenin

Oktoberrevolution 1917: Sturm auf das Winterpalais

dorowna die Zahl eingetragen hatte. «Ja», konstatierte er, «gegenüber Rußland war Alice geizig. Sie hätte im Bündnis mit Leuten sein können, die bereit waren, Rußland zu opfern; denn ihre Spenden für das deutsche Rote Kreuz waren schon während des Krieges bekannt.»

In den ersten Monaten ihres Aufenthalts in Tobolsk litten die Romanows keinerlei materielle Not. Lebensmittel wurden in solchen Mengen in den Geschäften und auf dem Markt gekauft, daß die Preise anzogen, das Angebot dürftiger wurde und die Bevölkerung darüber zu murren begann. Neben den öffentlichen Läden gab es noch eine andere, reichlich sprudelnde Versorgungsquelle — die freiwilligen Gaben örtlicher Wohltäter. «Die Lebensmittel für die Romanows wurden auf dem Markt gekauft», schrieb ein Augenzeuge. «In den Fällen, wo auf dem Markt bestimmte Lebensmittel, zum Beispiel Zucker, fehlten, wurde dieser Mangel durch Gaben von Nonnen aus den Klöstern der Umgebung ausgeglichen. Für die Ehre, ein Glas Kaffee in der Küche des ehemaligen Zaren trinken zu dürfen, brachten diese Rabenkrähen unermeßliche Mengen von Geschenken in Form von Zucker, Butter, Sahne, Eiern und sonstiger Kost. Von einer Bezahlung dieser Lebensmittel konnte keine Rede sein.»

Dennoch konnte man von Gastgeschenken nicht leben, man brauchte Geld. Und da das Geld nach alter Gewohnheit mit vollen Händen ausgegeben wurde, reichte es zum Schluß nicht mehr. Der ehemalige Premierminister der Provisorischen Regierung, Lwow, sagte in der Emigration aus: «Wir hatten auch die Frage der finanziellen Mittel der Zarenfamilie entschieden. Natürlich sollte sie auf eigene, persönliche Kosten leben. Die Regierung war lediglich verpflichtet, die Ausgaben zu tragen, die durch ihre eigenen Maßnahmen gegen die Familie entstanden.» Heute bestreitet die westliche Presse diese Feststellung. Sie beruft sich auf die ebenfalls in der Emigration abgegebene Erklärung Kerenskis: «Die Provisorische Regierung übernahm den Unterhalt der Familie des ehemaligen Zaren.» Als Bestätigung wird die Aussage Kobylinskis angeführt, der zu Protokoll gab: «Vor unserer Abreise nach Tobolsk sagte Kerenski zu mir: ‹Der ehemalige Zar wird Ihrer Fürsorge anvertraut. Seine Familie darf in keiner Hinsicht Not leiden.›»

Und nach solchen Zusagen, zürnen die Autoren in der «Welt», entzog sich die Provisorische Regierung der Erfüllung ihrer Versprechen und Verpflichtungen und ließ die unglückliche Familie ohne Mittel für ihre Existenz. «Vergebens schreibt Kobylinski nach Petersburg — seine Briefe bleiben unbeantwortet ... Der Oberst ist gezwungen, in der Stadt zu borgen, um die ihm Anvertrauten zu ernähren.»

Mit den Darlehen war das so eine Sache. In der ersten Zeit verhielt sich die Tobolsker Kaufmannschaft im ganzen höchst mitfühlend. Den Romanows und ihrem Troß Lebensmittel und andere Waren auf Kredit zu überlassen galt als Ehre. Als sich indessen finanzielle Schwierigkeiten abzeichneten, da wurden die örtlichen Lieferanten ihren kaiserlichen Kunden gegenüber kühler, ja knauserig und starrköpfig. Immer häufiger kehrte der Koch Charitonow mit halbleeren Körben heim und berichtete an Kobylinski, daß die Händler «nicht mehr glauben» und «bald gar nichts mehr auf Kredit abgeben werden». Schließlich ging der Kommandant, nachdem er vorher einen Teil der Diener entlassen hatte, selbst in die Stadt, um Darlehen zu erwirken. Er stellte den Kreditgebern Wechsel aus, auf denen drei Unterschriften standen, die Tatistschews, die Dolgorukows und seine eigene.

Dies alles bedeutet nicht, daß die Romanows kein Geld besessen hätten. Sie besaßen große Mittel. Wie Lwow und Kerenski angaben, wurde schon durch die Provisorische Regierung festgestellt, daß die Romanows auf ausländischen Bankkonten mindestens vierzehn Millionen Rubel besaßen; andere Quellen nennen sogar eine zwanzigfach höhere Summe. Doch sie konnten keinen Gebrauch davon machen, es war ihnen nicht möglich, Geld von deutschen und englischen Banken zu erhalten. Von Zeit zu Zeit traf jedoch finanzielle Hilfe von den Monarchisten ein; erhebliche Summen schickten insbesondere Jaroschinski und die Wyrubowa. Am 25. März 1918 notierte Nikolaus im Tagebuch: «Aus Moskau ist zum zweitenmal Wladimir Nikolajewitsch Stein gekommen, der von dort eine tüchtige Summe von uns dort bekannten guten Leuten mitbrachte . . .»

Am 23. Februar 1918 erhielt Kobylinski aus Petrograd ein offizielles Telegramm, in dem er davon unterrichtet wurde, daß «das Volk keine Mittel besitzt, um die Zarenfamilie finanziell zu unterhalten». Unterzeichnet war das Telegramm vom Volkskommissar für das Staatseigentum, W. A. Karelin, einem der Organisatoren und Führer der Partei der linken Sozialrevolutionäre (er gehörte für kurze Zeit zusammen mit Marija Spiridonowa und einigen anderen Politikern dieser Partei der Sowjetregierung an). Karelin ließ wissen, der Staat könne nur die Kosten übernehmen, die mit der Bereitstellung der Unterkunft, mit der Heizung und Beleuchtung verbunden seien, und er könne den Mitgliedern der Familie eine Soldatenration gewähren. Im übrigen müßten die Romanows auf eigene Kosten leben; ihnen werde erlaubt, monatlich pro Person sechshundert Rubel auszugeben, viertausendzweihundert Rubel monatlich für die Familie.

Einige westliche Autoren berufen sich gerne auf die materiellen Schwierigkeiten der Familie, um zu zeigen, daß die Romanows aus patriotischen Gefühlen heraus bereit gewesen seien, beliebige Unbilden auf sich zu nehmen, nur, «um zu Hause, in Rußland zu bleiben»; ihre Not unterstreiche die Größe der Weigerung, irgendwohin zu fliehen, vor allem nicht ins Ausland. Die ganze Tobolsker Periode werde durch die «Schicksalsergebenheit und Versöhnlichkeit» der Familie gekennzeichnet. «In zwei Punkten jedoch», so schreibt die «Welt», «blieb er (der Zar — M. K.) unnachgiebig: weder würde er sich von seiner Familie trennen noch russisches Gebiet verlassen.» Die Zarin sagte damals nach der gleichen Quelle in Tobolsk ebenso wie früher in Zarskoje Selo: «Nichts auf der Welt kann mich dazu bringen, aus Rußland fortzugehen.» Dasselbe verkündeten seinerzeit auch die weißgardistischen Emigranten, zum Beispiel T. E. Melnik-Botkina: «Hätte sie auch nur ein Wort gesagt, dann hätte ihr Kaiser Wilhelm eine friedliche und stille Existenz in der Heimat

Ihrer Majestät ermöglicht. Aber selbst als Gefangene in dem kalten Tobolsk, als sie vielerlei Beschränkungen und Unbequemlichkeiten zu erdulden hatte, sagte Ihre Majestät: ‹Lieber will ich den Fußboden schrubben, als Rußland zu verlassen.› Eine so heiße Liebe und ein solcher Glaube an den russischen Menschen sind selten, die Herrscherin und Kaiserin war davon durchdrungen, obwohl sie von uns Russen nichts außer Spott und Kränkungen erlebt hatte.»

Alle diese und ähnliche Behauptungen sind, milde ausgedrückt, unbegründet. Von den ersten Wochen nach dem Zusammenbruch des Zarismus an waren die Romanows bemüht, sich durch die Ausreise aus Rußland einerseits den drohenden Unannehmlichkeiten zu entziehen und sich dadurch andererseits die Möglichkeit zu sichern, zu einem geeigneten Zeitpunkt zurückzukehren. Dabei stellten sie nüchtern in Rechnung, daß eine heimliche Flucht viel gefahrvoller sein würde als eine offene Ausreise mit Duldung der bürgerlichen Behörden. Unter den Bedingungen der ersten Monate in Tobolsk war eine abenteuerliche Flucht nicht nach dem Geschmack der Romanows — sie wollten nicht «das Sichere gegen das Unsichere» eintauschen. Erst als sich herausstellte, daß es zwecklos war, auf das «Sichere» zu warten, setzten sie ihre Hoffnung auf das «Unsichere». Aber da war es zu spät. Sie glaubten übrigens nie daran, daß es wirklich zu spät zur Flucht wäre.

Nikolaus zählte Tag für Tag, Woche für Woche, langweilte sich und wartete ungeduldig auf eine Wende in seinem Schicksal. Er vertrieb sich, wenn er sich nicht im Freien aufhielt, die Zeit mit Lesen und wirkte in Laienaufführungen mit. Nach Tolstoi las er Lejkin, nach Turgenjew Awertschenko, nach Saltykow-Stschedrins «Die Provinz Poschechonien» Conan Doyles «Die Abenteuer des Sherlock Holmes». Was er las, kann man seinen Tagebuchnotizen entnehmen: «Während des Bésigue-Spiels lese ich jetzt laut ‹Am Vorabend› von Turgenjew vor; mit Begeisterung lese ich ‹Anna Karenina›; bis zum Mittag las ich im 4. Teil von ‹Krieg und Frieden›, den ich vorher nicht kannte.» Unter seiner Leitung und Mitwirkung schreiben die Bewohner der oberen Etage Rollen ab, lernen sie auswendig, proben die einzelnen Szenen und treffen sich an den Abenden zu den Aufführungen. Immer und immer wieder geht es im Tagebuch um dieses Thema: «Wir haben sehr einträchtig ein kleines Theaterstück gespielt ... es gab viel Gelächter. — Vor dem Essen spielten wir unser Stück richtig ... Wir merkten, daß es munter und glatt vonstatten ging. — Am Abend war die Vorstellung ... Alles ging gut und lustig vonstatten. — Am Abend war die Aufführung ... Zu Beginn der Vorstellung gab es viel Aufregung, aber es scheint alles gut gelaufen zu sein.»

Kapitel XIV
Letzte Reiseroute: Jekaterinburg

Nachrichten aus Petrograd

Der ehemalige Zar konnte die Petrograder Ereignisse in den Zeitungen verfolgen, mit denen ihn Pankratow pünktlich versorgte; vieles erfuhr er auch aus Briefen oder durch Besucher. Am 7. Oktober notierte er im Tagebuch: «Mister Gibbs kam, der viel Interessantes über das Leben in Petrograd erzählte.» Schon am 22. September, war mit ebenso «interessanter» Information «der gute Baron Bode eingetroffen» (der «eine Menge zusätzlicher Gegenstände für den Haushalt und einige unserer Sachen aus Zarskoje Selo» mitgebracht hatte).

Allmählich wurden die Mitteilungen, die die allgemeine politische Lage betrafen, immer düsterer und beunruhigender. «Schon zwei Tage kommen keine Agenturtelegramme», er vermutete, «es müssen wohl üble Ereignisse in den großen Städten vorgehen» (4. November). «Schon lange sind keinerlei Zeitungen aus Petrograd eingetroffen, auch keine Telegramme. In einer so schweren Zeit ist das beängstigend» (11. November). Die «üblen Ereignisse» waren: der Sieg des bewaffneten Aufstands der Arbeiter und Soldaten in Petrograd, die Verhaftung der Provisorischen Regierung und die Flucht Kerenskis.

Im Herbst 1917 waren die Werktätigen Rußlands in ihrer Masse endgültig von der Politik der herrschenden Gruppen enttäuscht. Lenin schrieb: «Wir . . . *wußten* bestimmt, daß die Arbeiter und Soldaten in ihrer gewaltigen Mehrheit *bereits* auf unsere Seite übergegangen waren.»

In beispiellos kurzer Frist hatte die bolschewistische Partei die politische Organisation der sozialistischen Revolution geschaffen. Die Leninschen Ideen des Kampfes um die Volksmacht hatten die Massen ergriffen und waren zur materiellen Kraft geworden. Die Arbeiterklasse – die Avantgarde der Revolution – hatte gewaltige Energien entfaltet; sie war zur zementierenden Kraft in den Sowjets geworden, hatte die Gewerkschaften gestärkt und die schlagkräftige Rote Garde aufgestellt. «Alle Formen der proletarischen Bewegung waren eng durch das Hauptziel, die Eroberung der Macht durch die Sowjets, miteinander verbunden.»

Am 25. Oktober (7. November neuen Kalenders) 1917 um einundzwanzig Uhr vierzig verkündete der Kreuzer «Aurora» den Beginn einer neuen Ära in der Geschichte der Menschheit, der Ära der Großen Sozialistischen Oktoberrevolution.

In der Nacht vom 25. zum 26. Oktober nahmen revolutionäre Arbeiter, Soldaten und Matrosen im Sturm das Winterpalais.

Auf dem II. Gesamtrussischen Sowjetkongreß, der am 25. Oktober eröffnet worden war, wurde verkündet, daß alle Macht an die Räte übergegangen sei, wurden die Dekrete über den Frieden und über den Boden angenommen, wurde die erste Sowjetregierung gebildet – der Rat der Volkskommissare, an dessen Spitze Lenin stand.

Nach Beendigung ihrer Arbeit fuhren die Delegierten des Kongresses zurück ins Land, um dem Volk vom Sieg der Sowjets in Petrograd zu berichten und die Konstituierung der Sowjetmacht im ganzen Land voranzutreiben.

Petrograd hatte den entscheidenden Schritt getan. Nach ihm erhob sich das ganze Land. Im Februar 1918 hatte sich die Macht der Sowjets bereits auf ganz Rußland ausgedehnt. Das ZK der Partei der Bolschewiki und das Allrussische Zentralexekutivkomitee entsandten Tausende von standhaften Kämpfern ins Land, um die neue Ordnung zu stärken. Allein Petrograd schickte fünfzehntausend Arbeiter hinaus, die energisch den bolschewistischen Einfluß auf die Massen durchsetzten.

Die vereinten Anstrengungen dieser Delegierten der Partei sowie der örtlichen revolutionären Aktivs ließen die Sowjetmacht auch in den größten Industriezentren Sibiriens und des Urals triumphieren. In jenen Gebieten gab es eine sehr massive Konzentration des Proletariats, sie waren traditionell starke Bastionen der Partei der Bolschewiki. Entsprechend rasant war hier auch das Tempo der revolutionären Entwicklung. In Jekaterinburg, dem politischen Zentrum des Urals, konstituierte sich die Sowjetmacht bereits am zweiten Tag nach dem Sieg des bewaffneten Aufstands in Petrograd; in den anderen Städten des Uralgebietes geschah das ebenfalls schon am 26. und 27. Oktober. In Omsk wurde die Sowjetmacht in der ersten Dezemberdekade durch den III. Westsibirischen Gebietskongreß der Sowjets proklamiert. Doch aus verschiedenen Gründen wurde die Macht der Sowjets im Tobolsker Gouvernement beträchtlich später real hergestellt. In den Städten dieses Bereichs (Tjumen, Tjukalinsk, Tobolsk, Ischim, Turinsk, Jalutorowsk, Tara) ging die Macht in den Monaten Januar bis März 1918 in die Hände der Sowjets über, mit Ausnahme von Kurgan, wo sie bereits am 20. November 1917 errichtet worden war.

Erst in der zweiten Novemberhälfte drang mehr oder minder klare Kunde nach Tobolsk. Nikolaus notierte am 17. in seinem Tagebuch: «Es ist widerlich, in den Zeitungen die Beschreibung dessen zu lesen, was sich vor zwei Wochen in Petrograd und Moskau ereignet hat. Es ist schlimmer und schändlicher als die Ereignisse der Zeit der Wirren.» Welche Vorstellungen er von den Oktoberereignissen in Petrograd besaß, berichtete Pankratow in seinen Erinnerungen:

«Er fragte mich nervös: ‹Kann denn Kerenski einer solchen Willkür nicht Einhalt gebieten?›

‹Augenscheinlich kann er das nicht . . .›

‹Wie kann denn das sein? Alexander Fjodorowitsch ist vom Volk eingesetzt worden. Das Volk muß sich fügen . . . Nicht eigenmächtig handeln . . . Kerenski ist doch der Liebling der Soldaten›, sagte der frühere Zar bitter . . .

Nach einigen Minuten des Schweigens sagte er: ‹Und

warum denn das Schloß verwüsten? Warum hat man die Menge nicht aufgehalten? Warum hat man Diebstähle und die Vernichtung von Reichtümern zugelassen?›

Die letzten Worte brachte er mit bebender Stimme hervor. Sein Gesicht war bleich, in seinen Augen blitzte Entrüstung.»

Er selbst, Nikolaus, hielt sich persönlich für gänzlich unbeteiligt, er betrachtete das, was in Rußland geschah, sozusagen von außen. Er erhob Kerenski zum «Liebling der Soldaten» und warf ihm indirekt Unfähigkeit vor, «der Menge Einhalt zu gebieten». Als hätte er nicht selbst acht Monate zuvor versucht, mit Hilfe von Chabalow und Iwanow der «Menge» Einhalt zu gebieten, und zwar ebenso erfolglos.

In den folgenden Aufzeichnungen heißt es: «Es ist die ganz unglaubliche Nachricht eingetroffen, daß irgendwelche drei Parlamentäre unserer 5. Armee zu den Deutschen vor Dwinsk gefahren sind und mit ihnen vorläufige Waffenstillstandsbedingungen unterschrieben haben. Eine solche Ungeheuerlichkeit hatte ich nicht erwartet.» Dann erfuhr er, daß die Verhandlungen abgebrochen worden waren. «Den Telegrammen nach zu schließen, ist der Krieg gegen Deutschland wiederaufgenommen worden, da die Frist des Waffenstillstands abgelaufen ist. Aber wir haben, scheint es, nichts an den Fronten, die Armee ist demobilisiert worden, Geschütze und Munition sind der Willkür des Schicksals und dem vorrückenden Gegner überlassen worden. Schande und Schrekken!» (7. Februar). Dennoch wurde ein Verhandlungsergebnis erzielt, und im Tagebuch taucht die Notiz auf: «Heute kamen Telegramme, die besagen, daß die Bolschewiki oder, wie sie sich nennen, der Rat der Volkskommissare Frieden zu den erniedrigenden Bedingungen der deutschen Regierung schließen müssen, weil die feindlichen Truppen vorrücken und durch nichts aufgehalten werden können. Eine Ungeheuerlichkeit!» (12. Februar).

Der Tagebuchschreiber rügte die Bolschewiki wegen der Verhandlungen mit den Deutschen und vergaß dabei, daß er selbst drei Jahre zuvor — aber mit grundsätzlich entgegengesetzten Zielen — «den sehnlichen Traum» gehabt hatte, «dem

Gegner einen Friedensschluß vorzuschlagen». Als Zar und Zarin seinerzeit heimlich mit Erni korrespondiert und Protopopow zu von Warburg geschickt hatten, da hatte sie die Meinung des Volkes überhaupt nicht interessiert ... Er vergaß auch, wie oft hinter dem Njemen, hinter der Weichsel und in den Karpaten — besonders offensichtlich in Galizien im Jahre 1915 — «Geschütze und Munition der Willkür des Schicksals überlassen» worden waren und wie oft in den Kriegsjahren Rußland in der Tat mit Schrecken hatte zusehen müssen, wie die feindlichen Armeen rücksichtslos vormarschierten und nichts da war, sie aufzuhalten.

Kerenski ist nicht mehr da,
Pankratow ist an Ort und Stelle

Das Leben im Gouverneurshaus wurde schwieriger. Der Tisch war merklich dürftiger gedeckt. Einen Teil der Dienerschaft hatte man, wie schon berichtet, entlassen, neue Einschränkungen zeichneten sich ab. Beim Tricktrack herrschte immer häufiger Schwermut. Dessenungeachtet operierten rund um das Gouverneurshaus unsichtbar die Kräfte der Befreiung. Am anderen Ende des ehemaligen Imperiums, im Süden, sammelten Kornilow und Alexejew ein monarchistisches Heer, Kaledin und Krasnow hatten den Kampf bereits aufgenommen.

Die Dinge spitzten sich aber auch in Tobolsk zu. In der Mariä-Schutz-Kirche rief der Diakon Jewdokimow in aller Öffentlichkeit vor der ganzen Gemeinde, die die Zarenfamilie umringte: «Lang lebe das Herrscherhaus der Romanows!» und zählte zu allem Überfluß nach der unter dem alten Regime üblichen Formel auch noch den «Herrscher und Imperator», die «Herrscherin und Imperatorin», den «Thronfolger und Zarewitsch» sowie jede der Großfürstinnen-Prinzessinnen auf, alle mit Titeln und Namen. Der Führer der sich ebenfalls in der Kirche aufhaltenden Wache trat zu Jewdokimow und fragte, wie das zu verstehen sei. Der Diakon erklärte, er habe nur getan, was ihm der Dekan Vater Alexej aufgetragen habe. Später kamen von den Soldaten benachrichtigte Abgeordnete des Sowjets, erklärten den Diakon und den Priester für verhaftet und führten sie ab. Bei der Vernehmung verhielten sich beide aufsässig. Jewdokimow drohte: «Eure Herrschaft ist bloß eine Minutenherrschaft, bald wird der Schutz des Zaren kommen, wartet noch ein bißchen ab, dann kriegt ihr euer Teil voll und ganz ab.»

Germogen, der sich für unantastbar hielt — man wagte auch tatsächlich nicht, ihn anzurühren —, trat für seine Untergebenen ein, die er im Grunde selbst zu der Provokation ermuntert hatte, und erreichte ihre Entlassung. Von den Abgeordneten des Sowjets befragt, wie er es habe wagen können, im revolutionären Rußland einen Hochruf auf den gestürzten Zaren zu inspirieren, antwortete Germogen unverfroren: «Rußland ist juristisch keine Republik, niemand hat es dazu erklärt, und niemand ist dazu berechtigt, das zu tun ... nach den Aussagen der Heiligen Schrift, des Staatsrechts, der kirchlichen Kanons und des kanonischen Rechts sowie auch den Aussagen der Geschichtsschreibung gehen außerhalb der Regierung ihres Landes stehende ehemalige Könige, Zaren und Kaiser ihres Ranges als solchen und der ihnen entsprechenden Titel nicht verlustig», deswegen könne er im Auftreten des Vaters Alexej «nichts Verwerfliches» erblicken. Die empörten Abgeordneten und Soldaten warnten Germogen, wenn die Provokationen nicht aufhörten, könne das übel für ihn ausgehen. Den Romanows wurde über Pankratow und Kobylinski mitgeteilt, daß ihnen der Kirchenbesuch in Zukunft verboten sei; wenn sie beten wollten, sollten sie zu Hause beten. Der Dekan schien zunächst verschwunden, dann nahm er seine frühere Rolle als Verbindungsmann zwischen dem Gouverneurshaus und der Bischofsresidenz wieder auf, verhielt sich jedoch vorsichtiger.

Von Zeit zu Zeit beschäftigte den früheren Zaren die Konstituierende Versammlung: Würde es sie geben, und wann? Er knüpfte unklare Hoffnungen daran, schloß aus gewissen Anzeichen, daß die Konstituierende Versammlung ihn und seine Familie aus der Haft entlassen und ihm gestatten werde, frei in Rußland zu leben oder ins Ausland zu reisen. Nach Pankratows Erinnerungen fragte ihn Nikolaus in jenen Tagen bei fast jeder Begegnung: «Wann wird denn endlich die Konstituierende Versammlung eröffnet?» Pankratow, der rechtschaffene Sozialrevolutionär, wartete selbst ungeduldig auf die Einberufung der Konstituierenden Versammlung und antwortete dem unter seiner Aufsicht stehenden ehemaligen Zaren: «Bald, Nikolaus Alexandrowitsch, nun wird man nicht mehr lange zu warten brauchen.»

Anfang Januar 1918, als die Konstituierende Versammlung nach ihrer einzigen Sitzung auseinandergejagt worden war, mußte er dem früheren Selbstherrscher allerdings etwas anderes antworten: «Ich fürchte, Nikolaus Alexandrowitsch, daß sie jetzt überhaupt nicht mehr stattfinden wird.» Einige Tage später wurde Pankratow von seinem Posten abgelöst.

Mit dem Zwischenfall in der Mariä-Schutz-Kirche bezeugte die monarchistische Reaktion, daß sie sich mit der Vertreibung der Romanows nicht abgefunden hatte und Kräfte sammelte, entschlossen, im geeigneten Moment zum Angriff überzugehen. In der stillen, scheinbar verschlafenen Stadt erhob die Sippschaft der Schwarzhunderter das Haupt. Rund um die Stadt regten sich die von Germogen aufgestachelten Kulaken sowie der Klerus in den Klöstern und auf dem flachen Lande. Aus Petrograd und Moskau, aus dem Dongebiet und dem Kuban schlugen sich, häufig mit gefälschten Papieren, Zarenhöflinge, Rasputinjünger, Offiziere von der Art Kornilows und Aktivisten der in den Untergrund gegangenen konterrevolutionären Zirkel und Gruppen nach Tobolsk und Tjumen durch und ließen sich dort nieder. Melnik-Botkina schrieb: «Man muß unseren Monarchisten Gerechtigkeit widerfahren lassen — sie unternahmen alle Anstrengungen, um die Rettung der Majestäten zu organisieren. Die Petrograder und die Moskauer Organisation entsandten zahlreiche Mitglieder nach Tobolsk und Tjumen, verborgen unter fremden Namen lebten sie dort monatelang und bereiteten sich vor . . .»

In Tjumen erschien Fürst Lwow, der frühere Chef der Provisorischen Regierung. Vor den örtlichen Sowjet geladen, sagte er, er sei «in Holzgeschäften» hierher gekommen, worauf man ihn freiließ und er sofort verschwand. Vertreter westlicher diplomatischer Missionen tauchten in Tobolsk auf und baten um Zugang zum Gouverneurshaus. Durch die Vermittlung des erwähnten Vaters Alexej und mit Hilfe von Tatistschew, Dolgorukow und Kobylinski nahmen sie heimlich Kontakt zu den Romanows auf, übergaben Geld und Briefe. Eine zunächst vorsichtige, dann offene monarchistische Agitation machte sich breit. Offiziere in Zivil und Mönche aus den Klöstern der Umgebung verbreiteten Flugblätter, in denen dazu aufgerufen wurde, «Väterchen Zar zu retten». Bis zum Verbot wurde jeder Kirchgang der Romanows ausgenutzt, um die Menge zu erregen. Von dem Augenblick an, in dem die Familie das Haus verließ, bis zum Eintritt in die Kirche ertönte das rasende Geläute der Glocken aller fünfundzwanzig Kirchen der Stadt. Auf dem Rückweg wiederholte sich dann der ganze Spektakel.

Der örtliche Sowjet, der den Verdacht hegte, daß Germogen diese und andere Exzesse anstiftete, ließ auf Drängen der bolschewistischen Abgeordneten die Wohnung des Klerikers durchsuchen. In einem Geheimfach im erzbischöflichen Arbeitszimmer wurden Briefe und Dokumente gefunden, die bewiesen, daß Germogen mit Geheimorganisationen in Petrograd und Moskau in Verbindung stand. Es wurde offensichtlich, daß er die Diversionsgruppen leitete, die in Tjumen Kräfte sammelten. Bei der Durchsuchung kam auch ein Brief Maria Fjodorownas von der Krim zutage. Verzweifelt forderte sie energische Handlungen: «Du trägst den Namen des heiligen Germogen, der für die Rus kämpfte — das ist eine Vorbestimmung. Jetzt ist die Reihe an Dir, die Heimat zu retten, Dich kennt ganz Rußland, appelliere, eifere, entlarve. Möge Dein Name Ruhm durch die Rettung des leidgeprüften Rußlands erlangen.» Im Jahre 1918 beschwor Nikolaus' Mutter den Schatten des Patriarchen Germogen des Ersten, der am Beginn der Romanow-Dynastie gestanden hatte, um

Germogen den Letzten zu aktivieren, der an ihrem Ende stand.

Da den Arbeitern und Soldaten in Tobolsk das Schicksal des «leidgeprüften Rußlands» auch sehr am Herzen lag, war all das, was sich um das Gouverneurshaus herum tat, überhaupt nicht nach ihrem Geschmack. Die Interessen der Bewachten und der Bewacher waren eben zweierlei.

A. D. Awdejew schrieb in seinen in den zwanziger Jahren in der sowjetischen Presse erschienenen Erinnerungen der Tobolsker Wachmannschaft antisowjetische Einstellung, moralische Verkommenheit und Käuflichkeit zu, außerdem monarchistische Gesinnung und die Bereitschaft, die Befreiung und Verbringung des früheren Zaren zu unterstützen. Übrigens, nachdem Awdejew die Wachmannschaft pauschal für konterrevolutionär erklärt hatte, räumte er wenig später ein, daß «es auch in ihr eine recht starke demokratische Stimmung gab».

Die Soldaten der Wache waren wegen des illegalen Treibens um das Haus beunruhigt. Auf Drängen der örtlichen Bolschewiki berief eine Initiativgruppe eine allgemeine Versammlung der Abteilung ein; ein Soldatenkomitee wurde gewählt. Der Vorsitzende des Komitees, der Unterfähnrich Matwejew, suchte den Tobolsker Sowjet auf und sprach mit den Abgeordneten der bolschewistischen Fraktion über seine Zweifel und Sorgen. Sie versprachen Hilfe und sicherten zu, alles mit Omsk, dem Tobolsk administrativ unterstand, zu beraten. Inzwischen sollte das Abteilungskomitee die Soldaten zusammentrommeln, mit ihnen die Lage besprechen, hören, was die Leute sagten.

Man versammelte sich, lud den Kommissar ein und bat ihn, Stellung zu nehmen. Pankratow regte sich auf, erklärte, daß sich die Soldaten «in Dinge einmischen, die sie nichts angehen», und daß alles, was geschehe, «nicht ihre Sache» sei. Die Soldaten protestierten laut. Auf Vorschlag Matwejews faßte die Abteilung den Beschluß, die Gefangenen schärfer zu bewachen, die zur Suite gehörenden Personen, die sich in der Stadt angesiedelt hatten, zu zwingen, in das Haus Kornilows zu ziehen, die Wachen innerhalb und außerhalb des Gouverneurshauses zu verstärken, nachts zusätzlich Posten aufzustellen, rund um die Uhr einen Patrouillendienst in den angrenzenden Stadtvierteln einzurichten, einen Platz einzuzäunen, wo die Gefangenen zu bestimmten Stunden spazierengehen konnten, sowie allen Personen der Suite und der Dienerschaft zu verbieten, in die Stadt zu gehen. Tatistschew und Dolgorukow wurde nach der Versammlung gesagt, sie sollten aufhören, in der Stadt herumzutuscheln, sonst «setze es was».

Oberst Kobylinski war darüber empört. Er warnte Matwejew, die Abteilung habe nun «große Unannehmlichkeiten» zu erwarten.

«Weswegen?» fragte Matwejew.

«Wegen Eigenmächtigkeit und Rowdytum», erwiderte der Oberst.

«Von wem?»

Das vermochte Kobylinski nicht genau zu sagen, er drohte den Soldaten mal mit dem «deutschen Kaiser», mal mit dem «englischen König», die früher oder später die Beleidiger ihres Verwandten, des ehemaligen Zaren, ausfindig machen würden. Aber die Frontkämpfer und Träger des Georgskreuzes, die dem Tod mehr als einmal ins Auge gesehen hatten, waren nicht so leicht zu erschrecken.

Im Januar fuhr eine Delegation von ihnen nach Petrograd und Zarskoje Selo. Im Smolny wurden die Soldaten von J. M. Swerdlow empfangen; sie berichteten über die Lage um das Gouverneurshaus und legten einen Packen Tobolsker Zeitungen auf den Tisch. Swerdlow hörte die Delegation aufmerksam an, sah die Zeitungen durch und sagte dann: «Danke, Genossen, für die Treue zur Sache des Volkes, für den Dienst für die Revolution. Hört zu und übermittelt euren Genossen in Tobolsk: Die Sowjetmacht vertraut euch. Sie beauftragt euch, den früheren Zaren auch weiterhin so wachsam und scharfäugig zu bewachen wie bisher, bis zu der Zeit, bis zu dem Moment, wo er vor dem öffentlichen Gericht des ganzen Volkes stehen wird.»

Die vom Gouverneurshaus ermunterten monarchistischen Gruppen bereiteten sich zum Angriff vor. Ihre Aktivität in Tobolsk wuchs insbesondere Ende 1917/Anfang 1918. Zu dieser Zeit verfügten die Monarchisten in Westsibirien über viel Geld und erfahrene Leute, hauptsächlich ehemalige Offiziere und Gendarmen sowie Schwarzhunderter. Sie fanden Unterstützung in reaktionär gesinnten Schichten der ansässigen Bevölkerung — bei den Kulaken, den Kaufleuten und den Beamten. Die Sowjetmacht war in diesen Gebieten noch nicht gefestigt, hier und da nicht einmal sofort errichtet worden. Im Zentrum gab es die Provisorische Regierung zwar nicht mehr, aber im Lande waren ihre Machtorgane und Agenten weiter tätig. In Tjumen befanden sich in ein und derselben Straße zwei Stäbe — der eine registrierte die Kämpfer der Roten Garde, der andere warb für die weißen Banden. Die Abwehr der sich im Gouvernement konzentrierenden konterrevolutionären Kräfte wurde durch die Menschewiki und die Sozialrevolutionäre behindert, die sowohl in Tobolsk als auch in Tjumen die Mehrheit im Sowjet besaßen.

Es gelang den Verschwörern, in die Wachabteilung des Gouverneurshauses einzudringen — Kobylinski half ihnen dabei. Sie bestachen einige Soldaten sowie den Oberleutnant Malyschew, die sich verpflichteten, auf ein Signal den Angreifern das Tor und andere Ausgänge zu öffnen und den Gefangenen zu helfen, ungefährdet zu fliehen. Agent des deutschen Geheimdienstes im Hause war die Hofdame Sofja Karlowna Buxhoevden. Die Informationen an den deutschen Botschafter in Moskau stammten hauptsächlich von dieser Frau. Nicht unbegründet erscheint auch die in den zwanziger Jahren geäußerte Vermutung, daß Kobylinski ebenfalls Informant von Mirbachs und Riezlers gewesen sei.

Es gab mehrere Verschwörergruppen, unter anderen die Petrograder Gruppe Markows des Zweiten (ihr Hauptagent in Tjumen war Stabskapitän Sergej Markow); die Moskauer Gruppe des Neidhardtschen «monarchistischen Zentrums» (sie entsandte Kriwoschein nach Tobolsk, der sich dort noch unter der Provisorischen Regierung illegal niederließ); die Rasputin-Gruppe (im Zentrum die Wyrubowa und Jaroschinski, Vertreter in Tjumen — Solowjow); die Gruppe Germogens (genauer — des Priesters Beljajew), die mit der Mutter des früheren Zaren in Verbindung stand; die Offiziersgruppe «Bund der schweren Kavallerie» (seit Ende 1917 Zentrale in Berlin, Filialen in Petrograd und Kiew). Jede dieser Gruppen erhob den Anspruch, die Romanows allein retten zu können. Dies trug erheblich zum Scheitern ihrer Pläne bei, jedenfalls in der ersten Zeit, als die Mitglieder der Suite und die Dienerschaft noch frei durch die Stadt streifen konnten und es auch noch keinen verstärkten Wachdienst gab. Damals hätte man mit Kobylinskis Hilfe versuchen können, die Familie nicht nur nachts, sondern sogar am hellen Tage wegzubringen.

In den Koordinierungszentren in Moskau und Petrograd liefen die Fäden all dieser Gruppen zusammen. Solche Führungsinstanzen waren das «Rechte Zentrum», eine illegale antisowjetische Organisation hauptsächlich prodeutscher Ausrichtung, die bis zum Frühjahr 1918 tätig war, und danach das auf die Entente orientierte «Nationale Zentrum», das seine Aktivität vom Mai 1918 an entfaltete. Von den Tobolsker Gruppen gab es auch Verbindungen zu einigen anderen antisowjetischen Organisationen, zum Beispiel zum berüchtigten «Bund für die Verteidigung von Heimat und Freiheit». Diese und ähnliche Vereinigungen unterschieden sich nur durch ihre Einstellung zu den beiden imperialistischen Blökken. Ihre Haltung zur Sowjetmacht war bei allen gleich und unwandelbar — Todfeindschaft und Haß, die Hoffnung auf Vernichtung und Rache. Ihre antisowjetische Raserei wurde um so stärker, je offensichtlicher die ersten Erfolge der Volksmacht bei der Zerstörung der alten Welt und beim Aufbau eines neuen Lebens wurden.

Trotz unglaublicher Schwierigkeiten hatte die junge Sowjetrepublik bereits in den ersten Monaten ihrer Existenz, vom Herbst 1917 bis zum Frühjahr 1918, vieles zu tun vermocht.

Fabriken, Bergwerke und Kraftwerke, die Banken und das Transportwesen wurden nationalisiert, der Boden wurde zum Volkseigentum erklärt. Die knechtende Auslandsschuld hatte man annulliert, die Ständeordnung aufgehoben, die Gleichberechtigung aller Rußland bewohnenden Nationalitäten verkündet und praktiziert; die Gleichberechtigung der Frauen war beschlossen, die Kirche vom Staat und die Schule von der Kirche getrennt worden. Erste entschiedene Maßnahmen zur Verbesserung der Lebens- und Arbeitsbedingungen der Arbeiterklasse und der werktätigen Bauern wirkten sich bereits aus. Die Sabotage der zaristischen und der bürgerlichen Beamtenschaft in den Hauptstädten und im Lande war gebrochen, die alten Ministerien und Ämter waren aufgehoben, und an ihrer Stelle arbeitete ein staatlicher Leitungsapparat der Arbeiter und Bauern. Die Rote Armee und die Rote Flotte waren im Entstehen. Es gab die Tscheka — die Gesamtrussische Außerordentliche Kommission zur Bekämpfung von Konterrevolution und Sabotage. Die Konstituierende Versammlung, im allgemeinen nach Kandidatenlisten gewählt, die noch vor der Oktoberrevolution — also unter bürgerlicher Kontrolle und bürgerlichem Druck — aufgestellt worden waren, hatte es nach der Oktoberrevolution abgelehnt, die Beschlüsse des II. Sowjetkongresses zu bestätigen, und war deshalb aufgelöst worden. Dem Willen des Volkes entsprechend, hatte die Sowjetregierung ihren Kurs auf einen Austritt Rußlands aus dem imperialistischen Krieg verwirklicht: Am 20. November 1917 begannen die Verhandlungen in Brest-Litowsk, und am 3. März 1918 wurde der Friedensvertrag unterzeichnet.

Bereits die ersten Schritte der proletarischen Revolution aktivierten die illegalen monarchistischen Gruppen in Petrograd und Moskau ebenso wie in Sibirien, wo sie sich das Ziel stellten, die Zarenfamilie zu befreien. Jede Gruppe hatte ihre Besonderheiten, zwei der wichtigsten seien hier genannt. Die Wyrubowa-Gruppe konnte auf ihre persönliche Nähe zu Alexandra Fjodorowna und ihre gute Finanzlage verweisen (Jaroschinski hatte für den Kauf von Waffen und die Vorbereitung der Flucht über eine Million Rubel gesammelt). Die Organisation Markows des Zweiten zeichnete sich durch geheime Verbindungen mit der Umgebung des früheren Imperators noch aus der Zeit der Gefangenschaft in Zarskoje Selo aus; außerdem hatte sie Kontakte mit den deutschen Befehlsstellen in den besetzten Gebieten Rußlands. Hinzu kam, daß es im sibirischen Untergrund eine recht starke Kulaken- und Offiziersbande gab, die der aus Petrograd geschickte Stabskapitän Sergej Markow gebildet hatte. Auf sein Konto kommt eines der ersten blutigen Verbrechen, das in dieser Gegend von der Konterrevolution verübt wurde: im Dorf Golopotowskoje überfiel Markow mit seinen Spießgesellen eine Gruppe von Arbeitern aus Jekaterinburg, die nach Tobolsk unterwegs war, um den Sowjet zu unterstützen. Vor den Augen der alarmierten und zusammengerufenen Bauernversammlung ließ er sie viehisch erschießen.

Jetzt, wo neue Anzeichen einer unmittelbaren Bedrohung sichtbar wurden, wurde auch das Soldatenkomitee noch strenger und härter. Auf einer Versammlung der Abteilung, die das Komitee einberufen hatte und an der die Vorsitzenden des Sowjets sowie der örtlichen Organisation der Bolschewiki teilnahmen, schworen die Soldaten, die Romanows unter allen Umständen streng zu bewachen und sie im Falle einer Entführung nicht lebend entkommen zu lassen. Das Komitee kontrollierte ab sofort selbst alle Außenverbindungen des Hauses. Die Vergünstigungen und Erleichterungen, die Pankratow gewährt hatte, wurden aufgehoben. Alle Mitglieder der Suite aus dem Kornilowschen Haus wurden ins Gouverneurshaus umgesiedelt. Der Dienerschaft im Hause wurde mitgeteilt, daß die Regeln des Haftregimes auch auf sie voll angewendet würden. Die Zimmer der Romanows wurden durchsucht und Stichwaffen eingezogen.

Trotz dieser Zuspitzung der Lage blieb der Zar optimistisch, glaubte er, daß die Lösung nicht fern, die Befreiung nahe sei. Auch seine Frau war dessen sicher. Eines Tages fragt sie sich: «Wann wird das alles enden?» Und sie gibt selbst die Antwort: «Bald, bald.» Von Eintragung zu Eintragung heißt es: «All das ist nicht für lange . . .» Eine der Quellen, aus denen sie ihre Hoffnung schöpft: «Der Bischof ist für uns, und der Patriarch auch, und ein großer Teil des Klerus ist für uns . . .»

Aus den geheimen Informationen, die regelmäßig in das Gebäude geschleust wurden, wußten die Romanows, daß sich die aus Offizieren bestehenden Diversionsgruppen und die monarchistischen Kulakenabteilungen, die von Markow, Kriwoschein und Germogen zusammengestellt worden waren, immer näher an das Gouverneurshaus heranarbeiteten. Die Perspektiven waren so ermunternd, daß es in ihren Aufzeichnungen heißt: «Wir haben beschlossen, die Hofmarschallsabteilung vorläufig nicht aufzuheben. Wir meinen, daß es keinen Grund dafür gibt.» In der Chronik der Sinnlosigkeiten und Schändlichkeiten, die die Romanows auf ihrem langen Weg anhäuften, krönt dieses Detail das Ganze: Ein Jahr nach ihrem Sturz, in der Tiefe Sibiriens, umgeben von Soldaten, die geschworen haben, sie nicht lebendig davonkommen zu lassen, studieren die Romanows ernsthaft die Frage, ob die Hofmarschallsabteilung weiter existieren soll.

Alexandra Fjodorowna ist darüber beunruhigt, daß Anja, das heißt die Wyrubowa, in Petrograd mit Maxim Gorki zusammengetroffen ist. Die frühere Zarin hat es eilig, ihre Freundin zu warnen: «Daß Du Dich mit Gorki bekannt gemacht hast, hat mich so erstaunt . . . Er war furchtbar, war unmoralisch . . . Hat schreckliche, widerliche Bücher und Stücke geschrieben. Sei vorsichtig, Liebe . . . Hüte Dich, denn er ist ein schlechter Mensch, ein richtiger Bolschewik.»

Je länger es dauerte, desto ungeduldiger wurden die Bewohner des Hauses. Gespannte Erwartung durchdrang ihren Alltag und ihre Feiertage. Insgeheim stachelten sie ihre Anhänger auf, ermunterten sie ihre Entschlossenheit und bemühten sie sich, ihre potentiellen Befreier bei der Wahl des günstigsten Termins zu unterstützen. Der mitfühlende Heuer ereifert sich grundlos, wenn er Nikolaus ein «naives Ignorieren der grausamen Wirklichkeit», eine fast teilnahmslose «Betrachtung der Gefahren, die ihn von allen Seiten umgaben», zuschreibt.

Der Zar war weder ein Ignorant, noch war er teilnahmslos. Es gab sowohl Bestechung als auch Fluchtpläne, und es gab Banden, die diese Pläne ausführen sollten. Es gab darüber hinaus auch jenen geheimen Hintergrund, den Heuer vertuschen möchte: die Fäden, die sich aus der Umgebung Nikolaus' zu den westlichen Geheimdiensten zogen; die dirigierende Hand der internationalen Reaktion bei den Aktionen zur Rettung der Romanows. Einige Kollegen Heuers schreiben darüber ganz unverblümt. Sie berichten, daß der Zar und die Zarin zuweilen in ihrer Unterhaltung mit Vertrauten der Hoffnung Ausdruck gaben, Getreue würden ihnen zur Flucht verhelfen. Eine Hoffnung, die auch von der Umgebung des Zaren geteilt wurde. Man bestand darauf, der Zar möge für alle Fälle gerüstet sein. Zu Beginn des Frühlings 1918 hätte eine Flucht der Zarenfamilie noch einige Aussicht auf Erfolg haben können.

Gilliard bestätigt das: «Der Imperator hielt sich für den Fall der erwarteten Möglichkeit bereit.» Am 17. März 1918 schrieb Nikolaus in sein Tagebuch: «Noch niemals haben sich die Umstände günstiger für eine Flucht gestaltet . . . Denn bei einer Beteiligung von Oberst Kobylinski, auf die man gewiß rechnen kann, ist es so leicht, unsere Gefängniswärter zu überlisten . . . Es genügen einige standhafte mutige Männer, die die Operation planmäßig von außen durchführen.» Einige Tage darauf, am 26. März, sieht Alexandra Fjodorowna, als sie am Fenster steht, eine berittene Abteilung in die Stadt einziehen, und außer sich vor Freude ruft sie den Familienangehörigen zu: «Seht, seht, da kommen sie, die echten russischen Menschen!»

Sie glaubte, die Weißgardisten rückten in Tobolsk ein. Sie irrte, obwohl — echt russische Menschen waren das wirklich: Aus Omsk traf zur Unterstützung der Tobolsker Arbeiter eine Abteilung der Roten Garde unter dem Kommando des Arbeiters A. F. Demjanow ein. Der Schweizer notierte an diesem Tage: «Unsere Hoffnungen auf Rettung scheinen zusammenzubrechen.» Dieser Ausländer war beinahe der beste Kenner der Lage im Gouverneurshaus.

Die acht Monate, die die Romanows in Tobolsk absaßen, das «Hin und Her», wie sich westliche Publizisten ausdrükken, gingen zu Ende, und zwar nicht so, wie die Familie des ehemaligen Imperators und ihre Suite es erwartet hatten. Dafür gab es vor allem drei Gründe.

Erstens verhinderten dies die Soldaten der Wachmannschaft und die Tobolsker.

Zweitens gab es unter den Monarchisten keine Einigkeit, sie beschimpften und befeindeten sich untereinander. Die Ritter der zaristischen Selbstherrschaft trugen auch nach deren Zusammenbruch den Stempel ihres Verfalls. Einige von ihnen versuchten sich an der Haft ihres Abgotts die Hände zu wärmen, verwandelten seine Befreiung in einen Handel, verrieten zynisch sowohl die Koordinierung als auch den Kern der «heiligen Sache» zugunsten einer mühelosen Bereicherung.

Drittens griff, als sich die Gefahr einer konterrevolutionären Aktion im Raum Tjumen—Tobolsk zuspitzte, das Proletariat der nächstliegenden großen Industriezentren direkt ein. Das Auftauchen der berittenen Abteilungen Demjanows und später Busjazkis und Senzows in der Tobolsker Straße der Freiheit bedeutete, daß die Arbeiter von Omsk, Jekaterinburg und Ufa das Schicksal der Romanows immer entschlossener unter ihre Kontrolle nahmen.

Die Vorbereitung der Verlegung

In den Schlupfwinkeln der Monarchisten, in den Klöstern und Vorwerken, herrschte erhöhte Alarmbereitschaft. Im vierten Monat ihrer Existenz mußte die Sowjetmacht deshalb zwei Entscheidungen treffen — die Romanows aus einer Region zu entfernen, in der sich die Weißgardisten ihrer bemächtigen konnten, und das weitere Schicksal der Zarenfamilie überhaupt zu bestimmen.

Mit dem nahenden Frühling und dem bald beginnenden Eisgang auf den breiten sibirischen Strömen zeichnete sich eine akute Gefahr ab: Die Monarchisten konnten die Zarenfamilie aus dem schwach bewachten Gouverneurshaus befreien, sie in die Ob-Bucht bringen und von dort per Schiff ins Ausland schaffen.

Ein auf den ersten Blick unbedeutender Vorfall alarmierte die Bolschewiki in Tobolsk. Der Jekaterinburger Arbeiter J. P. Loginow hatte sich dort mit einem Soldaten der Wachmannschaft unterhalten. Der hatte geplaudert: Oberst Kobylinski habe dem einen oder anderen im Bataillon schon angekündigt, daß die Wachsoldaten, sobald der Eisgang vorüber sei und der Schoner «Marija» sich von der Stelle rühren könne, nach Hause fahren dürften. «Es wird niemand mehr zu bewachen sein . . . die Bewachten, die werden per Schiff wegfahren . . . und niemand wird sie einholen können . . .» Es war klar, man mußte die Romanows aus Tobolsk wegschaffen, und zwar möglichst schnell.

Die Aufzeichnungen der Veteranen von Tobolsk zeigen, Befürchtungen und Unruhe waren zeitweise so stark, daß man nachts aufsprang und zum Gouverneurshaus lief, um nachzusehen, «ob die Gefangenen noch bewacht waren». Die Nachrichten von der gefährlichen Lage in Tobolsk verbreiteten sich kreisförmig im ganzen Land, zuerst erreichten sie die am nächsten gelegenen Städte Tjumen, Jekaterinburg, Ufa und Omsk. Besonders stark war das Echo im benachbarten Uralgebiet.

Daß sich zwischen Tjumen und Tobolsk Kräfte der monarchistischen Reaktion konzentrierten, wußten die Jekaterinburger und Omsker Arbeiter seit Ende 1917. Zu Beginn des Frühjahrs wurde im Uraler Sowjet direkt davon gesprochen, daß die Romanows faktisch «unbeaufsichtigt» seien und deshalb an einen anderen, zuverlässigeren Ort gebracht werden müßten. Man beschloß, den Tobolskern dabei zu helfen, die heranreifende monarchistische Meuterei zu durchkreuzen.

Im März begab sich F. I. Golostschekin, der Sekretär des Uraler Gebietskomitees der Partei, nach Moskau. Auf der Sitzung des Präsidiums des Gesamtrussischen Zentralexekutivkomitees (WZIK) legte er die Meinung seiner Jekaterinburger Genossen dar. Auf Vorschlag J. M. Swerdlows beschloß das Präsidium des WZIK: Es ist ein öffentlicher Gerichtsprozeß wegen der Verbrechen des ehemaligen Zaren gegenüber dem Land und dem Volk vorzubereiten; die Romanows sind aus Tobolsk nach Jekaterinburg zu überführen; es wird ein Sonderbevollmächtigter des WZIK für die Organisierung dieser Überführung in Kontakt und unter Kontrolle des Uraler Sowjets ernannt. Der Uraler Sowjet soll seinerseits einen zuverlässigen Mann nach Tobolsk entsenden.

Der Name des Sonderbevollmächtigten wurde bald darauf bekanntgegeben: W. W. Jakowlew. Auch Jekaterinburg benannte seinen Vertreter, der nach Tobolsk entsandt wurde: P. D. Chochrjakow. Über die Beteiligung des ersteren an der Revolution hatte niemand etwas gehört. Der Name des zweiten aber war schon damals sowohl in Kronstadt als auch in Petrograd bekannt. Dieser hochgewachsene, breitschultrige Mann mit dem anscheinend etwas naiven Blick seiner hellgrauen Augen und dem gutmütigen Lächeln, dieser junge Mann im schwarzen Matrosenmantel und mit dem Matrosenkäppi auf dem Kopf ist in die Geschichte der Revolution als eine romantische, legendäre Gestalt eingegangen. Pawel Chochrjakow, Matrose vom Linienschiff «Sarja Swobody» (dem früheren «Alexander II.»), empfing und begrüßte am 4. April 1917 den auf dem Finnländischen Bahnhof aus der Emigration heimkehrenden W. I. Lenin. Bald darauf wurde er von der Militärkommission beim ZK der SDAPR (B) in den Ural entsandt.

In den letzten Februartagen 1918 zogen bewaffnete Abteilungen Uraler Arbeiter in nordöstliche und östliche Richtung; sie verfolgten ein gemeinsames Ziel — die Wege aus Tobolsk zu sperren. Chochrjakow und andere Bolschewiki begaben sich heimlich direkt nach Tobolsk. Dort wurden Schritt für Schritt Uraler Kampfgruppen konzentriert, geführt von A. D. Awdejew, S. A. Saslawski und T. I. Naumowa unter der Gesamtleitung Chochrjakows. Bald darauf trafen Rotgardisten aus anderen großen Industriezentren ein, die demokratischen Organisationen wurden aktiver, handelten kühner und entschlossener. Auf einer Versammlung der Parteimitglieder konstituierte sich eine selbständige Tobolsker Organisation der SDAPR (B).

Kaum entstanden, stellte das Parteikomitee bewaffnete Arbeiterabteilungen auf und rief die Werktätigen der Stadt zu einer Neuwahl des Sowjets auf. Die Wahlen fanden am 6. April statt. Von den hundertdreiundsechzig Mandaten gewannen die Bolschewiki fünfundachzig. Zusammen mit Sympathisierenden und Parteilosen stellten sie nun die Mehrheit im Sowjet. Zum Vorsitzenden des Exekutivkomitees des Sowjets wurde am 9. April P. D. Chochrjakow gewählt.

Noch an demselben Tag faßte das neue Exekutivkomitee einen Beschluß, der den «Übergang der gesamten wirtschaftlichen, administrativ-politischen und militärischen Macht sowohl in der Stadt als auch im Kreis an den Sowjet» verkündete. Weiter erklärte das Exekutivkomitee die Entlassung der städtischen Duma sowie der bürgerlich-gutsherrschaftlichen Semstwo-Institutionen und verbot dem Klerus, sich politisch zu betätigen. Und schließlich nahm der Sowjet die Kontrolle über das Gouverneurshaus in seine Hände. Den Anordnungen und Weisungen des Sowjets hatten sich ab sofort Gefangene und Bewachung zu fügen. Die Atmosphäre in der Stadt begann sich merklich zu wandeln.

Während Chochrjakow und seine Genossen in Tobolsk um die Herstellung einer revolutionären Ordnung kämpften, ergriffen der Uraler und der Westsibirische Sowjet weitere Maßnahmen, um die Stützpunkte der Monarchisten zu blokkieren. Die Uraler und die Omsker bemühten sich, die Kulakennester am Irtysch unschädlich zu machen, die Klöster im Hinterland zu neutralisieren sowie die Wege, die aus Tobolsk nach Norden, Osten und Westen führten (die südliche Dekkung bildete Tjumen), unter Kontrolle zu nehmen und zu sichern. An den Zugängen zu größeren Ortschaften, wie zum Beispiel Berjosowo, lieferten die monarchistischen Kulakenbanden den Rotgardisten Gefechte. Bei diesen Kämpfen gingen die Monarchisten mit bis dahin beispielloser Erbitterung gegen die Arbeiterabteilungen vor. Die Heftigkeit der Schießereien machte überdeutlich, daß man die Tobolsker Verbannten unverzüglich verlegen mußte, daß jeder Tag und jede Stunde kostbar waren.

So trafen sich in Jekaterinburg zu einer dringlichen Beratung Uraler, Tjumener und Omsker Sowjet- und Parteiinstanzen sowie der aus Moskau eingetroffene Sonderbevollmächtigte des WZIK, W. W. Jakowlew.

Die Biographie dieses Sonderbeauftragten ist interessant, zumal sich um seine Person zahlreiche, von proromanowschen Gönnern im Westen eifrig ausgeschmückte Legenden gebildet haben. Fest steht, daß es sich bei Jakowlew um einen Agenten handelte, der im Auftrag mindestens zweier feindlicher Mächte operierte. Nach manchen Angaben war sein wirklicher Name Konstantin Mjatschin, er stammte aus Ufa, hatte sich in jungen Jahren einer «Enteignungsgruppe» angeschlossen, eine staatliche Kasse überfallen und war dann vor den zaristischen Behörden geflohen. Nach anderen Angaben ist er aus Kiew gebürtig, aus der Familie des vermögenden Kaufmanns Moskwin. Eine dritte Version lautet, er sei der Sohn des Rigaer Ingenieurs Sarin, der dem Jungen eine Ausbildung als Elektromechaniker ermöglichte.

Im weiteren sind sich die verschiedenen Quellen in folgendem einig: Jakowlew wurde zur Flotte einberufen, diente auf Schiffen des Baltischen Geschwaders, kam auf Grund seiner wertvollen technischen Spezialkenntnisse rasch vorwärts und wurde schließlich auf die Offiziersschule für Elektrotechnik nach Sweaborg geschickt; hier trat er auf dem Höhepunkt der revolutionären Ereignisse des Jahres 1905 der Sozialrevolutionären Partei bei und beteiligte sich am bewaffneten Aufstand der Matrosen; von einem zaristischen Gericht in Abwesenheit zum Tode verurteilt, floh er ins Ausland. Zwölf Jahre verbrachte er in der Emigration, zuerst in Deutschland, später in der kanadischen Provinz Saskatchewan, wo er als Elektrotechniker arbeitete. Er hatte sich stark anglisiert und erhielt einen kanadischen Paß, mit dem er im März 1917 über Stockholm nach Rußland reiste. Zum Erstaunen anderer sozialrevolutionärer Emigranten — wie Alexandrow berichtet —, die

410

auch nach Petrograd zurückkehrten, «quoll die Brieftasche Jakowlews von Banknoten über». Und obwohl die Frage nahe lag, «woher er das Geld für eine so komfortable Reise» hatte, fragte von seinen sozialrevolutionären Genossen niemand «diesen eleganten Gentleman, was für Geschäfte er in Deutschland und Kanada gemacht hatte und insbesondere, weshalb er sich in Stockholm aufgehalten hatte, der damaligen Hauptanlaufstelle der internationalen Spionage».

Man konnte Jakowlew damals in der Umgebung von Boris Sawinkow, auch neben Oberst Murawjow sehen (der später versuchte, den Weißen die Ostfront zu öffnen), und nach der Oktoberrevolution beim Volkskommissar für Justiz Steinberg, der zu den linken Sozialrevolutionären gehörte. Auf welche Weise Jakowlew im Frühjahr 1918 zum Sonderbevollmächtigten des WZIK werden konnte, ist nicht ganz klar, aber in der stürmischen Situation jener Zeit und dann noch mit Unterstützung linkssozialrevolutionärer Führer wie der Spiridonowa, eines Kamkow und Steinberg kamen solche karrieristischen Aufstiege vor. Auch Jakowlew-Mjatschin-Sarin vermochte es, wie von seinen Auftraggebern gewünscht, sich von der Revolution wie von einer Welle tragen zu lassen und dort einzudringen, wo er sollte. Es gibt Hinweise dafür, daß das ZK der Partei der linken Sozialrevolutionäre auf der Ernennung Jakowlews zum Sonderbevollmächtigten des WZIK bestanden hat.

Jakowlew verständigte sich auf jener Sitzung mit Nemzow, Kossarew und vor allem mit Golostschekin, der als Sekretär des Uraler Gebietskomitees der Partei gegenüber Moskau die Hauptverantwortung für den Ausgang der Operation trug, über die Details der bevorstehenden Evakuierung der Romanows nach Jekaterinburg. Er sollte über eine von Ufa gestellte Militärabteilung unmittelbar verfügen können. Hinzu kam bewaffnete Unterstützung aus dem Ural, aber die Hauptkraft sollte die Abteilung aus Ufa bilden.

Jakowlew begab sich von Jekaterinburg aus nach Ufa und suchte dort Pjotr Iwanowitsch Senzow auf, den Stabschef der «Kampforganisation der Volksbewaffnung» (BONW). Senzow war bereits über die Mission Jakowlews unterrichtet. In Gegenwart des Sonderbevollmächtigten erteilte dieser frühere Schmied, ein Veteran der revolutionären Kämpfe von 1905, den Befehl zur Aufstellung der Abteilung, die sich aus Kavalleristen, Infanteristen und Maschinengewehrschützen zusammensetzte. Außerdem erhielt Jakowlew den Telegraphisten S. A. Galkin zugeteilt, der sich ständig bei ihm aufzuhalten und die Verbindung mit Moskau und Jekaterinburg auf direkter Leitung zu gewährleisten hatte.

Zum Chef der Abteilung wurde ein weiterer bewährter Veteran ernannt — Dmitri Michailowitsch Tschudinow, Mitglied der Partei der Bolschewiki seit 1906. Zur Seite gestellt wurde ihm Grigori Iwanowitsch Senzow, der Bruder des Stabschefs. Später wurde der Ufaer Bolschewik Pjotr Gusakow, der der Abteilung mit einer zusätzlichen berittenen Gruppe von Tjumen aus entgegenkam, zum Kommandeur ernannt, und Tschudinow wurde sein Stellvertreter.

Mit Verpflegung für eine Woche versehen, fuhr die Abteilung aus Ufa ab. Die Abfahrt der Züge meldete Jakowlew telegraphisch nach Jekaterinburg; dabei erinnerte er daran, daß alle Kampfgruppen aus dem Ural und aus Omsk, die schon vorher hinter den Tobol und den Irtysch vorgerückt waren, als zusätzliche Kraft seiner Expedition zu helfen hätten. Er betonte, daß entsprechend der Abmachung, mit seiner Ankunft in Tobolsk alle bewaffneten Gruppen und ihre Führer ihm, Jakowlew, unterstellt würden und ihn uneingeschränkt zu unterstützen hätten.

In Tjumen war es unruhig. Es gab Gerüchte über eine bis zu tausend Mann starke Kulaken- und Offiziersbande, die sich darauf vorbereitete, die Zarenfamilie auf dem Weg zwischen Tobolsk und Tjumen freizukämpfen. Deshalb waren, wie der Vorsitzende des Gouvernements-Exekutivkomitees, Nemzow, Jakowlew schon auf dem Bahnhof meldete, die Hilfsabteilungen der Uraler und Omsker, die bereits auf Tobolsk in Marsch gesetzt worden waren, verstärkt und zusätzlich bewaffnet worden. Außerdem hatte er, Nemzow, befohlen, längs der zweihundert Werst langen Strecke von Tobolsk nach Jekaterinburg an jedem Haltepunkt einen Kavalleristen zu stationieren, der die Nachrichtenverbindung aufrechterhalten sollte. An jedem größeren Haltepunkt hatte er bis zu zwanzig Gespanne zum Wechseln bereitgestellt, so daß alle Teilnehmer der geplanten Karawane gleichzeitig in neue Fahrzeuge umsteigen konnten.

Am 22. April traf die Abteilung in Tobolsk ein. Sie defilierte die Straße der Freiheit entlang, vorbei am Gouverneurshaus, wo zwischen den Portieren hindurch ein mittelgroßer Mann in Zivil auf die Reiter schaute, der Mann, der noch vor Jahresfrist der unbeschränkte Herrscher des gigantischen Russischen Reiches gewesen war.

Jakowlew nahm ein Zimmer im Kornilowschen Haus. Der Telegraphist Galkin war ständig bei ihm. In den Zimmern neben ihnen wohnten Tschudinow und Grigori Senzow. Für das Gouverneurshaus bekundete der Sonderbevollmächtigte an diesem Tage keinerlei Interesse. Gemeinsam mit Tschudinow und Senzow suchte er den Stadtsowjet auf. Chochrjakow studierte aufmerksam das Mandat mit der Unterschrift J. M. Swerdlows, des Sekretärs des WZIK, W. A. Awanessow, und des Volkskommissars für Justiz, I. S. Steinberg. Kaum merklich musterte er Jakowlew — der war hochgewachsen, hager, mit einem langen, glattrasierten Gesicht und trug einen trotz der strapaziösen Reise fast eleganten Anzug, dessen Schnitt an eine Offiziersuniform erinnerte. Chochrjakow sagte: «Keine Einwände.» Und nach kurzem Zögern fügte er hinzu, daß es bei einer solchen Angelegenheit am besten wäre, alles gemeinsam zu besprechen, sich zu beraten. Wann? Wenn nötig, noch heute.

Am Abend fand eine solche Beratung statt. Sie verlief äußerlich kameradschaftlich, doch die rechte Harmonie wollte nicht aufkommen. Jakowlew erklärte erneut, er sei mit besonderen Vollmachten ausgestattet und fordere von den örtlichen Organen Unterordnung und Unterstützung. Er werde Nikolaus samt Familie wegbringen, jedes Geschwätz über dieses Thema sei überflüssig. Man könne auseinander gehen.

Am Morgen des folgenden Tages, des 23. April, begab sich

Jakowlew in Begleitung Awdejews, eines Mitarbeiters Chochrjakows, zum Gouverneurshaus. Kobylinski, der am Vortag benachrichtigt worden war, empfing ihn am Tor. Gemeinsam stieg man in den ersten Stock hinauf. Im Korridor bat Kobylinski, wie man bei Sokolow nachlesen kann, die Besucher darum, zu warten: Er werde sie dem früheren Imperator sofort melden. Nach einigen Minuten wurden sie in den Saal gebeten. In der Mitte stand Nikolaus, hinter ihm befanden sich die vier Töchter.

Nachdem Kobylinski militärisch gemeldet hat, stellt er dem früheren Zaren Jakowlew als «speziellen Bevollmächtigten der gegenwärtigen Regierung Rußlands, die den Moskauer Kreml zu ihrem Sitz gewählt hat», vor. Nikolaus drückt dem Mann aus Moskau die Hand, und der verbeugt sich galant vor den jungen Damen, die ihm mit einem Knicks antworten. Jakowlew fragt, ob es Klagen über die Behandlung und die Unterbringung gebe. Nein, es gibt keine Klagen. Und wo ist der ehemalige Zarewitsch Alexej? Er ist heute morgen gefallen und hat sich verletzt, liegt im Bett. Er hat offenbar eine hämophilische Blutung und darf sich nicht bewegen. Jakowlew möchte ihn sehen. Begleitet von Nikolaus und Kobylinski betritt er mit Awdejew das Krankenzimmer, steht einen Augenblick schweigend am Bett, verbeugt sich und geht weg. Eine halbe Stunde später kommt er noch einmal wieder, um sich Alexandra Fjodorowna vorzustellen, die sich bei seinem ersten Besuch mit ihrem Erscheinen im Saal verspätet hatte.

Das nächste Mal kam Jakowlew zwei Tage darauf, am 25. April, ins Gouverneurshaus. Nach der Begrüßung erklärte er, Nikolaus allein sprechen zu wollen. Dessen Frau protestierte: «Ich wünsche auch zugegen zu sein.» Jakowlew gab nach und wandte sich dann an ihn: «Nikolaus Alexandrowitsch, ich habe die Ehre, Ihnen noch einmal offiziell mitzuteilen, daß ich hier als Sonderbevollmächtigter der zentralen höchsten Behörden bin, geschickt vom Präsidium des Allrussischen Zentralen Exekutivkomitees aus Moskau, und meine Vollmachten bestehen darin, daß ich Sie und Ihre Familie von hier wegzubringen habe. Da jedoch Alexej Nikolajewitsch krank ist, so habe ich nach einem Gespräch mit Moskau den Befehl erhalten, mit Ihnen allein abzufahren.» Nikolaus erklärte schroff: «Ich fahre nirgendwohin.» Jakowlew sagte: «Ich würde das nicht tun. Ich muß die mir auferlegte Mission erfüllen. Wenn Sie sich weigern zu fahren, muß ich entweder Gewalt anwenden oder den mir übertragenen Auftrag niederlegen. Dann könnte man an meiner Stelle einen anderen, weniger humanen Mann schicken. Ich hafte mit meinem Kopf für Ihr Leben. Wenn Sie nicht allein fahren wollen, können Sie fahren, mit wem Sie möchten. Morgen um vier Uhr fahren wir ab.» Er verbeugte sich und ging hinaus.

Nikolaus hielt Kobylinski zurück und stieg mit ihm und Alexandra Fjodorowna in den ersten Stock hinauf. Dort saßen in nervöser Erwartung Tatistschew, Dolgorukow und Gilliard. Die sechs berieten. Nikolaus interessierte, wohin ihn dieses Subjekt eigentlich verschleppen wollte.

Niemand der Anwesenden wußte das, aber der Kommandant gestattete sich eine Vermutung: Aus einigen Andeutungen Jakowlews schloß er, daß es um eine Reise von vier bis sechs Tagen ging. Folglich würde diese Reise wahrscheinlich nach Moskau führen. Ja, natürlich, man wollte Seine Majestät nach Moskau, vielleicht sogar nach Petrograd bringen. Gewiß, schloß sich Alexandra Fjodorowna an, es sah ganz nach Moskau aus. Aber wozu? Jemand hatte eine Erleuchtung: Die Bolschewiki hatten den Brester Vertrag geschlossen, jedoch ohne die Unterschrift des Zaren konnte ihn Deutschland nicht als gültig betrachten. Man würde Nikolaus zwingen, diesen Vertrag durch seine Unterschrift zu bekräftigen.

«Aber hören Sie!» fuhr Nikolaus auf. «Ich werde nicht unterschreiben, und wenn sie mir die rechte Hand abhacken!»

Ach wo, es gehe sicher gar nicht um den Vertrag, mischte sich Tatistschew ein. Offenbar hat der Kaiser Ihre Freilassung erwirkt, und Sie fahren zu ihm. Tatsächlich? Alle starrten auf Tatistschew. Alexandra Fjodorowna traten Tränen in die Augen. Sie sagte: «Das ist, glaube ich, das erstemal in meinem Leben, wo ich nicht weiß, was ich tun soll . . . Ach, ich weiß, was ich zu tun habe: Ich fahre mit ihm.»

Ob sie darauf hoffen könne, daß sich die anderen während ihrer Abwesenheit um Alexej kümmern würden? Oh, selbstverständlich, was gab es da noch zu fragen. Bald darauf erschien der Kammerdiener und meldete: Der Kommissar sei wieder da, im Erdgeschoß. Er bitte darum, hinunterzukommen.

Jakowlew steht den Romanows von Angesicht zu Angesicht gegenüber. Er richtet das Wort an Nikolaus: «Ich gestatte mir, Sie noch einmal zu fragen: Sind Sie gewillt, sich der Anordnung über Ihre Abreise aus Tobolsk zu fügen?» Nikolaus sagt, daß er sich fügen wird. «In diesem Moment trat Alexandra Fjodorowna vor und sagte, stark erregt: ‹Ich fahre auch. Ohne mich wird man ihn wieder zwingen, etwas zu tun, wie sie es schon mal getan haben.› Und dabei erwähnte sie etwas von Rodsjanko. Sie spielte zweifellos auf den Akt des Verzichts des Herrschers auf den Thron an.» Anschließend fragte sie, wohin sie reisen würden. Jakowlew erwiderte: «Nach Moskau.»

Er log nicht ganz, als er so antwortete. Jakowlew hatte tatsächlich nicht vor, die Romanows nach Jekaterinburg zu bringen. Er wollte mit ihnen freilich auch nicht nach Moskau, aber er wußte schon in Tobolsk, daß er versuchen würde, in die Moskauer oder Kiewer Richtung auszubrechen. Seine Absicht war anscheinend, zuerst in südwestlicher oder westlicher Richtung davonzukommen. Wie es dann weiterging, das würde sich zeigen. Wichtig war nur, die kürzeste Route zu nehmen, die zur Grenze der deutschen Besatzungszone führte.

Von Mittag an begannen alle, sich vorzubereiten.

Es wurde bekanntgegeben, daß fortan P. D. Chochrjakow, der Vorsitzende des Tobolsker Sowjets, gleichzeitig Kommissar im Gouverneurshaus sei. Der Kommandant Kobylinski wurde ihm, Chochrjakow, von diesem Tage an unterstellt. Er, der Vorsitzende des Sowjets, werde auch in möglichst kurzer Frist die Abreise der zweiten Gruppe der Romanows, die der ersten folgen würde, gewährleisten.

Tschudinow und Senzow ersuchten Kobylinski, umgehend festzustellen, wieviel Diener und Gepäck mitgenommen würden, damit genügend Transportmittel bereitgestellt werden konnten. Nach einer Stunde meldete Kobylinski: Es würden außerdem die Tochter Maria sowie zwölf Diener mitreisen, das Gepäck würde etwa acht bis zehn Pud wiegen.

Einen Teil der Gespanne hatte Tschudinow durch Requisition in den reicheren Höfen beschafft. Die übrigen wurden gegen Bezahlung bei den örtlichen Fuhrleuten gemietet.

Das Abenteuer Jakowlews

Am Vorabend der Abreise wurden die alten, aus Zarskoje Selo mitgebrachten Wachmannschaften abgelöst, und neue aus Jekaterinburg und Omsk übernahmen den Dienst. Auf dem kleinen Platz vor dem Haus fand die Übergabe der Wache von den Gardisten der alten Armee, die demobilisiert wurden und nach Hause fuhren, an die roten Kämpfer statt, die von der Uraler und der sibirischen Arbeiterklasse geschickt worden waren. Die Zeremonie wirkte eigenartig im unwiederholbaren Stil jener Tage. Awdejew beschreibt sie so:

«Auf der einen Seite war ein Zug von ausgesucht großen, prächtig anzuschauenden Gardisten angetreten, einer wie der andere bestens uniformiert, geführt von einem eleganten, hochgewachsenen Offizier.

Auf der anderen Seite, diesem Zug gegenüber, waren unsere Rotgardisten angetreten, gekleidet, wie der Zufall es gefügt hatte, in das, was man gerade hatte: der eine in einen speckigen Halbpelz, der zweite in einen Zivilmantel, der dritte in einen abgetragenen Soldatenmantel und so weiter. Die meisten trugen alte, graue Filzstiefel an den Füßen.

Auch unsere Bewaffnung war nicht gleichartig: Der eine hatte einen arschinlangen (ein Arschin = 71,1 cm – d. Ü.) Revolver System ‹Lefaucheux›, den er in irgendeinem Lager gefunden und selbst in Ordnung gebracht hatte, ein anderer trug einen Patronengurt für ein Maschinengewehr über der Schulter und hielt ein altes Berdangewehr System ‹Gras› in den Händen und so weiter, und so fort.

Ganz zu schweigen von der Aufstellung: Neben dem Zwei-meterkerl Kostja Ukrainzew, einem Schlosser, stand Wanja Kraschennikow, ein Dreher vom Slokasow-Werk, der Ukrainzew kaum weiter als bis zum Gürtel reichte, aber die beiden waren nicht zu trennen. Man hätte das Erstaunen auf dem Gesicht von Oberst Kobylinski sehen müssen, als er unsere Wachmannschaft erblickte . . .»

Am frühen Morgen des 26. April fuhren sibirische Schlitten und Reisewagen beim Gouverneurshaus vor; da stellenweise noch Schnee auf den Straßen lag, brauchte man beides. Insgesamt waren es acht Zweigespanne und elf Troikagespanne, einschließlich eines geschlossenen Troikareisewagens für die frühere Zarin.

Die Marschordnung sah vor, daß im ersten Wagen zwei Schützen saßen, im zweiten zwei Maschinengewehrschützen mit Maschinengewehren des Typs «Colt», im dritten zwei Schützen, im vierten Kommissar Jakowlew und der frühere Zar Nikolaus, im fünften zwei Schützen, im sechsten die frühere Zarin Alexandra Fjodorowna und ihre Tochter Maria, im siebenten zwei Schützen und auch in den übrigen Reisewagen im Wechsel Schützen und Maschinengewehrschützen, außerdem die Begleitpersonen der Romanows und ihre Diener, darunter Dr. Botkin und die Kammerdiener, sowie das für die Reise erforderliche Gepäck und die Verpflegung. Als letzte sollten die drei Romanows das Haus verlassen und ihre Plätze einnehmen.

Zur Verwunderung der Wachmannschaft sprach Jakowlew entgegen den festgelegten Regeln die Gefangenen mit «Majestät» und «Hoheit» an. Melnik-Botkina erinnerte sich: «Hinter den Gardinen am Fenster sah ich, wie in der Dunkelheit Kommissar Jakowlew neben dem Herrscher zur Equipage ging und ihm ehrerbietig etwas sagte, wobei er häufig die Hand an die Papacha führte». — «Ich erinnere mich sehr gut», erzählte die Bittner, «wie Jakowlew auf der Treppe stand und die Hand salutierend an die Mütze hielt, als sich der Herrscher in die Equipage setzte.» — «Sein Verhalten gegenüber dem Herrscher war außerordentlich zuvorkommend», sagte der Kammerdiener Wolkow aus. «Als er sah, daß der Herrscher nur einen Mantel und weiter nichts anhatte, fragte er ihn: ‹Nanu! Werden Sie nur darin fahren?› Der Herrscher antwortete: ‹Ich fahre immer so.› Jakowlew widersprach ihm: ‹Nein, so geht das nicht.› Dann befahl er jemandem, dem Herrscher noch etwas zu bringen. Man holte einen Regenmantel und legte ihn unter den Sitz.» Höflich verhielten sich auch die anderen, der korrekte Umgang mit den Mitgliedern der Familie war die allgemeine Regel; aber an der Hochachtung, ja Bewunderung Jakowlews erkannte Nikolaus schon in jenen Stunden, daß, wie Gilliard später schrieb: «dieser Mensch ganz und gar nicht der ist, für den er sich ausgibt».

Sechs Uhr. Noch ist es dunkel, in der dichten Morgendämmerung treten schwach die Silhouetten der Posten hervor, die Tschudinow auf dem Weg vom Gouverneurshaus zum Ufer des Irtysch aufgestellt hat. Tiefe Stille liegt über Tobolsk. Die Stadt schläft. Hin und wieder bellen Hunde am Stadtrand. Alle sind an ihren Plätzen, lauschen gleichsam in die Stille hinein, die nur von den üblichen Lauten vor Sonnenaufgang gestört wird. Das letzte Kommando ist gegeben, es kann losgehen. Jakowlew sitzt neben Nikolaus; Alexandra Fjodorowna und Maria haben es sich auf den weichen Sitzen der geschlossenen Kutsche bequem gemacht. Von der Umgebung der Romanows reisen Dolgorukow und Botkin mit, von der Dienerschaft Tschemodurow, Trupp, Iwan Sednew, Anna Demidowa und einige andere.

Der Irtysch wurde auf dem bereits mit Tauwasser bedeckten Eis überschritten. Jakowlew trieb die Kolonne ununterbrochen an, gewährte keine Ruhepause. In den Talkesseln lag noch Schnee, an den höheren Stellen war er bereits abgetaut; die Fahrt über die Trasse war einmal leichter, dann wieder schwieriger. «Die Fuhrleute johlen», schreibt Tschudinow. «Wie ein Pfeil jagen die Pferde voran. Es heißt aufpassen, damit man nicht aus dem Reisewagen oder dem Sattel fliegt. Man muß sich festhalten. Der Weg führt stellenweise durch Schlamm, stellenweise über Schnee. Schmutz fliegt einem ins

Gesicht. Zwischen ·den Zähnen knirscht es unangenehm, Schmutz oder Sand.»

Übernachtet wurde in dem Dorf Ijewlewo an der Mündung der Tawda in den Tobol; hundertunddreißig Werst waren am ersten Tag zurückgelegt worden. Für die drei Mitglieder der Romanow-Familie trugen Wachsoldaten Feldbetten, die man aus Tobolsk mitgenommen hatte, in ein zweigeschossiges Haus an der Straße. Um acht Uhr morgens, nachdem man gefrühstückt hatte, wurde die Fahrt fortgesetzt. Beim Passieren des Tobol gab es, weil noch mehr Wasser auf dem Eis war als bei der Fahrt über den Irtysch, Schwierigkeiten. Alexandra Fjodorowna weigerte sich, über den Fluß zu fahren, sie habe Angst. Aus dem nächsten Dorf wurden Bretter geholt und Stege gebaut. Unterstützt von Botkin und Dolgorukow, gingen Alexandra und Maria aufs Eis, die letzten zwanzig Meter wurden mit einer Fähre zurückgelegt. Nikolaus fuhr in seinem Wagen, einem Tarantas, direkt bis zur Fähre. Er war während der ganzen Reise sehr lebhaft, benahm sich ungezwungen und unterhielt sich viel mit Jakowlew und anderen.

Alexandra Fjodorowna dagegen war den ganzen Weg über finster und sprach fast gar nicht. Maria zeigte sich sehr gesprächig, schwatzte gern mit den Begleitsoldaten. Während der Aufenthalte kreiste Jakowlew um die beiden Damen, ganz galanter Kavalier, glänzte mit Scherzen und Anekdoten.

So fuhr man von Station zu Station, von Jakowlew angetrieben, ging es eilig weiter. Die von Pjotr Gusakow geführte, der Kolonne von Tjumen aus entgegengekommene Abteilung schloß sich an. Jakowlew ernannte Gusakow zum Kommandeur der Gesamtabteilung und Tschudinow zu seinem Stellvertreter.

Während der Fahrt wußte in den Dörfern jedermann, daß man den früheren Zaren und die frühere Zarin transportierte, obwohl man sich um Geheimhaltung bemüht hatte. Die Dorfstraßen waren voller Schaulustiger, manche kletterten auf die Hausdächer, auf die Glockentürme, auf Bäume oder auf Zäune, um einen besseren Überblick zu haben. Meistens sahen die Menschen schweigend zu, aber manchmal bekam

Nikolaus auch Spottrufe zu hören wie: «Ausgeherrscht, was?», «Na, hast genug Krieg geführt?», «Schluß damit, uns die Knochen zu brechen, was?»

Doch es gab auch andere Stimmen. An einem Haltepunkt wurden die Pferde gewechselt. Das ganze Dorf war zusammengelaufen, alt und jung. Man starrte auf den Zaren, die Zarin und Maria. Ein alter Mann fragte Tschudinow: «Bursche, he, Bursche, hab doch die Güte, sei so gut, sag mir: Wohin bringt ihr Teufel unser Väterchen Zar? Etwa nach Moskau?»

«Nach Moskau, Großvater, nach Moskau.»

«Na, Gott sei Dank, daß es nach Moskau geht. Jetzt wird's also bei uns in Rußland wieder Ordnung geben.»

Die Kolonne legte in vierzig Stunden zweihundertundachtzig Werst zurück und traf gegen zehn in Tjumen ein.

Weit vor der Stadt empfing der Vorsitzende des Gouvernements-Exekutivkomitees, N. M. Nemzow, an der Spitze einer Kavallerieeskadron die Reisenden und geleitete sie zum städtischen Bahnhof. Später, in den zwanziger Jahren, erinnerte er sich an diese Episode: «Ich fuhr mit Permjakow, dem Militärkommissar, dem Zaren entgegen. Für alle Fälle hatte ich eine Eskadron zehn Werst vor Tjumen postiert.

Wir trafen den Zaren fünfunddreißig Werst vor Tjumen. Wir hielten bei der Dorfschule und sahen schon von weitem den sich nähernden Wagenzug. Mit flotten sibirischen Troikas kutschierten die Fuhrleute elegant den früheren Zaren zu dem früheren Verbannten, der jetzt der Leiter des Gouvernements war, also zu mir. Ich stellte mich ihm vor und zeigte ihm den Raum, wo er warten konnte, bis wir die Pferde gewechselt hatten. Dabei fragte ich ihn, wie er sich fühle, wie er die Reise überstanden habe.

‹Ich danke Ihnen›, sagte er, ‹gut. Aber Alexandra Fjodorowna hat der Weg angestrengt.› Gerade in diesem Augenblick kletterte die frühere Zarin aus dem Wagen und warf uns scheele Blicke zu.»

Nikolaus fragte Nemzow auf dem Bahnhof in Tjumen, beim Einsteigen, was für ein Mensch er sei, welche Bildung er besitze.

«Ich sagte ihm, daß ich im Jahre 1907, auf Anweisung Seiner Majestät, aller Bürgerrechte beraubt, ebendiese Straße von Etappe zu Etappe bis nach Obdorsk, dem Endpunkt des Gouvernements, passiert hatte.»

Eine Lokomotive zog einen aus sechs Personenwagen bestehenden Zug, der im Dienstgebrauch als «Sonderzug Nr. 42» bezeichnet wurde, an den Bahnsteig. Die Fahrgäste stiegen ein. Kurz nach Mitternacht (also am 28. April) hatten alle Platz gefunden, das Gepäck war verladen, in den drei mittleren Abteilen des Hauptwagens hatten die Diener die Betten aufgeschlagen, die Unruhe hatte sich gelegt, auf dem Bahnsteig und im Zug herrschte Stille. Nemzow erschien. Er sprach mit Jakowlew, dann gingen die beiden zur Telegraphenstation. Bald darauf kehrte Jakowlew ohne Nemzow zurück, ging durch die Wagen und teilte den Soldaten halblaut mit, er habe gerade ein Gespräch mit Moskau gehabt und ihm sei befohlen worden, nicht — wie früher geplant — nach Jekaterinburg, sondern nach Moskau zu fahren, und zwar über die Strecke Omsk–Tscheljabinsk–Samara. Um fünf Uhr morgens, als die Passagiere in ihren Abteilen schliefen, setzte sich der Zug langsam in Bewegung und fuhr in Richtung Omsk ab.

Der Diensthabende im Uraler Sowjet wartete an jenem Morgen vergeblich auf die für sechs Uhr verabredete telegraphische Bestätigung, daß der Zug Nr. 42 aus Tjumen in Richtung Jekaterinburg abgefahren war. Es wurde in Tjumen telegraphisch nachgefragt. Die Antwort blieb aus. Erst als die Uraler berittene Abteilung, die hinter Jakowlews Kolonne zurückgeblieben war, in Tjumen eintraf und feststellte, daß der Zug in Richtung Omsk abgefahren war, erfuhren die Jekaterinburger Behörden aus den Telegrammen ihrer Rotgardisten, daß sich Jakowlew in irgendein Abenteuer gestürzt hatte.

Eilig wurde das Präsidium des Exekutivkomitees einberufen. Es beschloß, außerordentliche Maßnahmen zu ergreifen. Unter der Adresse «An alle, alle, alle» wurde von Jekaterinburg aus ein telegraphischer Aufruf an ganz Rußland abgesetzt, das von Jakowlew geplante Verbrechen zu verhindern.

Der Uraler Sowjet erklärte Jakowlew zu einem Verräter an der Sache der Revolution und stellte ihn außerhalb des Gesetzes.

Der Westsibirische Sowjet reagierte auf den Appell der Uraler. Aus Omsk wurde eilig eine berittene Abteilung in Marsch gesetzt, die Jakowlew bei der Station Kulomsino stoppen sollte, wo der Zug in Richtung Tscheljabinsk abbiegen konnte.

Die Kommandeure der Uraler Abteilung, die Jakowlew aus Tobolsk gefolgt war, gaben von Tjumen aus eine dringende Meldung an den Vorsitzenden des WZIK nach Moskau durch und baten darum, Omsk anzuweisen, daß der Zug mit den Romanows nach Jekaterinburg zu leiten sei.

Jakowlew, der maximale Geschwindigkeit befohlen hatte, erhielt unterwegs Kenntnis davon, daß die Verfolgung begonnen hatte. Auf der Station Ljubinskaja koppelte er die Lokomotive und einen Wagen ab, ließ den Zug unter Bewachung durch die Abteilung zurück und fuhr nach Omsk. Der Vertreter des Westsibirischen Sowjets, der ihn auf dem Bahnhof empfing, riet ihm, «sich zu besinnen, ehe es zu spät ist», sich den Weisungen zu fügen und nach Jekaterinburg zu fahren. Jakowlew wünschte, noch einmal mit Moskau zu sprechen. Er erhielt Verbindung mit Swerdlow und log, die Uraler und die Omsker hätten sich gegen ihn verschworen, er selbst und die Passagiere befänden sich in Gefahr, daß man mit ihnen «abrechne». Er bat den Vorsitzenden des WZIK um die Erlaubnis, die Romanows wegzubringen und an einem «geeigneten Ort» zu verstecken, wo sie unter seiner, Jakowlews, Aufsicht «bis zur Klärung der Lage» abwarten könnten. Swerdlow wies ihn an, nach Jekaterinburg zu fahren und die Romanows den Uraler Gebietsbehörden zu übergeben.

Jakowlew begriff, daß die Lage ausweglos war. Über Kulomsino durchzubrechen war unmöglich. Es war nicht sicher, ob die Wachmannschaft und die Helfer im Zug seinen Lügen über Weisungen aus Moskau weiter glauben würden. Er kehrte zum Zug zurück und befahl, wieder nach Tjumen zu fahren und dann Kurs auf Jekaterinburg zu nehmen.

Exakt geplant waren die Aktionen Jakowlews offenbar nicht. Er hoffte anscheinend, sein Ziel zu erreichen, indem er sich den Umständen anpaßte. Zuerst wollte er in die zentralen Gouvernements durchbrechen, und von dort hätte er unter günstigen Bedingungen nach Süden, zur Grenze der deutschen Besatzungszone, abschwenken können. Als das nicht gelang, spielte er auch die Variante durch, über Omsk zu fliehen, denn «er wußte natürlich», wie seine Verehrer von der «Welt am Sonntag» schreiben, «daß hinter Omsk die Tausende von Kilometern lange Strecke zum Pazifik kam». Dann kam ihm eine andere, noch abenteuerlichere Möglichkeit in den Sinn: die Romanows auf dem Weg nach Samara auszuladen und sie in den heimatlichen Bergen des Gouvernements Ufa zu verstecken.

Die Romanows ahnten augenscheinlich, daß Jakowlew ihre Flucht vorbereitete, und hatten allmählich Vertrauen zu ihm gewonnen. Beim Familienrat sagte Alexandra Fjodorowna: «Das ist ein guter Mensch, den haben uns wohlmeinende Leute geschickt, er will unser Bestes.» Nikolaus äußerte über ihn: «Dieser Mann ist nicht schlecht, er ist geradeaus, er gefällt mir ausgesprochen.» Solche positive Einstellung der Romanows gegenüber Jakowlew wurde sicher auch durch ihre Vermutung genährt, daß, wie Sokolow schrieb, mit seiner Hilfe «die Deutschen den Herrscher und die Familie näher an die Standorte ihrer Streitkräfte auf dem Territorium Rußlands heranbrachten». Der frühere Zar, meint derselbe Autor, «verstand Jakowlew richtig ... Unter der Maske eines Bolschewiken verborgen, bemühte sich der, dem deutschen Wunsch entsprechend, den Zaren und den Thronfolger wegzubringen.» Und weiter, noch einmal der Frage nachgehend, «welche Kraft warum und wohin den Zaren wegbrachte», gibt der frühere Untersuchungsrichter Koltschaks zu, daß Nikolaus im Grunde genommen «selbst die Antwort auf diese Fragen gegeben hat. In der Person Jakowlews, in diesem ‹nicht schlechten und geraden Mann›, sah er einen Abgesandten der Deutschen.»

Nikolaus bemerkte relativ spät, daß der Plan Jakowlews —

worin dieser im einzelnen auch immer bestanden haben mochte — gescheitert war. Erst nach dem Halt auf der Station Ljubinskaja wurde er mißtrauisch. Aus den Namen der Stationen unterwegs, dem Hin- und Herlaufen der Wachmannschaft und aus aufgefangenen Gesprächsfetzen schloß er, daß die Reise nicht nach Moskau führte. Als der Zug in der Nacht Tjumen passierte, begriff Nikolaus, daß er nach Jekaterinburg fuhr. Im Morgengrauen des 30. April trat er aus seinem Abteil heraus, sah Matwejew im Gang und trat, sichtlich beunruhigt, zu ihm. Matwejew erinnerte sich später: «Plötzlich fragte er mich: ‹Sagen Sie, ist die Frage definitiv entschieden, daß wir in Jekaterinburg bleiben?›

Ich bestätigte das, und er sagte: ‹Ich würde überallhin fahren, nur nicht in den Ural.›

Auf meine Bemerkung, ob es nicht völlig gleich sei, wohin wir fuhren, da ja überall in Rußland die Sowjetmacht herrschte, erwiderte er, daß er trotzdem nicht wünsche, im Ural zu bleiben, weil, nach den örtlichen Zeitungen zu urteilen, die Uraler Arbeiter scharf gegen ihn eingestellt seien.»

Aus den Zeitungen, die Jakowlew auf den Bahnhöfen kaufte, wußte Nikolaus zwar, daß die Arbeiter des Uralgebietes besonders «scharf» gegen ihn eingestellt waren. Er konnte aber nicht wissen, daß es auch die Uraler waren, die Jakowlew entlarvt hatten.

Der frühere Sonderbevollmächtigte kam übrigens billig davon. Als die Jekaterinburger Kämpfer, die der Kolonne Jakowlews gefolgt waren, von ihrer Tobolsker Expedition heimgekehrt waren, gingen sie zum Uraler Sowjet und forderten, Jakowlew sollte verhaftet und sein Zug durchsucht werden. Das wurde nicht getan. Er wurde lediglich zu einer Anhörung vor das Exekutivkomitee des Uraler Sowjets geladen. Dort erhoben Awdejew und Saslawski schwere Anschuldigungen. Jakowlew antwortete ihnen selbstsicher und sogar dreist. Seine Erklärungen liefen darauf hinaus, ihm sei tatsächlich befohlen gewesen, die Romanows nach Jekaterinburg zu bringen, aber unterwegs habe er festgestellt, daß Awdejew und Saslawski ein Attentat auf die Romanows vorbereiteten. Da ihm Swerdlow persönlich aufgetragen hatte, die Familie mit allen Mitteln zu schützen, habe er beschlossen, sie durch die Fahrt in Richtung Ufa zu retten. Er legte die Telegrammstreifen seiner Gespräche mit Moskau vor: Unter Berufung auf eine den Romanows drohende Gefahr hatte er um die Erlaubnis nachgesucht, sie ins Gouvernement Ufa zu bringen und dort zeitweise «in den Bergen» zu verstecken, was ihm verweigert wurde. Der Uraler Sowjet hörte sich die verworrenen Erklärungen des Sonderbevollmächtigten an und beschloß, zufrieden damit, daß die Romanows an Ort und Stelle und an einem sicheren Ort waren, Jakowlew im guten nach Moskau zu entlassen (Didkowski, Stellvertreter des Vorsitzenden des Sowjets, sagte: «Mögen sie dort in Moskau selbst aus ihm schlau werden»).

Später wurde Jakowlew zum Kriegskommissar für die Front bei Samara ernannt, und in einer dunklen Oktobernacht des Jahres 1918 überschritt er die Verteidigungslinie und lief zum Gegner über, um «die Waffe gegen die Kommunisten zu wenden». Man nahm ihn in die Koltschak-Armee auf. Er veröffentlichte in den weißgardistischen Zeitungen jener Tage eine Artikelserie, in der er seine «bolschewistischen Sünden» bereute. Doch weder das noch sein bekannt gewordener Versuch, die Romanows wegzubringen und zu retten, vermochten ihn in den Augen der Weißgardisten zu rechtfertigen. Auf Befehl des Oberst Klezanda von der Abwehr wurde Jakowlew am 30. Dezember 1918 verhaftet und zum Stab Koltschaks gebracht. Dort fiel er Oberst Saiček in die Hände, dem tschechischen Chef der Abwehrabteilung beim «Obersten Regenten», einem früheren Offizier der österreichisch-ungarischen Armee. Ihm entkam er nicht lebend.

Sokolow rügt Saiček wegen der «unnützen und bis zur Unvernunft sinnlosen Vernichtung eines äußerst wichtigen Zeugen für die letzte Etappe der Existenz und der Leiden der Zarenfamilie.» —

Am 30. April gegen neun Uhr früh näherte sich der Zug Nr. 42 langsam Jekaterinburg. Auf dem Bahnhofsvorplatz hatte sich eine große Menschenmenge versammelt, vor allem

Arbeiter. Da man fürchtete, daß es zu Ausschreitungen kommen könnte, wurde die Fahrdienstleitung angewiesen, die drei Romanows auf der Station Jekaterinburg III (einem Güterbahnhof) aussteigen zu lassen und den Zug mit den übrigen Passagieren dann zum Bahnhof zu dirigieren.

Schon lange bevor der Zug die Stadt erreichte, standen die Romanows angezogen in ihren Abteilen, bereit zum Aussteigen. Knapp zwei Werst vor dem Bahnhof hielt der Zug. Die drei Passagiere kletterten auf den Bahnsteig hinab. Jakowlews sorgfältig rasiertes Gesicht zeigte bei der Verabschiedung keinerlei Emotionen.

Mitten auf einem öden, von Rotgardisten abgesperrten Platz standen zwei Autos. Begleitet von Awdejew, kamen die drei Romanows hinter den langen Lagerschuppen hervor. Sie wurden von A. G. Beloborodow, dem Vorsitzenden des Präsidiums des Uraler Sowjets, von seinem Stellvertreter B.W. Didkowski sowie vom Mitglied des Präsidiums des Sowjets F. I. Golostschekin empfangen. Beloborodow begrüßte die Ankömmlinge und bat sie, in den Autos Platz zu nehmen.

Ohne Begleitschutz und Wache, ohne die Aufmerksamkeit der frühen Passanten zu erregen, fuhren die Autos auf ein Zeichen Beloborodows zum Stadtzentrum.

An einer Straßenkreuzung hielten die Autos vor dem Eingang einer zweistöckigen Villa. Beloborodow stieg aus, ging zu Nikolaus, der in diesem Augenblick aus dem anderen Auto stieg, und sagte zu ihm: «Bürger Romanow, Sie können in das Haus hineingehen.»

Kapitel XV
Das Haus am Hang

Warten auf die Zurückgelassenen

Nikolaus schlug die Autotür zu und dankte Beloborodow mit einem spöttischen Lächeln für die Einladung. Er blieb jedoch noch einen Augenblick am Auto stehen, musterte den Posten am Eingang und betrachtete mit ruhiger Neugier das Haus von oben bis unten. Seine Frau warf unter dem Schleier hervor einen schnellen Blick über die Fassade. Hinter ihrer Mutter stand Maria und lächelte dem jungen Schützen am Haupteingang offen zu — sie war ein ziemlich hübsches, flinkes Mädchen mit schelmischen Augen.

Das am Hang stehende, niedrig wirkende Haus bildete die Ecke des Wosnessenski-Prospekts und der gleichnamigen Gasse. Es lag im Zentrum der großen alten Industriestadt, die zur Zeit der Revolution bereits fast hunderttausend Einwohner zählt. Die Gasse führt in die tiefergelegenen Viertel der Stadt, zu einem großen Teich. Nach Osten, zum Prospekt hin, zeigt das Haus eine Etage; an der Rückseite, nach Westen zu, den Abhang hinab, sind es zwei Geschosse. Das Erdgeschoß, das in den Hang hineingebaut ist, liegt unter dem Straßenniveau des Prospekts und ähnelt daher einem Kellergeschoß. Den Hang hinunter längs der Gasse schließt sich hinter einem Zaun ein weiträumiger Garten, wohl einen halben Hektar groß, an das Haus an; Birken, Linden, Akazien und Fliedergebüsch wachsen bis an den kleinen hölzernen Vorbau und die Hofgebäude, unter ihnen ein Lagerschuppen, heran. Die Fenster der Villa sind breit, die Wände dick. Das Haus ist fest gebaut, so altmodisch schwergewichtig, wie es wirkt, erscheint es fast ein bißchen dickwanstig, wie übrigens auch sein Besitzer, Nikolai Nikolajewitsch Ipatjew, ein aus dieser Gegend stammender achtundvierzigjähriger Bergbauingenieur und Unternehmer.

Er hatte das Haus für sich bauen lassen, Geld besaß er genug. Durch Bergbau und Staatsaufträge reich geworden, war er überzeugt, daß er in diesem bequemen Nest bis ans Ende seiner Tage nicht mehr beunruhigt werden würde. Es kam anders. Ein Amtsbote klopfte an die Tür des Haupteingangs und überreichte eine Vorladung zum Uraler Sowjet. Das Mitglied des Exekutivkomitees Woikow, Kommissar für Versorgung, empfing den Hausbesitzer. Er müsse Herrn Ipatjew im Auftrag des Präsidiums davon in Kenntnis setzen, sagte der Kommissar, daß auf Grund außergewöhnlicher Umstände, über die er sich jetzt nicht auslassen könne, das Haus am Wosnessenski-Prospekt requiriert und der Verfügung des Sowjets überstellt werde. Alle Möbel müßten darin bleiben. Die übrigen Sachen könnten in einen Abstellraum gebracht werden, der versiegelt würde. Der Sowjet verbürge sich für ihre Unversehrtheit. Der Kommissar bat wegen der zugefügten Unannehmlichkeiten um Entschuldigung, aber das Haus müsse binnen vierundzwanzig Stunden geräumt sein. Die Requirierung sei vorübergehend: Sobald die Notwendigkeit entfalle, werde das Haus zurückgegeben.

Am 29. April kamen Rotgardisten, räumten in Gegenwart des Hausherrn die Sachen aus, brachten sie in den Lagerschuppen, versiegelten ihn, übergaben Ipatjew die Schuppenschlüssel und baten ihn, sich zu entfernen. Am Abend wurden im Haus und rundherum Posten aufgestellt — die Villa wurde jetzt als «Haus zur besonderen Verwendung» bezeichnet.

Am Morgen des folgenden Tages betraten Beloborodow, Didkowski und Golostschekin zusammen mit den drei Romanows das Haus. Im Vestibül bat der Vorsitzende des Uraler Sowjets um Aufmerksamkeit und verkündete: «Auf Beschluß des Präsidiums des Gesamtrussischen Zentralen Exekutivkomitees der Sowjets der Arbeiter-, Bauern-, Soldaten-

und Kosakendeputierten wird sich der frühere Imperator Nikolaus Alexandrowitsch Romanow zusammen mit seiner Familie in Jekaterinburg aufhalten, hier, in diesem Hause, unter der Leitung des Uraler Sowjets, bis zum Gericht über sie, die Romanows. Zum Kommandanten des Hauses hat der Uraler Sowjet Alexander Dmitrijewitsch Awdejew ernannt ... Gibt es in diesem Augenblick Erklärungen, Klagen oder Fragen? Nein ... Sollte es sie in Zukunft geben, dann wenden Sie sich damit über den Kommandanten Awdejew oder seinen Gehilfen Ukrainzew an den Sowjet. Und nun können sich die Bürger Romanow im Haus nach ihrem Belieben niederlassen, wie es ihnen am bequemsten erscheint. Ihnen wird ein großer Teil des Obergeschosses zur Verfügung gestellt.»

Beloborodow und Golostschekin fuhren ab. Didkowski und Awdejew gingen gemeinsam mit den neuen Bewohnern durch die Zimmer. Das waren schon nicht mehr die Appartements von Tobolsk. Dort hatten achtzehn Zimmer nicht ausgereicht, man hatte noch das benachbarte Kornilowsche Haus dazunehmen müssen. Hier war es kleiner. Dennoch waren die Zimmer auch hier recht geräumig und nicht schlecht möbliert. Nikolaus mit seiner Frau und Maria (später mit Alexej) bezogen das Eckzimmer, das je zwei Fenster auf den Prospekt und auf die Gasse hinaus besaß. Im Nachbarzimmer, dessen Fenster zur Gasse hin lagen, nahmen nach einiger Zeit die Töchter Quartier. Es gab Vorhänge an den Fenstern, große Teppiche, einen weichen Diwan, kleine Tische und Sessel. Aus dem Zimmer der Töchter führte eine Tür in das Eßzimmer. Hier schlief die Demidowa. Das an das Eßzimmer angrenzende Zimmer galt als «Empfangszimmer» oder «Salon», in ihm nächtigten Dr. Botkin und ein Diener. Der Koch Charitonow wohnte in der Küche. «Die Wache richtete sich in zwei Zimmern neben dem Eßzimmer ein», notierte Nikolaus im Tagebuch. «Um ins Bad und WC zu gehen, muß man am Posten an den Türen des Wachraumes vorbei. Rings um das Haus ist zwei Sashen (eine Sashe = 2,13 m – d. Ü.) von den Fenstern entfernt ein hoher Bretterzaun errichtet worden; dort steht eine Postenkette, im Gärtchen ebenfalls.»

Nikolaus betrachtete die Lage gelassen. Alexandra Fjodorowna war nervös und gereizt. Als es um das Gepäck ging, verlor sie die Beherrschung, wurde ausfallend und zeterte.

Man hatte die Romanows in aller Eile aus Tobolsk weggebracht, ihre Sachen waren dort nicht kontrolliert worden. Noch vor ihrer Ankunft in Jekaterinburg hatte das Präsidium des Uraler Sowjets beschlossen, das umfangreiche Gepäck zu inspizieren. Die Koffer, die mit dem Auto gebracht worden waren, wurden in den Korridor getragen und dort in Gegenwart Awdejews und Marias von Rotarmisten durchgesehen. Danach bat Didkowski Alexandra Fjodorowna, ihre Reisetasche prüfen zu lassen. Sie protestierte stürmisch, erst auf russisch, dann auf englisch. Botkin, der gerade vom Bahnhof eingetroffen war, übernahm die Rolle des Dolmetschers. Er erklärte Awdejew und Didkowski, daß Alexandra Fjodorowna die Durchsuchung des Gepäcks als eine Verhöhnung betrachte und den Kommissaren das korrekte Verhalten Kerenskis als Vorbild empfehle. Die Reisetasche wurde dennoch kontrolliert. Auf ihrem Boden fand Didkowski einen Miniaturphotoapparat und einen höchst detaillierten Plan Jekaterinburgs; er zog diese Dinge ein. Alexandra Fjodorowna wollte sich partout nicht von diesem Photoapparat trennen und «schrie etwas für uns so wenig Schmeichelhaftes, daß Botkin sogar aufhörte zu dolmetschen», berichtete Awdejew.

Didkowski versuchte Alexandra Fjodorowna zur Besinnung zu bringen, erinnerte sie daran, daß sie sich hier in Haft befände und eine Untersuchung gegen sie lief, doch das beruhigte sie nicht. Nikolaus betrachtete diese Szene leidenschaftslos und verlor kein einziges Wort. Nach der Kontrolle wurden die Koffer eingeschlossen, die Schlüssel erhielten die Romanows.

Die ersten Tage und Wochen im Ipatjewschen Haus standen im Zeichen fieberhaften, besorgten Wartens auf die Ankunft der in Tobolsk Zurückgelassenen. Wie ging es Alexej, von dem sich die Eltern früher nie getrennt hatten und der nun in Tobolsk zurückgeblieben war? Wie ging es den Töchtern?

Immer wieder wird der Kommandant Awdejew ungeduldig gefragt, wann man denn die übrigen bringe. Die Postverbindung mit Tobolsk ist schlecht, die Nachrichten kommen unregelmäßig. Awdejew versichert, daß die anderen Familienmitglieder ganz gewiß kommen würden, und zwar bald. Er verschweigt natürlich, daß die Bolschewiki sich um die Ausreise Alexejs aus Sibirien nicht weniger als die Eltern sorgen, wenn auch aus gänzlich anderen Motiven. Es bestand die große Gefahr, daß sich konterrevolutionäre Kräfte des inzwischen vierzehnjährigen Alexej Romanow bemächtigten. Man hoffte auf die Wachsamkeit und Kampfentschlossenheit von P. D. Chochrjakow, der den Auftrag hatte, die Abreise der zweiten Gruppe aus Tobolsk zu sichern, sowie die Flüsse schiffbar wurden. Er rechtfertigte diese Hoffnungen. Wie rechtzeitig die Verlegung geschah, läßt sich daraus erkennen, daß nur vierzehn Tage nach der Evakuierung die Weißen die Stadt einnahmen.

Am 26. April, als Jakowlew und seine Weggefährten im Morgennebel jenseits des Irtysch verschwunden waren, hatte Chochrjakow die Verantwortung für die Ordnung im Gouverneurshaus übernommen. Er stellte Rodionow an die Spitze der Wachmannschaft und begann damit, die Reise der verbliebenen vier Romanows nach Jekaterinburg vorzubereiten. Am 2. Mai wurde Kobylinski entlassen. Mitte Mai war Alexej wieder gesund. Etwa zur gleichen Zeit wurde auch die Schiffahrt wiederaufgenommen. An einem schönen Maitag brachten Chochrjakow und Rodionow die vier Romanows auf den Dampfer «Rus», denselben, mit dem sie im vergangenen Herbst nach Tobolsk gekommen waren. Zusammen mit ihnen gingen weitere sechsundzwanzig Personen, die zur Suite und zur Dienerschaft gehörten, aufs Schiff, darunter Tatistschew, Gilliard, Gibbs, Buxhoevden, Schneider, Gendrikowa, Toutelberg, Ersberg, die Kinderfrau Teglewa, der Kinderwärter Nagorny und der Koch Charitonow.

Chochrjakow und Rodionow leiteten die Expedition. Am 20. Mai um fünfzehn Uhr legte die von einer bewaffneten Abteilung geschützte «Rus» vom Tobolsker Bollwerk ab, am frühen Morgen des 23. Mai kamen die Passagiere wohlbehalten im Ipatjewschen Hause an.

Die Suite der Romanows ähnelte nun nur noch wenig derjenigen, die vor zehn Monaten aus dem Alexanderpalast abgefahren war. Manche waren bereits in Tobolsk «wegen der Etatkürzung» ausgeschieden, andere wurden in Jekaterinburg von der Familie getrennt, unter ihnen Dolgorukow, Tatistschew, Wolkow und Sednew, die wegen provokatorischer Ausfälle gleich vom Bahnhof aus ins Gefängnis gesteckt wurden. Nagorny nahm man zunächst mit ins Ipatjewsche Haus, nach einer Woche jedoch wurde er ebenfalls verhaftet und ins Gefängnis eingeliefert. Alle, die aus dem Dienst der Familie entlassen wurden, insbesondere die Gräfin Buxhoevden, Oberst Kobylinski sowie die Damen Ersberg und Toutelberg, erhielten den Befehl, unverzüglich das Uralgebiet zu verlassen. Dem Arzt Derewenko, der Alexej behandelte, gestattete der Uraler Sowjet, in der Stadt zu bleiben, eine Privatwohnung zu nehmen und das Sonderhaus jederzeit zu betreten.

Von der gesamten Expeditionsgruppe, die Kerenski im Sommer 1917 aus Petrograd auf den Weg geschickt hatte, waren Ende Mai 1918 in der Ipatjewschen Villa nur die sieben Mitglieder der Familie Romanow sowie Dr. Botkin, der Diener Trupp, das Zimmermädchen Demidowa und der Koch Charitonow übriggeblieben, also nur noch elf Personen.

Der Alltag der letzten Wochen

Bis zum 4. Juli 1918 war Awdejew Kommandant des Hauses zur besonderen Verwendung. Zeitgenossen erzählen, er sei ein gutmütiger und verständnisvoller Mensch gewesen, habe sich gegen die Gefangenen im Ipatjewschen Haus korrekt verhalten und die ihm unterstellten Soldaten der Wache seien ihm freundschaftlich und voller Achtung verbunden gewesen. Awdejews Stellvertreter war A. M. Moschkin. Am 4. Juli 1918 wurde Awdejew als Kommandant von J. M. Jurowski abgelöst, die Stellung Moschkins nahm G. P. Nikulin ein.

Entgegen den Unterstellungen Wiltons, Massies, Frank-lands, Heuers und anderer Freunde der russischen Monarchie war die Behandlung der Romanows im Ipatjewschen Haus unverändert korrekt und menschlich, wurden sie völlig ausreichend mit allem Nötigen versorgt. In den Zimmern des Obergeschosses wurde, soweit das unter den damaligen Umständen möglich war, ein elementarer Komfort aufrechterhalten; der Tagesablauf blieb im allgemeinen dem Ermessen der Gefangenen überlassen; die Stunden für die Spaziergänge wählten sie selbst aus; in die innere Ordnung ihres Lebens mischte sich die Kommandantur in der Regel nicht ein. Es gab eine ständige ärztliche Betreuung. Derewenko behandelte Alexej, die übrigen Dr. Botkin. Auf Befehl des Kommandanten wurden wiederholt Geistliche aus der Stadt geholt, um Gottesdienste für die Gefangenen abzuhalten.

Die Strapazen der Romanows, die im Westen beschrieben werden, sind eine Frucht der Phantasie. Nikolaus hielt schon am ersten Tag in seinem Tagebuch fest: «Das Haus ist gut und sauber.» Manchmal widersprechen sich die Sowjetologen in dieser Hinsicht. «Das Haus war völlig in Ordnung . . .», schreibt Harcave. «Verpflegt wurden sie im großen und ganzen nicht schlecht, manchmal sogar gut.»

Dabei muß man die Versorgungsschwierigkeiten jener Zeit berücksichtigen. Aus dem besten Speiserestaurant der Stadt erhielten die Gefangenen täglich ein Mittagessen, das meistens aus mehreren Gängen bestand: Fleischsuppe, Braten, Bouletten, Kompott und so weiter. Als das Restaurant im Mai einige Tage lang geschlossen blieb, wurden die Romanows von der Küche der Jekaterinburger Parteikommune versorgt. Die Ehefrau eines dortigen Mitarbeiters kochte für sie (die Koltschak-Leute fahndeten später intensiv nach ihr, fanden sie und erschossen sie).

Die Kommandantur verbot nicht, wie behauptet wurde, daß auf dem Stadtmarkt zusätzliche Lebensmittel auf eigene Kosten eingekauft wurden; unbeschränkt zugelassen wurden auch Gaben für die Romanows aus den umliegenden Klöstern. Insbesondere aus dem Frauenkloster von Nowo-Tichwin erhielten sie regelmäßig Butter, Sahne, Milch, Würste und frisches Gemüse — Radieschen, Gurken, Kartoffeln und so weiter. Die Posten verjagten die Nonnen nicht, wie es Heuer darstellt, sondern übermittelten ihnen häufig selbst Bitten der Gefangenen. Awdejew zum Beispiel, den Nikolaus in seinem Tagebuch seinen Feind nannte, teilte den Nonnen wiederholt die Bitte des früheren Zaren mit, Tabak zu bringen, der zu jener Zeit sehr knapp war, und sie erfüllten diese Bitte auch.

Hier übrigens einige Zeilen von Nikolaus selbst zum Thema Versorgung: «Das Essen war ausgezeichnet und reichlich, und es kam pünktlich; das Essen war reichlich, wie diese ganze Zeit, und es kam zur rechten Zeit.» Man kann sich der Schlußfolgerung eines der amerikanischen Autoren, V. Alexandrows, nur anschließen: «Selbst wenn wir uns wiederholen, müssen wir wiederum feststellen, wieviel günstiger diese Bedingungen im Vergleich zu jenen waren, in die seinerzeit die Streiter für die Freiheit gerieten, die in Schlüsselburg eingekerkert wurden ... Die Romanows hatten bis zu ihrer letzten Minute nicht unter schlechter Behandlung zu leiden.»

Natürlich, wenn man wollte, konnte man Anlässe finden, sich aufzuregen. Sogar für einen Skandal — Alexandra Fjodorowna leistete sich das mehr als einmal.

Ihre Launen waren grob, ihr Verhalten insgesamt primitiv und würdelos. Manchmal demonstrierte sie so etwas wie einen Hungerstreik — sie erhob sich, ohne einen Bissen angerührt zu haben. Der Diener Trupp trug die von ihr so geliebten Makkaroni, die nach ihrem Geschmack zubereitet worden waren, zurück in die Küche. Mit solchem Unfug lieferte sie ihren Biographen für lange Zeit die Möglichkeit, das tragische Bild einer großen Märtyrerin zu zeichnen, die von Rußland angeblich «zum Sündenbock für alle seine historischen Versäumnisse und Mißerfolge gemacht wurde», wie Gräfin Buxhoevden zu berichten wußte. Aber sogar einigen derjenigen, die Mitleid mit Alexandra Fjodorowna bekunden, ist ihr Verhalten zuwider: «Man muß zugeben, daß sie in jenen Tagen ihrer persönlichen Prüfungen wenig von einer russischen Kaiserin an den Tag legte. In ihrem Verhalten erinnerte sie eher an die Gattin eines preußischen Generals, die im Bewußtsein ihrer Bedeutung ihrer Umgebung ständig arg auf die Nerven geht», schrieb W. Speranski.

Sie war ärgerlich auf Woikow, den Kommissar für Versorgung, weil er (genauer – das Präsidium des Uraler Sowjets) sich geweigert hatte, mehr Diener ins Haus aufzunehmen – jetzt wurde zu ihrer Empörung sogar ein Teil der häuslichen Arbeiten von ihren Töchtern ausgeführt, zum Beispiel buken sie Brot und wuschen die eigene Wäsche. «Die Töchter lernen bei Charitonow kochen, kneten abends Teig und backen morgens auch das Brot», notierte Nikolaus. Sein ein wenig ironischer Kommentar: «Nicht übel!»

Mit dem Waschen gab es anfangs Schwierigkeiten, erinnert sich Awdejew.

«Sie waren gewohnt, ihre Wäsche täglich zu wechseln, und wir mußten diese ganze Masse von Wäsche sorgfältig durchsehen, ehe wir sie an die Wäscherinnen weitergaben . . . Dafür hatten wir weder Zeit noch Leute . . .

Wir stimmten diese Frage mit Gen. Beloborodow ab und schlugen vor, daß sich mit dieser Arbeit die Töchter des früheren Zaren selbst zusammen mit der Demidowa befassen sollten . . . Sie hatten nichts zu tun – es würde ihnen nicht schaden, wenn sie ein wenig arbeiten lernten, wenigstens für sich . . . Wir teilten ihnen in der Küche einen Platz für die Waschküche ab.

Die früheren Prinzessinnen wandten sich an mich, ich solle ihnen ein Buch besorgen, das erkläre, wie man Wäsche wäscht. Natürlich war ein Buch darüber, wie man wäscht, nicht aufzutreiben . . . Ein alter Schmied aus der Slokasow-Fabrik, Gen. Andrejew, half uns aus der Klemme. Er erbot sich, sie zu instruieren. Und tatsächlich, nach der Einrichtung der Waschküche erwies sich Gen. Andrejew als guter Lehrer, und die Angelegenheit mit der Wäsche kam in Ordnung.»

Von den Prinzessinnen kamen keine Klagen, im Gegenteil, die Beschäftigung brachte in die Eintönigkeit ihrer Tage eine gewisse Abwechslung, die sie durchaus als Zerstreuung empfanden; sie vermittelte ihnen zudem eine, wenn auch schwache Vorstellung von Arbeit. Sie sahen im Ipatjewschen Haus überhaupt gesund und munter aus, wie übrigens auch ihr Vater. Äußerlich, bezeugte Awdejew, «war ihm nicht anzusehen, daß er ein Gefangener war, so ungezwungen fröhlich hielt er sich ... Dr. Botkin sagte, daß Nikolaus Alexandrowitsch überhaupt niemals so wohlgenährt ausgesehen habe wie in der Zeit seiner Jekaterinburger Haft.»

Auch in anderen, einschließlich der aus weißgardistischen Emigrantenkreisen stammenden Beschreibungen und ebenso auf den erhalten gebliebenen Jekaterinburger Fotos jener Tage haben Nikolaus und seine Töchter keinerlei Ähnlichkeit mit kranken, ausgemergelten oder auch nur erschöpften Menschen. Der frühere Imperator war «äußerlich immer ruhig, ging täglich mit den Kindern im Garten spazieren», zitiert Sokolow die Aussagen des ehemaligen Mitglieds der Wachmannschaft W. W. Medwedew. «Er wirkte gesund und alterte nicht, er hatte keine grauen Haare»; Alexandra Fjodorowna hingegen «begann zu ergrauen und war mager. Sie ging niemals in den Garten hinaus, nur in den Vorbau, manchmal saß sie dort neben dem Sohn ... Die Kinder verhielten sich ganz normal und lächelten, wenn sie den Posten begegneten. Mit ihnen zu sprechen war verboten.» Unbestritten ist jedenfalls, daß «es während ihrer Gefangenschaft im Ipatjewschen Haus keinerlei Verspottung des Zaren und seiner Familie gegeben hat und keinerlei Beleidigungen und Frechheiten zugelassen wurden».

Das Haupt der Familie gab sich ungezwungen, einfach, erkundigte sich, bei wem er wollte, nach allem, was ihn interessierte. Eine aufschlußreiche Unterhaltung knüpfte er eines Tages mit Awdejew an.

«Er fragte mich, was für Leute die Bolschewiki seien. Ich sagte zu ihm, fünf bolschewistische Abgeordnete der 4. Staatsduma seien doch von ihm nach Sibirien verbannt worden, er müsse also wissen, was für Menschen die Bolschewiki seien. Darauf erwiderte er, das hätten seine Minister getan, oft ohne sein Wissen.

Da fragte ich ihn, wie er nicht habe wissen können, was die Minister taten, wo doch am 9. Januar 1905 die Arbeiter vor seinem Schloß, vor seinen Augen erschossen wurden.

Er sprach mich mit Namen und Vatersnamen an und sagte: ‹Sie werden es vielleicht nicht glauben, aber ich erfuhr diese Geschichte erst nach der Unterdrückung des Aufstandes der Petersburger Arbeiter.› (Die friedliche Prozession zum Winterpalais im Jahre 1905 nannte er selbst 1918 immer noch einen Aufstand — M. K.)

Ich erwiderte, daß natürlich nicht nur ich das nicht glaubte, sondern auch kein einziger Junge aus einer Arbeiterfamilie das glauben würde.»

Den Wachsoldaten Medwedew fragte er eines Tages: «Na, wie steht's? Was macht der Krieg? Wohin führt man das Heer?»

Einmal trat er mit Maria zum Spaziergang heraus. Am Rand des Gärtchens saßen der Stellvertreter des Kommandanten, Ukrainzew, und Worobjew, das diensthabende Mitglied des Exekutivkomitees des Sowjets, verantwortlicher Redakteur der Zeitung «Uralski rabotschi». (Im Haus zur besonderen Verwendung hatte stets ein Mitglied des Exekutivkomitees vierundzwanzig Stunden lang Dienst.) Dr. Botkin hatte sich zu ihnen gesetzt. Nikolaus und seine Tochter, schreibt Awdejew, «begannen im Garten von einem Ende zum anderen auf und ab zu gehen. Er ging schweigend, sah konzentriert vor sich hin, wechselte nur selten ein Wort mit Maria. Dafür setzte mir Botkin mit allen möglichen Fragen zu . . .

‹Uns alle interessiert sehr›, sagte Botkin, ‹wie lange man uns in Jekaterinburg festhalten wird.›

‹Das weiß ich nicht.›

‹Und von wem hängt das ab?›

‹Von der Regierung natürlich.›

Nikolaus beteiligte sich nicht an der Unterhaltung, aber während er unablässig mit Soldatenschritten den Weg durchmaß, hörte er aufmerksam zu. Plötzlich wandte er sich heftig um und blieb vor uns stehen.

‹Sagen Sie bitte, ist Beloborodow Jude?›

Von der Unsinnigkeit der überraschenden Frage war ich so verdutzt, daß mir nicht gleich eine Antwort einfiel.

‹Er macht auf mich den Eindruck eines Russen›, fuhr Nikolaus fort.

‹Er ist auch Russe.›

‹Wie kann er dann Vorsitzender des Gebietssowjets sein?› fragte der ehemalige Zar ungläubig.

Es stellte sich heraus, daß er davon überzeugt war, daß an der Spitze der Sowjetorgane nur jüdische Bolschewiki stünden . . .

Ich hatte keinerlei Lust, dem früheren Zaren politischen Elementarunterricht zu erteilen und ihm den Unterschied zwischen der Nationalitätenpolitik der Sowjetmacht und seiner eigenen zu erklären, und nicht ganz höflich brach ich das Gespräch ab.

‹Sagen Sie lieber, ob Sie irgendwelche Anträge oder Beschwerden haben.›»

Nikolaus notierte nach wie vor alles bis ins kleinste in seinem Tagebuch.

«Als wir zum Spaziergang hinaustraten, kamen alle dienstfreien Soldaten ebenfalls in den Garten, um uns anzusehen . . .

Zum zweitenmal gingen wir ungefähr um 4 Uhr zum Spaziergang hinaus. Eine alte Frau und danach ein Junge kamen zum Zaun, um uns durch einen Spalt anzuschauen; man scheuchte sie weg, aber alle lachten dabei . . .

Gingen spazieren und saßen im Gärtchen . . . Alix schnitt mir die Haare . . .

Vor dem Tee vergnügten wir uns wieder beim Tricktrack.

Aus dem Wachzimmer war Gesang und Klavierspiel zu hören, das Klavier war dieser Tage aus dem Saal dorthin geschleppt worden.

Die Stimmung der Wachmannschaft ist sehr fröhlich und zuvorkommend.»

Wenn sie vielleicht auch nicht immer «fröhlich» war, so doch jedenfalls immer «zuvorkommend», soweit, daß sogar Gottesdienste im Haus organisiert wurden. Ganz munter

\ urden Geburtstage begangen — Alexandra Fjodorowna wurde sechsundvierzig Jahre, Nikolaus fünfzig. Im Tagebuch steht: «Habe meinen 50. Geburtstag erlebt, wundere mich selbst darüber. Das Wetter war wunderbar, wie bestellt. Um ½ 12 hielten der Priester und ein Diakon einen Gottesdienst . . . Am Tage saßen wir eine Zeitlang im Garten in der wärmenden Sonne.»

Die Stadt ist belagert

Dennoch blieb Gefangenschaft natürlich Gefangenschaft. Mit einem doppelten Zaun um das Haus. Mit Wachen im Haus und um das Haus herum, mit Posten an den Zimmertüren und an den Zauntoren. Mit einem strengen Bereitschaftsdienst der Mitglieder des Exekutivkomitees des Sowjets. Dies alles war bitter nötig, denn an den Fronten des Bürgerkrieges wurde ein Kampf auf Leben und Tod ausgefochten.

Am 14. Juni verkündete das Jekaterinburger Parteikomitee die Mobilisierung aller Kommunisten. Fast zwei Drittel der Parteimitglieder des Uralgebiets verstärkten in jenen Tagen die Reihen der bewaffneten Verteidiger der Revolution. Fast alle Arbeiter der Werke in Syssert, Nishni Tagil, Alapajewsk und anderen Orten gingen an die Front.

Anfang Juli besetzten die Interventen Ufa. Die gesamte Eisenbahn-Hauptstrecke von Samara bis nach Irkutsk und die angrenzenden Kreise gerieten unter die grausame Macht der Weißen. Überall in dieser Zone wurden Kommunisten, Mitarbeiter der Sowjets und Aktivisten der Arbeiterschaft und der armen Landbevölkerung verhaftet und umgebracht. Pensa, Sysran, Simbirsk und Tomsk fielen. Nach der Vereinigung der Tscheljabinsker, der sibirischen und der Wolgagruppe des Tschechischen Korps wuchs der Offensivdrang der Weißen in Richtung Jekaterinburg. Mitte Juli 1918 stellte diese Stadt das letzte große Hindernis auf dem Weg der Konterrevolution im Ural dar, die sich wie ein schwarzer Fleck bis nach Irkutsk, ja bis nach Wladiwostok ausgedehnt hatte.

Der heiße Atem des Krieges wehte bis an das Ipatjewsche Haus. Hoffnungsvoll lauschten die Bewohner des Obergeschosses auf den fernen Gefechtslärm.

Als die Sowjetmacht die Romanows aus Tobolsk evakuierte, da geschah das, um sie ins Hinterland, außer Reichweite der Weißen zu bringen. Im Verlaufe des Bürgerkrieges, den die Konterrevolution dem Volk aufzwang, wurde das Hinterland zur Front. Die Romanows wurden von Osten nach Westen, aus Sibirien ins Uralgebiet gebracht, ihre Ritter und Befreier folgten ihnen mit einer Woge von Terror, Verschwörungen und Massenmorden — nicht zuletzt, um die Zarenfamilie zu befreien, und eben dadurch brachten sie ihr den Untergang.

Gerade weil die Weißen sich um jeden Preis des ehemaligen Zaren bemächtigen wollten, beschlossen die Uraler Arbeiter, ihnen diesen auf keinen Fall und in keiner Weise zu überlassen. Auf diesem Hintergrund nahm das Drama der Familie Romanow seinen Lauf.

Worauf konnten diese Ehemaligen unter den gegebenen Umständen selbst noch rechnen?

Immer noch auf dasselbe wie vor anderthalb Jahren: auf die Flucht mit Hilfe ausländischer Mächte. Gerade in die Jekaterinburger Periode der Gefangenschaft der Romanows fallen die heftigsten Versuche der in- und ausländischen Konterrevolution, sie zu befreien. Noch im April 1918 erwiesen sich die Jekaterinburger Haftbedingungen der Romanows als unvergleichlich sicherer als die in Tobolsk. Aber bereits nach einem Monat gab es kaum noch einen Unterschied. Und bald darauf wendete sich das Blatt so, daß es für die Romanows sogar leichter gewesen wäre, aus Jekaterinburg zu entkommen als vorher aus Tobolsk. Dort hätten sie im Falle der Flucht Tausende von Werst überwinden müssen; hier dagegen war es auf ausgezeichneten Straßen ein Katzensprung bis zu den weißen Tschechen und den Dutow-Leuten.

Einer der bis jetzt häufiger zitierten Autoren, V. Alexandrow, berichtet, wie er viele Jahre nach den beschriebenen Ereignissen in Cannes den früheren weißgardistischen Offizier Sokolow, damals Besitzer eines Restaurants, getroffen habe. Im Frühjahr und Sommer 1918 hatte sich dieser Mann an Vorbereitungen zur Befreiung der Zarenfamilie beteiligt. Sokolow erinnerte sich genau daran, wie Angehörige der Tekiner («wilden») Division, die seinerzeit am Kornilow-Putsch teilgenommen hatte, in diese Operation einbezogen wurden.

Die Tekiner waren im Frühling und Sommer 1918 auf einen Geheimbefehl Denikins und Alexejews hin in das Uralgebiet eingesickert, hatten sich in den Vororten Jekaterinburgs versteckt und um das Haus Ipatjews quasi einen unsichtbaren Belagerungsring gebildet. Das waren verwegene, vor Haß hemmungslose Männer, «und wenn sie damals keinen Überfall auf die Villa durchführten, so nicht zuletzt deshalb, weil die Tschechen, mit denen sie einen gleichzeitigen Schlag verabredet hatten, in der ersten Julihälfte die Erstürmung Jekaterinburgs verlangsamten».

Etwas früher, am 10. Juni, hatte eine Gruppe von weißen Offizieren unter dem Kommando des Hauptmanns Rostowzew und des Kosakenrittmeisters Mamkin versucht, in die Stadt zu kommen, um die Zarenfamilie zu befreien. Einer berittenen Arbeiterabteilung unter P. S. Jermakow war es gelungen, diese Bande abzufangen und zu zerstreuen.

Bevor Gilliard und Gibbs die Stadt endgültig verließen, hatten sie, wie der frühere Offizier Sokolow erzählte, den britischen Konsul in Jekaterinburg, Thomas Reston, wiederholt ersucht, Maßnahmen zum Schutz der Zarenfamilie zu ergreifen. Reston war damals in die verschiedensten Spionageaffären und Diversionsakte im Inneren Rußlands verwickelt, er führte gleichzeitg die Aufträge Botschafter Buchanans, seines unmittelbaren Chefs, als auch die des Leiters der britischen Militärmission in Rußland, General Alfred Knox, und des Londoner Zentrums des Intelligence Service aus. Massie behauptet, der britische Resident im Ural habe in den Gesprächen mit Gibbs und Gilliard einen gewissen «Pessimismus» gezeigt und geäußert, daß «unter den gegebenen Umständen eine ausländische Einmischung den Gefangenen im Ipatjewschen Haus nur schaden würde»; zudem wäre angesichts der vorhandenen Kräfte der Roten Garde ein Fluchtversuch der Zarenfamilie Wahnsinn und würde sie in «größte Gefahr» bringen.

Eine sehr zweifelhafte Behauptung, da die ganze Tätigkeit Restons und seiner Kollegen im Osten Rußlands eine einzige Einmischung in russische Angelegenheiten darstellte. Restons «Pessimismus» bewog ihn außerdem keineswegs dazu, etwa mäßigend auf die im Untergrund tätigen Mordbanden einzuwirken, die der arbeitenden Bevölkerung der Stadt eine «Nacht der langen Messer» bereiten wollten – im Gegenteil, Reston versorgte sie mit Waffen, forderte von ihnen Disziplin und Unterordnung und koordinierte ihr Zusammenwirken. Die Koordination war besonders wichtig, da die bewaffneten Banden von recht unterschiedlicher Art waren. Die verborgenen Kämpfer der Konterrevolution, deren Zahl V. Alexandrow auf fünftausend schätzt, verteilten sich zu jener Zeit auf verschiedene Städte – Kasan, Simbirsk, Perm, Alapajewsk und Jekaterinburg. Zu ihnen gehörte auch das von einem Major Blagotitsch befehligte serbische Bataillon, das in Kasan den Goldschatz der Staatsbank Rußlands bewachte, der schon 1915 aus Petrograd dorthingebracht worden war.

Am 6. Juli 1918 wurde im Hotel Troize-Spasskaja in Simbirsk eine von Reston inspirierte militärische Beratung eröffnet, auf der Maßnahmen zur Befreiung der Zarenfamilie erörtert wurden. Den Vorsitz in der Beratung hatte ein Oberst Kappel (derselbe, der später Koltschak-Verbände in Sibirien befehligte). Unter den Teilnehmern befanden sich der frühere Duma-Abgeordnete und bedeutende weißgardistische Politiker Fortunatow, Ingenieur Lebedew von den Konstitutionellen Demokraten sowie der Leiter der Operationsabteilung der Untergrundorganisation, Hauptmann Stepanow. Der einstimmige Beschluß der Beratung lautete: «Das

Haus Ipatjews ist nachts zu stürmen. Die Aufmerksamkeit der Roten Garde ist durch Aktionen in Perm und anderen benachbarten Städten abzulenken. Es ist ein Sonderkommando aus Offizieren zu bilden, das die Familie an einen geheimen Zufluchtsort bringt; die Operation wird mit einer machtvollen slawischen (weiß-tschechischen — M. K.) Offensive verbunden, die wünschenswerterweise etwa auf den 15. Juli anzusetzen wäre.»

Um die Termine der Aktionen zu präzisieren und mit dem Kommando des Tschechoslowakischen Korps abzustimmen, wurde Hauptmann Stepanow in den Raum Jekaterinburg abkommandiert. Allerdings hatte Stepanow noch nicht den Fuß auf den Bahnsteig von Jekaterinburg gesetzt, als er bereits von Mitarbeitern der Uraler Tscheka festgenommen wurde.

Auch Feinde der Volksmacht, die sich in Jekaterinburg versteckt hielten, warteten auf ihre Stunde. Bereits im Frühling hatten sie, der Zarenfamilie folgend, ihre Schlupfwinkel aus Sibirien ins Uralgebiet verlagert, viele von ihnen hatten sich in der Nähe des Ipatjewschen Hauses niedergelassen. Manche brauchtes sich nicht einmal zu verstecken oder zu tarnen. Einige hundert Meter vom Ipatjewschen Haus entfernt befand sich die Akademie des Generalstabs, die schon im Sommer 1917 aus Petrograd hierherverlegt worden war; sie stellte eine disziplinierte, gut bewaffnete, aus Offizieren bestehende Kampfgruppe dar, die in jedem Augenblick in Aktion treten konnte.

Es gab sogar Versuche von Entente-Offizieren, in das Ipatjewsche Haus einzudringen; in einem Falle mit einer gefälschten «Erlaubnis aus Moskau», in einem anderen Falle mit einem nachgemachten Passierschein des Uraler Sowjets und einmal sogar unter dummdreister Berufung auf die Notwendigkeit, mit dem früheren Obersten Befehlshaber den Plan der Operationen der Verbündeten für den Sommer 1918 zu besprechen . . .

Zur Konzentration restaurativer Kräfte in Jekaterinburg trug auch die zahlreiche kaiserliche Verwandtschaft bei, darunter eine Gruppe von Großfürsten, die zuvor aus Petrograd nach Wjatka verbannt worden waren. Sie verbargen sich in der Stadt, suchten Kontakt zu Verschwörern, intrigierten und hetzten.

Von den Mitgliedern der kaiserlichen Familie hielten sich in Jekaterinburg auf: die Großfürsten Sergej Michailowitsch, Igor, Iwan und Konstantin Konstantinowitsch, Fürst Palej, die Großfürstin Jelisaweta Fjodorowna (die Schwester der Zarin) sowie die serbische Königin Jelena Petrowna. Auf Beschluß des Uraler Sowjets wurden am 20. Mai 1918 alle nach Alapajewsk, hundertundsiebzig Werst von Jekaterinburg entfernt, gebracht. Dort quartierte man sie unter Bewachung in der sogenannten Feldbauschule am Stadtrand ein.

Vor diesem allgemeinen Hintergrund löste die Schwäche der Wachmannschaft beim Ipatjewschen Haus Besorgnis aus. Ihr Kampfwert war ungewiß. Die Bewacher des Hauses waren begeisterte Revolutionäre, doch ihre Bewaffnung war veraltet, außerdem hatten viele von ihnen vorher noch nie ein Gewehr in der Hand gehabt. «Die Männer standen am Maschinengewehr, aber schießen konnten sie nicht damit», erinnerte sich Awdejew später. «Wir machten es so: Wir stellten einen Posten ans Maschinengewehr und belehrten ihn gleichzeitig, wie man mit dieser Waffe umgeht.»

Der Juli war ein schlimmer Monat. Die Erschütterungen begannen schon am Monatsanfang. Jekaterinburg war von Moskau abgeschnitten, Nachrichten erreichten die Stadt jedoch. Am 6. Juli ermordete Bljumkin den deutschen Botschafter, von Mirbach. Am 6. und 7. Juli inszenierten die linken Sozialrevolutionäre einen Aufstand in Moskau. In der Nacht vom 9. zum 10. Juli übte der linke Sozialrevolutionär M. A. Murawjow, der Befehlshaber der Ostfront, Verrat, der Befehlshaber der Front also, deren Lage das Schicksal Jekaterinburgs direkt beeinflußte. Mit einer Gruppe von Helfershelfern floh er aus seinem Stab in Kasan nach Simbirsk und erklärte von dort aus Deutschland den Krieg; diese «antideutsche Heldentat» sollte ihm vor allem den Vorwand dazu liefern, den konterrevolutionären Tschechen die Front und auch die Tore Jekaterinburgs zu öffnen. Am 11. Juli lösten die

Weißgardisten einen Aufstand in Jaroslawl aus. Das alles barg die Gefahr in sich, daß sich der feindliche Halbkreis um Jekaterinburg schloß, daß der Belagerungsring enger würde.

Die für die Bewachung der Romanows Verantwortlichen konnten nicht mehr warten — jeden Tag und jede Stunde drohten die Weißen in die Stadt einzudringen. Es war keine Zeit zu verlieren. Der Sowjet des Uralgebietes mußte eine Entscheidung treffen.

Dieser Sowjet, der sich im Februar 1918 konstituiert hatte, repräsentierte den Willen von achtundneunzig Prozent der Wähler des Uralgebietes. Seinen führenden und aktivsten Teil bildeten Arbeiter — die Abgeordneten von Jekaterinburg, Perm, Nadeshdinsk, Tschussowaja, Lyswa, Motowilicha, Kungur, Manjar, Tscheljabinsk, Syssert, Newjansk, Alapajewsk. Das waren die Vertreter der Rayons, in denen die Macht der Sowjets bereits seit November 1917 bestand. Auf der Grundlage der gesetzlichen Vollmachten, die ihm vom Uraler Sowjet übertragen worden waren, wirkte das Exekutivkomitee des Sowjets, dessen Präsidium aus fünf Personen bestand: A. G. Beloborodow (Vorsitzender), B. W. Didkowski (Stellvertreter des Vorsitzenden), F. I. Golostschekin, G. N. Safarow und N. G. Tolmatschjow.

Ursprünglich hatten sowohl die Moskauer als auch die Uraler Instanzen vor, einen öffentlichen Prozeß gegen den früheren Zaren (eventuell auch gegen seine Frau) durchzuführen. Das Präsidium des WZIK beschloß, das Projekt der Organisation des Prozesses dem bevorstehenden V. Gesamtrussischen Sowjetkongreß zur Bestätigung vorzulegen. Während der Vorbereitung des Kongresses fuhr Golostschekin nach Moskau, um dem Präsidium des WZIK Bericht über die Lage im Uralgebiet zu erstatten. Da sich die militärische Lage in diesem Raum schnell verschlechterte, schlug das Präsidium des WZIK Golostschekin vor, unmittelbar nach seiner Rückkehr nach Jekaterinburg den Prozeß zu organisieren, damit er noch vor Ende Juli stattfinden konnte.

Daß das WZIK und der Uraler Sowjet bis zuletzt bestrebt waren, einen Prozeß unter Beachtung der damals geltenden juristischen Normen durchzuführen, müssen heute sogar die bösartigsten Sowjetologen zugeben.

«Aus dem von mir Dargestellten (dem Verlauf des Bürgerkrieges — M. K.) ergibt sich unzweifelhaft», schreibt V. Alexandrow, «daß die bolschewistischen Führer bereits kurze Zeit nach der Übernahme der Macht im Prinzip der Idee zustimmten, Nikolaus vor ein Gericht zu stellen und höchstwahrscheinlich auch seine von allen gehaßte Frau; doch unter dem Druck von Problemen, die weitaus brennender waren als die Frage einer Bestrafung der Romanows, waren sie gezwungen, diesen Plan immer weiter hinauszuschieben und schließlich ganz darauf zu verzichten.» Massie kommt zu derselben Schlußfolgerung: «Die schnell wachsende Bedrohung durch die vorrückenden Armeen — das war es, was die Bolschewiki zwang, sich von ihren Gedanken an einen öffentlichen Prozeß gegen den Zaren zu trennen und sich anderen Plänen hinsichtlich seiner Familie zuzuwenden.»

Am 12. Juli kehrte Golostschekin aus Moskau nach Jekaterinburg zurück. An demselben Tag fand eine außerordentliche Sitzung des Exekutivkomitees des Sowjets statt. Ein von der Front herbeigerufener Vertreter des Oberkommandos traf ein; man bat ihn, die militärische Situation im gegenwärtigen Moment einzuschätzen. Er berichtete, daß die angreifenden Kräfte der Interventen und der Weißgardisten die Stadt von Süden umgingen und die zurückweichenden roten Einheiten von zwei Seiten bedrängten. Von der Station Kusino aus rückte eine Stoßgruppierung des Gegners jedoch direkt auf die Stadt vor. Da keine Reserven an Menschen und Material mehr vorhanden und auch nicht zu erwarten seien, sei der Fall von Jekaterinburg eine Frage von wenigen Tagen.

Das witterte auch der sich in der Stadt verbergende Feind. Ein fieberhafter Austausch von Informationen und Signalen zwischen dem Haus und dem monarchistischen Untergrund setzte ein. Die Romanows flehten um Hilfe, versuchten einen Überfall auf die Wache zu beschleunigen. In Brotstücken und anderen Lebensmitteln wurden Briefe aus dem Haus und ins Haus geschleust.

«Im Korken einer Sahneflasche, die aus dem Kloster gebracht worden war», erinnerte sich der Kommandant, «fand ich eine Notiz in englischer Sprache: Ein Offizier teilte den Romanows mit, für ihre Rettung sei alles vorbereitet, man erwarte ihre Zustimmung. Ich brachte den Zettel Gen. Golostschekin. Es wurde eine Kopie angefertigt, dann wurde der Zettel wieder in den Korken gesteckt und die Flasche an die Adressaten weitergegeben. Nach 2 bis 3 Tagen folgte auf dieselbe Weise die Antwort Nikolaus', sie seien bereit. Der Offizier wurde verhaftet. Es war ein Offizier der österreichischen Armee . . .»

In einem Zimmer des Obergeschosses fanden in diesen Tagen fast ununterbrochen Beratungen statt, an denen auch Dr. Botkin teilnahm. Maria und Tatjana hielten auf dem Korridor Wache — sie saßen auf einer Truhe und machten Handarbeiten, und sobald sich ein Fremder zeigte, standen sie auf und gingen ins Zimmer, um die dort Flüsternden zu warnen. Botkin ließ sich ziemlich oft in den Wachräumen sehen, knüpfte Gespräche an, versuchte, Neuigkeiten zu erfahren. Dr. Derewenko mißbrauchte sein Recht, das Haus jederzeit zu betreten (ein solches Vorrecht besaßen sonst nur die Mitglieder des Exekutivkomitees), er wurde zum Agenten örtlicher Untergrundgruppen. Auch als bereits Mitte Juni der weißgardistische Oberst I. I. Sidorow in Jekaterinburg eingetroffen war — er sollte die Vorbereitungen zu einem Überfall auf das Ipatjewsche Haus koordinieren —, übernahm Derewenko die Ausführung seiner Aufträge.

«Die Stunde der Befreiung rückt näher», schrieb Sidorow an Nikolaus. «Die Tage der Usurpatoren sind gezählt. Die slawischen Armeen kommen Jekaterinburg immer näher. Sie stehen wenige Werst vor der Stadt. Der Moment wird kritisch. Dieser Moment ist gekommen . . .»

«Ihre Freunde schlafen nicht», heißt es in einer Nachricht. «Die lang ersehnte Stunde ist gekommen.»

«Mit Gottes Hilfe und mit Ihrer Kaltblütigkeit hoffen wir unser Ziel zu erreichen, ohne etwas zu riskieren», steht in einem

Verbrüderung deutscher und russischer Soldaten
während des Waffenstillstands an der Ostfront 1917

Der konterrevolutionäre General Kornilow mit seinem Stab

Unterzeichnung des Friedensvertrages von Brest-Litowsk
im März 1918. Links die Delegation der Mittelmächte,
rechts die sowjetrussische Delegation

Wilhelm II. und P. P. Skoropadski,
der von der deutschen Besatzungsmacht zum
«Hetman der Ukraine» ernannt wurde

Deutsche Truppen im besetzten Kiew

Weißgardistische Truppen des Generals Denikin,
ausgerüstet mit englischen Tanks

Landung amerikanischer Einheiten im Hafen von Wladiwostok

Das Ipatjewsche Haus in Jekaterinburg,
letzter Aufenthaltsort des ehemaligen Zaren

Eines der letzten Fotos des ehemaligen Zaren,
aufgenommen wenige Tage vor seiner Erschießung
in Jekaterinburg im Juli 1918

Junger Rotarmist unterschreibt seine Verpflichtung

anderen Brief, der ins Haus geschmuggelt wurde. «Eines Ihrer Fenster müßte gelockert werden, damit Sie es jederzeit öffnen können; ich bitte, mir das Fenster genau anzugeben. Falls der kleine Zarewitsch nicht gehen kann, wird die Sache sehr erschwert ... Schreiben Sie, ob zwei Männer nötig sind, ihn zu tragen, oder ob jemand von Ihnen diese Aufgabe übernehmen wird. Vielleicht könnte man den Zarewitsch für diese Zeit ein oder zwei Stunden mit einem Narkotikum einschläfern. Das mag der Doktor entscheiden ... Seien Sie ruhig. Wir werden nichts unternehmen, ohne von dem Erfolg vorher absolut überzeugt zu sein. Das versprechen wir Ihnen feierlich vor Gott, vor der Geschichte, vor dem eigenen Gewissen.

Ein Offizier.

Der von Derewenko herausgebrachte Antwortbrief Nikolaus' lautete: «Das zweite Fenster von der Ecke, die zum Platz zeigt, steht schon zwei Tage und sogar nachts offen. Das siebente und das achte Fenster neben dem Haupteingang, die auch zum Platz hin liegen, sind ebenfalls immer offen. Das Zimmer ist durch den Kommandanten und seine Helfer belegt, die gegenwärtig die innere Wache stellen. Es sind 13 Mann, bewaffnet mit Gewehren, Revolvern und Granaten. In keiner Tür außer unserer sind Schlüssel. Der Kommandant und seine Gehilfen kommen zu uns herein, wann sie wollen. Der Wachhabende macht nachts zweimal stündlich einen Rundgang ums Haus, und wir hören, wie er unter unseren Fenstern mit dem Säbel rasselt. Auf dem Balkon steht ein Maschinengewehr und unter dem Balkon ein zweites, für den Fall von Alarm. Auf der anderen Straßenseite gegenüber unseren Fenstern ist in einem kleinen Haus die Wachmannschaft untergebracht. Sie besteht aus 50 Mann. Alle Schlüssel und der Schlüssel Nr. 9 befinden sich beim Kommandanten, der uns gut behandelt ... (Hier meint Nikolaus nicht Awdejew, sondern dessen Nachfolger J. M. Jurowski — M. K.) Vor dem Eingang steht immer ein Automobil. Von jedem Wachposten führt eine Klingel zum Kommandanten sowie Drähte in das Wachzimmer und zu anderen Stellen ... Geben Sie uns

Bescheid, wann die Möglichkeit besteht, und antworten Sie uns, ob wir unsere Leute mitnehmen können.»

Da das Exekutivkomitee des Uraler Sowjets keinen anderen Ausweg sah, faßte es am Ende jener Sitzung vom 12. Juli den Beschluß, die Romanows hinrichten zu lassen, ohne einen Prozeß abzuwarten.

Man konnte das Paar nirgendwo hinbringen, es gab auch keine Transportmittel. Die Flammen, die sie entfacht hatten, griffen nun auch nach ihnen. Die den Wind gesät hatten, wurden vom Sturm verschlungen.

Das Ende der Romanows

Den Vorsitz auf jener Sitzung, die im Gebäude der Wolga-Kama-Bank stattfand, führte Beloborodow. Man tagte vom frühen Morgen an. Die Debatte verlief leidenschaftlich, ja oft genug ungestüm.

Die Phantasie mancher westlicher Autoren stellt diese Beratung «am äußersten Rand Europas» in unheilverkündenden, fast apokalyptischen Farben dar. Ihre Atmosphäre «war von Tabaksdunst und Haß geschwängert»; ihren Hintergrund habe ein «Sandsturm, der über der Stadt tobte», gebildet. In Wirklichkeit herrschte schönstes Sommerwetter, die Gärten und Parks erfreuten das Auge durch ihr frisches Grün, die Teiche und Seen, die die alte Stadt im Ural wie eine silberne Kette umgeben, blinkten im Sonnenlicht.

Wie lange die Sitzung im Saal der Bank schon dauerte, hätte wohl keiner ihrer Teilnehmer sagen können. Am späten Nachmittag endlich erhob sich Beloborodow und ließ abstimmen. Das Exekutivkomitee stimmte geschlossen für die Hinrichtung der Romanows. Die Mitglieder des Präsidiums — darunter Beloborodow, Golostschekin, Didkowski und Tolmatschjow, bekräftigten das Urteil mit ihren Unterschriften. Vollstrecken sollten es Jakow Michailowitsch Jurowski, der Kommandant des Hauses zur besonderen Verwendung, und sein Stellvertreter Grigori Petrowitsch Nikulin.

Am 16. Juli legten sich die Romanows um zweiundzwanzig Uhr dreißig schlafen. Eine Stunde später erschienen in der Villa zwei Sonderbevollmächtigte des Uraler Sowjets. Sie ersuchten J. M. Jurowski, das Urteil zu vollstrecken, und überreichten ihm ein von den Mitgliedern des Präsidiums unterschriebenes Dokument.

Gegen Mitternacht stiegen der Kommandant, sein Stellvertreter und eine Gruppe bewaffneter Arbeiter, begleitet von den Vertretern des Sowjets, in das Obergeschoß hinauf. Auf Anweisung Jurowskis ging Dr. Botkin durch die Zimmer, weckte die Schlafenden und bat sie, aufzustehen und sich anzuziehen. Als Nikolaus im Korridor erschien, erklärte ihm der Kommandant, die weißen Armeen griffen Jekaterinburg an, die Stadt könne in jedem Augenblick von Artillerie beschossen werden. Alle müßten sich aus dem Obergeschoß ins Erdgeschoß begeben.

Einer nach dem anderen kamen die sieben Mitglieder der Familie Romanow und die vier Personen ihrer Umgebung (Botkin, Charitonow, Trupp und Demidowa) auf den Korridor. Alle folgten Jurowski und Nikulin nach unten — dreiundzwanzig Stufen zwischen dem Obergeschoß und dem Erdgeschoß. Dann betraten sie das halb im Keller liegende Eckzimmer. Es war sechs mal fünf Meter groß. Vor dem einzigen Fenster, durch das man auf die Gasse sehen konnte, befand sich ein massives eisernes Gitter.

Als alle dieses Zimmer betreten hatten, trat der an der Tür stehende Kommandant, gleichzeitig Gehilfe des Justizkommissars des Gebietes, vor, zog ein vierfach gefaltetes Papier aus der Brusttasche seiner Uniformjacke, entfaltete es und verkündete: «Achtung! Bekanntgegeben wird ein Beschluß des Uraler Sowjets der Arbeiter-, Bauern- und Soldatendeputierten.» Sobald die letzten Worte des Urteils verklungen waren, ertönten die Schüsse.

Um ein Uhr nachts des 17. Juli war alles zu Ende …

Hier hatte sich erfüllt, was Generationen von Kämpfern für die Freiheit Rußlands erträumten. Es war das geschehen, was sie, an Zwangsarbeitskarren gekettet, lebendig eingemauert, auf dem Schafott sterbend oder ihr Blut unter den Salven von Erschießungskommandos vergießend, erhofft hatten.

Die Dynastie, die ihren Anfang im Ipatjewschen Kloster genommen hatte, hatte im Ipatjewschen Hause ihr Ende gefunden.

Man hatte die Romanows weder lebend noch tot in die Hände der Konterrevolution fallen lassen wollen. Es war beschlossen worden, ihre Überreste dem Feuer zu übergeben und die Asche zu zerstreuen. Wichtig war, daß keine Spuren hinterlassen wurden, um rituelle Hexensabbate zu verhindern und jeden Anhaltspunkt für Racheorgien zu beseitigen.

Jurowski und Nikulin kannten die Umgebung Jekaterinburgs sehr gut. Ihnen fiel das Dörfchen Koptjaki ein, das siebzehn Werst von der Stadt entfernt am Ufer eines Sees lag. Es war im Halbkreis von einem uralten Wald umgeben, der unmittelbar in das endlose Waldgebiet des Urals und Sibiriens überging. Der Weg führte über Werch Issetsk durch Felder und Wiesen, dann durch einsames Walddickicht bis an den Dorfrand. Fünf Werst vor dem Dorf beginnt das Waldstück «Vier Brüder», genannt nach vier großen Kiefern, von denen nur noch die Stubben standen. Früher war hier einmal Eisenerz gefördert worden; die Tagebaue waren zu Teichen geworden, an die Schächte erinnerten tiefe Gruben, ansonsten war längst alles zugewachsen. In das Waldstück «Vier Brüder» brachte man die sterblichen Überreste der hingerichteten Romanows.

Gegen drei Uhr früh wurden die Leichen auf den Hof gebracht und auf einen Lastwagen gelegt. Im ersten Morgenlicht steuerte der Chauffeur Sergej Iwanowitsch Ljuchanow auf die Gasse hinaus und fuhr, begleitet von den Bevollmächtigten und einer berittenen Abteilung, durch die schlafende Stadt in Richtung Werch-Issetsker Werk. Voran galoppierte ein Reiter, der die Straße bis zum Horizont beobachtete.

Vor dem Waldstück «Vier Brüder» bog das Auto in den Wald ab. Zwischen den aufgegebenen Schächten verbrannte man die Leichen, die Reste wurden am Rand des Sumpfes vergraben.

Im Ipatjewschen Haus wurden die inneren Wachen aufgehoben. Die äußeren taten noch zwei Tage Dienst. Am 22. Juli, als in der Stadt deutlich Artilleriefeuer zu hören war, begann die Evakuierung der Institutionen. N. N. Ipatjew wurde zum Uraler Sowjet gebeten, wo man ihm die Schlüssel des Hauses zurückgab.

Während das Feuer im Waldstück «Vier Brüder» loderte, kam das Ende auch für die Bewohner der Feldbauschule in Alapajewsk. Das schnelle Vordringen der Weißen, der Zustrom von Monarchisten in den Kreis Werchoturje und eine von ihnen im Raum des Newjanski-Werkes provozierte Meuterei zwangen den Alapajewsker Sowjet Mitte Juli, die gleiche Entscheidung wie in Jekaterinburg zu treffen.

In der Nacht vom 17. zum 18. Juli, vierundzwanzig Stunden nach dem Finale im Ipatjewschen Haus, traf bei der Feldbauschule eine berittene Gruppe von Arbeitern der Werke von Newjansk und Werchnjaja Sinjatschicha unter der Führung von Pjotr Starzew ein. Die Gefangenen wurden in Kutschen gesetzt, zu einer bewaldeten Stelle hinter dem Werk von Werchnjaja Sinjatschicha gefahren und dort, elf Werst von Alapajewsk entfernt, erschossen.

Kapitel XVI
Auf den Spuren

Bei den «Vier Brüdern»

Der Tag, an dem das Haus Ipatjews leer wurde, war der 1456. Tag des Ersten Weltkrieges.

An demselben Tag schenkte der Pariser «Matin» der Lage im Raum Jekaterinburg besondere Beachtung. Und vier Tage später, am 21. Juli 1918, druckte er als erste westliche Zeitung — unauffällig, in kleiner Schrift auf der dritten Seite — eine Nachricht unter der Überschrift «Gerüchte über Erschießung des Zaren».

«Paris. Die Agentur Havas meldet. Die russische Sowjetregierung verbreitet einen Funkspruch, der die Umstände des Todes des früheren Zaren darlegt, entsprechend den Meldungen, die diese Regierung vom Uraler Sowjet erhalten hat. Angesichts der Tatsache, daß die Kräfte der Konterrevolution beabsichtigten, Nikolaus II. zu befreien, wovon auch eine von ihnen organisierte Verschwörung, die jetzt aufgedeckt wurde, zeugt, hatte der Uraler Sowjet beschlossen, den früheren Zaren zu erschießen. In der Nacht zum 17. Juli ist das Urteil vollstreckt worden.»

In England veröffentlichte die «Times» am 22. Juli als erste eine solche Nachricht, danach folgte die übrige Presse. Die Weißen erfuhren vom Ende der Zarenfamilie etwa zur gleichen Zeit, jedenfalls noch bevor sie Jekaterinburg einnahmen.

Nach dem 20. Juli hielten die Kräfte der Bolschewiki, die sich bis in die Vororte der Stadt zurückgezogen hatten, dem Druck nicht mehr stand. Es war schon eine Heldentat, daß sich die Verteidiger Jekaterinburgs sechs bis sieben Tage länger als erwartet gehalten hatten. Am Morgen des 25. Juli ergoß sich durch die Breschen, die Gaidas Artillerie in die Verteidigung der Uraler geschlagen hatte, die Reiterei der weißen Kosaken in die südlichen Vorstädte. Jekaterinburg fiel.

Offiziere, die Gaida ausgesandt hatte, eilten zum Ipatjewschen Haus. Alle Etagen waren leer, die Türen standen weit offen. Ein Kosakenrittmeister Dutows und tschechische Feldwebel liefen durch das Haus und den Garten; sie wußten nicht, womit sie beginnen, wo sie die Spuren der Verschwundenen suchen sollten. Man wühlte den Garten um. Man durchforschte den Wald hinter dem Bahnhof. Mit Stangen und Schleppnetzen wurden die städtischen Teiche abgesucht. Erst am 27. Juli, als ein gewisser Oberleutnant Scheremetjewski, der bis zum Eintreffen der Weißen illegal in Koptjaki gelebt hatte, bei der Abwehr auftauchte, erfuhr man durch ihn vom Waldstück «Vier Brüder».

Gaida befahl, diese Mitteilung zu überprüfen.

Die Nachforschungen begannen bei den verlassenen Schächten. Eine Dampfmaschine und Pumpen trafen ein. Es wurde angeordnet, das Wasser aus den Schächten zu pumpen sowie die Gruben und Teiche abzusuchen. Auch beim Werk von Werchne Sinjatschicha, hinter Alapajewsk, wurde nach Spuren gefahndet. Die für die Arbeiten erforderlichen Menschen wurden am hellen Tag auf den Straßen der Städte und in den umliegenden Dörfern rekrutiert.

Während in den Wäldern und Sümpfen gegraben wurde, liefen unter der Leitung Sergejews, eines Beamten der vorrevolutionären Staatsanwaltschaft, hochnotpeinliche Verhöre. Die Helfer Sergejews, begleitet von Kosakenpatrouillen, durchstöberten Jekaterinburg und Alapajewsk und verhafteten und schleppten jeden in die Folterkammer, der auch nur entfernt mit den kürzlichen Ereignissen im Ipatjewschen Haus und in der Feldbauschule zu tun gehabt hatte. Über den Arbeiterhütten von Alapajewsk und den Bauernkaten von Koptjaki schwebte der Tod. Es wurden Listen von Sowjetmitgliedern und Gewerkschaftern sowie den Angehörigen der

Wachen des Ipatjewschen Hauses und der Feldbauschule aufgestellt. Alle in diesen Listen Verzeichneten wurden, wenn man sie fand, auf der Stelle ermordet.

Den weißgardistischen Ermittlern und Folterknechten schloß sich Oberst Kobylinski an. Nach Kobylinski tauchten auch Gilliard und Gibbs auf. Sie besuchten häufig das Haus, forschten und analysierten, aber eines Tages warf man sie dort ohne viele Umstände hinaus.

Gaida selbst setzte sich in der Villa Ipatjews fest und bezog das Zimmer, in dem bis zum 16. Juli der frühere Zar gewohnt hatte.

Sergejew leitete die Ermittlungen bis zum Spätherbst 1918, dann forderte Koltschak, der sich zum «Obersten Regenten Rußlands» ausgerufen hatte, das bisherige Untersuchungsmaterial an.

Im Vorgeschmack des Sieges über die Bolschewiki wollte er einen Gerichtsprozeß gegen die Beteiligten «jener drei Nächte» in Jekaterinburg, Perm (dort war der Bruder des ehemaligen Zaren erschossen worden) und Alapajewsk vorbereiten. Durch seine öffentliche Verbeugung vor dem Schatten Nikolaus' II. beabsichtigte der Admiral, erstens sein Credo als Streiter der Konterrevolution und Restauration und zweitens die Kontinuität seiner Macht in der Nachfolge des zaristischen Regimes zu demonstrieren. Am 30. Dezember 1918 versicherte Koltschaks Justizminister Starynkewitsch in einer Depesche dem Rat der Verbündeten in Paris, daß «der Admiral gegenwärtig alle Mittel, die ihm zur Verfügung stehen, einsetzt, um die am Zarenmord Schuldigen zur Verantwortung zu ziehen».

Am 17. Januar 1919 rief Koltschak den «Befehlshaber der Sibirischen Front», General Dieterichs, zu sich und übertrug ihm die Gesamtleitung der Ermittlungen. Am 25. Januar übergab Sergejew das Material an Dieterichs. Am 2. Februar hielt Dieterichs Koltschak darüber Vortrag. Am 4. Februar erklärte Koltschak, er sei mit den Ergebnissen der Ermittlungen «völlig unzufrieden», und befahl, «alles neu anzufangen». Am 5. Februar stellten Dieterichs und Starynkewitsch Koltschak den Mitarbeiter der Omsker Staatsanwaltschaft Nikolai Alexejewitsch Sokolow vor und empfahlen ihn als Nachfolger Sergejews.

Sokolow wütet

Das kalte, grausame Aussehen des Dieterichsschen Protegés gefiel dem Admiral auf den ersten Blick. Am 6. Februar unterzeichnete er den Befehl, mit dem Sokolow zum Hauptermittler bestellt wurde.

Sokolow hatte nicht vor, das vorhandene Material zu korrigieren und zu ergänzen. Wie ihm der Admiral befohlen hatte, begann er ganz von vorn. Die Ermittlungen wurden von nun an bis zu seinem Tode sein einziger Lebensinhalt.

In Pensa geboren, hatte Sokolow die juristische Fakultät der Universität Charkow absolviert und dann in seiner Heimatstadt als Untersuchungsrichter gearbeitet. Nach dem Oktober 1917 war er nach Saratow geflohen und hatte sich später in dem Dorf Medwedewka versteckt. 1918 verkleidete er sich als Bauer, überschritt die Frontlinie und schlug sich zu den Weißen nach Sibirien durch. Beim Omsker Gericht wurde er als Ermittler in besonders wichtigen Fällen eingesetzt.

Für seine jetzige Arbeit mit Sondervollmachten in allen von den Weißen beherrschten russischen Territorien ausgestattet, war Sokolow nur Koltschak und Dieterichs Rechenschaft schuldig, alle weißen Behörden bis hin zu den Armeebefehlshabern mußten seine Forderungen erfüllen. Er schickte eine Fahndungsliste, die hundertvierundsechzig Personen umfaßte, an die Stäbe der Armeen und die Abteilungen der Abwehr mit der Aufforderung, diese Personen «dem Vormarsch entsprechend zu suchen, festzunehmen und zu überstellen». Persönlich entschied er dann über Leben und Tod jedes einzelnen, der zufällig oder auch nicht zufällig gefaßt wurde.

Nur der Schnee hinderte ihn daran, das Waldstück «Vier Brüder» sofort von neuem zu durchforschen. Vorläufig mußte er sich auf «Zeugenvernehmungen» beschränken. Die Stöße der «Geständnisse» und «Reue-Erklärungen» mehrten sich. Wem es gelungen war, Sergejew zu entkommen, der fand den Tod bei Sokolow. N. N. Ipatjew, der Eigentümer des Hauses, wurde hochnotpeinlich verhört und entkam dem Tod wie durch ein Wunder. Verhaftet, gefoltert und erschossen wurde P. T. Samochwalow, der Chauffeur des Autos, der die drei Romanows am 30. April 1918 von der Bahnstation zum Ipatjewschen Haus gebracht hatte. Erschossen wurde das frühere Mitglied der Wachmannschaft Michail Letemin, bei dem Joy, der Spaniel des Thronfolgers, gefunden wurde. Mit dem Leben zahlten die Monteure, die die elektrische Leitung in den Zimmern der Romanows in Ordnung gebracht hatten, die Schlosser, die im Haus die Wasserleitung repariert hatten, die Arbeiter der Kantine, aus der die Romanows das Mittagessen erhalten hatten, die Lagerarbeiter des Lebensmittellagers, aus dem die Zarenfamilie beliefert worden war, und die Nachbarn Ipatjews — dafür, daß sie durch die Zaunspalten gesehen hatten, dafür, daß sie vom gegenüberliegenden Gehsteig zugeschaut hatten, wie die Wachmannschaft den Zaun errichtete. Bis in die schönen Frühlingstage hinein, bis die «Arbeiten vor Ort» bei Koptjaki und Alapajewsk wieder möglich wurden, wütete die Koltschak-Justiz.

Dann wurde zum zweitenmal mit Hilfe von Haken, Stangen und Pumpen gesucht. Viele Hektar Wald wurden durchwühlt, aus neunundzwanzig Schächten Wasser abgepumpt. Die eine und die andere Kleinigkeit fand Sokolow, doch auf den Rand des Sumpfes stieß er nicht. Zusammen mit seinen Helfern stöberte er im Gebüsch, hob hier einen Hosenknopf, dort einen Fetzen von einem Schulterstück mit dem Zarenmonogramm auf; über jeden Fund legte er eine Akte an, fotografierte ihn, ließ ihn begutachten und fügte ihn seiner Sammlung als Beweisstück hinzu. Hätte ihn jedoch jemand gefragt, welche Seite des Falles ein solcher Knopf oder eine solche Schnalle erhelle, hätte er wohl kaum eine sinnvolle Antwort bekommen.

Die Nachforscher verließen das Waldstück «Vier Brüder» erst, als am Waldrand von Koptjaki rote Reiter auftauchten. Wenn damit die Untersuchungen am Ort des Geschehens für den geschäftigen Henker Sokolow auch wohl oder übel abgeschlossen waren, heißt dies beileibe nicht, daß er damit seine Aufgabe als erledigt betrachtet hätte. Selbst das Ende des Interventionskrieges setzte seinem Übereifer keine Grenzen. Fanatisch bis zum Wahn, erklärte er, gestützt auf sein Mandat mit der Unterschrift des «Obersten Regenten», großspurig: «Die Untersuchung im Falle der Ermordung des Zaren wird wiederaufgenommen.» Die Boulevardpresse machte Reklame für seine «Untersuchungen». Da indessen Koptjaki außerhalb seiner Reichweite lag, war er gezwungen, seine Aufmerksamkeit den Zeugen zuzuwenden, die zur Hand waren; er beabsichtigte, seine Gefährten in der Emigration, vor allem die Emigrantenführer, einer Serie von Befragungen zu unterziehen. Mochten die Exzellenzen und Eminenzen berichten, wie sie gegenüber dem verblichenen Imperator gesündigt, ihn ohne den nötigen Schutz der Willkür des Schicksals überlassen hatten. Der «Hauptermittler» hielt fest und protokollierte. Er verschwendete Stöße von Papier, schrieb Hunderte von Seiten voll, organisierte Gegenüberstellungen und Gutachten. Die neuen Aktenordner der alten Dossiers schwollen an.

In den Jahren 1920 bis 1922 erschienen vor Sokolow und sagten aus: G. J. Lwow, A. F. Kerenski, N. A. Maklakow, W. I. Gurko, A. W. Kriwoschein, D. B. Neidhardt, A. F. Trepow, der frühere Chef der Post- und Telegraphenverwaltung B. W. Pochwisnew, N. J. Markow der Zweite, der ehemalige Stellvertreter Kerenskis im Justizministerium P. N. Perewersew und (zweimal) der Führer der Konstitutionellen Demokraten P. N. Miljukow. Aussagen machten weiter: die frühere Hofdame A. A. Wyrubowa, die Gräfin N. S. Brassowa (Scheremetjewskaja), der frühere Schloßkommandant W. N. Wojejkow, der Ex-Hetman General Skoropadski, der ehemalige Kriegsminister W. A. Suchomlinow, der ehemalige Kriegs- und Flottenminister der ersten

Provisorischen Regierung A. I. Gutschkow, der frühere Vorsitzende der Staatsduma M. W. Rodsjanko, W. W. Schulgin, der Priestermönch Iliodor (Sergej Trufanow), der Oberleutnant B. N. Solowjow, Großfürst D. P. Romanow, Fürst F. F. Jussupow und die Ballerina M. F. Kschessinskaja.

Kapitel XVII
Auge in Auge mit der Geschichte

Was seine Aufmerksamkeit erregte

Im Dezember 1917 gab es strenge Fröste. Im Obergeschoß war es kalt, plus zehn Grad. Nur in Alexejs Zimmer hatten die Soldaten besser eingeheizt. An einem kalten Morgen sitzt der entthronte Imperator, in einen Mantel gehüllt, im Sessel. Er liest hingerissen, möchte aber sein Interesse nicht zeigen.

In diesen Tagen tauchten in seinem Tagebuch die Sätze auf: «Habe begonnen, Victor Hugos ‹Das Jahr dreiundneunzig› zu lesen ... Setze die Lektüre des historischen Romans von Hugo fort ... Habe den ersten Band von ‹1793› ausgelesen ... Ich gehe zum nächsten Teil der erstaunlichen und grausigen Erzählung Hugos über.» Es folgen weitere Eintragungen dieser Art.

Der Oberleutnant Malyschew, der später dieses Buch an sich nahm, erzählte: «Die Ränder waren mit Bleistiftnotizen übersät, Zeilen, Absätze und einige Seiten waren markiert. Er hatte also aufmerksam gelesen und Wesentliches, was ihn damals interessieren mußte, hervorgehoben.»

Unterstrichen waren die Zeilen: «Dieser Mann ist in unserer Macht ... Die Hand der Revolution ist auf Kain gefallen; das Jahr 1793 hält den Mörder fest am Kragen ... Die Stunde hat geschlagen; die Revolution hat den Feind der Gesellschaft gefangengenommen; von nun an kann er keinen Schaden mehr anrichten ...» (Die hier verwendeten Zitate aus dem Roman «Dreiundneunzig» wurden der Übertragung von A. Wolfenstein entnommen – d. Übers.)

Ob er sich selbst erkannte? Oder vielleicht seine Generäle — Kornilow, Denikin —, die ihn retten wollten?

Nacht für Nacht wartete er, daß die Verschwörer, von denen er träumte, kommen und seinen Untergang abwenden würden. Oder — vielleicht würde man ihn einfach begnadigen?

Folgende Zeilen liest er besonders aufmerksam: «Mit welchem Eifer wird er sein altes Tun wiederaufnehmen ... Mit welcher Freude wird er sich in den Strudel von Haß und Krieg stürzen ... Mit welchem Genuß wird er sich schon morgen an brennenden Hütten, ermordeten Gefangenen, umgebrachten Verwundeten, erschossenen Frauen weiden ...

Wenn sie ihn begnadigen, werden sie morgen alles von vorn anfangen müssen ... denn die Hydra bleibt eine Hydra, denn er wird keine Ruhe geben, ehe es ihm nicht gelungen ist, dem Land wieder den Grabstein der Monarchie aufzuwälzen ... Sein Leben, das ist der Tod von Tausenden unschuldiger Menschen, die in den Strudel des Bürgerkrieges gezogen wurden ... das sind die geplünderten Städte, das gemarterte Volk, die blutüberströmte Bretagne — die Beute, die wieder in die Krallen des Raubtieres gefallen ist ...»

Kam dem Arrestanten von Tobolsk in den Sinn, daß seine erzwungene Reise aus Zarskoje Selo nach Osten für ihn im Ipatjewschen Haus ein Ende finden könnte? Vermochte er sich vorzustellen, daß irgendwo ein Schafott auf ihn wartete?

Er vertiefte sich in die Seiten Hugos — und er vermochte es. «Jetzt ist er gefangen ... Nach langen Monaten des Gemetzels und Abschlachtens ist er hier, dieser Mörder, und nun ist die Reihe zu sterben an ihm. Wird etwa jemand die Hand für seine Rettung heben?»

«Es bleiben nur zwei Möglichkeiten, mit diesem Mann zu verfahren. Man muß ihn entweder töten oder ihm die Freiheit zurückgeben. Ihn töten? Welche Qual. Ihm die Freiheit schenken? Welche Verantwortung.»

Direkte Analogien gibt es hier nicht. Es kann sie auch nicht geben. Dies ist eine andere Epoche. Ein anderes Land. Andere

Klassenkräfte liegen im Widerstreit, sie streben nach anderen historischen Zielen, die kaum, fast gar nicht vergleichbar sind ... Und dennoch. Die westlichen Autoren, die über das Ende der Romanows schreiben, behaupten zumeist, daß niemand von ihnen sich den verhängnisvollen Ausgang habe vorstellen können und daß das Ende und alles, was ihm vorausgegangen war, Nikolaus plötzlich, wie ein Blitz aus heiterem Himmel, getroffen habe. Er sei das unschuldige Opfer des Zusammentreffens verhängnisvoller Zufälle geworden — Nikolaus selbst habe sie nicht voraussehen können, und niemand habe ihn warnen können.

Das ist falsch. Man hatte Nikolaus gegenüber von der Möglichkeit eines solchen Endes gesprochen. Man hatte ihn wiederholt gewarnt, daß seine Regierung übel für ihn enden, ihn sogar den Kopf kosten könne.

Ungefähr ein Jahrzehnt vor dem Jekaterinburger Finale verfaßte A. W. Kriwoschein für den Zaren eine Denkschrift über die Gärung im Reich. Er erinnerte sogar daran, wie Ludwig XVI. aufs Schafott geraten war. Nikolaus gab die Denkschrift an den Staatsrat mit der Anmerkung: «Besonders zu beachten!» weiter. Dem Senior des Staatsrates, Frisch, sagte er später dazu: «Da hat Kriwoschein in der Denkschrift allerhand Unsinn zusammengereimt.»

Doch der berühmte französische Präzedenzfall war noch öfter zur Sprache gekommen. Am Tag von Chodynka trat auf dem Ball des französischen Botschafters Montebello anläßlich der Krönungsfeierlichkeiten nach dem Bericht d'Alheims der General Boidevre auf den Zaren zu. «‹Solche Unglücksfälle›, sagte der General in väterlichem Ton, als er zum Herrscher trat, ‹gibt es überall. Zum Beispiel bei uns in Frankreich während der Krönung Ludwigs des Sechzehnten ...› Er brachte den Satz nicht zu Ende. Er spürte, wie plötzlich eiskalter Schrecken sich um ihn herum ausbreitete, und das Ende des Satzes blieb ihm im Halse stecken.»

Nach dem Zeugnis Alexander Bloks hatte acht Jahre vor Jekaterinburg Admiral Nilow, ein Liebling des Zaren, im Kreis von Höflingen, wenige Schritte vom Zaren entfernt gesagt: «Es wird eine Revolution geben, uns alle wird man aufhängen, an welchen Straßenlaternen; ist schon ganz gleich.»

Achtzehn Monate vor Jekaterinburg schrieb Großfürst Alexander Michailowitsch an seinen Verwandten, den Zaren: «Wir durchleben den gefährlichsten Augenblick in der Geschichte Rußlands. Gewisse Kräfte führen Dich zum unausweichlichen Untergang.»

Siebzehn Monate vor Jekaterinburg, im Februar 1917, riet M. W. Rodsjanko auf einem Empfang beim Zaren Nikolaus: «Eure Majestät, retten Sie sich. Wir stehen vor gewaltigen Ereignissen, deren Ausgang niemand voraussehen kann. Das, was Sie und Ihre Regierung tun, bringt das Volk in einem solchen Maße auf, daß alles möglich ist . . .»

Von den ersten Tagen der Revolution an verlangte das Volk ein Gerichtsverfahren. Es wollte die Romanows vor Gericht sehen. Und es hatte Erfolg, es stellte selbst die Richter.

Diese Richter, die Wächter der Revolution, die in einem Feuerring, angesichts einer Welt von Feinden handeln mußten, lösten das Problem, das in eine bessere Zukunft strebende Rußland von den Romanows zu befreien, mutig und kühn.

Die Feinde unseres Landes sagen über das Jekaterinburger Finale: So etwas ist nur in Rußland möglich . . . Das konnten nur die Bolschewiki tun.

Muß man an das Schicksal Ludwigs XVI. in Frankreich erinnern? Oder an andere geschichtliche Beispiele, wo das revolutionäre Volk seinen Unterdrückern ein gnadenloses Urteil sprach?

Nach euren Taten werdet ihr gerichtet werden

Keine Frage: das Ende der Romanows war schrecklich. Aber der Schrecken ihres Todes verblaßt gegenüber den Schrecken ihres Lebens.

Das Todesurteil über die Romanows fällte der Uraler Sowjet der Arbeiter-, Bauern- und Soldatendeputierten, der von den Bolschewiki geführt wurde. Aber dem Sowjet gehörten nicht nur Bolschewiki an. Und hinter ihm stand die gewaltige Masse der arbeitenden Bevölkerung nicht nur des Uralgebietes, sondern des ganzen großen Rußlands. Die Entscheidung vom 12. Juli 1918 war diktiert vom Willen der Volksmassen, die sich zum revolutionären Kampf für die Befreiung vom Joch des Zarismus erhoben hatten. Erfüllt wurde damit eine sofort nach dem Sturz der zaristischen Selbstherrschaft vom Volk erhobene Forderung.

Das bestätigte A. F. Kerenski. Er berichtete, daß, als er fünf Tage nach der Abdankung Nikolaus' die Rednertribüne des Moskauer Sowjets betrat, von allen Seiten Rufe, den früheren Zaren hinzurichten, zu hören waren. «Ich selbst erwiderte am 7. März in der Sitzung des Moskauer Sowjets auf die wütenden Rufe ‹Tod dem Zaren, richtet den Zaren hin!›: ‹Das wird niemals geschehen, solange wir an der Macht sind. Die Provisorische Regierung hat die Verantwortung für die persönliche Sicherheit des Zaren und seiner Familie übernommen. Diese Verpflichtung werden wir bis zum Ende erfüllen. Der Zar wird mit seiner Familie ins Ausland, nach England geschickt werden. Ich selbst werde ihn nach Murmansk bringen.›» Und weiter: «Die Todesstrafe für Nikolaus den Zweiten und die Verschickung seiner Familie aus dem Alexanderpalais in die Peter-Pauls-Festung oder nach Kronstadt, das sind die wütenden, manchmal leidenschaftlichen Forderungen von Hunderten von Delegationen, Deputationen und Resolutionen aller Art, die bei der Provisorischen Regierung und insbesondere bei mir, der ich die Bewachung der Zarenfamilie leitete und ihre Sicherheit verantwortete, erschienen und präsentiert wurden.»

Das bestätigte Kerenski in der Emigration auch gegenüber Sokolow. «Die erregte Stimmung der Soldatenmassen sowie der Arbeiter des Petrograder und des Moskauer Raumes war gegen Nikolaus äußerst feindselig. Forderungen, ihn hinzurichten, wurden erhoben und direkt an mich gerichtet. Ich protestierte im Namen der Provisorischen Regierung gegen solche Forderungen, und für mich persönlich sagte ich, daß ich niemals die Rolle Marats auf mich nehmen werde. Ich erklärte, die Schuld Nikolaus' gegenüber Rußland werde ein unvoreingenommenes Gericht untersuchen. Die Erbitterung der Arbeitermassen lag tief in ihren Stimmungen begründet. Ich verstand, daß es hier weitaus weniger um die Person Nikolaus des Zweiten ging als vielmehr um die Idee des Zarismus, die die Gehässigkeit und den Rachedurst hervorgerufen hatte.» Und er fügte hinzu, daß, wären die Romanows nicht nach Tobolsk geschickt worden, «sie auch in Zarskoje Selo nicht minder schrecklich, nur fast ein Jahr früher umgekommen wären».

Es ist also durch eine für diesen Fall durchaus kompetente Person bezeugt worden, daß der Tod den Romanows auch in den Tagen drohte, als die Bolschewiki noch nicht an der Macht waren, als noch Kornilow und Kobylinski die Zarenfamilie bewachten und sich der damalige Justizminister und spätere Regierungschef, Kerenski, selbst um sie kümmerte.

Richtig ist, daß die Wurzeln der feindseligen Einstellung der Volksmassen gegenüber dem früheren Imperator tief reichten, daß die Massen den Zarismus haßten. Offensichtlich ist jedoch die Unhaltbarkeit des Versuches, die Person Nikolaus' vom Zarismus zu trennen. Und «Gehässigkeit und Rachedurst» der Arbeitermassen sind natürlich eine Erfindung. Solche Emotionen und Motive waren nicht für die Massen, sondern für die Romanows selbst charakteristisch. Die Einstellung des Volkes zur gestürzten Dynastie wurde nicht durch Rachedurst bestimmt, sondern durch das — bewußte oder unbewußte — Bestreben, die Revolution zu verteidigen, die Wurzeln des Zarismus auszurotten und die Gefahr einer monarchistischen Restauration abzuwenden.

Diese Gefahr war real. Die weißen Armeen wurden von Zarengenerälen befehligt; an der Spitze der «weißen Bewegung» standen Leute, die als Ziel unumwunden die Rückkehr des Zaren proklamierten. Und auch die Romanows selbst glaubten, daß sie mit Hilfe der weißen und der Interventionsarmeen auf den Thron zurückkehren würden.

Den Weißgardisten selbst allerdings war durchaus nicht immer klar, wen von den Angehörigen der Dynastie man am zweckmäßigsten zum Zaren ausrufen sollte. Nikolaus II. war eine sehr anrüchige Figur. Häufiger wurden im Lager der Weißen die Namen von Michail, Nikolai Nikolajewitsch und Alexej genannt. Der Zarewitsch, der persönlich durch die blutigen Verbrechen des Zarismus nicht befleckt war, stellte für die Revolution die größte potentielle Gefahr dar.

Der Ruf Nikolaus' II. indessen war mehr als eindeutig . . . Während der Regierungszeit des letzten Romanows, schrieb Gorki, sind mehr russische Menschen zugrunde gegangen «als in allen Kriegen des 19. Jahrhunderts. Er übertraf den vor ihm berüchtigten Abd ul Hamid und stellte dessen blutigen Ruhm in den Schatten . . . Grausam und gleichgültig ist er gegenüber allem außer sich selbst und seinem Leben, möge es immer traurig, erfüllt von Todesfurcht und Gewissensqualen sein». Doch dieser, vom Schmerz um Rußland diktierte Wunsch Gorkis ging nicht in Erfüllung, denn niemand sah bei Nikolaus jemals Gewissensqualen, und Todesfurcht brauchte er nur einen Augenblick lang zu spüren, als er das Todesurteil hörte.

Es muß betont werden, daß die Sowjetmacht ein solches Urteil auszusprechen zunächst nicht vorhatte. Ihr war von den ersten Tagen ihrer Existenz an der Gedanke an grausame Strafen zuwider. Dort, wo das Revolutionstribunal in Aktion treten mußte, wurde zu minimalen Strafen verurteilt, oft nur auf Bewährung. Die Todesstrafe wurde in der ersten Zeit nach dem Sieg der proletarischen Revolution überhaupt nicht verhängt. Humane Zurückhaltung und Großmut waren die Grundregel. Der entlarvte Feind brauchte nur zu versprechen, daß er in Zukunft nicht weiter gegen die Sowjetmacht kämpfen werde, dann ließ man ihn frei.

«Man wirft uns vor», sagte Lenin im November 1917, «daß wir Terror anwenden, aber einen Terror, wie ihn die französischen Revolutionäre anwandten, die waffenlose Menschen guillotinierten, wenden wir nicht an und werden wir, wie ich hoffe, nicht anwenden.»

Die Arbeiter-und-Bauern-Macht, die den Terror und die Todesstrafe als Methoden des Kampfes prinzipiell und von

Anfang an abgelehnt hatte, sah sich jedoch gezwungen, zu diesen Methoden zu greifen, um für ihren Großmut nicht einen zu hohen Preis zahlen zu müssen, nämlich mit ihrer Existenz. Bereits am 14. Januar 1918 rief W. I. Lenin im Petrograder Sowjet die Arbeiter und Soldaten auf, sich darüber klar zu sein, daß «ihnen niemand anders helfen kann als sie sich selbst».

Am 21. Februar desselben Jahres, als sich die Absicht der kaiserlich-deutschen Generäle abzeichnete, zum Angriff auf Petrograd anzutreten, verabschiedete der Rat der Volkskommissare unter Lenins Vorsitz das Dekret «Das sozialistische Vaterland in Gefahr»; der achte Punkt dieses Dekrets lautete: «Feindliche Agenten, Spekulanten, Plünderer, Rowdys, konterrevolutionäre Agitatoren und deutsche Spione werden am Ort des Verbrechens erschossen.»

Im großen und ganzen aber blieben schwere Strafen bis zum Sommer 1918, das heißt bis zu den Jekaterinburger Ereignissen, Einzelfälle in Sowjetrußland. Ihre Feinde machte die Sowjetmacht zwar unschädlich, vermied aber das letzte Mittel — ihnen das Leben zu nehmen. Eine andere Position nahmen gewisse «ultrarevolutionäre» politische Gruppen ein, deren Führer später Märchen von «bolschewistischen Greueltaten» erfanden. So forderten zum Beispiel die linken Sozialrevolutionäre durch den Mund ihrer Führerin Marija Spiridonowa das anarchistische «Recht», Erschießungen ohne Untersuchung und Gerichtsverfahren durchzuführen. J. M. Swerdlow trat dem am 5. Juli (also elf Tage vor der Hinrichtung der Romanows) auf dem V. Gesamtrussischen Sowjetkongreß entgegen und sagte: Die linken Sozialrevolutionäre wenden sich «gegen die gerichtliche Todesstrafe. Aber die Todesstrafe ohne Gerichtsverfahren wird zugelassen. Für uns, Genossen, ist eine solche Position völlig unverständlich, sie erscheint uns völlig unlogisch.» Swerdlow verteidigte das Prinzip der revolutionären Gesetzlichkeit und der organisierten proletarischen Rechtsprechung gegenüber den Auffassungen der linken Sozialrevolutionäre und der Anarchisten von einer «emotionalen» Willkür, hob indes gleichzeitig hervor, daß natürlich die Entwicklung der Revolution die Sowjetmacht nötigen könne, «zu einer ganzen Reihe solcher Akte zu greifen, zu denen sie in einer Zeit friedlicher Entwicklung, in einer Epoche ruhiger organischer Entwicklung» niemals greifen würde.

Da es keine Illusionen darüber geben konnte, weshalb die Weißen so eifrig zum Ipatjewschen Haus strebten und wie sich die Romanows verhalten würden, wenn es den Interventen und den weißgardistischen Kosaken gelänge, sie in die Hand zu bekommen, traf der Uraler Sowjet eine kardinale und unter den gegebenen Umständen einzig mögliche Entscheidung.

Das Uraler Urteil war keine spekulative, abstrakte Verurteilung des Absolutismus. Es was das Urteil über die Romanows für die Gesamtheit der von ihnen verübten Verbrechen. Es widerspiegelte die uralten Forderungen der ganzen arbeitenden Bevölkerung des Landes.

Die Mitteilung aus Jekaterinburg

W. W. Schulgin, einer der ideellen Waffenträger der Romanow-Dynastie, schrieb über die Tage des Februar 1917: «Wir haßten so ein Volk und lachten über seinen verachtungswürdigen Zorn . . . Nicht die Freiheit verdienten sie, sondern Salven und Hinrichtungen . . .

Maschinengewehre, das wollte ich. Denn ich fühlte, daß der Straßenmob nur die Sprache der Maschinengewehre verstand und nur das Blei das in die Freiheit ausgebrochene Raubtier zurück in seine Höhle treiben konnte . . .»

Wird es Salven geben, ist Rußland gerettet. Gibt es keine Salven, ist Rußland verloren. Eine treffende Charakteristik für das Verhältnis des Zarismus zum Volk.

Die Verbrechen der Romanows waren unzählbar. Ihre Schuld gegenüber dem Land — unermeßlich. Darauf verwies W. I. Lenin in seinen «Briefen aus der Ferne», die vor seiner Rückkehr aus der Emigration geschrieben wurden. Für die Bewahrung ihrer Macht, ihrer Privilegien, der Millionen

Deßjatinen Land und sonstigen «heiligen Eigentums» waren diese ersten der russischen Gutsbesitzer «zu jeder Bestialität, zu jedem Verbrechen fähig», bereit, «jede beliebige Anzahl von Menschen zugrunde zu richten und umzubringen».

Viele hatten die Romanows getadelt. Auch Nichtrevolutionäre hatten ihnen ein böses Ende prophezeit. L. N. Tolstoi predigte, sich dem Bösen nicht zu widersetzen, aber als er den Zarismus entlarvte, ging er von seinen eigenen Dogmen allumfassender christlicher Verzeihung ab. Er setzte sich dafür ein, die Menschen vom «Schrecken der Todesstrafe» zu erlösen, aber wenn es um den Zaren ging, war er bereit, für ihn eine Ausnahme zu machen.

In einer seiner Unterhaltungen mit D. P. Makowizki (am 18. Mai 1905) bekannte Tolstoi, früher seien ihm scharfe Äußerungen und Urteile über den Zaren unangenehm gewesen, jetzt aber falle es ihm schwer, Worte zu finden, um scharf genug über Nikolaus und seinesgleichen zu schreiben. Der Zar gelte als «heilige Person», sagte der Schriftsteller, aber man müsse «ein Dummkopf, ein bösartiger Mensch oder ein Verrückter sein, um das zu tun, was Nikolaus tut». Im Entwurf seines Briefes aus Gaspra sagt Tolstoi voraus: Wenn Nikolaus seine Politik und sein Verhalten nicht ändere, werde er früher oder später «eines gewaltsamen Todes sterben und im Volk und in der Geschichte ein schlechtes und schmachvolles Andenken an sich hinterlassen». In Unterredungen und Notizen geißelte der Schriftsteller den Zaren als «Mörder», «heimlichen Henker» und würdigen Vertreter einer Dynastie, die niemals anders regiert habe als dadurch, daß sie «die Menschen prügelte und quälte». Dabei prophezeite er nicht nur, sondern befahl gleichsam: «Zum Zaren muß man sich wie zu einem Mörder verhalten. Besonderes Mitleid ist nicht am Platze.» Als im Herbst 1905 das Gerücht nach Jasnaja Poljana gelangte, Nikolaus II. sei, erschrocken über die Revolution, aus Rußland geflohen, da sagte Tolstoi: «Ja, es bleibt ihm weiter nichts übrig, als zu fliehen. Ludwig XVI. ist wegen geringerer Vergehen hingerichtet worden.»

Die offizielle Mitteilung über die Vollstreckung des vom

Uraler Sowjet gefällten Todesurteils traf beim Präsidium des WZIK am 18. Juli ein. An diesem Abend tagte im Kreml unter dem Vorsitz von W. I. Lenin der Rat der Volkskommissare. Volkskommissar N. A. Semaschko hielt Vortrag über das Projekt eines neuen Systems des Volksgesundheitswesens. J. M. Swerdlow betrat den Saal und setzte sich auf einen Stuhl hinter dem Vorsitzenden. Swerdlow wartete eine Pause ab, neigte sich dann zu Lenin vor und sagte ihm etwas. Wladimir Iljitsch gab darauf bekannt: «Genosse Swerdlow bittet ums Wort für eine Mitteilung.»

In seinem üblichen ruhigen Ton sagte Swerdlow: «Ich muß folgendes bekanntgeben. Aus Jekaterinburg ist eine Mitteilung eingetroffen, daß auf Beschluß des Uraler Gebietssowjets dort der frühere Zar Nikolaus Romanow erschossen worden ist. Wie festgestellt worden war, wollte er fliehen. Die Tschechoslowaken stehen dicht vor der Stadt. Das Präsidium des Gesamtrussischen Zentralen Exekutivkomitees, das heute tagte, hat beschlossen: Die Entscheidung und die Handlungen des Uraler Sowjets werden als richtig anerkannt.»

Eine Minute lang herrschte Schweigen.

«Gehen wir zur artikelweisen Lesung des Projekts über das Gesundheitswesen über», schlug Wladimir Iljitsch vor.

Die artikelweise Lesung des Projekts begann.

Dreihundertundvier Jahre lang herrschte die Romanow-Dynastie in Rußland. Sie erlebte Tage des Triumphes und schwierige Zeiten. Die Brillanten in der Krone funkelten. Und dunkel schimmerte das an diesen Brillanten klebende, unschuldig vergossene Blut.

Verschlungen zog sich ihr Weg vom Ipatjew-Kloster bei Kostroma bis hin zum Ipatjewschen Haus am Jekaterinburger Abhang. Gradlinig war jedoch der Weg des letzten Zaren Nikolaus des Blutigen bis zu dem ihm vom Schicksal bestimmten Ende nach dreiundzwanzigjähriger Herrschaft.

Sic transit gloria mundi — so vergeht der Ruhm der Welt.

Anmerkungen

1 Diese Depesche Riezlers bezieht sich zweifellos auf die öffentlichen Erklärungen P. N. Krasnows im Mai/Juni 1918 in Nowotscherkassk, das Endziel der «weißen Bewegung» sei die monarchistische Restauration in Rußland.

2 Das Tschechoslowakische (Tschechische) Korps war 1916/17 aus tschechischen und slowakischen Kriegsgefangenen der österreichischen Armee aufgestellt worden. Unter dem Druck der Entente und russischer Weißgardisten verwickelte der Korpsstab die Mannschaft mit betrügerischen Argumenten in ein antisowjetisches Abenteuer.

3 In den Jahren der Weimarer Republik schloß sich von der Goltz den Nazis an. Seine Erlebnisse der Jahre 1918/1919 beschrieb er in dem Buch «Meine Sendung in Finnland und im Baltikum», das 1920 in Deutschland erschien.

4 Ein beträchtlicher Teil der Briefe Wilhelms II. ist 1919 unter ungeklärten Umständen aus unseren Archiven verschwunden. Einige Zeit später wurden sie im Ausland veröffentlicht. Der Briefwechsel wurde auf englisch geführt, dessen sich beide Schreiber im Postverkehr miteinander bedienten.

5 Die Mutter Nikolaus' II., Maria Fjodorowna (1847–1928), war die Tochter des dänischen Königs Christian IX. Ihr wirklicher Name war Dagmar Sophie Dorothee. Sie starb in der Kopenhagener Vorstadt Hapenborg. Nach Rußland war sie 1864 gekommen. 1866 hatte sie den Thronfolger Alexander geheiratet. Ihre Schwester Alexandra (Alexandrina) war die Gattin des englischen Königs Edward VII., die Mutter Georgs V. Daraus entstand eine enge Verwandtschaft der russischen und der englischen Dynastie (Nikolaus II. und Georg V. waren Cousins). Maria Fjodorowna war die Großtante des 1972 verstorbenen dänischen Königs Frederik IX.

6 Gemeint sind die Brüder Alexanders III.: Wladimir (gestorben 1909), Sergej (1905 von Kaljajew ermordet) und Pawel (im Januar 1919 in der Peter-Pauls-Festung erschossen).

7 Am Vorabend des Blutsonntags fand zum Dreikönigsfest an der Newa eine Zeremonie statt. Begleitet von seiner Suite, betrat Nikolaus einen vor dem Winterpalais errichteten Pavillon, wo der Metropolit das Wasser weihen sollte. Der Sitte gemäß schoß die Peter-Pauls-Festung Salut. Plötzlich detonierte krachend eine Granate neben dem Pavillon. Es stellte sich heraus, eine Kanone hatte mit scharfer Munition gefeuert. Die Untersuchung ergab, daß es sich um ein Versehen des Artilleristen gehandelt hatte. Aber der Zar war erschrocken, und in der Bevölkerung sprach man von einem Attentat.

Im zweiten Falle lief die Jacht der Zarenfamilie während einer Vergnügungsfahrt in der Ostsee auf einen Findling unter der Wasseroberfläche und erhielt ein Leck. Die Passagiere wurden an Land gesetzt. Die Ochrana stellte eine Untersuchung an. Das Ergebnis zeigte: Es lag keine Absicht vor, Ursache war die schlechte Ausbildung der Besatzung. Hinzu kam, daß der Kapitän, Admiral Nilow, permanent angetrunken war, obwohl er sich fast die ganze Zeit unter den Augen des Monarchen befunden hatte.

8 L. N. Tolstoi versuchte wiederholt, die drei letzten russischen Zaren unmittelbar zu beeinflussen; an Alexander II. schrieb er am 22. August 1862 einen Brief, an Alexander III. vom 8. bis 15. März 1881 und am 2./3. Januar 1894, an Nikolaus II. am 10. Mai und 19. September 1897, am 7. Dezember 1900, am 26. März 1901 und am 16. Januar 1902 (aus Gaspra). Am 15. März 1901 richtete er ein Sendschreiben «An den Zaren und seine Helfer».

9 Vier Monate später wiederholten die Schwarzhunderter den Versuch. Dieselben Banditen kamen wiederum aus Moskau, diesmal um eine Bombe unter Wittes Kutsche zu werfen, wenn er vom Kamennoostrowski-Prospekt zur Sitzung des Staatsrates im Marienpalast fuhr. Doch an dem Morgen, an dem das Attentat stattfinden sollte, gerieten Kasanzew und Fjodorow in einer illegalen Werkstatt wegen des von Buxhoevden erhaltenen Geldes in Streit, und Fjodorow ermordete seinen Kompagnon durch einen Dolchstich in den Hals.

10 Die Familie Grigori Rasputins bestand aus seiner Frau Praskovja, dem Sohn Dmitrij sowie den Töchtern Marija und Warwara. Zu verschiedenen Zeiten besuchten ihn die Verwandten in Petrograd. Kurz vor dem Weltkrieg traten die Töchter in Petersburg in eine geschlossene Lehranstalt ein.

11 Von Geburt an litt Alexej an Hämophilie (mangelnde Gerinnungsfähigkeit des Blutes). Kleinste Prellungen, Schnitte oder Kratzer, die für ein gesundes Kind im allgemeinen harmlos sind, waren für den Zarewitsch lebensgefährlich. Er hatte diese Krankheit von den hessischen Vorfahren geerbt — in Deutschland waren ihr mehrere nächste Verwandte von Alexandra Fjodorowna zum Opfer gefallen. Nicht ohne Geschick praktizierte Rasputin seine Zaubertricks an dem Kranken, der auch unter

nervösen Anfällen litt, suggerierte ihm und den Verwandten mit Hilfe verschiedener Kunststücke und Kniffe, daß er der unersetzliche Heiler und Retter des Jungen sei.

12 Die im weiteren zitierten Texte von Telegrammen, Notizen und Äußerungen Rasputins sind zum Teil Dokumenten entnommen, die nach dem Februar 1917 in Akten von Würdenträgern sowie im Briefwechsel der Romanows und in Erinnerungen und Aufzeichnungen von Zeitgenossen gefunden wurden.

Da der Familienname «Rasputin» nicht schön klingt, führte der Zar den Zusatz «Nowy» oder «Nowych» ein, angeblich nach einem Ausruf des kleinen Thronfolgers, der, als er Rasputin zum erstenmal sah, gerufen haben soll: «Etot djadja — nowy!» («Dieser Onkel ist neu!» – d. Ü.).

13 Der Mitarbeiter der «Nowoje wremja», Geheimagent der Polizei, Sekretär und rechte Hand Stürmers, gehörte dem engeren Kreis um Rasputin an und war ein ausgesprochener Abenteurer. M. J. Paléologue, französischer Botschafter in Rußland, meinte, Manassewitsch-Manuilow sei gleichzeitig «Spitzel, Spion, Schwindler, Gauner, Betrüger, Fälscher, Hochstapler, ein seltsames Gemisch von Panurg, Gil Blas, Casanova, Robert Macaire und Vidocq».

14 Rasputin schützten (unabhängig voneinander) vier Dienste: die Ochrana, die Polizei, die Hofpolizei und ein privater Schutzdienst, den eine Gruppe von Bankiers organisiert hatte, an deren Spitze D. L. Rubinstein stand.

15 Die Behörden hatten Rasputin wiederholt vor der Gefahr gewarnt. Der Innenminister Protopopow hatte ihm direkt geraten, sich vor F. F. Jussupow in acht zu nehmen.

16 W. W. Schulgin, Gutsbesitzer und Abgeordneter der Duma während dreier Amtsperioden (außer der ersten), leitete auf ihrem rechten Flügel die Fraktion der russischen Nationalisten und setzte sich aktiv für die Monarchie und die Romanows ein. Er war Herausgeber und Redakteur der extrem reaktionären Zeitung «Kiewljanin».

17 Im Herbst 1915 hatte Nikolaus II. zusammen mit seinem Sohn die Front besucht und war auch in der vordersten Linie bei der Station Klewen gewesen. Darauf beschloß der Rat des Georgsordens der Südwestfront: «Durch den ältesten Ritter des Georgskreuzes Generaladjutant N. I. Iwanow an den Herrscher die alleruntertänigste Bitte zu richten, er möge den ihren herrscherlichen Führer verehrenden Truppen die Gnade und Freude bereiten, den Georgsorden 4. Stufe anzunehmen.»

18 Michail Romanow wurde am 22. November 1878 geboren, war also zehn Jahre jünger als Nikolaus II. Lebte meistens in Gattschina. Galt seit dem Tode seines Bruders Georgi (des zweiten Sohnes Alexanders III.) im Jahre 1899 bis zur Geburt Alexejs im Jahre 1904 offiziell als Thronfolger. Kommandierte als aktiver Offizier von Beginn des Weltkrieges an die Kaukasische Kavalleriedivision, die sogenannte wilde Division.

Ging 1911 gegen den Willen des Zaren heimlich eine nicht standesgemäße Ehe mit der zweimal geschiedenen Moskauer Rechtsanwaltstochter N. S. Scheremetjewskaja-Mamontowa-Wulfert ein.

19 Pierre Gilliard wurde in Genf geboren. 1904 absolvierte er die Universität von Lausanne. 1905 lud der Prinz G. von Leuchtenberg, ein Verwandter des Zaren, Gilliard nach Petersburg ein, um seinem kleinen Sohn französischen Sprachunterricht zu geben. Nach einem Jahr trat Leuchtenberg den Schweizer an die Zarenfamilie ab, wo er Olga und Tatjana in Französisch unterrichtete. 1913 wurde er der Lehrer und faktisch der Erzieher des neunjährigen Alexej. Er befand sich mit den Romanows bis August 1917 in Zarskoje Selo, bis Mai 1918 in Tobolsk und begleitete sie nach Jekaterinburg.

20 Auf Anweisung Kerenskis wurde die Wyrubowa am 24. Juli 1917 aus der Haft entlassen. Von Petrograd aus hatte sie Verbindung mit den Romanows in Sibirien und im Ural. Seit 1920 lebte sie in der Emigration in Finnland, wo sie auch ihr Leben beschloß.

21 Die vorrevolutionären Lexika schweigen in der Regel darüber, daß der große Mendelejew ein Sohn dieser Stadt und ihr Ehrenbürger war. Auf dem Wege in die Deportation waren einst A. N. Radistschew, W. K. Küchelbecker, A. P. Barjatinski, F. M. Dostojewski, N. G. Tschernyschewski, W. G. Korolenko und viele andere bedeutende Persönlichkeiten Rußlands durch die Straßen von Tobolsk gekommen. Gemeinsam mit ihnen hatten Tausende von Zuchthäuslern und Verbannten, die von den zaristischen Behörden zu Qual und Tod die endlose Sibirische Straße entlang getrieben wurden, Tobolsk durchquert.

22 Um diesen Jungen hatten sich bereits zu seinen Lebzeiten Legenden gewoben. Kostbar ausgestattete Bücher wurden ihm gewidmet. Nach der Beschreibung eines Zeitgenossen war er «ein Faulpelz und mochte Bücher nicht besonders ... Er gehorchte nur dem Vater ... Seine Sparsamkeit erinnerte an seine Mutter ... Er sammelte verschiedene weggeworfene Sachen: Nägel, Bleipapier, Bindfäden usw. Mit dem Vater sprach er russisch, mit der Mutter englisch.» Seit seinem zwölften Geburtstag führte er Tagebuch. Gewöhnlich hielt er fest, wann er aufgestanden war, was für Wetter war, welches Spiel er gespielt hatte; über den Unterricht findet sich fast nichts, kein Wort über ein Buch, das er gelesen hatte, nichts über sein Verhältnis zu seinen Lehrern. Ereignisse, die er der Erwähnung wert fand: «erhielt eine französische Medaille»; «putzte ein Bajonett»; jemanden hat «ein Hund gebissen»; «Nagorny (dem Erzieher — M. K.) ist ein Portemonnaie mit 90 Rubeln gestohlen worden»; er hat einen Einkaufsbummel auf dem Newski-Prospekt unternommen, «ein Rechenbrett, ein Salzfäßchen und ein Feuerzeug gekauft». Nach fünf Jahren Unterricht machte er noch grobe orthographische Fehler.

Personenregister

484

485

Inhalt